三顆石頭就是一堵牆

從圖坦卡門到納斯卡線考古學的故事

Eric H. Cline
艾瑞克·克萊恩——著

Glynnis Fawkes
格林尼斯·福克斯——內頁插畫

黃楷君——譯

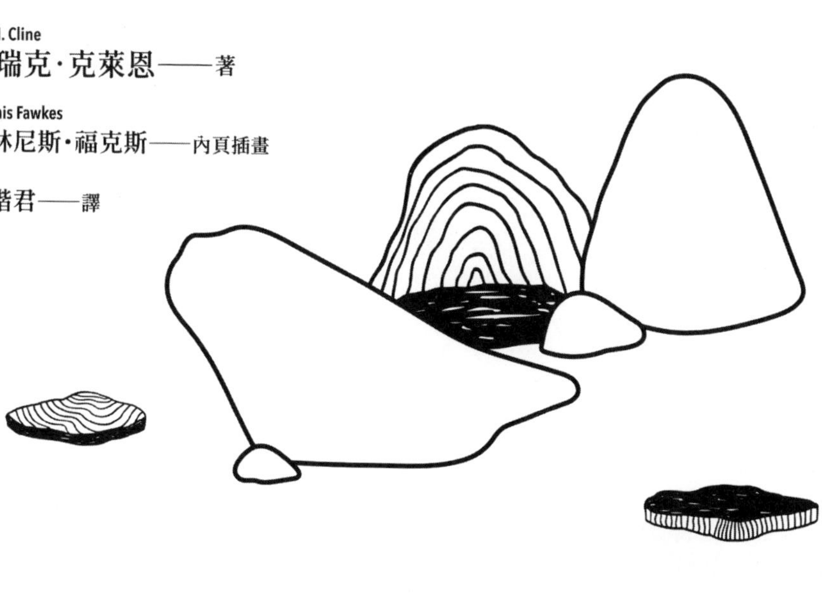

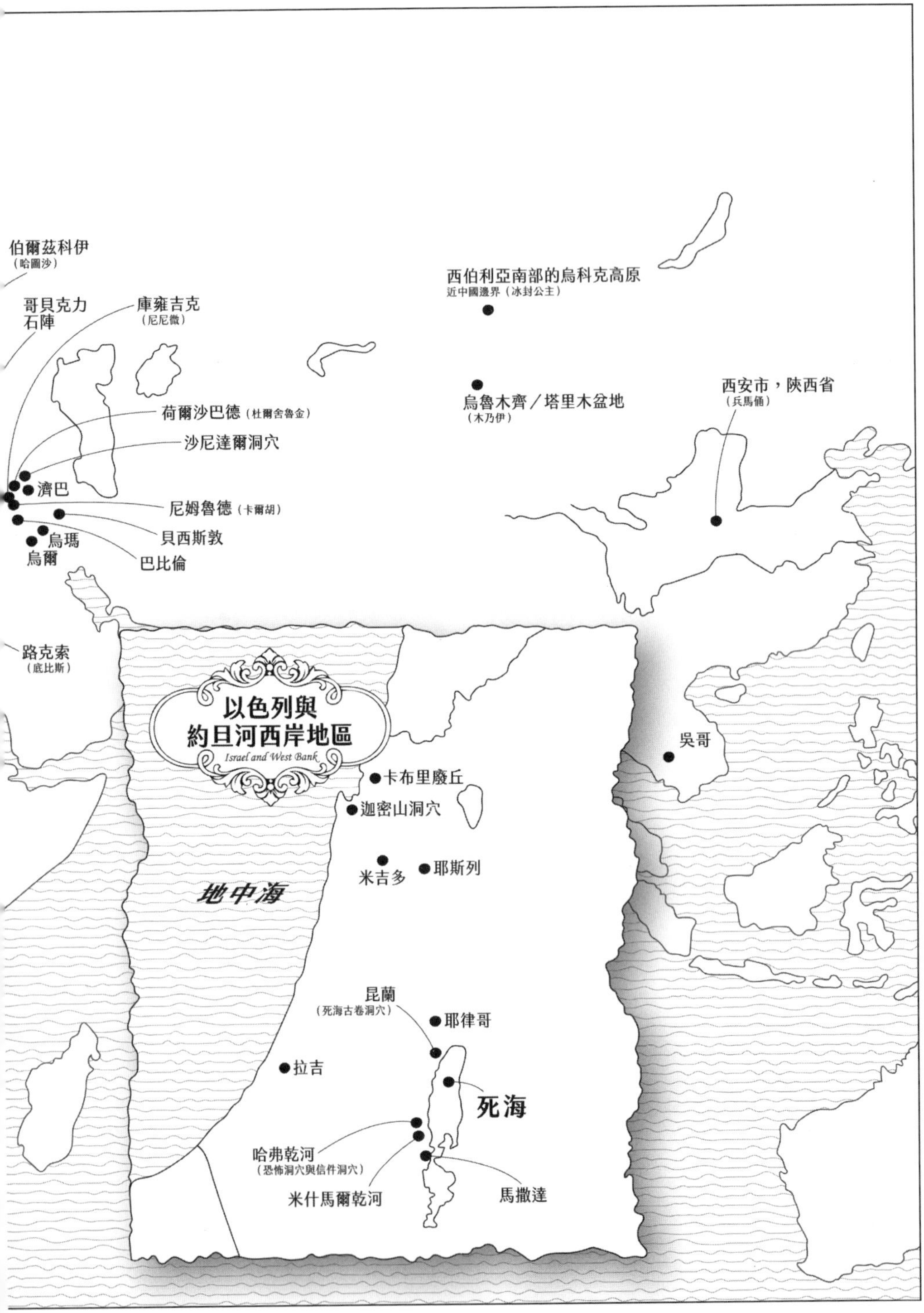
伯爾茲科伊
（哈圖沙）
哥貝克力石陣
庫雍吉克
（尼尼微）
荷爾沙巴德（杜爾舍魯金）
沙尼達爾洞穴
濟巴
尼姆魯德（卡爾胡）
貝西斯敦
烏瑪
烏爾
巴比倫
路克索
（底比斯）
西伯利亞南部的烏科克高原
近中國邊界（冰封公主）
烏魯木齊／塔里木盆地
（木乃伊）
西安市，陝西省
（兵馬俑）
吳哥
以色列與
約旦河西岸地區
Israel and West Bank
卡布里廢丘
迦密山洞穴
米吉多
耶斯列
地中海
昆蘭
（死海古卷洞穴）
耶律哥
拉吉
死海
哈弗乾河
（恐怖洞穴與信件洞穴）
米什馬爾乾河
馬撒達

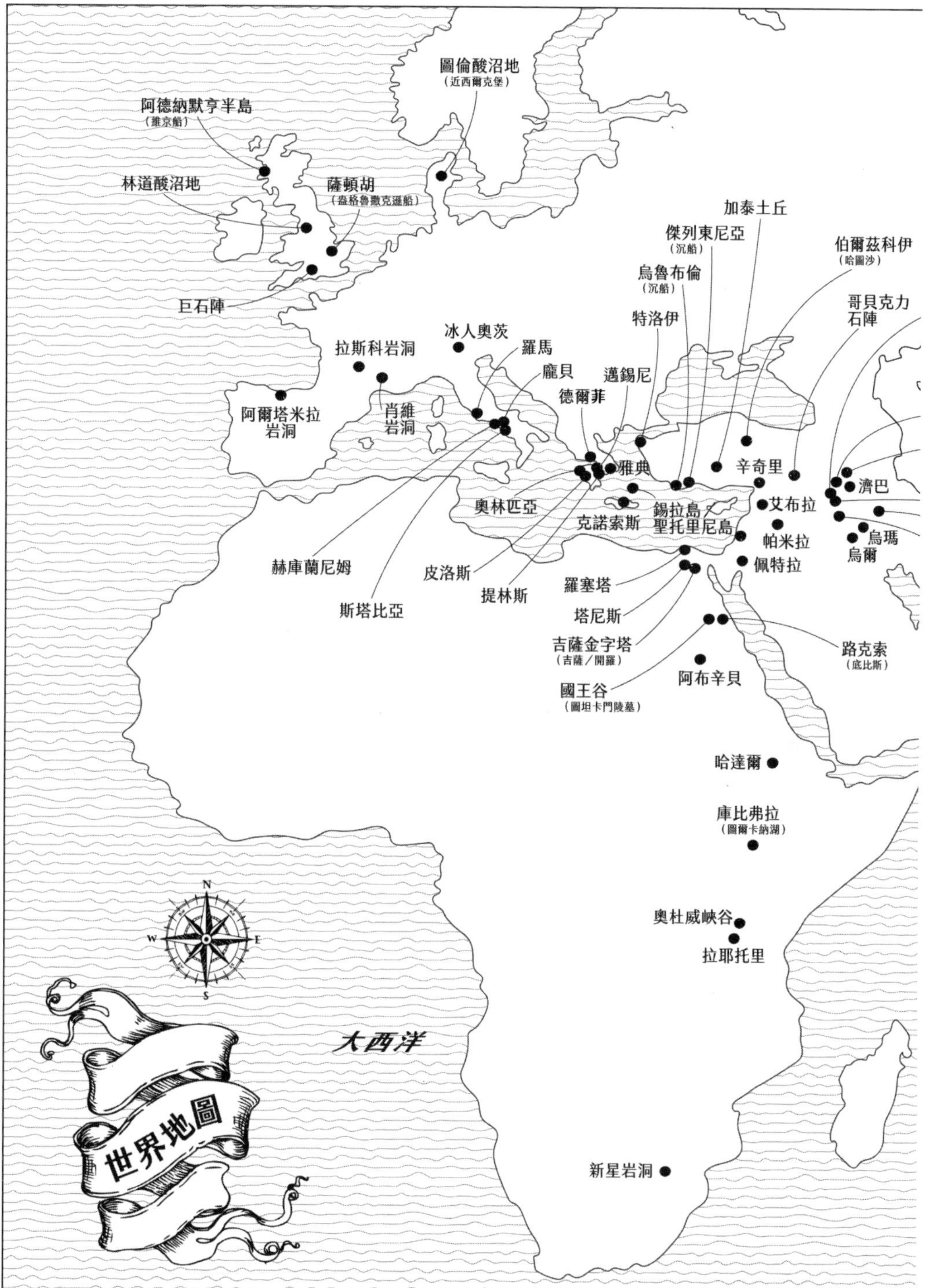
世界地圖
圖倫酸沼地
（近西爾克堡）
阿德納默亨半島
（維京船）
林道酸沼地
薩頓胡
（盎格魯撒克遜船）
巨石陣
加泰土丘
傑列東尼亞
（沉船）
伯爾茲科伊
（哈圖沙）
烏魯布倫
（沉船）
哥貝克力
石陣
特洛伊
冰人奧茨
拉斯科岩洞
羅馬
龐貝
邁錫尼
阿爾塔米拉
岩洞
德爾菲
肖維
岩洞
雅典
辛奇里
濟巴
奧林匹亞
錫拉島
聖托里尼島
艾布拉
克諾索斯
帕米拉
烏瑪
烏爾
赫庫蘭尼姆
皮洛斯
佩特拉
羅塞塔
提林斯
斯塔比亞
塔尼斯
吉薩金字塔
（吉薩／開羅）
路克索
（底比斯）
阿布辛貝
國王谷
（圖坦卡門陵墓）
哈達爾
庫比弗拉
（圖爾卡納湖）
奧杜威峽谷
拉耶托里
大西洋
新星岩洞
N
W
E
S

美洲地圖
加拿大
北美洲
肯納威克
華盛頓州
梅莎維德國家公園
科羅拉多州
查科峽谷
新墨西哥州
卡霍基亞土丘
伊利諾州
詹姆斯鎮
維吉尼亞州
殖民地威廉斯堡
維吉尼亞州
查爾斯頓
南卡羅萊納
墨西哥
烏斯馬爾
契琴伊薩
提卡爾
卡拉科爾
貝里斯
特奧蒂瓦坎
特諾奇提特蘭
特雷斯薩波特斯
聖羅倫索
文塔
帕倫克
科班
宏都拉斯
瓜地馬拉
加勒比海
大西洋
祕魯
西潘
馬丘比丘
納斯卡線
南美洲
安帕托峰
（冰封少女／胡安妮塔）
太平洋
N
W
E
S

一顆石頭只是一顆石頭，
兩顆石頭卻成一個遺跡，
三顆石頭成為一道牆壁，
四顆石頭成為一棟建築，
五顆石頭成為一座宮殿。
（六顆石頭便成了外星人蓋的宮殿。）

——考古學格言（*Archaeological axiom*）

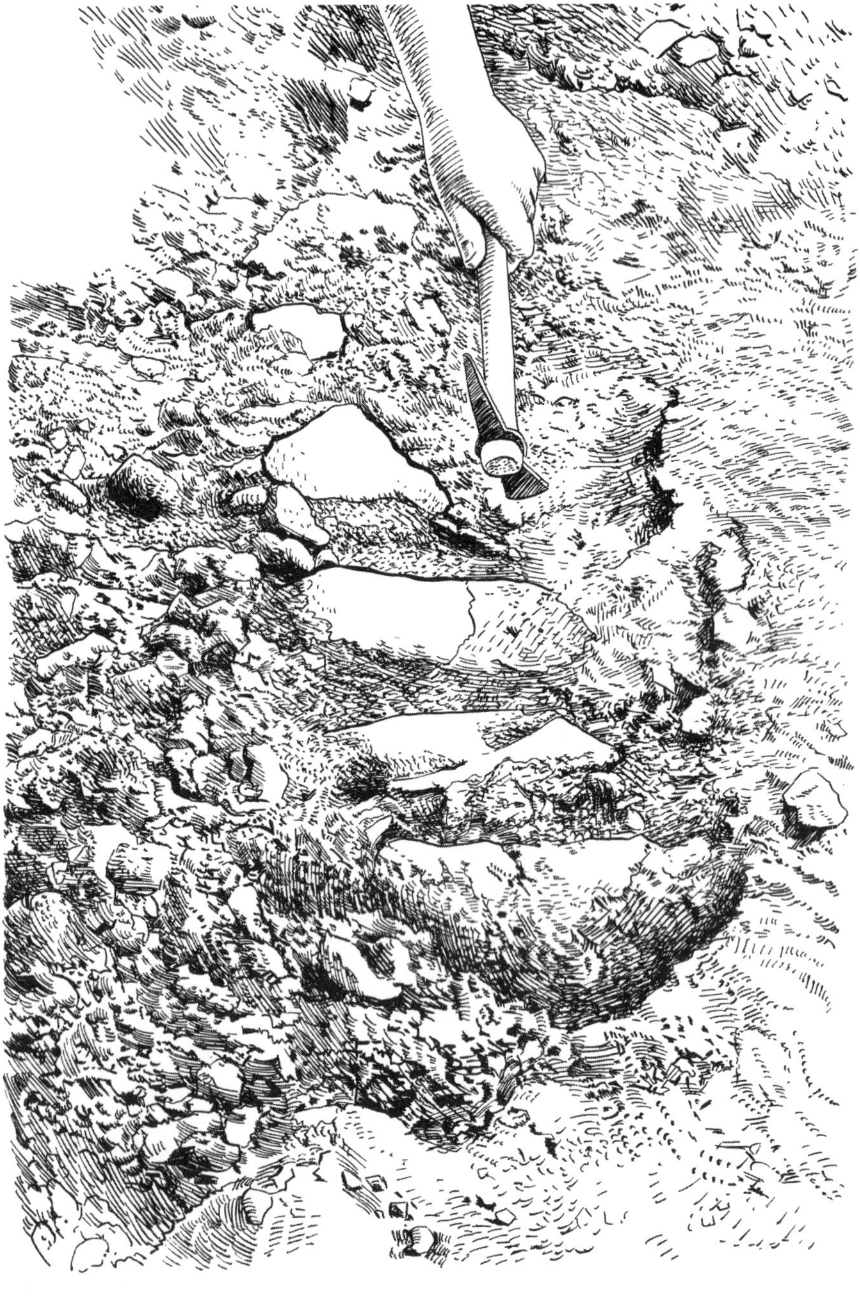

卡布里廢丘的發掘工作。

目次

第六部　新大陸考古學

希臘化時代銅像，於阿納法廢丘。

引言

一隻石化猴爪

在我七歲時[1][*]，我的母親給了我一本名為《特洛伊風城的城牆》（*The Walls of Windy Troy*）的書。這是本童書，內容是關於海因里希・施里曼（Heinrich Schliemann）[†]和他對特洛伊古城遺跡的研究。讀完之後，我宣布我將來要成為一名考古學家。後來在國中和高中時期，我讀了約翰・洛伊德・史蒂芬斯（John Lloyd Stephens）[‡]的《猶加敦半島旅行紀事》（*Incidents of Travel in Yucatán*）和C・W・瑟拉姆（C. W. Ceram）[§]的《神祇、墳塚與學者》（*Gods, Graves, and Scholars*），鞏固了我成為考古學家的決心——那些關於在叢林中尋找失落城市[2]和挖掘古文明的故事令人著迷不已。進入大學，

＊ 編註：本書作者註及參考書目因多為原文資料，採橫排（由左到右），頁序亦然，自a1起頁。

† 譯註：海因里希・施里曼（一八二二～一八九〇），德國商人和業餘考古學家，曾發掘多座《荷馬史詩》中提及的古城。

‡ 譯註：約翰・洛伊德・史蒂芬斯（一八〇五～一八五二），美國探險家、作家，發掘中美洲馬雅古文明遺跡的重要人物。

§ 譯註：C・W・瑟拉姆（一九一五～一九七二），德國記者、作家，著有許多考古學相關的通俗著作。

我在最短的時間內就申報考古學為我的主修科目。大學畢業時，母親再次送給我那本關於施里曼的童書，那是十四年前一切的起點。至今，我在喬治・華盛頓大學的辦公室仍然放著那本書。

被考古學迷惑的可不只我一人，顯然許多人都深受吸引。印第安納・瓊斯系列電影的成功，以及數量迅速成長、幾乎每晚都會在某個頻道播送的電視紀錄片皆是明證。而我早已數不清有多少人告訴過我：「你知道，如果我不是______（空格可填入醫生、律師、護理師、會計師、華爾街金融家等職業），我應該會成為考古學家。」然而，大多數人對考古學內涵的了解趨近於零。他們可能想像考古學家老是在尋找失落的寶藏、到異國遺址旅行、用牙刷和牙科工具細心挖掘文物，但實際情形完全不是這麼一回事，大部分的考古學家和印第安納・瓊斯差得十萬八千里。

從我大學二年級開始，幾乎每個夏天我都參與了考古考察——過去三十五年來，總共已經超過三十個田野調查季。因為我的工作地點——主要是中東和希臘——多數人認定我是個舊大陸（Old World）考古學家，但我也曾在美國的加州和佛蒙特州挖掘文物，而就考古學的專業用語而言，美國屬於新大陸（New World）。

我有幸能夠參與各項有趣的計畫，包括以色列的阿納法廢丘（Tel Anafa）、米吉多（Megiddo）和卡布里廢丘（Tel Kabri）；希臘的古雅典安哥拉（Athenian Agora）、維奧蒂亞（Boeotia）和皮洛斯（Pylos）；埃及的瑪斯胡塔廢丘（Tell el-Maskhuta）；克里特島（Crete）的帕勒歐卡斯特羅（Palaiokastro）；約旦的卡塔瑞薩姆拉（Kataret es-Samra）；賽普勒斯（Cyprus）的聖迪米垂歐斯（Ayios Dhimitrios）和帕福斯（Paphos）。除了在雅典市中心的安哥拉，和聖經中哈米吉多頓戰場（Armageddon）所在地的以色列米吉多，其他的考古遺址或地區大概只有考古學家曾經聽聞。

人們常常問我：「你曾經找到最棒的東西是什麼？」我總會答道：「一隻石化猴爪。」那是我第一次參加海外挖掘工作時找到的，就在我大二學年結束的那個夏天。當時我參與密西根大學主導的一項計畫，挖掘以色列北部阿納法廢丘的希臘羅馬遺址。

有天上午十點左右，天氣開始變得極為炎熱，我正擔心自己會因此中暑。就在那時，我的小挖錘（patish）*打到了一個東西，敲擊的角度讓它直直彈起至空中，在落地前不斷旋轉。它還在空中時，我注意到那個東西是綠色的，並在熱氣導致的些許恍惚間想著：「嘿，那是隻石化的猴爪吔！」但錘子落地後，我已恢復理智思考：「石化的猴爪怎麼會出現在以色列北部呢？」

不出所料，我仔細檢視猴爪後發現，那是一件希臘化時代家具的青銅碎塊，形狀是希臘神話中的神祇潘（Pan）——即頭上長角、四處演奏雙管排笛的牧神。那個碎塊原先可能是一張椅子木頭扶手的末端，但木頭早已粉碎崩裂，於是只有青銅塊留存在我挖掘的地方。它之所以呈現綠色，是因為歷經兩千年，青銅已經改變顏色；這兩千年來，它靜靜埋藏在地底，等待我來發掘。我們小心翼翼地將它帶離考古田野現場，把它畫下來，也拍了照，以便日後發表之用。將近三十年的時間，我都未曾再見過它，直到我意外走進了海法大學（University of Haifa）的一間博物館才再度看見，那是由耶路撒冷的以色列博物館（Israel Museum）出借的展品。

之後，到了二〇一三年，我們的團隊在以色列北部卡布里廢丘的迦南（Canaanite）考古遺址，找到了幾乎能勝過我那隻石化猴爪的東西。自二〇〇五年起，每隔一年我都會在這個遺址和海法大學的

＊譯註：patish 為希伯來文的錘子之意。

阿薩夫・雅蘇爾－蘭道（Assaf Yasur-Landau）共同指導發掘工作。雖說每一季都有新的驚喜，但這項發現完全在我們意料之外——我們找到了後來證實是世界上已知最古老、最龐大的酒窖[3]，其年代可回溯至公元前一七〇〇年，也就是近四千年前。

當時時值六月，是我們考古季的第一週，我們偶然發掘一只大陶罐，並為她取了個綽號「貝希」（Bessie）。我們耗費近兩個星期，才讓她完整出土，我們發現她躺在一個房間的灰泥地板上。那時，她的朋友們也陸續加入她的行列，結果共有三十九位——因為我們總共挖掘出四十只陶罐，每只皆有三英尺（約九一．四公分）高，遍布那個房間與其北側的走廊。

酒罐特寫，於卡布里廢丘。

即使那些陶罐已經瓦解成數十片陶器碎塊，多虧滲入的土壤填滿了每個罐子，所以陶罐仍然保有原始的形狀。我們最初以為每只陶罐大約能裝下五十公升的液體，但當我們的修護師開始重建那些陶罐，他告訴我們每只陶罐的實際容量可能超過一百公升，也就是說總共裝填了四千公升的液體。

我們在卡布里廢丘的副指導安德魯．柯（Andrew Koh），採用有機殘留物分析來檢測那些碎片，以便判斷罐中所盛何物。結果出爐，多數碎片的丁香酸（syringic acid）檢驗呈陽性，屬於紅酒的成分；有些碎片測出帶有酒石酸（tartaric acid），在紅酒和白酒中都能找到這種化合物。因此，我們果斷認定這些陶罐原先都裝滿了葡萄酒，大部分是紅酒，有些則是白酒。以現代的計量來看，總共大約是六千瓶葡萄酒。罐中的葡萄酒當然早已無影無蹤，只剩下陶罐組織中的殘留物質，但經常有人問我那些葡萄酒嚐起來可能是什麼滋味。因為我們還沒有明確定論，我總是直接回答現在那酒帶有「泥土風味」。

我們的發現，以及我們接續在同行評閱的期刊上發表的那篇相關文章登上了所有報紙的版面[4]，包括《紐約時報》、《華爾街日報》和《華盛頓郵報》，《洛杉磯時報》、《時代》、《史密森尼》（*Smithsonian*）和《葡萄酒觀察家》（*Wine Spectator*）等雜誌也有報導。至今，已經有另外四間房間和七十只陶罐出土，我們非常期待能在這個有趣的遺址進行更多季的發掘工作。

在我七歲決定要成為考古學家時，絕對無法想像我會發現古迦南的一座酒窖，但這就是考古學的美麗與振奮人心之處——你無法真正預期你會找到什麼。我在喬治・華盛頓大學非考古學家的同事們認為，全世界最好笑的笑話就是問「考古學界有什麼新鮮事？」——因為所有我們挖掘出來的東西當然都不新鮮了。話雖如此，即使是在早已為人所知的遺址和地點，考古學仍不斷帶給我們驚喜。舉例來說，現在我們已經發現特洛伊遺址比原先預想的大了至少十倍；法國的史前肖維岩洞（Chauvet cave）壁畫比我們假定的還要古老；隱沒在貝里斯（Belize）叢林的一處馬雅遺址透過遙測科技被成功定位；以及埃及的塔尼斯（Tanis）遺址明明顯而易見，卻自始至終未被發掘。以上每個案例，新進展皆未在預料之中。

※　※　※

此外，其他新發現和新假說的發現天天可見，這些喜訊如源源不絕的雪片般飛來，而且速度似乎越來越快。比方說，在二〇一六年六月初的某天[5]，與考古學相關的媒體報導包括：一支新的考察隊在以色列的骷髏洞穴（Cave of Skulls）尋找死海古卷（Dead Sea scrolls）*；在倫敦發現了數量約四百塊上頭寫有拉丁文的木板†；擁有兩千年歷史的哈德良時代軍營在羅馬出土；探討一名加拿大的青少年是否真的在墨西哥發現了馬雅遺跡；一場展出五百件古希臘文物的展覽在華盛頓特區開幕；新的遙測技術被應用在埃及的大金字塔上；以及證實圖坦卡門（King Tut）匕首刀刃的材質是隕石製成的鐵金屬——啟發《紐約郵報》（*New York Post*）下了一個精彩但不全然正確的標題：「圖坦卡門的匕首來自外太空」。僅在一週內[6]，又接續公開了在柬埔寨叢林樹冠層之下的新考古發現，多虧新的遙測科技才能達成。

許多新發現不斷出現，而且速度達到考古學歷史的高峰，這當然是好消息，但壞消息是在這本書發行之際，可能有某些內容已經過時了。舉例來說，所有剛剛提過以及其他與書中討論主題相關的故事，在我完成這本書的草稿時都還是最新報導，但其餘的故事則會在這本書付梓出版時才出現。

對一名考古學家來說，這真是令人興奮的時代，但我也想在這本書中處理關於各種新發現的一些可疑主張，這些主張偶爾會出現在電視紀錄片、媒體報導、個人的網路部落格或其他地方，因為一般大眾有時難以分辨專業考古學家真正的發現和討論與偽考古學家的主張有何不同。每年都會有滿腔熱血的業餘人士，只憑著極少的考古學訓練，甚至幾乎沒有受訓，就去尋找如約櫃（Ark of the Covenant）‡或亞特蘭提斯（Atlantis）§這類的東西和地方。這些探索雖然是迷人故事和精彩紀錄片的好素材，但卻攪渾了一缸水，真正的科學進展變得模糊不清。有些主張實在太過誇大，我在二〇〇七年的《波士頓環球報》（*Boston Globe*）發表了一篇專欄文章，標題是〈假方舟的入侵者〉（Raiders of the Faux Ark）。在文中，我提醒一般大眾小心上當[7]，並邀請我專業的同事們在這類主張出現時，一起加入調查的行列。

許多人受到冒牌考古學家的鼓動，無法接受單憑人類自己的力量就能促成偉大創新的事實，如動植物的馴化，或是建造像金字塔或獅身人面像這樣宏偉的建築傑作[8]。即使毫無必要，他們仍然訴諸外星人或有時是神力的幫助，來解釋這些成果從何而來。這樣的情況惡化得相當嚴重，以至於我們在這本書開頭引用、打趣的考古格言裡加了一句：「六顆石頭便成了外星人蓋的宮殿」。

當今撰寫這本書最緊迫的理由，或許是因為這個世界正在面臨對考古遺址和博物館的攻擊，而且過去這幾年，毀壞的程度和速度可謂空前絕後。在中東各地，從伊拉克到阿富汗、敘利亞、利比亞和埃及，蓄意掠奪和破壞古物的情形層出不窮，大多與當地近年的戰爭和暴動有關。不過，掠奪遺跡並不是中東地區特有的現象，而是全球性的問題，劫掠行為從希臘橫跨到祕魯[9]，正在以前所未有的規模威脅著我們獨一無二的人類遺產。早在二〇〇八年，有一位記者就形容破壞程度[10]「幾乎已經達到產業級的規模」，他寫道：「掠奪者用鏟斗機和小型推土機來侵襲古老遺址，把範圍等同幾座足球場

---

* 譯註：一九四七年，舊約聖經抄本在死海附近的洞穴中出土，被稱為死海古卷，是目前已知最古老的聖經經卷。

† 譯註：二〇一六年，英國倫敦一個建築工地發現約四百塊古羅馬時期記錄商業交易及法律的木板，這些二千年前的文字是草寫體拉丁文，考古學家認為它們是英國最早期的手寫文件。

‡ 譯註：「約櫃」裡頭放著神和以色列人的契約，也就是先知摩西在西奈山上取得的十誡法版，其下落眾說紛紜。

§ 譯註：古希臘傳說中沉入海底的大陸。

那麼大的表層土壤徹底刮除。接著在金屬探測器的帶領下——錢幣經常會洩漏其他物品的位置——他們鑽挖盜洞，榨取任何值錢的東西。同樣的字眼在二〇一五年再度出現，聯合國教科文組織總幹事[11]警告「敘利亞產業規模的洗劫行動」非同小可。

考古學家十分積極投入記錄和試圖避免人類遺產繼續流失的工作[12]，但守護過去歷史的責任不該只落在他們身上，所有人都該承擔這項責任。我們每個人都應該協助維護並保存遺失已久的文明遺存（remains）*和古物。我希望我在這本書中提及的素材，能夠提醒我們自身從何而來及其魅力所在，並鼓勵廣大群眾在仍有挽回餘地時協助保護我們的遺產。並非所有讀者都有時間或自由能夠加入考古挖掘，但所有人都能大聲表達支持考古工作與我們共享遺產的立場。

同時，寫書的理由純粹也是因為是時候需要一本適合所有年齡層的新入門著作，從和我第一次讀到海因里希．施里曼時同齡的少年，到對考古領域不甚熟悉的成人和退休人士都能閱讀。過去幾十年來，考古學界出現了大量的新發現和大幅進展。其中包括在衣索比亞哈達爾（Hadar）的早期人猿局部骨骸「露西」（Lucy）和坦尚尼亞拉耶托里（Laetoli）三百六十萬年前的腳印；法國肖維岩洞（Grotte Chauvet）的史前洞穴藝術；土耳其西南沿海的傑列東尼亞岬（Cape Gelidonya）和烏魯布倫（Uluburun）沉船，裡頭藏有大量青銅器時代各個地中海國家製造的物品；世界最古老的哥貝克力石陣（Göbekli Tepe）神廟，和加泰土丘（Çatalhöyük）新石器時代遺址的新挖掘成果，兩者都在土耳其；中國的兵馬俑；阿爾卑斯山脈的冰人奧茨（Ötzi the Iceman）；以及祕魯的莫切文明（Moche）。以上和許多其他的新發現，本書皆有述及。除此之外，還討論了考古學家本身以及他們挖掘這些遺跡、促成新發現所應用的技術。

＊＊＊

接下來的內容中，我們會追溯考古學的演變，從最早的根源，到針對過去的民族與文化，條理分明且專業的科學系統研究。在這趟考古之旅中，我們會一一認識霍華德・卡特（Howard Carter）、海因里希・施里曼、瑪麗・李奇（Mary Leakey）、海拉姆・賓漢（Hiram Bingham）、桃樂絲・加洛德（Dorothy Garrod）和約翰・洛伊德・史蒂芬斯等探險家和考古學家。這些男士和女士與許多其他人員攜手，發現了早期民族和失落文明的遺存，如西臺人（Hittites）、米諾安人（Minoans）、邁錫尼人（Mycenaeans）、特洛伊人、亞述人、馬雅文明、印加文明、阿茲特克文明和莫切文明。我們會檢視在舊大陸（從歐洲和英國到中東以東）和新大陸（北、中、南美洲）完成的考古工作。

這些都是我認為最迷人的考古學家和發現，而我也相信要了解考古學如何經年累月發展成一個學科，並展示考古學如何闡明某些遺失已久的古老遺址和文明，這些學者和發現至關重要。[13]讀者會發現每個篇章（包括「挖深一點」的幾個部分）都有關於遺址和遺物（artifact）[†]的討論，以及各處所面臨的普遍威脅，如現今世界各地都有的洗劫古蹟問題；同時，探討投入考古學所需的苦力和體力勞動；說明考古學家其實是在找尋史實，而非黃金、寶藏或其他戰利品；敘述科技進步讓我們有能力找到新遺址，並增進我們對原先早已挖掘過的遺址的了解。

＊譯註：考古學專有名詞，泛指人類在過去遺留下來的物質。

†譯註：考古學專有名詞，指人類製作、加工或使用且可攜帶移動的物品。

另外，我也加入了實用的細節和建議，關於如何進行考古學研究，因為我經常被問到如下的問題：

「你怎麼知道要挖哪裡？」

「你怎麼知道某個東西有多老？」

「找到的東西你可以自己留著嗎？」

為了回答這些問題，我納入了幾個其他地方的例子，如冰人奧茨和兵馬俑，但我也引用了自己的田野研究，範圍橫跨克里特島、賽普勒斯和加州。某些案例可以被當作調查或發掘工作中禁止事項的範例，包括在希臘勘查時跌落一個小懸崖，當然，還有我第一次在以色列挖掘時，以為自己找到了一隻石化的猴爪。然而，這代表我的討論有時會僅僅限定於某些地點。比方說，我們在中東地區經常會用十字鎬挖掘，但在美國東岸卻幾乎不用，所以我盡力強調，我敘述的技術在世界的其他角落可能會有所不同。我在提及年代時，也採用「公元前」（BCE）和「公元」（CE）的用法，而非某些讀者可能較熟悉的「西元前／西元」（BC/AD）系統。這個選擇並非旨在冒犯任何人，純粹是按照大部分現在考古學家和考古學報告的用語。

整體而言，本書的素材是源自我自二〇〇一年起在喬治・華盛頓大學教授的考古學入門課，加上我每年更新和修改的筆記和演講，以呈現新發現和舊發現的新思維。如果是其他教授或作者可能會採用不同的做法，我樂見其成，但接下來的討論反映了我個人在這個領域的愛好和熱情所在。我希望讀者會對這些素材感興趣，進而繼續閱讀其他關於特定遺址、年代和民族更詳盡的書籍。

至少，到了這趟旅程的尾聲，讀完整本書的讀者會知道幾個著名遺址和幾位考古學家的更多知識，會發現沒有必要訴諸於外星人，也會更了解考古學研究的實際狀況。我希望這本書也能讓人明瞭考古學為何重要，以及我們為何應該為後代子孫保存歷史，因為考古學不只教導我們過去，也讓我們和更寬廣的人類經驗連結，豐富我們對現在和未來的理解。

更明確地說，考古學的故事其實是關於許許多多全球各地（甚至來自太空）的發現。不過，有一個目標將這些故事和其中的人們全都連結在一起，那就是渴望了解人類的故事，探索人類最遙遠的過去，到各大文明的崛起（與瓦解）。這一切加總，就是我們的故事。

圖坦卡門的黃金死者面具。

序言

「美妙的東西」：圖坦卡門與他的陵墓

一九二二年十一月二十六日，霍華德・卡特第一次窺視圖坦卡門*的陵墓。他瞇著眼睛，試圖從他鑿出的小開口看進去，唯一的光源是他伸出的一隻手上握著的蠟燭。他發現自己正看進一個從地面到天花板都塞滿了物品的房間，包括黃金製品，因為到處都可以看到黃金的光芒。認捐這趟挖掘所有費用的卡納芬伯爵（earl of Carnarvon）猛拽卡特的外套，焦急地跳上跳下。「你看到什麼了？你看到什麼了？」他迫不及待地想知道。卡特回答：「我看到了美妙的東西。」[1]

當時，卡特和他的贊助人卡納芬已經耗費了五年的時間，只為尋找圖坦卡門的陵墓。結果陵墓竟然就在他們每季考察所設置的營帳正下方，位於現今路克索（Luxor）尼羅河對岸的國王谷（Valley of the Kings）。他們並不知道墓就在那裡，因為圖坦卡門的陵墓深埋在一層岩石碎片之下，那些石片是

* 譯註：圖坦卡門是古埃及的一位法老（在位時期大約是公元前一三三二年～前一三二三年），他的墳墓在三千年的時間內從未被盜，直到一九二二年才被英國人霍華德・卡特發現，並挖掘出近五千件珍貴陪葬品。

稍晚兩百年左右，在附近建造拉美西斯六世（Ramses VI）墳墓的工人們所堆棄的。

卡特花了十年才挖到這座陵墓。墓穴裡的物品都被帶到開羅的埃及博物館（Egyptian Museum）收藏，至今仍然在那裡展示。然而，卡納芬未能親眼看見這一切發生，因為他在一九二三年四月初，陵墓開啟後不久就過世了。他的死亡是一場意外——他在刮鬍子的時候不小心劃開了一個蚊子叮咬的腫包，引發敗血症而身亡。謠言很快就散布開來：這座陵墓一定受到了詛咒，所以任何人在任何時刻只要在陵墓開啟時在場，都會隨後喪生，這件事被媒體大肆報導。可是，卡特自己在找到陵墓後又活了十七年[2]，因此這個謠傳的故事似乎不可能有任何真實性可言。諷刺的是，現在推測圖坦卡門死因的理論中，最可信者是他同樣也因蚊子的叮咬，而染上瘧疾身亡。

※ ※ ※

圖坦卡門在位期間正處於古埃及的新王國時期（New Kingdom period）。他是第十八王朝的統治成員之一，第十八王朝約於公元前一五五〇年開始，持續到公元前一三〇〇初即覆滅。古埃及最著名的幾位統治者都是出身於這個時期，包括遠近馳名的女法老王哈姬蘇（Hatshepsut），在位約二十年；她的繼子圖特摩斯三世（Thutmose III），征服了今日的以色列、黎巴嫩、敘利亞和約旦的多數地區；阿肯那頓（Akhenaton），人稱異教法老，因為他可能是我們現今所謂一神教的發明者；以及阿肯那頓美麗的妻子娜芙蒂蒂（Nefertiti）。[3]而最後這兩位最有可能是圖坦卡門的父母。[4]

圖坦卡門在公元前一三三〇年左右登上古埃及王位，當時他年約十八歲。十年後，他意外身亡，並被埋葬於國王谷，他的陵墓被隱埋而遺忘，直到三千五百年後才再度為人發掘。

※ ※ ※

卡特第一次造訪埃及時年僅十七歲。到了一九〇七年，他已經是個受人敬重的埃及學家。不過，卡納芬第一次聯繫卡特時，脾氣不好的他正好丟了飯碗，早些時候他拒絕為某個牽涉到法國觀光團的問題道歉，因此失去他的公職。於是，卡特成天畫水彩風景畫打發時間。至於卡納芬，他正遵從醫師的指示，離開英格蘭到埃及過冬休養，因為他在一場車禍中刺穿了他的肺部。[5]

這兩名男子在各地共事了十年之後，決定在國王谷搜尋圖坦卡門的陵墓。約從公元前一五〇〇年開始，多數新王國時期的古埃及法老都埋葬在這個乾燥少雨、岩石密布的山谷，就在今日路克索城的對岸。幾世紀前，許多開鑿在山腰的陵墓都已在古代被發掘並遭洗劫一空，但仍有幾座尚未被發現。圖坦卡門的墳墓就是其中之一。

在漫長的五個年頭裡，他們幾乎無所斬獲，卡納芬的資金將近消耗一空、興趣漸失，卡特突然發覺國王谷有個地方他們尚未調查過──他們每年紮營的地點。他們在一九二二年十一月一日開始發掘工作。僅僅三天後，在十一月四日星期六的早上十點，他們就發現了通往圖坦卡門陵墓的第一道臺階。[6]

當天整天及翌日，卡特順著臺階往下走，來到了陵墓的入口。十一月五日的日落時分，他已經可以看見封閉門面上的灰泥印有王室墓地的標誌，表示裡頭埋葬的是重要人士。卡特暫且停工，發了一封越洋電報給人在英格蘭的卡納芬。在他的日記裡，他一字不差地記錄下這封電報的內容[7]：

終於在山谷裡找到美妙的新發現
一座封印完好的宏偉陵墓
在你抵達前維持原狀
恭喜你

他沒告訴卡納芬的是，他其實很擔心陵墓裡空無一物。雖然門上確實有墓地守衛的完好封印，他仍能從封閉門口的上方看出，這道門分別被打開又闔上了兩次。他相當肯定這座陵墓曾經在古代遭竊，問題在於墓裡是否有留下任何東西供他們發掘。

卡納芬在十一月二十三日抵達挖掘現場，工人們又立刻開挖。到了隔天，他們已經能夠確認是圖坦卡門的陵墓，因為能夠清楚看到印有他名字的封印，就位於王室墓地的封印下方。

他們終於在十一月二十五日打開沉重的石門，一道長廊出現在他們眼前，裡頭刻意填滿了土壤、石頭、灰泥和各種瓦礫碎石。這道入口走廊近三十英尺（約九．一四公尺）長。隔天，他們鎮日清理無止境的碎片殘骸，工人們挖出的瓦礫在陵墓入口外堆起了一座更大的石堆。到了下午兩點，他們抵達第二道封閉的門口，通往我們今日稱之為前廳（Antechamber）的房間。[8]

不過，他們仍然不知道門的另一頭會是世紀大發現，還是被古代盜墓者搬空的陵墓。他們唯一能確定的是卡特說得沒錯，這座陵墓曾在古代被二度闖入。第一次顯然是在最初埋葬後不久發生的，當時入口的走廊依然空無一物，只放了幾樣物品，如幾個盛裝屍體防腐材料的罈罐。第二次入侵則是在走廊被填滿白色石片之後。卡特和卡納芬在移除瓦礫時可以清楚看出，當時的盜墓者沿著左上邊緣挖出一條隧道，因為在某個時間點這條隧道又被填滿了深色的火石和燧石片。[9]從他們在第二道門上鑿出的小洞中看進去，卡特如釋重負，因為他看見前廳裡仍堆滿了物品。他在之後寫下：

> 起初我什麼都看不見，從墓室裡竄出的熱氣令燭光閃爍，但不久後，當我的眼睛習慣那道光，墓室內的細節就從薄霧中緩慢浮現，有奇特的動物、雕像和黃金——到處都是黃金的閃爍光芒。一時之間——站在一旁的其他人一定覺得漫長無比——我被驚豔得啞口無言，而當卡納芬閣下再也無法忍受懸念，焦急地詢問：「你有看到任何東西嗎？」我只能說出這幾個字：「有，我看見美妙的東西。」[10]

在十一月二十六日的日記裡，卡特進一步描述接下來發生的事，聽起來就像出自好萊塢電影的情節，但卻是真實情況，絕非幻想。他們把洞鑿得更大一些，好讓他和卡納芬能同時看向裡頭，他們憑著一支手電筒和另一根蠟燭的光，注視著那個房間，眼前所見令他們瞠目結舌。按其所述，那是「非凡的寶藏收藏」，「有兩尊奇特而黝黑的國王雕像，穿著金色涼鞋，手握枴杖和權杖，在黑暗的籠罩下隱約可見；幾座形狀奇特的鑲金臥榻，如獅頭、哈索爾（Hathor）*頭像和陰間的野獸；……幾只雪花石膏花瓶，有些刻有蓮花和紙莎草的精美紋章；幾座古怪的黑色聖壇，有鑲金的蛇獸從中竄

＊譯註：哈索爾為古埃及女神，象徵愛、美、富裕、舞蹈、音樂的神祇。

出；……幾張雕工精緻的椅子；一座鑲金的寶座；……各種形狀和設計的腳凳，普通和珍稀材質皆有；最後則是一堆混亂傾倒的戰車部件，金光閃閃，有個人形雕像從中探出頭來。」[11]

這篇日記收尾時[12]，卡特彷彿仍在恍惚之中，他僅僅寫道：「我們關閉那個洞穴，鎖住置於第一道門上的木格板，騎上我們的驢子返家，沉思著我們方才看見的東西。」很難想像卡特和卡納芬在發現到新事物的第一時間有何感受，尤其是他們歷經了好幾年的搜索與失望，但他們的夢想成真了，而且遠遠超越預期。

※ ※ ※

之後，卡特和他的團隊在清空第一間房間裡的所有物品時，找到了一條打結的披巾遺存[13]，裡面包裹著八只實心的黃金戒指。卡特認為有批盜墓者在過程中被逮個正著，包著戒指的披巾就被這些入侵者或官方人士隨意丟進某個箱子裡。

其餘的內室中，有間現在稱之為附室（Annex），另一間則通常被稱為寶庫（Treasury），兩間都曾被第二批的盜墓者闖入並洗劫一空。雖然這兩間內室的保存狀況比前廳好一些，但卡特估計那些搶匪帶走了收藏在寶庫裡多達六成的珠寶。

這些內室裡仍塞滿了大量的遺物，卡特耗費將近整整三個月才將所有物品編目移出。他終於在一九二三年二月中旬進入墓室。他在二月十五日的日記只寫著：「為打開通往埋葬室的封閉入口做準備。」二月十六日的日記也僅僅寫道：「打開封閉入口」[14]，並記錄當天參與工作的人員名單。

那些在場的人們都見證了《紐約時報》所謂「埃及考古挖掘史上最了不起的一天」。卡特等人在事後詳盡說明時，特別描述到包圍國王靈柩的巨大鑲金聖壇，以及堆放在墓室內其他地方不可勝數的物品。

其他干涉考察的事件接踵而至，包括許多法律爭論，所以一直到近兩年後——也就是一九二五年的十月——卡特才親眼看見圖坦卡門的木乃伊。他被埋葬在三具棺材之中——三具層層相疊的棺木。最外面的兩具是木製的，覆滿金箔，但最裡面的那層竟重達近二百五十磅（約一一三．五公斤），因為是用實心的黃金打造而成的。圖坦卡門本人躺臥在這具棺木之中，鑲有青金石和藍色玻璃的黃金死者面具[15]仍掛在臉上，死者面具下方，他的身體和雙腿覆蓋了一層厚厚的瀝青（柏油）。

卡特試圖要把木乃伊取出棺木，

霍華德．卡特和助手正在鑑驗圖坦卡門遺體。

還一度在棺木下方點燃火堆，卻徒勞無功，最終他決定在原處檢驗那具木乃伊。他在一九二五年十一月十一日的日記裡，寫下情緒節制的筆記，或多或少讓我們感受到這件事對他的意義：「今天是考古史上偉大的一天[16]，或許我也可以說是考古發掘史上偉大的日子，同時也是某人在歷經多年工作、挖掘、維護和記錄，渴望親眼見證過去僅是推測的事實，終於理想成真的日子之一。」卡特和他的助手們花了九天，小心翼翼地拆開並研究圖坦卡門的木乃伊，並記錄了所有包裹材料內部的物品。

※ ※ ※

從圖坦卡門的骨骸可以明顯看出他逝世時年紀很輕，可能落在十八到二十二歲之間。近年來，有些關於這具木乃伊的新研究發表，發展出新理論來探討圖坦卡門為何在青少年的年紀早逝。這些研究多採用較新的技術，對闡明圖坦卡門生前和死亡的某些面向多有助益。

二〇〇五年，埃及古蹟最高委員會（Supreme Council of Antiquities）的前祕書長札希・哈瓦斯（Zahi Hawass），主導一項圖坦卡門木乃伊的電腦斷層掃描（CT scan）研究[17]，結果指出圖坦卡門的一隻腿骨有複雜性骨折的痕跡。這可能引發感染，進而導致死亡。若事實如此，他可能是從戰車上摔落[18]而意外喪命，雖然有些人認為他是遭到謀殺身亡的。

同年，有三組不同的法醫人類學團隊接到指示，要試圖重建圖坦卡門的臉部特徵。[19]每一組團隊所完成的結果大異其趣。法國團隊認為他的面容有些女性化特質；埃及團隊認為他的體型較為魁梧；而美國團隊在不曉得他們正在重建何方神聖的頭部的狀態下，又得出另一種詮釋。

在更近期的二〇一四年，有另一項電腦斷層掃描研究發表，在學者圈和媒體間引發辯論。研究人員透過近兩千次掃描的結果，進行虛擬的屍體解剖。藉此，他們總結出圖坦卡門患有許多輕微的生理症狀[20]，包括上排牙齒突出、內翻足以及各種遺傳性疾病。他們也認為他曾罹患瘧疾，這可能是導致他喪生的原因，而不是先前推測的腿骨折。

此外，二〇一〇年完成的圖坦卡門木乃伊ＤＮＡ測試提供了更多關於他父母和祖父母的資訊。多數的學者假設圖坦卡門的父親是法老王阿肯那頓，儘管他們從未在古代碑文中被同時提及。這份新的ＤＮＡ研究[21]指出學者們的假設大概是正確的，雖然仍然無法確定他的母親是誰，其中一說可能是娜芙蒂蒂。隨著科技持續進步，最終我們或許能夠百分之百確認他的家系血統。

※　※　※

不過，圖坦卡門和他的陵墓仍謎團重重。埃及學家尼古拉斯・里維斯（Nicholas Reeves）等人指出，圖坦卡門的許多陪葬品原本似乎並不屬於他，因為有些陪葬品上面有印著其他王室成員名字的痕跡。甚至連圖坦卡門著名的黃金死者面具也可能不是他的，這或許是因為他年紀輕輕便猝死，而不得不和原本不屬於他的陪葬品一起埋葬，甚至連那座陵墓[22]也可能不是為他所準備的。

二〇一五年，一間名為 Factum Arte 的公司在網路上發表高解析度的圖坦卡門陵墓內的彩繪牆面照片後，里維斯的假設也因此躍上新聞版面。Factum Arte 總部位於馬德里，是一間專門複製藝術作品的公司，那些彩繪牆面的照片是一項更大型計畫的一部分——在他的陵墓附近蓋一座供觀光客參觀的複製墓室。[23]原始的陵墓已經遭到現代訪客的破壞，因為無意間在呼吸中排出的溼氣[24]；也因為蓄意在牆上刻畫的塗鴉，正如法國和西班牙的阿爾塔米拉（Altamira）、拉斯科（Lascaux）和肖維的舊石器時代洞穴繪畫；這些繪畫的情況我們在後面的章節還會進一步說明。此外，Factum Arte 掃描了裝飾背景牆面背後的東西，也在網路上發表結果。

尼古拉斯．里維斯看了這些掃描圖片，就像早他近一世紀前的霍華德．卡特一樣，他心想著：他看見了「美妙的東西」。里維斯認為，他看到了墓室北牆和西牆彩繪背景後方有兩個隱藏的入口。他不禁聯想陵墓中尚有其他房間尚未被發掘，甚至可能包括一個完整的墓區，裡頭放著娜芙蒂蒂的軀體。[25]

埃及官方迅速開始檢驗里維斯的假設。他們邀請一位名為渡邊廣勝的日本專家，用高科技的透地雷達（GPR）系統，來掃描墓室中兩面牆背後的區域。透地雷達的運作原理和傳統雷達相同，但可以用來偵測地底下或牆後方的物品。二〇一六年初，兩個方位的初步掃描結果都是肯定的。兩面牆背後似乎都各有一間附加的房間，而且兩間房裡都可能放有金屬和有機物品。然而，二〇一六年三月，國家地理學會（National Geographic Society）的一支團隊進行二次掃描[26]，卻「無法找出同樣特徵的確切位置」，於是引發對第一次掃描結果的質疑。這個情況是個很好的例子，說明即使是最優秀的遙測檢驗，也仍需要實際的挖掘來確認其結果，我們將會在接下來的章節裡看見世界上其他地方的更多案例。現在，我們正在等待更進一步的結果和同行評閱的發表研究。

※ ※ ※

發現圖坦卡門陵墓的故事距離最初的發掘已將近一個世紀，至今仍不斷激發共鳴。這個最負盛名的例子讓考古學的魅力和吸引力一目了然，更展現出這門學科能夠蘊含多少驚喜。我的經驗亦然，考古學可能帶來無數這樣的驚喜，從平凡到偉大者皆有，而如我們將在本書所見，為這樣的考古發掘做出諸多貢獻的正是科學和科技的嶄新進步。

第一部

早期的考古學與考古學家

Part 1.

Early Archaeology and Archaeologists

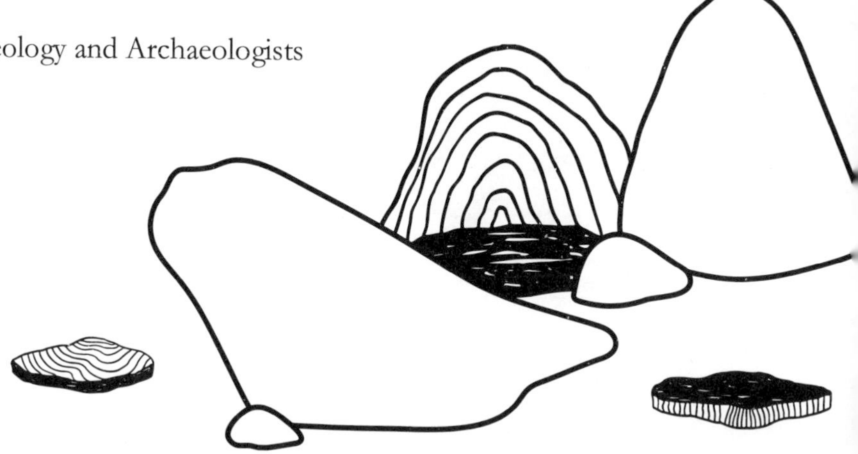

第一章

在古義大利歸於塵土

一七五二年，正好是卡特在埃及發現圖坦卡門陵墓的一百七十年前，義大利的考古學家們找到了三百卷捲起來的莎草紙古卷。那些卷軸位於一棟住宅的廢墟中，因為公元七九年八月二十四日的火山爆發而遭掩埋，在一個鄰近維蘇威火山（Mount Vesuvius）和今日的拿坡里（Naples）、名為赫庫蘭尼姆（Herculaneum）的小鎮廢墟中被挖掘出來。它們曾經是羅馬一座私人圖書館的部分館藏，這座圖書館現今以一個十分適切的名稱「莎草紙之宅」（Villa of the Papyri）為人所知，物主可能是尤利烏斯．凱撒

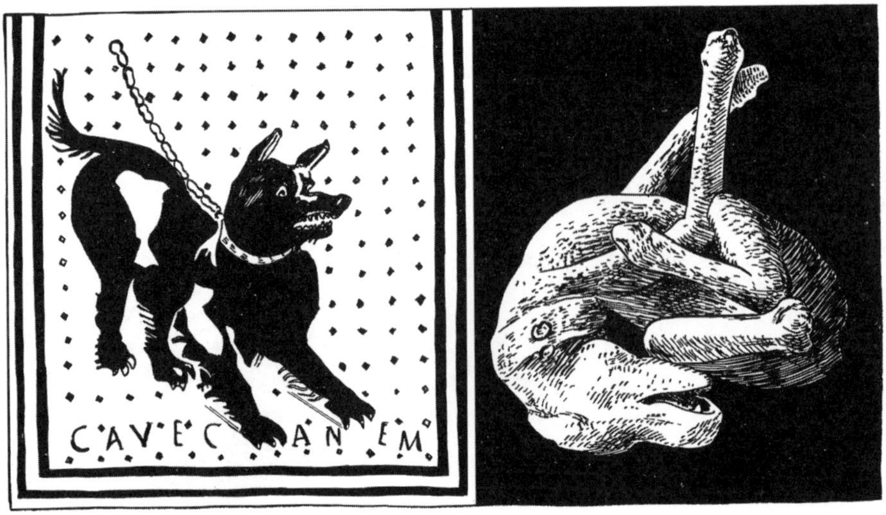

「小心有狗」馬賽克和灌入灰泥的狗。

（Julius Caesar）的岳父，收藏在他自己的宅邸中。雖然它們在兩百五十幾年前就已出土，完好的卷軸仍被保存下來，不過全都已碳化，脆弱得無法展開。[1]

幾世紀以來，人們總認為這些卷軸只能被當作珍奇之物看待，儘管現在看來不過是一堆木炭。然而到了近期，自二〇〇九年開始，目前已持續至二〇一六年，草紙學家（papyrologist，研究這種莎草紙卷軸和碎片的學者）即使沒有展開那些卷軸，也已經能夠辨識上頭的某些文字。[2]藉由一種X射線的集中光束，他們可以偵測出一些個別的字母，雖然古墨水的成分也含有碳，但碳化莎草紙和墨水仍能產生對比的結果。[3]多虧那墨水似乎也含有少量但足以被偵測的鉛，助了他們一臂之力。[4]如果這項技術繼續精進，有天我們將可能可以閱讀所有卷軸上的文字。這將會是考古學的一大進展，因為既然卷軸來自一位富人的私人圖書館，其中極有可能包含遺失已久的重要書籍，如李維（Livy）*的《羅馬史》（*History of Rome*）。[5]

※　※　※

鄰鎮龐貝古城的廢墟在一五九四年便已尋獲，早了一百五十年。當時工人們正在挖掘灌溉溝渠，無意間挖出古老廢墟的一部分，但之後又再度將遺跡掩蓋起來，沒有進一步調查。

於是，反而是赫庫蘭尼姆古城一七〇九年的挖掘工作先行展開。為了讓各位對這年分有些概念，以下是一些參考事件：當年班傑明・富蘭克林（Benjamin Franklin）年僅三歲；英國已建立了十二個

---

* 譯註：蒂托・李維（Titus Livius, 64/59 BCE-12/17CE）為古羅馬歷史學家。

日後成為美國的殖民地〔要到一七三二年才出現第十三個殖民地喬治亞州（Georgia）〕；安妮女王（Queen Anne）坐擁大不列顛王國（Great Britain）的王位，一七〇七年國會剛通過的一項法案*，合併了英格蘭、威爾斯（Wales）和蘇格蘭，才創造出大不列顛這個國體；庫克船長（Captain Cook）†大約在六十年後才登陸澳洲。

這是歐洲第一次進行考古挖掘，因此也是世界首見。一般認為此項計畫的功臣是一位名為伊曼紐耶・莫以斯・德・洛林（Emmanuel Maurice de Lorraine）的男士，也就是埃爾伯夫公爵（Duke of Elbeuf）。當時，他居住在義大利的拿坡里附近，在他特別因為該地區再次尋獲古老大理石塊而買下赫庫蘭尼姆遺址之後[6]，他同意出資贊助地底挖掘的首次嘗試。

德・洛林的工人們意外挖中了赫庫蘭尼姆的古羅馬劇場，成功取出一些古大理石雕像。後來大多數的雕像都被用來裝飾公爵的莊園，其他則四散歐洲各地，也包括一些博物館。這並不完全是我們會稱之為考古學研究的行為——反而比較像是洗劫文物，因為他們沒有留下任何紀錄，唯一的目的是要找到古代的美麗工藝品，而不是試圖更加理解它們出現在當地的來龍去脈。不過，幾十年後，正式的發掘工作在赫庫蘭尼姆古城展開，接著輪到龐貝。這正是我們今日所謂舊大陸考古學的濫觴，就這個案例，可以更精確地說是古典考古學（特指古希臘羅馬的研究）的開端。有系統的考古學，起始多歸功於約翰・約阿希姆・溫克爾曼（Johann Joachim Winckelmann）‡的努力，他是公認的古典考古學之父，也是第一位研究赫庫蘭尼姆和龐貝古城遺物的學者。[7]

接下來的十八世紀，再到十九世紀，考古學逐漸發展成一門學科。值得一提的是，溫克爾曼的研究工作是啟蒙時代的一部分；啟蒙時代的開端和赫庫蘭尼姆最早的一次考古挖掘幾乎同時發生，在這個時期，啟蒙風潮橫掃歐洲的多數地區。當時人們見證了各門科學的進展、國家博物館和私人館藏數量大量累積、達爾文主義（Darwinism）和社會達爾文主義的最終崛起，以及歐洲征服並殖民了世界上大多數的地區。如果考量到那個時代的普遍脈絡，大眾突然對考古學和古代感興趣且熱情歷久不衰這件事就並不令人意外了。

我們現在已經知道，維蘇威火山在公元七九年爆發時，毀壞並掩埋了幾座古城，包括赫庫蘭尼姆、龐貝和斯塔比亞（Stabiae）。光是龐貝城就有兩千人喪生，那個地區的赫庫蘭尼姆和其他城鎮死亡人數甚至更多。[8]其中部分是位於拿坡里灣（Bay of Naples）沿岸的高級城鎮，鎮上有些房子是羅馬的富裕居民所建造的，他們會在週末或夏天到那裡度假。就某方面來說，現在的情況似乎一如既往，因為那個地區至今仍是熱門的觀光景點。

有些人親眼見證了維蘇威火山的爆發。其中一人是十七歲的小普林尼（Pliny the Younger），也就是著名博物學家老普林尼（Pliny the Elder）的外甥（兼養子）。羅馬歷史學家泰西塔斯（Tacitus）問過他火山爆發的狀況，因此他曾在兩封寄給泰西塔斯的信中提到當下的慘狀。

普林尼寫道，他在鄰鎮米塞努姆（Misenum）可以看見烏雲、閃電、火焰和鋪天蓋地的沙塵。他形容當時完全的黑暗，就像身處一個沒有窗戶、沒有燈火的房間。他說他可以聽見婦女和小孩的哭

---

* 譯註：指英格蘭國會與蘇格蘭國會共同通過的聯合法案（Acts of Union）。

† 譯註：詹姆士・庫克（James Cook，一七二八～一七七九）為英國皇家海軍軍官、航海家，他所帶領的船隊為首度登陸澳洲和夏威夷群島的歐洲人。

‡ 譯註：約翰・約阿希姆・溫克爾曼（Johann Joachim Winckelmann，一七一七～一七六八）為德國考古學家、藝術學家。

號，以及男人的叫喊。不久，那些慘叫就漸趨平靜，但這只是因為火焰正在迅速延燒，吞噬了那座城鎮。接著，黑暗再度籠罩，夾雜著無止境飄落的滾燙塵土。如果他和同伴們沒有持續抖落那些火山灰，最終就會被沙塵壓垮。[9]

當時正值羅馬歷史上有趣——且重大——的時間點。約在一百年前，羅馬共和國（Roman Republic）開始轉變成羅馬帝國（Roman Empire）；尤利烏斯・凱撒在公元前四四年遭暗殺，奧古斯都（Augustus）獨攬大權，在公元前二七年成為第一位羅馬皇帝，開啟了朱利歐－克勞迪王朝（Julio-Claudian dynasty）。維蘇威火山在公元七九年爆發時，在位者則是接續的弗拉維王朝（Flavian dynasty）的皇帝提圖斯（Titus）。

※ ※ ※

幾乎和在赫庫蘭尼姆城找到那些碳化卷軸的同一時間，龐貝城周邊的挖掘工作於一七五〇年

從龐貝拱門看出去的維蘇威火山。

展開。這裡的時間也凍結在公元七九年八月末的早晨，餐桌上為了永遠無人開動的一餐飯，仍擺放著瓷器和食物。城裡還有躺臥在街道上的屍體——有些攜家帶眷尋求庇護，其他則是獨自倒臥的個人，某些雙手中還緊握著他們的珠寶。

侵襲龐貝的這場大災難真的讓這座城市和市民的一切動態當場凝結靜止。沙塵、浮石碎屑夾雜著降雨，融合成一種水泥狀的混合物，並且迅速硬化，阻撓倖存者折返取回財物的企圖。除此之外，數十具屍體、整個城鎮和它的遺存盡數遭到掩埋。隨著時間流逝，木頭、麵包和屍塊等易腐爛的材質都漸漸朽壞，進而形成許多窟窿，每個窟窿都保有一度存在那裡的物品或身體部位的形狀。

一八六三年，當時負責龐貝挖掘工作的義大利考古學家朱塞佩・費歐瑞里（Giuseppe Fiorelli）弄懂了那些窟窿的成因，或者該說那些窟窿過去的狀態。他發現他的工人們可以像雕塑家一樣，採用今日所謂的脫蠟法[10]，把那些窟窿當成製作銅像用的模具。

於是，只要他的團隊在挖掘時看到窟窿，費歐瑞里就會把灰泥倒入開口中。當他們事後將火山灰開鑿去除，就會留下與原本在該處的物品一模一樣的灰泥複製品。他們重新恢復了無數具屍體的遺存，包括相擁依偎的家庭，還有一切的有機物質，例如木桌等其他家具，甚至是一條條的麵包。[11]他們也重新複製了一些寵物，其中有隻狗還被拴在主人把牠留下的地方，牠被發現時上下顛倒、姿態扭曲，甚至還可以在灰泥中清楚看見牠項圈的形狀。

雖然費歐瑞里的方法對麵包條和木製物品行得通，遇上人類軀體卻有一個大瑕疵——他的灰泥模型會掩蓋住肉身崩解後留在窟窿裡的骨頭和其他遺物，因為它們被包裹在新澆入的灰泥之中。有個解決方法是改用某種透明的材質，例如用樹脂取代灰泥，但製模過程會變得昂貴許多。這個方法只在一九八四年用於一位維蘇威火山爆發受害者的身上，這位人稱「樹脂女士」（Resin Lady）[12]的罹難者還佩戴著她的金色珠寶和髮簪。

考古學家也發覺重新研究那些灰泥模型本身有其意義，包括費歐瑞里的工人們無意間用灰泥包覆於內的骨頭和其他物質。二〇一五年九月，一個由放射學者、考古學者和人類學者等專家組成的團隊，開始使用雷射成像（laser imaging）、電腦斷層掃描和ＤＮＡ取樣，來檢驗被灰泥包住的遺存。電腦斷層掃描特別能夠展現詳盡的細節，其中一張掃描圖是來自一名四歲男孩，他被找到時身旁還有他的父母和一個年紀更小的手足。我們可以看出在他死前承受了多大的恐懼，雖然無法確認真正的死因。那些掃描圖片也顯示許多受難者頭部受傷，這可能肇因於倒塌的建築物或落石，且各個年齡層的死者都有[13]，而不是如之前所想像都是年幼、年長和生病的居民罹難。

※　※　※

赫庫蘭尼姆城的狀況不大相同，它是被深埋在厚達三十英尺（約九．一四公尺）、流速極快的泥土之下，把整座城鎮徹底吞噬掩蓋。地質學家稱這種泥石流為火山泥流（lahar），類似的事件曾發生在火山爆發期間，近期在一九八五年的哥倫比亞和一九九一年的菲律賓皆有紀錄。[14]

泥石流保存了赫庫蘭尼姆城的大半部分，因此在那裡進行挖掘工作的考古學家發現，古城幾乎就是公元七九年的狀態，原封不動。在很多地方，有些房子都還維持兩層樓高，這在考古發掘中是極罕見的例子，而且許多幅繪畫和裝飾磁磚都仍在牆上。甚至連木製品都被重新發掘，包括屋梁、木門、木床和一座搖籃。[15]

過去我們假設赫庫蘭尼姆的居民都逃離了城市，但在一九八一年和一九九〇年代再次挖掘時，在考古學家認為是岸邊船庫的地方找到了至少三百具屍體。這些可能是正在等待撤離城市的人們，卻因火山爆發噴出，估計近華氏一千度（約攝氏五三七・八度）的過熱氣體侵襲當地，讓他們瞬間死亡。熱氣以及隨後而至的高溫沙塵將他們活活燒死，他們的肌膚和內臟器官化為灰燼，只剩下骨骸以劇痛的姿態凝結硬化。[16]

※　※　※

就像赫庫蘭尼姆一樣，許多龐貝的房子也因為火山爆發而被保留下來，但是是被掩埋在數公尺高的沙塵和浮石碎屑之下。其中有一棟被稱作「農牧神之屋」，因為在房屋內部庭院蓄積雨水用的大池塘裡，立有一座銅像。那座銅像的形象是一位農牧神——一

龐貝街景。

種半人半羊的生物，長有犄角和尾巴，通常被描繪成正在演奏雙管排笛。

這棟房屋有座美麗的花園，草樹蓊然。火山爆發在龐貝和赫庫蘭尼姆都掩埋了許多這樣的宅邸花園。一九六一年，當馬里蘭大學（University of Maryland）教授薇勒米娜・賈辛斯基（Wilhelmina Jashemski）等現代考古學家，特別針對這些花園所在的區域謹慎進行挖掘工作時，他們找到了所謂的根穴（root cavities），是過去生長在其中的植物留下來的窟窿。透過調查不同植物的根所留下的獨特根穴，他們便能重建出那裡原有的植被，而且至少畫出了一整座葡萄園的平面圖。[17]

※　※　※

歷經三百年幾乎毫無間斷的發掘，考古學家讓龐貝的多數城區重見天日，不過仍有很多有待挖掘。古城的平面圖已經越來越明確，因此我們可以分辨出富裕居民居住在某些區域，而其他城區的主要居民則是中產，甚至是底層階級。[18]今天，觀光客可以看到鎮上各式各樣的區域以及其中的建築物，如澡堂、製革廠、商店和其他住家。舉例來說，二〇一四年，來自辛辛納提大學（University of Cincinnati）的史蒂芬・艾利斯博士（Dr. Steven Ellis）和考古學家團隊在古城的一道主要城門史塔比亞門（Porta Stabia）附近挖掘，宣布他們找到了十棟建築物，其間有二十間銷售或供應飲食的店面。這樣的建築布局具有十足的龐貝特色，在城裡甚至連私人住宅也經常在面對街道的那一側設有商店。[19]

那麼，龐貝城的居民們都吃喝些什麼呢？答案可能來自各式各樣的環境，若仔細想想，便能明白其中道理。艾利斯和他的團隊已經挖掘過一些下水道、茅廁和糞池。有些人想到要在這些地方進行挖掘可能會感到噁心，但事實真相是，對考古學家來說，在這些區域找到的物質如果可以重建兩千年前居民的日常生活，有時可能比黃金更有價值。在垃圾收運出現的年代以前，城市的垃圾經常都會被丟入茅廁裡，等待考古學家的發現。

龐貝的情況正是如此，因為艾利斯和他的團隊找到的遺存有「穀物、水果、堅果、橄欖、扁豆、在地的魚類和雞蛋，還有極少量更昂貴的肉品和來自西班牙的鹹魚」。在一棟可能隸屬於較富裕者、位於城中央的花園住宅的下水道中，他們尋獲的遺存有「貝類、海膽，甚至還有屠宰下來的長頸鹿腿關節等美味佳餚」。[20]這不只提供我們龐貝人在火山爆發時飲食的線索，更確認了一個不足為奇的事實——不同階級的人們會吃不同種類的食物。

來自辛辛納提大學的艾利斯考古學家團隊也在龐貝的挖掘工作中，引入一些考古學的新妙招。其一，二〇一〇年他們在遺址使用 iPad，即便不是他們首創之舉，也是第一批採用新器材的研究人員之一。他們記錄資料、拍照、使用各式現成的應用程式，稍微改變某些程式的原始用途，接著上傳資料到辛辛納提的伺服器，這一切全都在遺址進行。[21]相較之下，世界各地的許多挖掘工作仍將他們的資料記錄在書面格式上，有時還會謄抄成三份，在挖掘季結束後，往往仰賴影印機來製造複本。

※　※　※

在龐貝某些較富裕的住宅，地面會有馬賽克鑲嵌。比方說，農牧神之屋地板上的馬賽克鑲嵌是亞歷山大大帝於公元前三三三或三三一年對戰波斯國王大流士三世（Darius III）的著名場景。「悲劇詩人之屋」在入口處的地面也有馬賽克鑲嵌，描繪一隻黑白相間、戴著紅色項圈的狗（品種不明）。在那隻狗的狗爪下方寫著「CAVE CANEM」，即拉丁文的「小心有狗」。

在其他的房子裡，畫作都還保存在內部的牆面上。「神祕之宅」（Villa of the Mysteries）中，有間小房間，可能是飯廳，四面牆都畫著被詮釋為描繪酒神戴歐尼修斯（Dionysus）的謎團的場面，可能還包括一名年輕女子加入祕密宗教的儀式。[22]*其他住家的牆上則畫有舞者、家庭肖像等場景，以及水果等靜物的圖畫。就某層面而言，這和我們在自家牆面上懸掛照片和畫作的行為如出一轍。

在房屋外牆，則繪有廣告和競選公告——宛如兩千年前的社群媒體。[23]這些公告之所以繪於外牆，是為了讓街上行人和在兩側商店購物的市民能夠一眼瞧見。其中有則廣告是關於四月八日至十二日將要舉辦的劍鬥士競技比賽，但無法清楚辨識出年分。另一則消息則是公告每個城鎮露天市集的營業日，似乎是從星期六始於龐貝，一路巡迴到星期五的羅馬，中間輪流在努切利亞（Nuceria）、阿泰拉（Atella）、諾拉（Nola）、庫邁（Cumae）、波佐利（Puteoli）等城鎮開市。

有則公告是畫在一間酒吧的外牆上，和我們今天在酒館外看到的招牌十分相像，內容是酒單和價錢。上頭寫著：「這裡一枚阿斯（as，羅馬用的小型硬幣）就能買杯酒，兩枚買杯上等酒，四枚買杯費樂納斯酒（Falernian）[†]。」另一則公告寫在一間店鋪外，他們的銅鍋遭竊，無論是歸還失物或提供竊賊情報皆能獲得獎賞。

除此之外尚有數百則競選公告。最有趣的一則背書寫道：「懇請各位在官吏選舉時投給馬庫斯・塞瑞尼屋斯・瓦夏（Marcus Cerrinius Vatia）一票，所有夜半活躍的酒客都支持他。」另一則顯然也是為同一位候選人所寫：「只有小賊小盜才會支持瓦夏當官。」我們永遠也無法知道他最後當選了沒。

※ ※ ※

龐貝和赫庫蘭尼姆不只是全世界首批進行考古挖掘的遺址，而且至今挖掘工作仍未終止，期間橫跨了三百年。因此，只要檢驗這兩個遺址的考古工作，大概就能夠了解挖掘和記錄技術發展的歷史。從最初和古物掠奪相去不遠的粗淺嘗試，到使用灰泥去重建已分解的軀體和木頭家具，再到今日採用的精細技術，包括電腦斷層掃描、X射線、雷射成像、DNA分析，以及直接把田野現場的紀錄內容用iPad上傳到雲端資料硬碟儲存，龐貝和赫庫蘭尼姆的發掘工作呈現出考古學在過去三個世紀所走過的漫長過程。

除此之外，保存和維護的努力成果讓這兩個遺址成為觀光景點，不只是考古學家，所有訪客都能一瞥存在兩千年前的世界樣貌，並在某些層面上發現當時與今日的生活相比其實大同小異。雖然現在有更先進的科技，如iPad、手機和無線網路，但現今義大利這個地區的房屋和兩千年前的樣子相差無幾，飲食基本上也十分相似。當時的生活也同樣依賴選舉產生的官員、在庫存必需品的商店購物、在酒館和酒吧暢飲，更同樣因小賊小盜和扒竊事件而對治安感到失望。人們飼養同種的寵物、穿戴珠寶、以碟盤進食，也使用和他們的老祖宗相似的器具。雖然孔雀的舌頭已不再被視為美味佳餚，許多

---

* 譯註：此處應該是指希臘悲劇作家尤里皮底斯（Euripides，公元前四八〇－四〇六年）作品《酒神的女信徒》（*The Bacchae*）中的情節，這部劇本描寫戴歐尼修斯回到故鄉底比斯城（Thebes），為展現自己真神的地位，建立自己的宗教，誘迫女信徒入教，上山歌舞狂歡。

† 譯註：古羅馬時期名貴的白酒，被稱為貴族之酒，陳年時間長達二十年。

人也不再用尿液來清潔衣物[24]，但整體而言，這些遺址的發掘工作告訴我們，地中海古代居民和現今人們的生活方式沒有太大不同。而如果未來能夠展開並閱讀那些在莎草紙之宅發掘、尚處研究階段的卷軸，我們可能會發現他們的私人圖書館和我們的藏書其實也相去不遠。

第二章

掘出特洛伊

一八七三年五月的一個早晨，海因里希・施里曼正在土耳其西北部的古代土塚旁漫步，監督他的工人挖掘。他相當肯定他們正在發掘特洛伊古城，但尚未讓所有懷疑者信服。

他突然注意到其中一位工人正掘出一只銅鍋，而鍋子後方有道金光。把工人打發走之後，他和他的妻子蘇菲亞（Sophia）「用一把大刀切下那些寶藏」，他們加快手腳，因為上方有一大片土石似乎隨時都要崩落到他們身上。[1]

蘇菲亞把那些物品用她的披巾包裹起來，帶回他們的家中，兩人將所有物品編目，並意識到他們

蘇菲亞・施里曼穿戴著普里阿摩斯的寶藏；特洛伊木馬的繪圖。

剛找到了一個國王的寶藏——黃金項鍊、戒指和耳環，包括兩頂王冠、一條頭帶、六十只耳環，以及近九千個較小的飾品。另外，還有杯碗和其他金、銀、琥珀金製成的器皿，包括實心的黃金船型醬料皿（至今唯二被發掘的其中一只），以及一個石榴形狀的金質器皿。此外，尚有其他物品——一面銅盾和一只銅質花瓶；十三個矛尖；十四把戰斧；一些匕首、一把劍和其他銅質或青銅製的物品；石頭劍柄，原來可能是接在銅劍下方；以及許多其他物件，類似的東西從未在世界其他地方被同時找到過。[2]

他們把所有東西裝箱，將寶藏偷渡到一艘船上，送回他們在雅典的住處。在那裡，蘇菲亞把所有他們找到的珠寶都穿戴在身上並照了一張相，那張照片至今仍是考古學最具代表性的影像之一。

施里曼向世界宣告，他們找到了普里阿摩斯的寶藏（Priam's Treasure）＊。這項發現讓他們舉世聞名，自此，他們的故事不斷被鉅細靡遺地傳述。[3]可是，這主張有幾分屬實呢？施里曼真的找到特洛伊城了嗎？

＊　＊　＊

我們對特洛伊戰爭故事的了解，主要來自希臘詩人荷馬所著的史詩《伊利亞德》（*Iliad*）。較沒沒無聞的詩人們則在所謂的史詩集成（Epic Cycle）[4]中提供了其他細節。雖然那些史詩中的事件可能發生於青銅器時代晚期，約在公元前十三或十二世紀，但必須記住，那些故事可能至少晚了五百年才被撰寫下來。

據荷馬所述，為了一位名為海倫（Helen）的女人，希臘人和特洛伊人征戰了十年之久。當時，海倫是一個名叫梅涅勞斯（Menelaus）的男人的妻子，他是希臘本土南部某一小王國或城邦的統治者。他的哥哥則是諸王之王阿加曼農（Agamemnon），在邁錫尼城（Mycenae）施行統治。今天考古學家常用「邁錫尼人」指稱那個時期的希臘人，便是由這座城市而得名。

特洛伊在當時是一座位於土耳其西北部的重要港口城市，掌控東向和北向的貿易。一隊特洛伊代表團造訪梅涅勞斯，其中有位成員名為帕里斯（Paris），有時也被稱為亞歷山大（Alexander）。他是一位特洛伊王子、普里阿摩斯國王的兒子。當代表團返家時，海倫竟身在特洛伊人之列。他們聲稱她是自願跟隨的，因為她已愛上帕里斯，但希臘人卻主張她是被綁架的。

以阿加曼農和梅涅勞斯為首，協同其他邁錫尼英雄人物，包括奧德修斯（Odysseus）和阿基里斯（Achilles），希臘人派遣了大批船隊和人馬，目標圍攻特洛伊，並奪回海倫。他們整整耗費了十個漫長的年頭，最後還是靠著特洛伊木馬的詭計才得以成功。最終，希臘人摧毀了特洛

* 譯註：普里阿摩斯為希臘神話中，特洛伊戰爭時期的特洛伊王。

特洛伊VI的城牆。

伊，將整座城市焚毀殆盡，並帶著海倫返家。

荷馬的故事雖然有詳盡的細節，學者們仍不斷質疑其真實性。《荷馬史詩》是否真有一場實際在歷史上發生的特洛伊戰爭作為根據？可能找到相關的考古證據嗎？我相信兩個問題的答案都是肯定的，現在也已經出現證據顯示，那場戰爭是大約發生在公元前一一八四年的歷史事件——事後證實這恰好是邁錫尼文化和整個青銅器時代晚期沒落的時間點。特洛伊戰爭可能只是一場更嚴重的大災難中的一部分。5

然而，關於古希臘人究竟是否曾參與特洛伊戰爭，以及若特洛伊戰爭是真實發生的，征戰的時間點又為何，皆仍眾說紛紜。多數十九世紀歐洲的古典學者都堅信特洛伊戰爭並非史實，而是由荷馬一手杜撰出來的。因此，當海因里希·施里曼這位考古學門外漢決定要尋找特洛伊遺址時，和他同時代的多數學者是不太認可的。

＊　＊　＊

儘管不被認可，施里曼依舊堅決要尋找特洛伊，亟欲證明特洛伊戰爭是真實發生的事件。許久之後，施里曼表示他最初在一八二九年就已經下定決心要這麼做，當時他年僅七歲。他的父親在聖誕節時送給他一本書，裡頭有幅畫，是一位藝術家演繹埃涅阿斯（Aeneas）＊逃離特洛伊火海時的場景，畫中還有邁錫尼人圍城十年所建造的巨牆。根據傳說，埃涅阿斯逃往義大利，後來他的後代羅姆魯斯（Romulus）和雷姆斯（Remus）在那裡建造羅馬城。施里曼說他當場立下要找到特洛伊城的志向，他跟爸爸說：「如果這樣的巨牆曾經存在，絕對不可能被毀壞殆盡，大量的城牆廢墟一定還在，但已經被隱沒在世代積累的沙塵之下。」他立下志願：「以後我要去發掘特洛伊城。」其他學者對這段描述存疑，因為施里曼在事業早期便已留下大量的日記、筆記、信件和其他書籍，卻到了相當晚年才提及這段故事。[6]

施里曼在四十歲中旬，就已經賺到足夠金錢可以退休，並將他的餘生奉獻在找尋特洛伊城和特洛伊戰爭的證據上。他為了累積財富所施的詭計說明了無論在他的私生活或事業，他的言論都不可盡信。其中他的某個作為關係重大，因為與施里曼「發現」特洛伊一事直接相關——「發現」二字的引號絕對不能省略。一八六八年，施里曼到希臘旅行，接著前往土耳其。他說他一手拿著《荷馬史詩》，在土耳其西北部四處遊歷，想尋找一個能夠符合荷馬敘述的遺址，它必須夠小，阿基里斯才能繞城追逐赫克特（Hector）好幾回，還要同時擁有溫泉和冷泉。

他看過了幾個先前曾有人提議過的地點，但沒有任何一個符合條件。接著，他遇見了駐土耳其的美國副領事——一位名為法蘭克．卡爾福特（Frank Calvert）的男士。卡爾福特也一直在尋找特洛伊城，而且認為他已經找到了。事實上，他已經買下了那處古代土塚，當地現今的土耳其文地名為西撒勒克（Hissarlik），意思是「堡壘之地」（Place of Fortresses）。

卡爾福特已經在那個遺址初步開鑿，但沒有足夠的資金能夠繼續正式的挖掘工作。另一方面，施里曼則有大筆的資金，也相當樂意和卡爾福特通力合作。他們一開始挖掘，施里曼就深信那土塚正是

＊譯註：埃涅阿斯，也譯作「伊尼亞斯」，特洛伊英雄。埃涅阿斯的父親與特洛伊末代國王普里阿摩斯有遠親關係。維吉爾的《埃涅阿斯紀》描述了埃涅阿斯從特洛伊逃出，然後建立羅馬城的故事，是傳說中羅馬人的祖先。

特洛伊古城的遺址。但是在所有後續的正式公告、演講和出版品上，他全都蓄意將卡爾福特的名字排除在外，一人獨享名氣和光環。直到一九九九年，在蘇珊・赫克・雅倫（Susan Heuck Allen）出版的一本著作中，才恢復了卡爾福特在歷史上的公正地位，他才是真正找到特洛伊古城位置的發掘者。[7]

※ ※ ※

施里曼在西撒勒克的第一個發掘季始於一八七〇年的四月。他尚未取得土耳其官方的挖掘許可，但這未能阻止他的行動。當季和下一季他都沒有太多發現。於是，到了一八七二年，在一大群當地工人的協助下，他發動了他對此處古代遺址最嚴重的侵害。他的工人們幾乎正對著土塚挖出一條巨大的探溝，並且深入地底約四十五英尺（約十三・七公尺）。今天人們稱之為「施里曼的大探溝」，至今依舊可以在遺址中央看見那道巨大的切口。

在那個時代，考古學仍在發展初期。雖然龐貝古城的挖掘工作已經持續超過一世紀，但在一八七〇年代，其他地方還甚少進行考古挖掘。不過，包括卡爾福特在內的一些博學之士曾經警告施里曼，如此魯莽的開挖將會導致一場大災難。確實，他們所言甚是。

在那條大探溝裡，施里曼和他的工人們一路下挖、下挖、再下挖，穿過各種建築物和地層。施里曼最初以為只有六座城市，結果在土塚中共有九座城市層層相疊。他在從底層往上數的第二座城市止步，並稱之為「焦城」（Burnt City），堅信那就是普里阿摩斯統治的城市。但是他錯了。根據陶器分析和碳十四定年法，我們現在已知特洛伊Ⅱ*的年代可追溯至公元前二四〇〇年，屬於青銅器時代早期，比特洛伊戰爭開戰的年分早了超過一千年。

今天，如果站在大探溝的底部，也就是施里曼和工人們停止挖掘的那一層，並往上看，可能可以——在極高處——看見有一地層中包含一棟大石塊搭建而成的建築物，就位在土塚頂端下方幾英尺的地方，有棵生長在現代的地表、枝幹纖細的樹木，張開枝葉為它擋去陽光。這棟建築的年代可回溯至特洛伊Ⅵ，並在特洛伊Ⅶ時被再度利用。它是一座青銅器時代晚期的宮殿僅存的一部分，這才是施里曼想要找到的年代的建築。

然而，那座宮殿的絕大部分已經遺失了，而且還是海因里希・施里曼的傑作。因為施里曼和他的工人匆促行事，直接挖穿了普里阿摩斯宮殿的石牆，並把多數的殘壁都丟棄在外頭的土堆上。如果我們現在去挖掘那個棄土堆，就很有機會能夠找到普里阿摩斯和赫克特的特洛伊城留下的各式物品，可能還包括古代抄寫員使用的陶板。

那麼，是什麼讓施里曼相信特洛伊Ⅱ就是普里阿摩斯統治的那個特洛伊？一來是因為他在那個地層找到了一道巨大的城門，他認定那就是荷馬筆下的斯坎伊恩門（Scaean Gate）。據說那道城門非常寬敞，能夠容納兩輛戰車並列駛入。其二則是他宣稱自己找到普里阿摩斯的寶藏。

他所描述的與蘇菲亞找到寶藏那天的經過，被多本考古學入門的教科書傳述已久，雖然那故事不太可能是真的。施里曼後來承認，關於蘇菲亞在故事中的角色，他確實說了謊。他宣稱找到寶藏的那天，蘇菲亞根本不在挖掘現場。他在個人的日記和日誌中提到，當時她人在雅典。施里曼解釋，他的目的是想讓她對他的事業更有參與感，希望她對他的工作更感興趣。於是他就把她寫進故事裡，讓她

＊譯註：考古學家將九個地層（時期）的特洛伊遺址分別命名為特洛伊Ⅰ至特洛伊Ⅸ。

也能分享他的成功。今日沒有任何一位可敬的考古學家[8]膽敢做出和施里曼一樣的事。

有些學者也暗指，施里曼並非在同一地點找到全數的寶藏。[9]反之，他們認為他是把一整季中最好的發現湊在一塊，再向輕信的大眾宣稱那全是同一批寶藏。此外，因為那些物品是在特洛伊Ⅱ找到的，所以也比普里阿摩斯所屬的時代早了一千年。「普里阿摩斯的寶藏」似乎不屬於普里阿摩斯，也稱不上是同一批寶藏。

在宣布發掘那些物品後不久，施里曼就把它們捐贈給柏林博物館，可能是為了交換某間德國大學的考古學博士學位。可是寶藏在二次世界大戰結束後消失了，將近五十年的時間，人們都以為寶藏一去不復返。一直到一九九〇年代早期，俄國人才坦承是他們拿走了寶藏。他們把寶藏當作戰利品的一部分，帶回俄國，並聲稱那是為了補償他們戰爭的損失。

今天，普里阿摩斯的寶藏仍在莫斯科的普希金博物館（Pushkin Museum）展出。寶藏至今還留在那裡，雖然有四個國家都主張擁有寶藏的所有權：土耳其，因為他們是特洛伊的所在地，也認為施里曼將寶藏非法偷渡出境；希臘，因為那裡是施里曼最初存放那些寶藏的地點，就在他雅典的住處；德國，因為施里曼把寶藏給了柏林博物館，直到一九四五年遺失之前都收藏在那裡；最後是俄國，因為他們在解放那個區域的柏林時取走寶藏，現在聲稱那是納粹侵略的補償。[10]真正的所有人究竟應該是誰？這爭議至今懸而未決，而俄國似乎也沒有要將寶藏拱手讓人的跡象。

這些物品最有趣的一點，是它們和在其他地方發掘出的物品十分相像，從愛琴海東北部的多座島嶼，到萊納德・伍利（Leonard Woolley）在今天伊拉克境內的美索不達米亞古城烏爾（Ur）所挖掘出的死亡坑（Death Pits），皆可見到類似的出土文物。施里曼找到的黃金耳環、胸針、項鍊可能並不屬於普里阿摩斯或他的妻女，但確實是公元前三千年末，愛琴海和古代中東多數地區蔚為風潮的珠寶種類。它們提供了我們關於當時的古代交易和各地區互動的線索——這對考古學家來說，遠比普里阿摩斯與荷馬的《伊利亞德》之間的虛構連結更為有趣。

※　※　※

一八七〇到八〇年代，雖然施里曼同時也在邁錫尼開挖，但他仍持續挖掘特洛伊，尋找阿加曼農國王統治期間的物質遺存。他僱用了有些考古經驗的建築師威赫姆・德普費爾德（Wilhelm Dörpfeld），協助他在特洛伊遺址的工作。這位建築師最終成功說服他，一直以來他都搞錯了，他應該深入調查的是西撒勒克的特洛伊 VI 或特洛伊 VII 的地層。施里曼開始研擬額外的土塚開挖計畫，主攻這些較晚期的地層，可惜在一八九〇年的耶誕節，他突然在拿坡里的一條街上不支倒地，隔天便逝世了。

於是，只剩下德普費爾德孤軍奮戰。他也確實這麼做了，蘇菲亞・施里曼給予他經濟協助，希望他能接手她丈夫在遺址的工作。他專心挖掘施里曼尚未觸及的那部分遺存，大多位於土塚的邊緣附近。結果，那些遺存極為可觀。他挖出了高聳的石牆，每道牆都有數公尺厚，足以阻礙任何襲擊者，另外還有巨大的城門入口可以通往城內，但必須經過門邊的守衛。

這些就是特洛伊 VI 的遺存，其年代似乎橫跨了五百年之久，大約自公元前一七〇〇至一二五〇年。德普費爾德發現特洛伊城歷經了幾個階段，他將之分為 a 到 h。在最後一個階段，也就是特洛伊 VIh，有跡象顯示該城幾乎全毀。對德普費爾德而言，這就是他們一直以來在尋找的特洛伊戰爭的證據。於是，他結束了挖掘工作，並發表研究成果。

※ ※ ※

與此同時，在土耳其其他地方冒險的旅人，特別是前往內陸中央高原者，正好也發掘了另一個古文明的遺跡。一八七九年，施里曼仍在挖掘特洛伊時，一位名為A．H．塞伊斯（A. H. Sayce）的英國亞述學者（Assyriologist）提出了一項大膽的假設——那可能是古西臺人的遺跡。

之所以說這個假設十分大膽，是因為如果提及西臺人烏利亞（Uriah the Hittite）[11]和其他人物的聖經故事可以當作指標的話，在希伯來聖經中，西臺人似乎是居住在迦南地區。不過，塞伊斯的論點深具說服力，最終仍為其他學者接受。到了一八九〇年，也就是施里曼過世那一年，塞伊斯關於西臺人的第二版著作已經付梓，標題是《西臺人：一個被遺忘的帝國的故事》（*The Hittites: The Story of a Forgotten Empire*）。

他們在一九〇六年開挖的地點，後來證實是西臺人的首都哈圖沙（Hattusa），位於現今安卡拉（Ankara）東方一百二十五英里（約二〇一公里）的伯爾茲科伊鎮（Bogazköy）旁。一年之內，那座城市的文件就開始出土，數以千計的陶板中，有契約、各式紀錄和皇家信件。證據顯示，自公元前一七〇〇至一二〇〇年，西臺人在安那托利亞（Anatolia）全境都相當活躍。他們甚至在敘利亞北部也握有領地，這也是聖經作者日後將他們寫在那個地區的原因。

我們現在已經知道許多關於西臺人的知識，這部分得歸功於過去一世紀以來，德國人持續在哈圖沙進行挖掘工作。在他們首次發掘的十年後，一位名為貝德里奇．赫洛斯尼（Bedřich Hrozný）的捷克東方學者[12]便解讀出西臺陶板的內容，最終證明了在公元前二千年的古中東世界，西臺人是與其他強權貿易和交戰的主導者，特別是與埃及人和亞述人。[13]

有些陶板記錄了西臺人正苦於與安那托利亞西北部一個小附庸國的紛爭，他們稱那王國為「維魯薩」（Wilusa）。最後，在公元前十三世紀初的某個時間點，可能大約在公元前一二八〇年，西臺人和名為阿拉克桑都（Alaksandu）的維魯薩國王簽訂條約。

這片陶板被破譯後不久，有些學者開始認為「阿拉克桑都」是西臺文，指的正是荷馬筆下的「伊利歐斯（Ilios）的亞歷山大（帕里斯）」，也就是戀上海倫而引發特洛伊戰爭的罪魁禍首。在語言學上，維魯薩和希臘地名維利歐斯（[W]Ilios）十分相近——而古希臘語中原始的「w」發音（稱之為「digamma」字母）漸漸不再使用，所以到了荷馬的年代，便僅僅發音為「伊利歐斯」。當然，「阿拉克桑都」的發音也和「亞歷山大」十分相似。

雖然無法確定這兩個名稱的認定是正確的，但至少這些陶板顯示出，西臺人曾和安那托利亞西北部，一處他們稱之為維魯薩的地區或城市有所牽連。那些陶板也記錄了在維魯薩至少發生過四場戰爭，較晚期的那三場年代都落在公元前十三世紀，也就是特洛伊戰爭可能發生的時間點。[14]對於那些相信維魯薩就是特洛伊的西臺文名稱的學者而言，這又提供了一筆資料，說明特洛伊戰爭很可能是歷史事件，而不只是神話和傳說的素材。

※ ※ ※

然而，德普費爾德認為特洛伊VIh才是荷馬筆下的特洛伊的論點並非人人買單。辛辛納提大學的一位考古學家卡爾・布萊根（Carl Blegen）細查德普費爾德的研究結果，斷定造成特洛伊VIh毀滅的是一場地震，而非戰爭。他之所以如此推斷，是因為有數道牆怪異地扭曲，周圍巨石四散，他認為只有大自然才有如此力量。另一方面，他認為下一地層的第一個階段（名為特洛伊VIIa）才是遭某支軍隊包圍並破壞的城市。於是，他在一九三〇年代重啟西撒勒克的挖掘工作，試圖檢驗他的論點是否正確。

此時他能挖掘的地方甚至更少，因為德普費爾德已經挖了多數施里曼沒有觸及的部分。但布萊根找到了足夠的證據，來說服自己特洛伊VIIa是在一場漫長的圍城中遭到人為破壞的。而且他找到的證據相當有力，包括埋在牆裡的箭頭、被丟棄在街道上的屍體，以及其他顯示出當地至少發生過一場大戰的跡象。

他發現上一地層的城市中的大型建築物和宮殿被重新切分，好讓數個家庭可以同住在過去單一家庭使用的空間。他也發覺城市的儲存空間大增，因為他們把巨大的陶罐深埋到地底，直至罐頸。對布萊根而言，這一切都指出城市曾遭圍攻，正如荷馬筆下所述。而且時間點也相當一致：這座城市大約在公元前一一八〇年遭到破壞，仍落在古希臘人提及的時間範圍內。

此外，布萊根認為，這座城市的物質文化——亦即陶器和其他工藝品——顯示出從特洛伊VIh到VIIa具有連續性。也就是說，特洛伊VIIa沒有證據顯示是一群新的居民住在那裡，反而像是特洛伊VIh的居民在地震後翻修、整建、重蓋了他們的城市，而成為特洛伊VIIa。事實上，兩者相像到布萊根和仍在世的德普費爾德都認為，考古學家口中的特洛伊VII第一階段較有可能是特洛伊VI的最後階段——因此該稱為「特洛伊VIi」，而非特洛伊VIIa——但當時要更改術語已經太遲了。於是，布萊根深信是地震摧毀了特洛伊VIh，而邁錫尼希臘人則是在試圖奪回海倫的過程中，摧毀了特洛伊VIIa。

※ ※ ※

布萊根很可能是對的。可是五十年過去了，新一代的考古學家嶄露頭角，始於一九八八年，一組新的團隊決定重新調查西撒勒克的土丘。這次是一支國際考古學家團隊，由兩位男士領導，其一是杜賓根大學（University of Tübingen）的曼弗萊德・科夫曼（Manfred Korfmann），負責青銅器時代的遺存，其二則是辛辛納提大學的布萊恩・洛斯（Brian Rose），負責後青銅器時代的遺存。

除了清理並重新檢驗施里曼的大探溝，科夫曼的團隊所做的最重要的工作可能是調查西撒勒克周邊的農田。他們利用遙測裝置，無須事先挖掘，便能窺探地表之下的奧祕。團隊進行了一些實驗，來找出哪種遙測技術最為有效，但最後發現因應土壤的種類，他們需要的是一臺銫蒸氣磁強計（cesium magnetometer）。

因為焚燒等人類活動可能改變土壤中鐵微粒的磁性，所以像地窖、溝渠、甚至是牆等建物，有時即使是在掩埋狀態也能被磁強計偵測到，特別是有全部或部分遭焚燒的物質存在的狀況。然而，初步的發現需要謹慎解釋，科夫曼的團隊就曾經歷懊惱的窘境。

一九九三年，海因里希・施里曼在特洛伊的傳奇挖掘後一世紀多，科夫曼宣布，他們的遙測影像指出地底有道巨牆圍繞在西撒勒克四周，大約距離堡壘一千三百英尺（約三九六・二公尺）。他們表示，這可能就是那道巨大的城牆，在遠近馳名的特洛伊戰爭中，阻擋了阿加曼農、阿基里斯和其他邁錫尼希臘人，長達十年之久；荷馬[15]在《伊利亞德》和《奧德賽》（*Odyssey*）中已經使這場戰役永恆不朽。

可是，當他們去挖掘那道牆時，城牆並不存在。其所在位置其實是一條溝渠，在某些段落更深達六英尺（約兩公尺）。數百年來，各式各樣的廢棄物塞滿了這道溝渠，從破碎的陶器、石塊，到大小不一的垃圾都有。這些廢棄物在他們的遙測影像上呈現出一道包圍城市的堅實固體。事後，團隊辯稱那道溝渠保護特洛伊的效果可能和城牆一樣好，但並非所有人都能同意這樣的說法。[16]

※ ※ ※

科夫曼和整個考古界學到了一課：在挖掘確認那些假定的發現之前，若要召開記者會宣布遙測發掘結果，一定要小心謹慎。此外，即便他們犯下戲劇性的曲解錯誤，這項遙測技術顯然能成功應用在這座遺址，因為科夫曼和他的團隊很快發現，其他的影像呈現出特洛伊可能存在一處巨大的下城區（Lower City），就埋藏在現代的農田下方，過去無人曾懷疑有下城區的存在。

原來所有先前的考古學家，從施里曼、德普費爾德到布萊根，都只挖掘了城市的堡壘區——或說上城區，也就是國王和他的近親、隨從居住的區域。科夫曼團隊找到的遺存讓特洛伊城的範圍大了至少十倍，顯示出這座古城的面積至少涵蓋了五十英畝（約二十．二公頃），青銅器時代晚期末[17]的人口數落在四千到一萬人之間；而如果荷馬的故事有任何真實性可言，如此大城確實圍攻十年也不為過。科夫曼開始在他的學術著述中稱該城為特洛伊／維魯薩——表示他對西臺人紀錄的贊同，他相信維魯薩指的就是這座古城。

科夫曼團隊的其他發現似乎證實了布萊根的早期成果。舉例來說，他們同樣在堡壘和下城區都找到證據，證明特洛伊VIh毀於地震，而特洛伊VIIa毀於人為破壞——也就是戰爭。在其中一個案例，他們發現有棟特洛伊VIh的房屋在地震中倒塌，特洛伊VIIa又有棟房子於其廢墟正上方搭建而成，卻仍不敵遭戰爭摧毀的命運。

在征戰的種種跡象中，科夫曼又發現了更多未經掩埋的屍體，包括一位年約十七歲、部分遭焚燒的年輕少女，以及一些愛琴海（或希臘）樣式的箭頭。那裡還有不少似乎是投石器石彈的物品擺放成堆，可能是在城牆內的某人準備來向攻擊者投擲的武器。[18]

科夫曼的成果也從其他方面證實了布萊根較早期的發現。大約在公元前一一八〇年特洛伊VIIa遭毀後，似乎有個全新的民族居住在下一階段的城市。在這個考古學家稱之為特洛伊VIIb的階段，我們可以看見全新種類的陶器、新式建築和其他物質文化，包括一枚雕刻圖章，上頭刻有的文字是第一次在特洛伊城尋獲。

這些全都是前城居民被新的族群完全取代的跡象。因此，可能可以將特洛伊VIIa的人為破壞視為荷馬特洛伊戰爭故事的證據。話雖如此，荷馬似乎在他的故事裡加入了特洛伊VI的元素，他描述了較早期城市裡的美麗建築與高牆，卻又寫下較後期城市的毀壞，將兩座城市合而為一，這是他作為一位史詩詩人的特權。

特洛伊木馬甚至可能是夷平特洛伊VIh那場地震的詩意隱喻，因為希臘的地震之神正是波賽頓（Poseidon）。一如雅典娜女神的代表形象是一隻貓頭鷹，波賽頓在希臘人眼中的代表形象則是一匹馬。至少在詩歌的想像中，我們可以聯想到「地震＝波賽頓＝特洛伊木馬」。至少有位名為弗里茲・夏哈梅耶（Fritz Schachermeyer）的德國學者曾在一九五〇年代如此主張。[19]

隨著西撒勒克的挖掘工作持續，由辛辛納提大學的布萊恩・洛斯領導的後青銅器時代團隊也找到了許多新的物件，比如在一九九三年找到一尊超過真人大小的羅馬皇帝哈德良（Hadrian）的雕像，在一九九七年則有一顆巨大的奧古斯都大理石頭像[20]出土。科夫曼除了在這個地區找到青銅器時代的遺存，還發現後繼希臘化時代的希臘人以及羅馬人接續在堡壘上大興土木，並在低處建立了規劃整齊的棋盤格城市。

這些後期的居民也認為那裡是特洛伊古城的所在地，事實上他們還以希臘文和拉丁文稱之為「新特洛伊」。亞歷山大大帝甚至曾經造訪並向古城致敬，後來尤利烏斯．凱撒和其他君主如法炮製，持續了數百年。最初正是因為先發現了這些較晚期的遺址，才先後讓法蘭克．卡爾福特和海因里希．施里曼深信他們挖對了地方。

後來人們還在土丘上方蓋了一座雅典娜神殿和一座朱庇特神殿。這解釋了為何普里阿摩斯的特洛伊比施里曼設想的要更靠近今日的地表，因為希臘化和羅馬時期的建築工人削去了當時的土塚頂端。藉此，他們有了平整的地面，可以興建神殿、劇場和其他建築物，附屬於現被編號為特洛伊VIII和IX的兩座城市，也是該遺址最晚期的建物。

※ ※ ※

曼弗萊德．科夫曼於二〇〇五年驟逝，但跨國合作的挖掘仍在新指導人的引領下持續。人們依舊躍躍欲試，想對這個遺址及其周邊進行挖掘和遙距探測，所以或許關於這座啟發史上最偉大史詩之一的古城，西撒勒克還有更多有待揭露的祕密。

第三章

從埃及到永恆

金字塔、木乃伊與象形文字——埃及學似乎是考古界中最為吸引一般大眾的領域，可能也是遭受最多誤解的領域。從幼兒園小朋友到爺爺奶奶，所有人似乎都對古埃及人深深著迷，也多少知道一些關於他們的事。但他們是真的知道嗎？關於古埃及，廣為流傳的錯誤資訊數量驚人，網路上的誤傳情報尤其繁多。

埃及學家和其他考古學家每年都得導正一些民眾的誤解——「不，希伯來奴隸沒有蓋過金字塔」——每年都有無數集電視節目，主張金字塔是外星人蓋的，或說金字塔的建造目的是為了儲存穀物，

羅塞塔石碑的象形文字。

或說獅身人面像的歷史長達一萬年，或通常是業餘愛好者想像出來的胡說八道，只要任一集放送後，學者們的電子郵件信箱就會充斥著各種問題。[1]因此，我們將在這個章節談及三個主題——金字塔、木乃伊與象形文字——的各個面向，以便讀者有更好的視角去篩選關於這些主題時常十分可疑的主張。[2]

※ ※ ※

第一批在埃及工作的考古學家往往不是真正的埃及學家，或至少最初沒有打算成為埃及學家。以偉大的貝爾佐尼（The Great Belzoni）為例，也就是一七七八年生的吉奧凡尼・巴提斯塔・貝爾佐尼（Giovanni Battista Belzoni），[3]他是一名在馬戲團工作的強壯男子，身高六英尺六英寸（約一九八公分），能夠一次舉起十二個男人，但人們也認為他勉強算是工程師。他在一八一五年第一次造訪埃及，去向一名鄂圖曼帝國的統治者提議抽取尼羅河水的新計畫，最後卻成為第一批埃及學家的一員。不過，我們在這裡說的是定義較寬鬆的埃及學家，因為雖然貝爾佐尼是首次探索阿布辛貝（Abu Simbel）拉美西斯二世（Ramses II）神廟的人之一[4]，但他被記得的事蹟多是盜墓、蒐集木乃伊一類的情事，而非任何實際的科學和考古學成果。

另一方面，卡爾・萊普修斯（Karl Lepsius）和奧古斯特・馬里耶（Auguste Mariette）即便身高比不上貝爾佐尼，卻才是真正的埃及學巨擘。萊普修斯是一名普魯士的埃及學家，曾在一八四二年帶領考察隊造訪埃及。考察隊的任務是要盡可能記錄下更多的遺跡，而且成績斐然。在一八四九至一八五九的十年間，他們以德文出版了十二大卷的繪畫和插畫，名為《埃及與衣索比亞的遺跡》（*Monuments of Egypt and Ethiopia*）。他們又耗費了四十多年，才出版了另外幾卷隨附的文字素材，而且直到萊普修斯本人逝世十多年後才問世。整體而言，那幾卷文字和插圖著作是現代埃及學公認的基礎。[5]

奧古斯特・馬里耶一八二一年生於法國，約於一八五〇年代表羅浮宮在埃及開始挖掘工作。八年後，他被派任為埃及的第一任古物署署長。此外，他興建了第一座國家博物館，其館藏仍是今日開羅埃及博物館的基礎。[6]

萊普修斯和馬里耶能夠發展其事業的部分原因在於一八二三年發生的一起事件，當時馬里耶年僅兩歲，萊普修斯也才十三歲。那是埃及學史上著名的事件之一——埃及象形文字的解譯。

為了要更了解事情經過，我們必須先回到公元一七九九年，拿破崙和他的軍隊入侵埃及後一年多，這場進攻是占領中東大戰役的一部分。拿破崙出征時，有超過一百五十位文官隨隊。他們被統稱為專家，其中有科學家、工程師和其他學者。他們要負責研究和記錄整個埃及，包括古物和古蹟。今天有些人認為他們的工作是古埃及研究真正的起點，在萊普修斯和馬里耶之前先打下基礎。[7]此外，他們無意間在歐洲燃起了一波瘋狂的埃及熱潮，持續至今，美國也有同樣的情形——拉斯維加斯的路克索飯店（Luxor Hotel）*就是個明顯的例子。

無論如何，當時法國軍隊駐紮在尼羅河三角洲地區的羅塞塔（Rosetta）村，可能是在重建一座堡壘或挖鑿散兵坑——兩種傳聞皆有。但在過程中，他們找到一塊石碑，後來證實其歷史可追溯至公元前一九六年。上頭的碑文是為了讚揚托勒密五世（Ptolemy V）所刻——一位除此之外乏善可陳的埃及

*譯註：路克索是埃及南部的觀光勝地，當地有許多古埃及的遺跡與遺址。

法老。這塊石碑極其重要，因為碑文內容是以三種文字寫成。羅塞塔石碑的最上方是埃及的象形文字。中間重複刻寫同樣的內容，但這次是以所謂的庶民體（demotic）——亦即埃及草書——寫成。石碑的三分之一尾段碑文又再次重複，但這次是以希臘文銘刻。

利用這三種語言的碑文，一位名為尚－法蘭索瓦・商博良（Jean-François Champollion）的傑出法國學者便能破解埃及象形文字的密碼。他的解譯方法部分是透過閱讀碑文上的希臘文版本，當時所有學者都熟諳希臘文，並發現有兩個皇家的姓名一再出現：托勒密和克麗歐佩特拉。他在埃及象形文字的段落尋找可能代表這兩個名字的重複部分，結果它們成為解譯的關鍵。商博良並不是唯一在研究這塊石碑的學者；一位名為湯瑪斯・楊格（Thomas Young）的英國語言學家差點就超越商博良，先一步完成翻譯。不過，最終仍是商博良在一八二三年得到這份榮譽，當時距離找到石碑僅僅過了二十四年。[8]

突然間一切都明朗了，那些貴族陵墓牆上所繪、其他地方銘刻的「美麗圖案」，其實都是關於他們的傳記、生前貢獻等等的長篇碑文。有一組象形文字經常在這些地方出現，現在已知是永恆不朽的象徵符號，刻寫在陵墓裡合乎常理。

結果他們也發現，總數約七八百個的象形文字符號可以從不同方向閱讀，但同段文字的方向會一致，因為動物或人的圖形會一致朝向行列的開頭。那些符號也有各式各樣的理解方式。舉例來說，一個象形文字可以自成一個詞，代表它畫出的那個東西，如一隻鳥或一隻公牛；或可以代表單一個發音，如指稱某個物品的詞的第一個字母；或可以是一個音節符號，代表聯合的子音；或也可以是一個限定詞，來指明它旁邊的字該怎麼讀。這也難怪古埃及沒有太多人擁有讀寫能力——識字者可能只占了人口的百分之一。抄寫員在皇家宮廷坐擁令人尊敬的地位，因為很有可能連國王和王后都不知如何讀寫。9

雖然許多碑文能夠留存至今是因為刻寫在石塊上的緣故，如神廟或其他建築物的牆上，但埃及人其實更常寫字在紙莎草片上，這種薄片是由尼羅河畔生長的蘆葦壓扁製成，也就是他們的紙張。即使莎草紙並不像石碑那樣耐久，數以千計的莎草紙卷仍因埃及的乾燥氣候而得以保存。

埃及人使用碳和其他材料製成墨水。墨水有黑有紅，通常在同一篇手稿中會用上兩種顏色，用紅墨寫成的字可能是新句子的第一個字，所以就能在如我們所知沒有標點符號的狀況下，清楚知道一個句子的結束和另一句的開始。紅墨也能標誌出一段咒語的開端，或甚至只是一個標題或文章開頭，視脈絡和需求而定。

※　※　※

成功破譯埃及文字後，學者們便可能讀懂留在石塊或莎草紙上的各種紀錄，信心滿滿地開始重建古埃及的歷史。在過程中，希臘羅馬時期的歷史學家、旅人和教士所留下的文字，同時幫助也阻礙了學者的研究。其中一位是希羅多德（Herodotus），他是公元前五世紀的一位希臘歷史學家，曾記錄下他在埃及的旅行，包括金字塔如何建造、屍體如何製成木乃伊等細節——雖然絕大多數都錯得離譜。另一位則是曼涅托（Manetho），他是公元前三世紀住在希臘化埃及的教士，曾經嘗試列出最早期到他的時期所有埃及統治者的名單。

曼涅托把埃及歷史分為幾個階段，我們今天仍沿用這個分期法。雖然他徹底搞錯了許多法老的名字，也弄亂了某些順序，但整體而言還算正確，尤其考量到他是在埃及第一王朝（First Dynasty）建立後約二千五百年才開始列表，有此成果並非易事。於是我們會說古王國時期（Old Kingdom Period）約在公元前二七〇〇年開始，時值第三王朝（Third Dynasty）。這時期的王國最為人所知的事件便是為第四王朝（Fourth Dynasty，約公元前二六〇〇至二五〇〇年）[10]的法老們興建金字塔。

古王國持續了大約五百年，直到公元前二二〇〇年左右，在法老佩皮二世（Pepi II）長達九十一年的統治後滅亡。古王國的覆滅或許並非起因於這位法老的長期統治（他從六歲便登上王位），因為近期研究發現可能是氣候變化所致，乾旱和饑荒[11]似乎摧毀了當時的埃及和大部分的古中東地區。

古王國覆滅後，緊接著是無政府的第一中間時期（First Intermediate Period），有數個王朝勢力競逐掌控整個國家，但無一成功。中王國時期（Middle Kingdom）則持續至公元前一七二〇年左右，這時期埃及遭希克索人（Hyksos）入侵並占領，他們由迦南地區南下再北上，統治整個埃及，直到公元前一五五〇年被一對兄弟卡摩斯（Kamose）和雅赫摩斯（Ahmose）領導的埃及軍隊驅逐。

奇怪的是，雖然他們是兄弟，卡摩斯被認為是十七王朝（Seventeenth Dynasty）的末代國王，而雅赫摩斯則是十八王朝（Eighteenth Dynasty）的首位國王，開啟了埃及的新時代，史稱新王國時期。這個時期延續到公元前一二〇〇年後不久，統治者包括大權在握的王后哈姬蘇、擁有強勢軍力的法老圖特摩斯三世、一神論的法老阿肯那頓、少年國王圖坦卡門，以及十位名為拉美西斯的法老。雖然埃及在公元前一一七七年左右的青銅器時代世界大崩壞[12]中倖存，邁入第三中間時期（Third Intermediate Period）、賽特文藝復興時期（Saite Renaissance）以及希臘和羅馬的統治，包括亞歷山大大帝和較晚期的克麗歐佩特拉，全都在公元前一千年內發生，但埃及再也沒有回到新王國時期昌盛的勢力巔峰。

※ ※ ※

有了十九世紀早期象形文字的翻譯，學者就可以開始閱讀和研究其他存續至今的古埃及人文字，從詩歌、故事到經濟帳目、宗教文本皆有。我們經常在莎草紙和富裕人家的墓室牆上看見某個文本，那就是「亡者之書」（Book of the Dead），也稱為「通往光明之書」（Book of Going Forth by Day）。基本上，這份文書是幫助已故之人在死後立即進入來生的指南手冊，因為其中包括了死者在被允許進入來世前將會被問到的問題，以及該如何應答——其實這就是一份小抄。這段審問與「秤心儀式」息息相關，在儀式中，亡者的心臟會被放上天秤的一端，另一端則放上代表真理與正義（古埃及文稱為「瑪亞特」（*ma'at*））的羽毛，來檢視亡者生前是否良善公正。唯有心臟和羽毛同重或較輕，死者才能夠進入來生——也就是說，心臟並沒有因為罪惡和壞事而變得沉重。

為了待在來世，死者的身體即便在死後已久仍必須保持完整，於是便牽涉到製作木乃伊的程序。我們在埃及找到的某些最早期的木乃伊似乎是自然木乃伊化的，但顯然並非全都如此。此外，還必須確保屍體在最初下葬後一直保持埋葬狀態，免於胡狼、鬣狗或其他食腐動物的傷害。

因此，發展出兩種機制。第一是製作木乃伊的程序，第二則是泥磚馬斯塔巴（mastaba，「板凳」之意）的發明，用來保護墓地。許多學者猜想馬斯塔巴建築可能是金字塔的前身。就讓我們分別來看看這兩個程序吧。

首先是製作木乃伊。即使是今天，許多人仍曾經嘗試製作木乃伊，通常是小學的學校作業。他們往往是用雞來製作，幸好不是真人或家庭寵物（當然，除非那家人養的寵物剛好是隻雞）。[13]

我們對木乃伊的製作方法了解不少，部分是因為希羅多德在埃及期間留下相當詳盡的描述。他寫道，要先把屍體放入一種名為泡鹼（natron）的脫水鹽粉之中，靜置長達七十天。泡鹼會吸收屍體的溼氣，幫助木乃伊化。這顯然無法在一夜之間完成，因此需要整整七十天浸在泡鹼裡。

不過，有些內臟也需要移除。為此，木乃伊製作者被指示要在屍體側邊割出一道開口，伸手進去將胃、上下腸、肺臟和肝臟取出。這些內臟全都會放入我們所謂的卡諾卜罈（canopic jar）中。這是那些罈罐的現代名稱，因為最初早期的埃及學家在鑑定它們的時候，以為它們和卡諾伯斯（Canopus）的希臘神話有關；卡諾伯斯是一名來自希臘的邁錫尼戰士，曾參與特洛伊戰爭，但最後在造訪埃及時被蛇咬傷而身亡。

卡諾卜罈是墳墓的必要配備。每組罈子可能形式不同，但在新王國時期，罈蓋上會繪有埃及神祇荷魯斯（Horus）的四位兒子，負責守護裡頭的臟器。胃和上腸放入罈蓋上有胡狼頭雕刻的罈子，下腸放入有獵鷹頭蓋子的罈罐，肺臟放入狒狒頭罈，肝臟則是放入蓋子形狀近似人頭的罈子。接著，他們將芬芳的藥草和香料塞入原先內臟所在的體腔中，再把屍體側邊開口縫緊。

不過，心臟會原封不動保留在身體裡，因為古埃及人認為心臟是智識的中心，到來生仍是必需品。另一方面，他們尚未理解大腦的功用，往往直接丟棄。取出腦部的方法有兩種，其中一個方法是直接取一條長長的金屬線，一端彎曲成鉤狀。接著把金屬線推進死者的鼻子內，直到彎曲的一端抵達腦室，再迅速拉出，把腦部鉤出來。如果第一次還無法取出全部的腦，這個程序便會重複至清理乾淨為止。

另一個方法則是讓死者的頭向後仰，將液體滴入鼻內。那些液體是由強酸製成，所以抵達腦室後便能使腦部融化。再將頭部前傾時，黏軟的灰色物質便會流出死者的鼻子，就大功告成了──腦室已空空如也。

埃及人清除腦部的確切方法仍有爭議，在科學文章中亦然，但其探討全始於希羅多德的紀錄，他是告訴我們詳細過程的第一人，包括屍體防腐人員用一條彎曲的金屬，從鼻孔拉出大部分的腦，殘餘部分則「用藥物沖洗」。二〇一二年，在一具歷史長達兩千五百年的木乃伊頭顱中，找到了一樣物品，被鑑別為「腦移除工具」。它可能同時用來液化和移除腦部[14]，或至少研究者是這麼想的。

屍體防腐的過程家庭成員不得觀看，這應該是個好主意，因為有時確實會發生意外。比方說，一名女性的雙頰因防腐程序而凹陷。她是二十一王朝（Twenty-First Dynasty）的一位女祭司，名為漢塔薇（Henttawy），生卒年大約落在公元前十世紀，或三千年前左右。防腐人員在她的臉頰內塞入棉花片，可能是要讓她看起來更鮮活，這似乎是當時的習俗。但是他們卻放入太多，導致她的雙頰直接撕裂。當然，她因為身體沒有保持完整而無法進入來世，但直到現代那具木乃伊被解開之前[15]都沒有人知道這件事。

近期，其他在大英博物館或英國、德國和埃及等地博物館的木乃伊，被以電腦斷層掃描（CT）和三維視覺化技術重新檢驗，有不少有趣的新發現。這些皇室和平民的木乃伊來自公元前三五〇〇年到公元前七〇〇年的不同時期，死者年齡也是長幼皆有。有些有紋身，其他苦於各式疾病，而幾乎所有人都有牙科問題。[16]其中一項調查案例，是一位來自底比斯（Thebes）、名為塔慕特（Tamut）的女性歌者，約於公元前九〇〇年被製成木乃伊，被發現包紮的布裡藏有護身符，她的動脈中還有鈣化的血小板[17]，可能因此導致她死於心臟病或中風。其他調查案例則是動物的木乃伊，但發現近三分之一的木乃伊包紮布內都僅有一點或沒有任何殘餘物質[18]，引人思索其原因。

古埃及人會把屍體製成木乃伊，但他們也必須保護木乃伊免受惡劣氣候的侵害。這也是為什麼，我們發現約在公元前三〇〇〇年之前，便有馬斯塔巴（Mastaba），或說泥磚製成的矮凳，設置在木乃伊所在的墳墓上方。馬斯塔巴是現代阿拉伯文「板凳」的意思，也就是說這個名稱是現代才命名的。如此一來，即使沙塵暴襲擊墓地，所有沙土都被席捲一空，只要馬斯塔巴仍文風不動，木乃伊就不會暴露在險惡的自然環境中……也可以躲過啄食的鳥喙、鬣狗或其他食腐動物的血盆大口。

馬斯塔巴可能在幾世紀後演變成最終的金字塔。我們並不清楚是什麼確切啟發了古埃及人興建第一批金字塔的想法，但絕不可能和古代外星人有關。[19]這似乎是起源於第三王朝的法老左塞爾

左塞爾階梯金字塔，於薩卡拉（Saqqara）。

（Djoser，或拼作 Zozer），他在公元前二七〇〇年後幾年，首次要求他的大臣印和闐（Imhotep，也就是他的左右手）為他的葬身之地創造更宏偉的建築。於是，他們興建了階梯金字塔，我們認為這是埃及的第一座金字塔。印和闐似乎是左塞爾的私人醫生兼建築師，他在後來被尊為埃及醫藥之父，最終被神格化為治療之神，甚至因此被和希臘神祇阿斯克勒庇俄斯（Asclepius）連結在一起。

從階梯金字塔的外觀看來，印和闐似乎只是取用六個馬斯塔巴，層層相疊，愈接近頂端面積愈小，最後創造出多臺階或階梯的金字塔。[20]從階梯金字塔演變到今日開羅郊外我們熟知的平滑側邊金字塔僅一步之遙，因為必須做的只是填入缺少的部分，並將側邊弄平。

關於金字塔的事當然不只如此，法老們實際到底如何興建金字塔，至今仍引發熱議。許多學者個人較傾向他們是使用磚頭、滑車和滑輪，就像今日吊起沉重石塊的方法，但其他人則比較支持金字塔周圍有螺旋狀上升的土製斜坡，利用斜坡把磚塊拉到定位。如果是採用第二個方法，把最後幾塊磚頭放到頂端之後，最後一個步驟就是要拆卸還圍繞在金字塔周圍的土製斜坡。除此之外還有各式各樣的假設，包括工程使用的斜坡是蓋在金字塔內部，而今已不復見。[21]從近年的反覆論證研究可以清楚看出，雖然磚頭又多又重，但並未超越埃及人技術的負荷。訴諸外星人的力量實非必要。

不過，還得記住另一點：如此龐大的金字塔並非獨立的建物；它們通常是範圍更大的喪葬設施的一部分，其他還包括儀式場地、宗教聖壇和其他建築，全都是為了保存國王的回憶。因此，左塞爾也有這樣的喪葬設施，階梯金字塔只是其中的一部分。

現今開羅郊外的吉薩（Giza）也是如此，三座最大的埃及金字塔就建於此處。最早列出的古代世界七大奇觀中，吉薩金字塔是唯一留存至今者。它們也是地球上少數相對容易就能從國際太空站

（International Space Station）看見的文化景物。[22]

這三座金字塔可以追溯至古王國時期的第四王朝，也就是所謂的金字塔時代（Pyramid Age）。它們是一座接著一座興建而成的，修建者是名為古夫（Khufu）、卡夫雷（Khafre）和門考雷（Menkaure）的祖父孫三代法老，後來希臘人則稱他們為基奧普斯（Cheops）、齊夫倫（Chephren）和米凱里努斯（Mycerinus）。第一座金字塔是在公元前二六〇〇年由古夫（又名基奧普斯）所建，最早完工也最大，因此今天人們稱之為「大金字塔」（Great Pyramid）。我們會知道是古夫蓋了這座金字塔，部分是因為工人在內部留下提及他名字的塗鴉。[23]第二座金字塔則是卡夫雷（又稱齊夫倫）所建，獅身人面像很可能隸屬於這座金字塔，因為它坐落在原先卡夫雷喪葬設施的入口處。第三座金字塔是由門考雷（又稱米凱里努斯）興建的，也是最小的一座。走進這座金字塔會引發極端的幽閉恐懼症，這我可以作證——我不是世界上最魁梧的人，但為了不要撞到天花板，連我都必須低頭前行；走過其中一條內部走廊時，我的雙肩不斷摩擦著牆面。此外，我仍能清楚記得那頭頂有大量石塊的壓迫感受。

大金字塔是三座中最著名的，可能花了十到二十年才蓋成，但不太可能是奴隸所建（更絕對不是某些傳聞所述的希伯來奴隸，因為金字塔建成的年代至少比據稱約瑟把希伯來人帶到埃及的聖經故事早了八百年）。

希羅多德——那個描述如何製作木乃伊的希臘歷史學家——表示，要興建這樣的一座金字塔，需要十萬名工人每年輪四班[24]才能完成。自一九九〇年代，開始在金字塔周邊挖掘出工人營區和墓地，進而歸納出現今普遍認可的解釋：建築人力可能來自於鄉民、農民和其他較低階級的成員，他們在收割作物獲利後的農閒季節賺取額外收入，而且工作待遇頗佳。[25]除了季節性的人力，還有一批高達數千人的專職專業金字塔建築工人，他們主導工程並提供專門技能。金字塔在本質上是大型公共工程，因為皇室金庫將會付出極為可觀的金錢挹注經濟。

不過，因為每座金字塔都用上大量的石磚，顯然需要大批建築人力。舉例來說，大金字塔原本高約四百八十英尺（約一四六・三公尺），每邊長七百五十五英尺（約二三〇・一公尺），總共用了兩百三十萬塊石磚，有些甚至重達好幾噸，整座金字塔估計重達六百萬噸。大金字塔原先完工時應該有白色石灰岩的外殼，但那些石灰岩磚消失已久，許多都在日後開羅本身和金字塔鄰近鄉村的建築物上被再次利用。[26]

大金字塔內部有一系列的廊道和內室。雖然仍有爭議，但原始的入口和廊道似乎是通往國王埋葬的地下墓室。然而，後來可能改變了計畫，因為有另一條往上的廊道，通往所謂的「大走廊」（Grand Gallery），再到國王墓室，巨大的花崗岩石棺仍在原位。

國王墓室的兩側往上，分別有一道狹窄的井狀通道，通往金字塔的兩邊。過去普遍認為這是通風井，有時人們仍會這麼解釋，但現在有些人主張這兩個井狀通道具有儀式性的用途。近年來，官方發現金字塔內蜂擁而至的觀光客正在破壞古蹟，因為他們呼出的空氣中帶有溼氣，於是這兩道井狀通道被妥善利用了。空調系統（或抽風扇）就安裝在井狀通道裡，抽出溼潤的空氣，再送入乾燥的沙漠空氣，藉此幾乎馬上解決了問題。所以，如果你身在大金字塔之中，覺得聽見了空調的嗡嗡聲，那並不是你的幻覺。

獅身人面像則是坐落於第二座金字塔的入口，也就是卡夫雷建造的那一座，埃及學家也注意到獅身人面像和卡夫雷雕像的臉部十分相似。牠並沒有長達一萬年的歷史（有些業餘的考古愛好者會這麼主張），建築年代大約可追溯至公元前二五五〇年。獅身人面像位於埃及人採集金字塔用石磚的一座露天礦場內，之所以被留在原地是因為牠身體的中心「腐爛」了——也就是說，中心的石材不夠堅固，無法當成建築材料。於是工人把中心塑形成身體的樣子，再加上石磚，組成爪子、頭部和臉。

獅身人面像在古代曾經出土過，因為法老圖特摩斯四世（Thutmose IV）曾留下一段碑文，其中寫道——在他還只是個年輕王子時——他曾在獅身人面像的陰影下睡著，當時獸像的脖子以下都還埋在沙子裡。這大約是公元前一四〇〇年發生的事。在夢裡，獅身人面像告訴他，如果他把沙子移除，牠將會讓他成為埃及之王。於是他挖開沙子，並修補坍落的石磚。後來他真的當上國王，便在獸像的雙爪間留下今日所知的「獅身人面像記夢碑」（Sphinx Dream Stele），現代的埃及學家[27]正是在那裡找到那塊石碑的。

據傳，獅身人面像的鼻子是在一七九八或一七九九年被拿破崙軍隊擊落的。這說法完全不符事實。雖然他的軍隊確實把獅身人面像當作標靶練習，但在當時鼻子早已消失無蹤。根據於十五世紀寫作的阿拉伯歷史學家馬各里齊（al-Maqrizi）所述，一三七八年有位蘇非派（Sufi）穆斯林統治者砍下了獅身人面像的鼻子，因為埃及農民會向獅身人面像獻上祭品，視之為異教徒的偶像。

※ ※ ※

近來，新科技已被應用在調查埃及某些最著名的考古據點上，包括圖坦卡門的陵墓和幾座金字塔，從達蘇爾（Dashur）的彎曲金字塔（Bent Pyramid）和紅色金字塔（Red Pyramid），到吉薩的古夫大金字塔皆在其列。

舉個例子，二〇一五年，埃及、日本、加拿大和法國科學家利用紅外線熱成像法（infrared thermography），發現幾座金字塔產生了奇怪的異常反應，包括不同石磚間的溫度落差。這些溫度資料[28]可能代表某些洞窟或某種內部結構的存在，是先前未曾被注意到的。

科學家也運用緲子射線照相術（muon radiography），可能可以提供潛在洞窟的額外資訊。緲子收集器，或稱偵測器，可以測量到能夠通過固體結構的宇宙微粒，也可以指示出固體結構內的空洞或空隙。緲子偵測器也曾在二〇一三年被用於貝里斯的一座馬雅金字塔。二〇一五年末，學者在埃及達蘇爾的彎曲金字塔（建造日期早了著名的吉薩金字塔一世紀）較低的內室中，放置四十片緲子偵測盤，共覆蓋十平方英尺（約〇・九平方公尺）的面積，檢測四十天。研究結果發表於二〇一六年四月，成果豐碩，明確顯示出金字塔內已知的第二間內室，並在偵測器涵蓋的視野範圍內，排除有任何未知內室存在的可能。下一步就輪到調查大金字塔了。[29]這一切的新研究代表著，在考古學和埃及學伊始便是焦點的金字塔，又再度成為這個領域第一線的探勘重點。

整體而言，這趟前往古埃及世界的短暫旅程旨在呈現出這偉大古文明的傑出成就、介紹近期的新發現，以及現下運用了何種新科技才促成這些發掘。至此，我希望讀者未來無論是面對網路、電視，或任何本意良善的朋友和鄰居，都可以較輕鬆地辨別關於古埃及人描述的真偽——特別是三大主題：金字塔、木乃伊和象形文字。不過，要記得這些受歡迎的主題絕對不是埃及學家唯三研究的事物；埃及美國研究中心（American Research Center in Egypt，簡稱為ARCE）二〇一六年的年度會議上，不少學者發表了有趣的報告，包括〈第三中間時期的王權〉（Kingship during the Third Intermediate Period）、〈伯格廢丘*東部邊境新王國時期的埋葬習俗之二〉（New Kingdom Burial Practices on the Eastern Frontier at Tell el-Borg, Part II）、〈埃及皇家石碑碑文的技術面〉（The Mechanics of Egyptian Royal Rock Inscriptions），和其他不常登上電視特別節目的主題。[30]

---

* 譯註：伯格廢丘（Tell el-Borg）為埃及西奈半島西北部的考古據點。

第四章

美索不達米亞的謎團

二〇〇一年，大英博物館舉辦了一個名為「阿嘉莎・克莉絲蒂與考古學」（Agatha Christie and Archaeology）的展覽。雖然她是以寫作推理小說聞名，包括那些以赫丘勒・白羅（Hercule Poirot）為主角的作品，但據報導，她曾經說過：「考古學家是任何女人的最佳丈夫人選[1]，因為她愈老，他對她愈感興趣。」

阿嘉莎・克莉絲蒂很懂她自己在說些什麼。許多人都讀過她一本或多本小說，但很少人知道她嫁給考古學家麥克斯・馬洛溫（Max Mallowan），他是萊納德・伍利在今天伊拉克境內的烏爾遺址（Royal

烏爾的普阿比女王（Queen Pu-abi）。

cemetery of Ur）的得力助手。一九三〇年，馬洛溫二十六歲、阿嘉莎四十歲時，阿嘉莎因為被知名的「烏爾死亡坑」深深吸引——當時這消息幾乎風靡全英國——而造訪遺址。她是自發性前往一探究竟的，但後來發現比起死亡坑，她對馬洛溫更加著迷。他們六個月後便結婚了。然而，阿嘉莎嫁給他之後，卻不再被允許進入烏爾遺址，於是夫妻倆不久後就離開了烏爾，開始在其他地方進行他們自己的考古發掘工作。自那時起，幾乎馬洛溫所有的發掘之旅，她都如影隨形，而且利用她沒有幫忙協助處理考古素材的時間，寫下了她的多本著作。

至於為什麼阿嘉莎在和馬洛溫結婚後，不能再進入烏爾遺址，有傳言說是因為伍利的太太——凱薩琳．伍利夫人（Lady Katharine Woolley）[2]——不願意讓其他人瓜分她在挖掘現場得到的男性目光。不過，阿嘉莎似乎很快就向她報仇了，因為許多人都認定在她的小說《美索不達米亞的謀殺》（*Murder in Mesopotamia*）中，第一個遭到殺害的角色美人露意絲（Lovely Louise）正是以伍利夫人為原型，尤其是她被描述為「美麗但難相處的考古學家太太」。據說，知情人士立刻就認出露意絲正是凱薩琳夫人，雖然她本人對這件事似乎毫不在意。

＊　＊　＊

古烏爾遺址坐落於幼發拉底河岸，就在河流流入波斯灣入海口的北邊。人們稱這個區域為美索不達米亞，這個名字是源於希臘文的「美索」（meso）和「不達米亞」（potamia）二字，意思是「在兩河之間」的地區——亦即底格里斯河和幼發拉底河。

烏爾在古代就已經是個遠近馳名的地方。大約從公元前六〇〇〇到四〇〇〇年，烏爾都有人居，直到幼發拉底河改道後，人們才紛紛遷離。始於公元前三〇〇〇年的青銅器時代期間，烏爾具備了美索不達米亞城市所有的典型特徵，包括以「金字形神塔」（ziggurat）為人所知、高聳入天的宗教建物。伍利認為這個據點就是「迦勒底的烏爾」（Ur of the Chaldees）[3]，也就是在《創世紀》中出現，與聖經族長亞伯拉罕有關的城市，但至今人們仍在猜測他所言是否屬實。

伍利和馬洛溫在一九二二年開挖（同年卡特在埃及找到了圖坦卡門的陵墓），但一直到他們一九二六至一九二七年間的第五個田野調查季，才開始在烏爾挖掘出墓地。隨後，在一九二七和一九二九年間，這兩位考古學家讓十六座王室陵墓重見天日，因而聲名大噪。包括一九三一年後，伍利在沒有馬洛溫的狀況下進行的晚期發掘在內，在墓地區總共找到了大約一千八百五十座完整的墳墓。因此，王室陵墓只占了出土墳墓的一小部分。[4]

烏爾的王室陵墓歷史可以追溯至約公元前二五〇〇年，幾乎和吉薩金字塔同時期。而雖然墓地許多其他的陵墓十分簡樸，但王室陵墓相當宏偉壯觀。王室陵墓通常都由一間石室組成，不是拱頂就是圓頂，王室遺體就置於其中。石室位於深地坑的底部，從地表只能藉由一條陡坡才能進入。珍貴的陪葬品大多在有遺體的墓室中找到，而有輪子的交通工具、公牛和陪葬人員則會出現在墓室和外頭的地坑中。[5]

他們在死亡坑找到大量的陪葬人員——有座陵墓共有超過七十具陪葬人的遺體，只為隨同他們的男主人或女主人前往來世而遭殺害；另一座有超過六十具遺體；還有另一座有四十具遺體。這些陪葬人員大部分是女性，但也有男性。伍利推測他們是在爬下陡坡、進入地坑後喝下毒藥，但二〇〇九年賓州大學針對某些頭骨進行電腦斷層掃描後，結果顯示至少有部分陪葬人員[6]是活生生被一只尖銳的工具從耳朵下後方插入頭內，轉瞬間就斷氣身亡。

儘管許多陵墓曾在古代遭到竊盜，但伍利和馬洛溫在王室遺體身旁找到的陪葬品令人嘆為觀止。他們找到了黃金王冠、黃金和青金石珠寶、黃金和銀金匕首，甚至還有一頂黃金頭盔——很可能僅作儀式用途，畢竟在戰鬥中黃金頭盔不太能擋下劍斧。此外還有許多精緻的雕像，例如那一對樹上山羊的塑像（經常被稱之為「灌木叢中的公羊」，因為它令人聯想到以撒獻祭的聖經故事）＊。這一對美麗塑像的其中一座現展於大英博物館，另一座則收藏於費城的賓州大學大學博物館（University Museum of the University of Pennsylvania）。

在烏爾的挖掘人員也找到了一把有象牙和青金石鑲飾的木頭豎琴的殘骸，之後伍利修復了這把琴。有座王室陵墓中，還有一只前後鑲飾的木箱，伍利稱之為「烏爾軍旗」（the Standard of Ur），認為它可能是被掛在竿子的頂端，在戰爭中高舉在軍隊前方，和幾世紀後羅馬人使用的旗幟十分相像。他之所以會如此認定，是因為木箱鑲飾所描繪的場景，看似有場戰役的戰利品被上呈給國王，以及一場凱旋盛宴。宴會場景的人物中，有位音樂家手拿一把豎琴，可能是伍利修琴時的部分依據。當然，這些場景也可能是在描繪截然不同的事情，這很可能只是一只簡單的木箱，而非一面「軍旗」。關於木箱和一些其他物品的詮釋，討論和辯論持續至今，而距離伍利和馬洛溫發現王室陵墓已近一世紀。

※ ※ ※

伍利和馬洛溫並不是第一批在美索不達米亞的古代遺址有驚人發現的考古學家。一八〇〇年代中期，中東的幾個古代遺址都正進行認真的發掘工作，由大英博物館和羅浮宮等機構資助[7]，奧斯丁・亨利・萊亞德（Austen Henry Layard）[†]和保羅—埃米爾・博塔（Paul-Émile Botta）[‡]等人操刀。他們在現今伊拉克境內的尼尼微（Nineveh）和尼姆魯德（Nimrud）這類的地方開挖，這兩座城市是公元前八和七世紀亞述帝國的首都。他們將壯觀的物件運回博物館，例如有翅膀的巨大公牛、獅子橫條雕飾（frieze）等物，目前展於大英博物館和羅浮宮。德國和美國的博物館也同樣採取行動，贊助前往美索不達米亞的考古遠征，以及在其他遺址的挖掘工作，如巴比倫、烏魯克（Uruk）和尼普爾（Nippur）。

協助這些考古學家的人員還有銘刻學家（epigrapher）——亦即研究古銘刻文字的學者——如在一八三〇年代協助解譯楔形文字（cuneiform）的英國學者亨利・羅林森（Henry Rawlinson）。[8]楔形文字指的是楔形的書寫系統——事實上，「cuneiform」這個字就是「楔形」的意思。在古代中東，這種文字被用來書寫阿卡德文（Akkadian）、巴比倫文、西臺文、古波斯文和其他語言，很像我們今天使用拉丁文字來書寫英文、法文、德文、義大利文、西班牙文等等。

羅林森是一名被分派到現今伊朗的英國軍官，他破解楔形文字祕密的方法和商博良解譯埃及象形文字的方式相同，都是透過翻譯三種語言的銘文。在羅林森的案例中，銘文文字為古波斯文（這種語言被保存至現代）、埃蘭文（Elamite，另一種古代波斯語言，許久以前便已無人使用）和巴比倫文。

＊譯註：聖經提及，神曾要亞伯拉罕獻祭自己的親生兒子以撒，在亞伯拉罕就要下刀殺害兒子之際被天使阻止，表示神已明白他的忠誠，而後亞伯拉罕看見身旁有隻公羊，兩角困在稠密的灌木叢中，於是以公羊代替獻祭。

†譯註：奧斯丁・亨利・萊亞德（Austen Henry Layard，一八一七～一八九四），英國考古學家、旅行家、藝術史學者。

‡譯註：保羅—埃米爾・博塔（Paul-Émile Botta，一八〇二～一八七〇）為法國科學家。

這段銘文大約是在公元前五一九年奉波斯的大流士大帝（Darius the Great）之令，刻於伊朗貝西斯敦（Behistun）遺址、高過沙漠地表四百英尺（約一二一・九公尺）的一面峭壁上。

人們經常複述的故事最初是由羅林森本人所描述的。[9]他在搖搖晃晃的梯子和鷹架上爬上爬下拓取銘文，似乎耗費了一八三五至一八四七年整整十二年，最終他僱用了一個「粗野的庫德族男孩」，從峭壁頂端沿繩擺盪向下，去複製這段冗長銘文的最後幾行。這名男孩必須從一側盪到另一側，沿著垂直的峭壁奔跑，而後用某種方式依附在上頭，才能拓取到末尾的幾個小部分。

一八三七年，羅林森開始這項計畫後的兩年，就已經弄清楚如何閱讀古波斯文部分的前兩個段落。他在發表於一八三七和一八三九年的正式論文中展示他的發現，正好超前其他也正在試圖破解銘文的人——包括一位名為辛克斯（Hincks）的年邁愛爾蘭教區牧師。據傳，羅林森又耗費了二十年[10]才解譯銘文的巴比倫文和埃蘭文段落，成功讀懂所有的文字。

※　※　※

同時，在一八四二年的十二月，保羅─埃米爾・博塔開始了今天伊拉克境內首次的考古挖掘。雖然生於義大利，他白天的工作是在摩蘇爾（Mosul）擔任法國領事，這個職位讓他有空閒時間能夠代表巴黎羅浮宮進行考古田野工作。那正是他多數時間在做的事，他在法國的上司們也積極支持他這麼做。[11]

博塔的首次嘗試聚焦在名為庫雍吉克（Kuyunjik）的多座土丘，就位於摩蘇爾城的河川對岸。他在那裡並沒有太多發現，很快便不再繼續挖掘，後來證實他放棄得過早了。從他的一名工人口中，他得知有個名為荷爾沙巴德（Khorsabad）的遺址出土了一些雕像，位置大約在北方十四英里（約二二・五公里），於是在一八四三年三月，他改在那裡進行發掘，結果立竿見影。在一週內，他就開始挖掘一座宏偉的亞述宮殿。起初他以為自己找到了古尼尼微的遺存，但我們現已知道荷爾沙巴德是杜爾舍魯金（Dur Sharrukin）的古遺址[12]，杜爾舍魯金是公元前七二一至七〇五年在位的亞述國王薩爾貢二世（Sargon II）的首都。

至於奧斯丁・亨利・萊亞德，他並不是特地到美索不達米亞進行考古發掘的，至少一開始並非如此。一八三九年，二十二歲的他正與一名友人從英國經陸路前往錫蘭（Ceylon，今天的斯里蘭卡）旅行。他們已經通過土耳其，造訪了耶路撒冷、佩特拉、阿勒坡和其他古城[13]，並在一八四〇年五月抵達摩蘇爾。他在那裡中了考古的毒，對在摩蘇爾河流對岸的古代土丘挖掘深感興趣，但他在幾年後才得以回到當地開挖。

萊亞德首次的考古嘗試始於一八四五年的尼姆魯德遺址，雖然他起初以為那是古尼尼微。尼姆魯德遺址位於摩蘇爾下游幾英里處。為了瞞過當地的統治者——一位名為穆罕默德・帕夏（Mohammed Pasha）、獨眼獨耳的專制掌權者——萊亞德假裝自己是為打獵遠征，但祕密地在他的補給品中放入一些挖掘用具。[14]

他抵達遺址後，第一晚住在當地村莊首領的小屋，夢見了他可能發掘的東西。他事後形容，夢裡有著「地下宮殿、巨大野獸、雕刻塑像和無數銘文的景象」。[15]結果這個夢似乎更像一個預兆，因為他在接下來的幾年內找到了夢中的一切，甚至更多。

隔天一早他就開挖了。他的團隊有六名當地的工人，他將他們分為兩個小組。他們開始在土丘上相距遙遠的兩個區域挖掘。第一天尚未結束，兩個小組就已經挖到幾間牆上布滿雕刻銘文的房間。不過，這些房間分屬兩座不同的宮殿——僅僅一天，萊亞德便找到了不止一座，而是兩座亞述宮殿。今天，它們通常被稱之為西北和西南宮殿。於是，他將團隊擴增為兩倍——僱用十一名工人。後來又再次增員，總數達到三十名工人。16

從萊亞德找到的銘文中，後來漸漸明朗，興建西北宮殿的人是一位名為阿淑爾納西爾帕二世（Assurnasirpal II）的統治者。兩百年後，另一位名為阿薩爾哈東（Esarhaddon）的統治者興建了西南宮殿。不久後，他們發現遺址中還有一座中央宮殿（Central Palace），建造者為提格拉特帕拉沙爾三世（Tiglath-Pileser III）。阿淑爾納西爾帕二世的兒子沙爾馬那塞爾三世（Shalmaneser III）也曾經下令在此處興建房屋和紀念建物。這些統治者大興土木的期間為公元前八八四至六六九年，總計超過兩百年。

在萊亞德之後，其他考古學家也曾在尼姆魯德挖掘，幾乎持續至今日。一直到近期的二〇一五年三月，尼姆魯德都還登上新聞版面，因為伊斯蘭國（ＩＳＩＳ）釋出多部影片，拍攝他們將一臺推土機和一把大錘帶進遺址的古代遺存中，也在摩蘇爾博物館（Mosul Museum）摧毀尼姆魯德的遺物。17

萊亞德出版過一本書，談論他在尼姆魯德的非凡發現，其中包括沙爾馬那塞爾三世的黑色方尖碑（Black Obelisk of Shalmaneser III），那是一根超過六英尺（約兩公尺）高的柱子，上頭覆滿詳述國王輝煌功績的銘文，還提到了聖經中的以色列國王耶戶（Jehu）。這部著作於一八四九年問世，立即鞏固了他身為一名考古學家、無畏冒險家兼迷人作家的名聲。他將這部著作命名為《尼尼微及其遺存》（*Nineveh and Its Remains*），因為那正是他以為自己正在挖掘的城市。這個標題的選擇實在令人遺憾，因為當羅林森解譯了遺址的銘文，便明白那座古城其實是卡爾胡（Kalhu），也就是聖經中的迦拉（Calah），而非尼尼微。[18]

卡爾胡是亞述人建立的第二座首都，第一座則是同名的亞述城（Assur）。從公元前八七九至七〇六年，卡爾胡為首都的時間將近一百七十五年。之後，薩爾貢二世短暫將首都遷至杜爾舍魯金，接著辛那赫里布（Sennacherib）又遷都至尼尼微。但尼尼微到底在哪裡呢？當時尚無人發掘。

※　※　※

一八四九年，萊亞德回到摩蘇爾展開另一回合的挖掘工作，持續至一八五一年。這次他把主要的焦點放在庫雍吉克，也就是七年前博塔放棄的那個土丘。當時他已經擁有足夠的財力，能夠一次僱用高達三百名工人[19]——尼姆魯德的十倍人數。

萊亞德的運氣比博塔更好。他的人馬一下子就挖到了有著浮雕和圖像的牆面，後來證實是在位於公元前七〇四至六八一年的辛那赫里布所建造的宮殿。起初，萊亞德僅視之為「西南宮殿」。他在其中找到了現稱為「國王圖書館」的區塊。那是兩間寬敞的房間，地面上的泥板堆疊至一英尺（約三〇・五公分）深。展開泥板的翻譯工作後，宮殿真正的名字便揭露出來了——「無敵宮殿」（Palace without Rival）。而這次，羅林森翻譯了該處找到的泥板，總算確認了這裡就是古尼尼微的實際地點，因為辛那赫里布登基王位後，將亞述首都從杜爾舍魯金遷往尼尼微。[20]

今天，辛那赫里布的宮殿最著名的部分大概是所謂的「拉吉室」（Lachish Room）。萊亞德在這裡找到許多牆壁浮雕，厚石板上雕刻的有圖像也有銘文，描繪辛那赫里布在公元前七〇一年占領拉吉城的經過。當時，拉吉是猶大王國（Judah）*第二強大的城市；辛那赫里布進攻拉吉後，又接著圍攻耶路撒冷。

拉吉占領事件被記載於希伯來聖經（〈列王紀〉下第十八章十三至十四節）中，耶路撒冷圍城亦然。萊亞德的發現是最早的幾次之一，我們所謂的「聖經外」（extra-biblical，或稱聖經以外的）資料來源證實了聖經中寫到的事件。

萊亞德發現辛那赫里布宮殿的大約三十年前，拜倫勛爵（Lord Byron）†用一首他在一八一五年發表的詩〈辛那赫里布的毀滅〉（The Destruction of Sennacherib），令聖經的敘述永垂不朽：「亞述人下行如山峰之狼，軍團閃耀紫金光芒；兵將矛尖的光輝如海上星點，宛若夜夜藍浪滾動的加里利（Galilee）深海洋面。」[21]

接續於一九三〇年代、一九七〇年代和一九八〇年代，在今日以色列境內的拉吉城實際地點所進行的挖掘工作，證實了該城毀滅的時間約為公元前七〇一年。這幾次的挖掘中，一座亞述圍城用的坡道出土，由重達數噸的土石建成，外觀與辛那赫里布宮牆浮雕[22]上描繪的坡道十分相似。

這些尼尼微浮雕也充斥著令人毛骨悚然的場景，包括戰俘的舌頭被拉扯而出、活生生遭到剝皮，還有砍下的首級被堆放在一根柱子上。現已公認亞述人言出必行，也曾實際執行這些酷刑，但將之描繪在辛那赫里布的宮牆上最有可能是出於宣傳目的——一種嚇阻其他王國反抗亞述人的手段。異國使節可能會被帶到這個位於宮殿中央的房室，讓他們能把訊息帶回家：他們不應以任何途徑、形式或做法，試圖反叛或妨礙亞述人。[23]

※ ※ ※

在尼尼微的辛那赫里布宮殿發掘時，萊亞德寫下：「在這宏偉的建物中，我已敞開至少七十一處的大廳、房間和走廊，它們的牆面幾乎無一例外，全都鑲嵌著經雕飾的厚雪花石膏板。」他推估，他的工人們所挖鑿的隧道已經足以讓近一萬英尺長（約三公里）——或約二英里長（約三・二公里）——這樣的牆面重見天日，還附帶二十七個由長翅膀的公牛身和獅身人面巨像組成的出入口。[24]

不過，我們得留意的是，萊亞德是一名外交官，並非專業的考古學家；就此而論，博塔亦非專業人士。布萊恩・法根（Brian Fagan）‡曾直言：「以現今的標準來看，博塔和萊亞德都是可怕的發掘者。」[25]尤其，萊亞德是「追著牆」挖掘的，而今天的考古學界並不會這麼做。他的人馬正朝著土丘往下挖出一道探溝，碰到一面石牆後，他們就沿著牆面開鑿隧道。當那面牆和另一面相接時，他們就在轉角處轉彎，繼續沿牆挖掘隧道，直到沿著那個房間的四邊都挖出通道。博塔一行人的做法也大同小異。

萊亞德藉由這種挖掘方式，出土了許多組成牆面的雕刻厚板和巨大塑像。可是，這也代表他經常略過房間裡的東西不挖。此外，他對他的人手在挖掘過程中找到的任何陶器都不怎麼感興趣。許多的

---

* 譯註：公元前九世紀或八世紀至五八六年的近東王國，緊鄰以色列王國（Kingdom of Israel），首都為耶路撒冷。

† 譯註：拜倫勛爵（Lord Byron，一七八八～一八二四）為英國浪漫主義代表詩人。

‡ 譯註：布萊恩・法根（Brian Fagan，一九三六～）為英國人類學家，曾寫作多本通俗考古學著作。

厚牆板都被運回大英博物館，今天仍可以看到它們在館內展出。其他在尼尼微、尼姆魯德和荷爾沙巴德發現的牆板則安置在世界各地的博物館館藏中，其中有一些保存在美國的達特茅斯學院（Dartmouth College）和阿默斯特學院（Amherst College）。

※ ※ ※

要把這些物件送回大英博物館得費好一大番功夫，博塔和他的後繼者維多．普拉斯（Victor Place）*則是要運回羅浮宮。博塔的發現在一八四七年五月於羅浮宮展出，搶先萊亞德和大英博物館幾個月，因為他們的物件一直到當年九月才公開展示。為了要把他的發現送回法國，博塔一度建造了一輛輪子寬達三英尺（約〇．九公尺）的運貨車，結果卻因太過沉重而無法移動，甚至叫來兩百多名工人也不動如山。[26]萊亞德要將他的發現運回英國時也碰上類似的問題。[27]

維多．普拉斯後來取代博塔在荷爾沙巴德工作，他是三人中運氣最糟的。在他負責期間的一八五五年五月，有批大量的貨物——約兩百至三百箱裝滿古物的板條箱——在運往法國[28]途中，於底格里斯河全數丟失。在巴格達短暫停留後，護船隊沿著底格里斯河順流而下時，遭到強盜攔截。當他們發現船貨不是黃金後，便惡意翻覆船隻，並殺害了幾名船員。那些板條箱帶著珍貴而無可取代的古老發現，迅速直沉入河。其中包含近一百二十件荷爾沙巴德的古物，以及尼尼微辛那赫里布宮殿的六十八座塑像，雖然是英國團隊挖到了那些塑像，但他們允許普拉斯替羅浮宮取走它們。此外還有一支前往巴比倫尼亞（Babylonia）的法國考察隊在美索不達米亞其他地方找到的物品。最後，只有七十八只板條箱被尋獲，致使近代最傑出的英國考古學家之一的塞頓．洛依德（Seton Lloyd）稱之為「考古史上可怕的災難之一」。[29]其餘的木箱從此不翼而飛。或許在這段河道利用現代遙測科技進行打撈仍然值得一試。

＊　＊　＊

發現接踵而至。底格里斯河的災難發生的兩年前，也就是一八五三年，身兼萊亞德弟子和尼尼微挖掘工作繼承者的在地考古學家赫爾穆茲德．拉薩姆（Hormuzd Rassam），在遺址發現了亞述巴尼拔（Assurbanipal）的宮殿，就近在當時也在那裡開挖的維多．普拉斯眼前。亞述巴尼拔是辛那赫里布的孫子，於公元前六六八至六二七年在位。拉薩姆和他的工人在土丘管轄權有爭議的區域，連續祕密挖掘了三個晚上，而當他們的壕溝首次讓宮牆和塑像出土時，普拉斯只能恭賀他們的新發現。[30]

人面帶翼公牛像，於杜爾舍魯金（今荷爾沙巴德）。

在宮殿中，這次是拉薩姆找到了楔形文字文本的巨大圖書館，就像之前萊亞德在辛那赫里布的發

＊譯註：維多．普拉斯（Victor Place，一八一八～一八七五）為法國外交官兼考古學家。

現。一般認為，總數高達兩萬五千片刻寫板的亞述國家文件分別被存放在兩座宮殿，儘管這兩座宮殿並非連續的兩個世代所建；這些文件現全數藏於大英博物館。[31]

拉薩姆在亞述巴尼拔的宮殿找到的文本來自經常被稱之為「王室圖書館」的地方。這些國家文件描繪出亞述王國的政治、經濟和社會情況的全面樣貌，而除了國家文件外，其中還包含了宗教、科學和文學文本，都是亞述巴尼拔命令他的抄寫員從帝國各地蒐羅或謄寫而來的。[32]這些文本構成了古代世界偉大的圖書館之一，應當和年代要晚得許多的貝加蒙（Pergamon）和亞歷山卓（Alexandria）圖書館相提並論。刻寫板中還囊括《吉爾伽美什史詩》（*Epic of Gilgamesh*）[33]和巴比倫洪水（Babylonian Flood）故事的抄本。

洪水故事的首位翻譯者是喬治・史密斯（George Smith），他是倫敦的一位紙鈔雕版師，同時也是在大英博物館擔任兼職的業餘亞述學者。史密斯在一八七二年開始拼湊一塊破碎的大刻寫板，距離拉薩姆首度找到那些刻寫板已近二十年。他驚覺泥板上記述的是一場大洪水，和希伯來聖經中描述的洪水十分相像——亦即諾亞倖存的那場大水。史密斯手上的這份記述後來證實是《吉爾伽美什史詩》的第七塊刻寫板，但其中提及的倖存者並非諾亞，而是一位名為烏特納匹斯提姆（Utnapishtim）的男子。當他在一八七二年十二月的一場聖經考古學協會（Society of Biblical Archaeology）的會議宣告他的發現時，整個倫敦都為此興奮地議論紛紛。

不過，刻寫板的中央缺漏了一大塊，而且正巧是故事情節的高潮處。於是，當時的一家報社——《每日電訊報》（*Daily Telegraph*）便承諾贈予一千英鎊給任何願意去尋找丟失碎片的人。雖然史密斯從未涉足美索不達米亞，也未曾受過考古學的訓練，但他決定親自接受這項請託。而在他抵達尼尼微的一週內，就找到了那塊遺失的碎片。[34]

他究竟是怎麼辦到的？其實相當簡單。他推測，大概是找到其他碎片的工人們漏掉了這塊大的碎板，所以他並沒有再次挖掘土丘，而是去翻找考古學家所謂的「背後的廢土堆」（back dirt pile）——也就是考古學家和他們的工人在挖掘遺址時，傾倒出來的土石所堆成的人工土丘。

這些廢土堆裡應該沒有任何古物，但尼尼微的土堆裡卻充斥著許多物品，因為工人們挖鑿的速度實在太快了，而且在挑揀出他們挖到的物件時經常漫不經心，無論是陶器或泥板。史密斯不只找到了此行目的的遺失碎片，還找到了另外三百塊類似的泥板碎片，統統都是工人們遺漏並丟棄的。他回到倫敦後，缺少的那塊碎片和他的洪水泥板密合得天衣無縫。

不過，這只是許多洪水記述中的一則。最近，一位大英博物館的亞述學者厄文・芬柯（Irving Finkel）在二〇一四年宣告他找到了另一個不同版本的洪水故事。在這個版本中，倖存者是一個名為亞特拉哈西斯（Atrahasis）的男子。芬柯所發現的刻寫板耐人尋味之處在於，其中形容的方舟似乎是圓形的，和我們通常想像的樣子大不相同。這塊刻寫板是私人收藏品。它的主人第一次把泥板帶去給芬柯是在一九八五年，但不願意讓他保留足夠長的時間去翻譯其內容。一直到二〇〇九年，芬柯才再次得到機會著手翻譯。[35]

※ ※ ※

十九世紀在尼姆魯德、尼尼微和荷爾沙巴德，接著在烏爾、巴比倫、尼普爾、烏魯克和其他遺址進行的挖掘工作，開啟了該區域的考古發掘時代，延續至今。在美索不達米亞完成的考古研究和文本著作闡明了西方整體文化的起源，以及如此早期的開端如何廣泛形塑了我們當今社會的運作方式，從政治、法律到數學、醫學、教育、賦稅和其中的一切事物皆然。[36]

現在回顧這些早期的考古學家，有些學者曾討論是否該視他們為當時歐洲殖民主義的重要部分，而因此將之貶低為歐洲收編異族歷史的嘗試之一[37]，或是他們只是博物館為了自己的利益而資助和背書的競爭或比賽的一部分。然而，即使那些因素是他們的潛在動機，結果是萊亞德和博塔等人的調查者協助揭露了先前未知或未發掘的文明，諸如亞述、巴比倫和蘇美等民族，而有利於拓展我們對西方文明的理解。此外，還有個附帶的問題：現在是否該將這些物品歸還給他們的母國？這是個正當合理的問題，也必須考慮到至少自一九九〇年代初便嚴重傷害中東的動亂，而且持續至今，從伊拉克到敘利亞皆仍騷動不安。

到了近期的一九八八年，在地的伊拉克考古學家在尼姆魯德有了驚人的發現。他們挖掘出公元前九世紀阿淑爾納西爾帕二世時期幾位亞述王后的墓穴；其中的物品包括了令人嘖嘖稱奇的黃金項鍊、耳環和其他寶藏。在二次海灣戰爭期間，這些金銀財寶全數佚失，但結果是被藏在一座銀行的金庫中，尋回時安然無恙[38]，現已公開展出。一九九〇年代早期中止的考古工作，現在也已經在其他的中東地區重啟。能夠見證下個世紀考古考察隊的新發現，想必十分有趣。

第五章

探索中美洲叢林

馬雅文明研究近年來最振奮人心的其中一項進展出現在二〇〇九年。有一支考古學家團隊利用某個安裝在一架雙引擎飛機上的先進光達（LiDAR）系統，畫出位在貝里斯且名為卡拉科爾（Caracol）的隱密馬雅古城地圖。在短短四天內，他們便已成功證實在那看似難以穿越的廣袤叢林地帶，其實藏有徹底被繁茂樹林所遮蔽的建築物、道路和一座巨城的其餘部分。[1]

「光達」（LiDAR）一詞意指「光學探測與測距」（Light Detection and Ranging），是一種運作原理近似雷達的遙測科技，但是利用雷射光來進行高

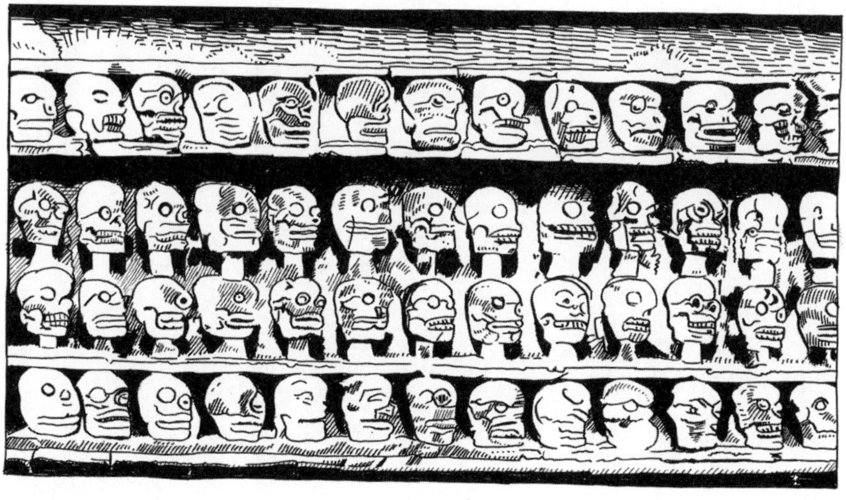

契琴伊薩的頭骨架。

度精確的量測；透過發射雷射光束再自地面反射，便能產出帶有上萬資料點的三維圖像。[2]光達系統通常裝載於飛機上，特別適合使用於中美洲這類地區，因為它能夠穿透叢林或雨林的樹木，繪製出遭茂草掩沒的失落廟宇、建築，甚至是城市。

要探勘所有（或說大部分）馬雅遺址的難題是蔓延其中的樹林，它們長久以來讓許多遺跡與外界隔絕。即使到了今天，如果沒有積極維護這些遺址，或沒有因大批觀光客造訪而開道，森林便會再次迅速占領這些斷垣殘壁。此外，當地尚有多座古城未被發掘，因此直至二〇一四年，其他研究團隊陸續在該區域找到數座埋在荒煙蔓草中的馬雅城市。其中一位研究者表示：「在叢林裡，你就算距離巨大遺跡僅僅六百英尺（約一八二．九公尺），也很可能完全無法察覺出它的存在。」光達系統能夠改變這一切，它不只可以找出荒城的位置，還可以在幾天、甚至是幾小時內就繪製出已知城市的地圖，這在以往通常必須耗費數週、數月，甚至數年。[3]

※　※　※

時值一七五〇年，「一群西班牙人正在墨西哥內陸旅行……他們在一處廣闊的荒野發現古老的石造建築——一座城市的遺跡。」那幅景象無疑讓那些西班牙探險家目瞪口呆，藤蔓密密麻麻爬滿龐大的建築物，樹木的枝枒蔓生在那曾經是窗戶的位置。我們現在已經知道他們當時發掘的是帕倫克（Palenque）馬雅遺址。[4]

雖然古城的消息不脛而走，卻並未引起官方的大量關注。直至三十多年後的一七八四年，西班牙國王才又派遣另一位探險家去調查這則傳聞。雖然在接下來的五十年內，仍有數支西班牙探險隊前去一探究竟，相關的英文記述也在一八二二及一八三五年公開發表，這處遺跡卻仍沒沒無聞。於是，絕大多數的西方世界都忽略了帕倫克遺址的發現，直到一八四一年，有位名叫約翰．洛伊德．史蒂芬斯的美國探險家出版了一部關於他幾次親身造訪當地的著述，向廣大的讀者群介紹這座馬雅遺跡；幾年後，萊亞德才開始發表他在美索不達米亞發掘的古城遺存。

史蒂芬斯簡直不敢相信在他的著作《旅行紀事》（*Incidents of Travel*）出版之前，鮮少有人注意到帕倫克遺址。他在描述完一七五〇年的首次發現和西班牙人的接連探查之後，表示：「如果是在歐洲人旅行可及之處發掘類似的遺址，如義大利、希臘、埃及或亞洲等地，所引發的興趣絕對不亞於赫庫蘭尼姆城、龐貝城或帕埃斯圖姆（Paestum）遺跡的發掘。」[5]他與英國藝術家兼建築師費德里克．凱瑟伍德（Frederick Catherwood）同行的中美洲勘查之旅改變了這一切。他們的旅程最終成為最暢銷的遊記，這本書記錄了他們發掘的多處馬雅遺址，其中許多都是從未曝光的遺跡。[6]

可想而知，史蒂芬斯和凱瑟伍德絕對不是首次造訪這些遺址的外地人，他們也並未實際進行挖掘工作，他們只是探查、清空樹林和矮叢、勘測並繪製地圖。然而，因為他們所出版的紀錄，中美洲遺跡終於受到外界的矚目。在過程中，他們確立了我們今日所謂新大陸考古學的濫觴。[7]如某位學者指出，早在海因里希．施里曼挖掘特洛伊古城的三十年前、霍華德．卡特發掘圖坦卡門陵墓的八十多年前，他們就已經立下了里程碑。[8]

史蒂芬斯年幼時便學習希臘文和拉丁文，他就讀哥倫比亞大學時才十三歲，又在二十歲當上律師。可是執業不久後，他便放棄法律工作，開始在歐洲和中東各地旅行[9]，足跡遍及希臘、土耳其、埃及和約旦。接著，他出版了記錄這幾趟旅程的著作，風靡一時，為他帶來名氣與財富。[10]

凱瑟伍德年長史蒂芬斯幾歲，但卻不減兩人的友情，這兩位男士決定要一起前往中美洲探險。他們尤其想要尋找我們今日稱為馬雅文明的遺跡。於是，他們在一八三九年從美國啟程，目標造訪三處他們曾讀到過的中部美洲（Mesoamerican）*古遺址——科班（Copán）、帕倫克和烏斯馬爾（Uxmal）。結果在兩趟探險之旅中，除了這三處遺址外，他們又探訪了更多地方——總共近五十座古城，其中之一名為契琴伊薩（Chichén Itzá）。

到了一八四一及一八四三年，這些探險的記述以遊記形式出版。在書中，史蒂芬斯不僅鉅細靡遺描述他們目睹過的古城和建築，更提到他們在旅途中受到各種病痛的折磨。他數次談到讓他們染上瘧疾的蚊子、在他們腳趾甲下產卵的掘穴昆蟲，還有其他惱人的病症，其中不乏危及性命的疾病。[11] 在讀完他們的第一手描述後，便會覺得他們竟能活著走出叢林返回美國，簡直是不可思議，更別提他們還去了兩次。

史蒂芬斯是一位敏銳的觀察家——他能比較並對照他過去在舊大陸的見聞以及當下在新大陸所發掘的事物。根據先前在中東旅行的經驗，他能夠推論出科班和帕倫克並非埃及人或亞特蘭提斯的倖存者所建（過去曾有人提出這兩種可能），並判斷其建造者為當地的原住民馬雅人——而且這結論相當正確。

對比和參照他在科班的所見所聞以及埃及人建造的金字塔、圓柱和雕塑以後，他特別寫道：「除非我錯了，比起認為這些城市的建築與埃及人或其他民族有關，我們所歸納出的結論要有趣、精彩得多了……我的想法和所有過去的推測大相逕庭，我更傾向於相信這些（遺跡）是西班牙人入侵之時，占據該國的種族所興建的，或是出自於某些鄰近區域的先祖之手。」[12]

史帝芬斯和凱瑟伍德忠實記錄了在科班等地的遺跡上所雕刻的象形文字。他深信，只要一經解碼，這些象形文字將會揭露馬雅的歷史。他寫道：「我相信一件事，它的歷史就刻在它的遺跡上。至今卻沒有一位商博良帶著好奇心的活力前去。誰將會閱讀這些文字呢？」[13]他在下文中再次提到這一點，寫著：「我不禁猜想……總有一天有人會辨讀這些象形文字……長達好幾世紀，埃及的象形文字也曾如此神祕莫測，或許不是在我們的年代，但我相信終將會找到比羅塞塔石碑更確鑿的關鍵。」[14]

史蒂芬斯指的是尚－法蘭索瓦・商博良，他在一八二三年藉由研究羅塞塔石碑上三種語言的銘文，解譯了埃及象形文字。他完全說對了——當刻在遺跡上的象形文字終於被破譯時，它們確實記錄了馬雅的歷史，而且充滿暴力血腥的細節。我們耗費了相當漫長的一段時間——其實也不過發生在數十年前——才得以正確閱讀那些銘文，但我們現在已經知道，馬雅人並不如我們先前所想的那麼愛好和平，而且他們的歷史就如同任何其他的古文明，充斥著對抗與戰爭。

破解馬雅文字系統的過程，集結了數人之力才得以成功，包括一位名叫艾瑞克・湯普森（Eric Thompson）的英格蘭人、俄裔美國學者塔提安娜・普斯柯里亞柯夫（Tatiana Proskouriakoff）和烏克蘭學者優里・諾羅索夫（Yuri Knorosov）。湯普森和諾羅索夫經常被描述為死對頭[15]，有點像尚－法蘭索瓦・商博良和湯瑪斯・楊格兩人的關係，這兩位法國和英國學者也曾互相競爭，看誰能夠先一步解譯埃及象形文字。

＊譯註：中部美洲（Mesoamerica）是歷史上的一個文化區域，範圍大約從美國南部、墨西哥延伸至哥斯大黎加西北部，在西班牙人於十五世紀殖民美洲前，這裡曾發展出興盛的農業文明。

湯普森是馬雅象形文字研究的元老學者，曾在一九五〇年出版一本大部頭書。普斯柯里亞柯夫首次證明了那些象形文字記錄著歷史年代和事件，她也成功識別出文本中提到的特定幾位女性，而非男性。不過，就辨讀那些文本而言，諾羅索夫才是現在公認做出重大突破之人，他在冷戰期間史達林統治的俄羅斯工作，利用了公元十六世紀西班牙主教迪亞哥・德・蘭達（Diego de Landa）留下的一份關於馬雅文的手稿，雖然德・蘭達本身對馬雅文字的理解曾遭人誤導，但他的手稿成為諾羅索夫的重要關鍵。因此，德・蘭達的文稿被稱為「馬雅象形文字的羅塞塔石碑」。但諷刺的是，德・蘭達正是一般認為摧毀大部分眾所周知的馬雅樹皮摺本的罪魁禍首，這也是為什麼留存至今的抄本如此稀少。[16]

辨讀馬雅象形文字的工程在近期最重要的一些進展，是由一位名為大衛・史都華（David Stuart）的美國學者在過去幾十年內完成的。他出生於一九六五年，父親是曾為國家地理學會工作近四十年的馬雅學家喬治・史都華（George Stuart）。[17]大衛三歲時，就曾陪同他的父母造訪馬雅遺跡。八歲開始研究象形文字，十歲時便在傑出的馬雅銘刻學家琳達・雪爾（Linda Schele）於帕倫克工作期間，跟隨並協助她。

史都華在一九九五年拿到博士學位時，他已經發表了十三篇文章和專題論文。目前他仍是麥克阿瑟「天才獎」獎學金（MacArthur "genius" Fellowship）最年輕的得主，受獎時年僅十八歲，同時也是少數獲獎的考古學家之一。他也是同時得到麥克阿瑟和古根漢（Guggenheim）[18]獎學金的少數例子之一。

不過，他最為大眾所知的事蹟可能是他在二〇一一年寫成的一本書，當時媒體正為所謂的馬雅預言鬧得沸沸揚揚，因為據傳在二〇一二年，當目前的馬雅五千年歲時循環完結時，世界末日將會降臨。他成功證明了，事實上馬雅人並未試圖預測世界終結的日子，純粹只是要將某位國王的統治時期放置到較大的脈絡或時間循環之中。[19]

多虧這些人士和少數的其他人，約翰．洛伊德．史蒂芬斯的預測才得以成真。馬雅的象形文字終於破解，而科班和其他馬雅城市的歷史確實如史蒂芬斯所述「刻在它的遺跡上」。

舉例來說，我們現在已經知道在科班這個坐落於宏都拉斯的聯合國教科文組織世界遺產遺址，馬雅人羅列出十六位統治者的名字，在位時期從公元四二七年至八一〇年餘，涵蓋大約四世紀之久。這些名字被刻在聖壇Q（Altar Q）上，那是一塊不大的箱狀石頭，長寬皆為六英尺（約一．八三公尺），立著的高度為四英尺（一．二公尺），每一面各刻畫了四位統治者的模樣。這個朝代的開朝國王是一位被稱之為「偉大的太陽之綠長尾金剛鸚鵡」（Great Sun Green Quetzal-Macaw）的男性。雖然這個遺址從大約公元二〇〇至九〇〇年基本上都有人占用，但這四個世紀似乎是它的興盛期。[20]

透過研究各個遺址找到的銘文和挖掘那些遺址，大大促進了我們對馬雅文明興衰過程的了解。考古學家將馬雅的歷史分為幾個主要時期。最初嘗試農耕和第一批聚落出現的時間可以回溯至公元前二〇〇〇年的古樸期（Archaic period）。前古典期（Preclassic period）從公元前二〇〇〇年，持續至公元三〇〇年左右，城市大約在公元前七五〇年出現，而古典期（Classic period）則大概是從公元三〇〇至九〇〇年。古典期的最後一段時期為古典終結期（Terminal Classic period），歷經馬雅龐雜大城的衰微，年代大約是公元八〇〇至九〇〇年，但會因地區而異。接著是後古典期（Postclassic period），大致始於公元九〇〇年，直到公元十六世紀西班牙人到來。

※ ※ ※

在古典期繁榮發展的科班城，是一八三九年十一月約翰・洛伊德・史蒂芬斯和費德里克・凱瑟伍德最初前往尋找的三座古城之一。（他們三座城市都找到了。）史蒂芬斯聲稱自己用相較而言微不足道的五十塊美金，向當地的擁有者買下了整座科班城遺址，並曾認真思考如何把所有遺跡都運送回家，雖然他最後只是請凱瑟伍德將它們畫了下來。可是，最近有人找到了那份原始合約，史蒂芬斯似乎並未真正買下古代遺址，而是僅僅租用了三年，凱瑟伍德要畫完整座遺跡，這時間綽綽有餘。[21]

史蒂芬斯和凱瑟伍德在科班待了整整十三天，期間他們找到了十四塊經銘刻的站立石塊。這些石塊通常被稱作石碑（stelae，單數型為stele），考古學家多用這個希臘單字來指稱帶有銘文的直立石塊。凱瑟伍德把所有他們在科班找到的石碑都畫了下來，包括「聖壇Q」。史蒂芬斯對於聖壇Q上描繪的事物略有概念，他敘述了上頭十六位人物的樣子，並提及他猜測那些人物安坐其上的象形文字可能是他們的名字和職位，結果確實如此。他也表示在聖壇石上的象形文字「無疑記錄了曾居住在這城市的神祕民族歷史中的部分事件」[22]，其描述相當正確。

史蒂芬斯和凱瑟伍德清除了科班其他遺跡上的灌木叢，讓它們重見天日，其中包括象形文字階梯神殿（Temple of the Hieroglyphic Stairway）和神聖球場（Sacred Ball Court）。象形文字階梯共有六十三階，高升七十五英尺（二二・九公尺）至神殿頂端，全程至少飾有兩千兩百個象形文字。它是已知最長的馬雅文文本，似乎是朝代紀錄，始於不幸的第十三任科班國王，他後來曾在戰役中遭俘虜，又在對抗敵對王國時人頭落地。紀錄結束於公元八世紀的第十五任統治者，內容長度加倍，這位君主還把它變成一種奇特的雙語文本。右欄寫的是馬雅象形文字，左欄則是古怪的「特奧蒂瓦坎象形文字」（Teotihuacán hieroglyphs）[23]，這種文字似乎沒有真正的意義，看來最大的功能僅是裝飾。

科班的球場是馬雅遺址中同類場地的最佳範例，雖然球賽的規則至今眾說紛紜。有些人說球賽的玩法和足球有些相似。只要讓球通過一個小環就能贏得比賽，但如果球落地或碰到任何人的手，比賽就會結束。而雖然贏家經常會得到英雄般的對待，但有些學者論稱，輸家有時會遭處以死刑。[24]中部美洲各地都有發現球場的蹤跡，甚至曾傳播到美國的西南部。

因為史蒂芬斯和凱瑟伍德只在遺址停留不到兩個星期，科班的其餘部分就留待其他人繼續探索和挖掘。後來曾涉足當地者，有一八八〇年代抵達、名叫亞弗雷德・莫德斯雷（Alfred Maudslay）的一位知名業餘考古學家，以及一九三〇年代中期、來自卡內基機構（Carnegie Institution）的一支團隊。[25]

旅程稍事暫停後，史蒂芬斯和凱瑟伍德在一八四〇年四月動身尋找帕倫克。途中，他們有機會造訪隱沒在瓜地馬拉雨林中的遺址，很可能是我們今日所知的提卡爾（Tikal）主要遺址。雖然他們曾聽聞提卡爾遺址存在的傳言，而且史蒂芬斯也估算出他們可以撥空十天，抵達當地、繪製地圖再歸返，但他們最終選擇不多作延遲，直接前往帕倫克，於是將提卡爾留給後人發掘。

想必他們後來對這決定後悔不已，尤其是不到十年後的一八四八年，提卡爾遺址的地點便宣告確定，而且就在他們原先設想的那個位置。要是他們當初把握機會前去探勘，就能成為找到那個區域最大馬雅城市的功臣，可能曾有多達十萬名馬雅人住在那裡。不久後，其他考古學家和探險家都一一到訪，但一直到一世紀多以前，賓州大學才在遺址執行首次大型的考古計畫[26]，從一九五六年，延續至一九七〇年。

提卡爾遺址大約有三千棟至今依然可見的建物，但還有許多仍隱身在熱帶森林之中。這些建築物包含了神殿和宮殿，年代可追溯至公元二〇〇至九〇〇年的古典期，而大部分都是建於最後三世紀。國家地理學會的考古學家喬治・史都華估計，提卡爾可能還有一萬棟歷史更悠久的建物尚未發掘。除了在一九七九年受提名為聯合國教科文組織世界遺產遺址[27]外，現在提卡爾也是座國家公園。

提卡爾共有六座神殿金字塔，包括被稱作「美洲豹王神殿」（Temple of the Grand Jaguar）的一號神殿（Temple 1）。一九六二年，興建神殿的偉大馬雅統治者在殿中的陵墓遭人發掘。這位君主的名字經常被譯為「巧克力王」（Lord Chocolate），他在公元七〇〇年前後，統治了提卡爾五十二年。人們在他的墓中找到了玉塊、貝殼製裝飾品和原先用來盛裝食物和飲料的陶器，還有一些不尋常的雕刻骨頭，上頭描繪的場景似

美洲豹王神殿（一號神殿），於提卡爾。

乎是源自馬雅的創世神話。除了建物以外，在遺址也發現了十座儲水池，負責提供城市飲水。[28]

想當然耳，史蒂芬斯和凱瑟伍德絕對不是試圖尋找帕倫克的首批歐洲人。他們之所以前往該地區旅行，全然是因為他們曾讀過多位西班牙探險家關於那座失落城市的記敘而受到啟發。有幾份記敘認為那些大型遺跡是出自埃及人之手，但至少有一份——作者為探險家杜派斯（Dupaix），他也曾在旅途中造訪科班——推斷帕倫克是由來自亞特蘭提斯的民族所建造的。[29]這類的假說始於錯誤百出的假設，認為那些居住在鄰近小村莊的貧窮馬雅土著，不可能是建造出這些宏偉建築的同一族群的後代，它們一定是歐洲人所知的某一民族興建的，也就是埃及人、羅馬人、亞特蘭提斯人等。史蒂芬斯獨排眾議，主張帕倫克和其他遺跡是由馬雅原住民所建造的[30]，因為他找不到要牽連異地民族的合理理由。

歷經一趟艱難的旅程，史蒂芬斯和凱瑟伍德終於在一八四〇年五月抵達墨西哥南部的帕倫克。他們得以在遺址度過三個星期，清除樹木和叢林植株，才能描繪那些屹立的遺跡和建物，包括所謂的宮殿（Palace）、十字架神殿（Temple of the Cross）和大型球場。

他們發現的建物中，有一座是我們現在所謂的「銘文神殿」，矗立於八十英尺（約二四・四公尺）高的岩石金字塔頂端。這座神殿以三塊巨大的刻寫板聞名可說是名正言順，上頭有超過六百個象形文字，是目前已知馬雅世界第二長的銘文。史蒂芬斯相當肯定這些象形文字在本質上和他們在科班看到的文字並無二致，於是要求凱瑟伍德如實畫下它們，好讓未來的學者能夠進行解譯，而最終的發展確實如此。[31]

這項工程並沒有聽起來的那麼容易。史蒂芬斯描述了凱瑟伍德動手作畫前他們必須先進行的前置作業，讓我們較能理解過程中付出的心力。他說：「我們最初看見它們時，（刻寫板）上頭覆蓋著厚厚的一層綠苔，我們必須清洗並刮除苔蘚，用一根枝條清理字行，徹底刷洗它們……因為生長在前方的濃密樹蔭，神殿的廊道一片漆黑，在凱瑟伍德先生作畫時，一定得燃燒蠟燭或火炬，用強光點亮岩石。」[32]

他們所不知道的是，銘文神殿立於其上、八十英尺高（約二四・四公尺）的金字塔也是巴加爾王（Lord Pacal）的埋葬之地，他曾自公元六一五至六八三年，在帕倫克施行統治近七十年。一如早他約兩千年前埃及的圖坦卡門，巴加爾也是年幼即位，但和圖坦卡門不同的是，他存活並統治直至晚年。巴加爾的陵墓一直到一九五二年才被發掘，距離史蒂芬斯和凱瑟伍德探勘遺址已超過一世紀，而距離霍華德・卡特發現圖坦卡門陵墓正好三十年。[33]

發掘那座陵墓的是一位名叫阿爾貝托・魯茲・盧依耶（Alberto Ruz Lhuillier）的墨西哥考古學家。[34]他留意到位在金字塔最頂端、銘文神殿地面上的一塊厚石板並感到十分好奇。石板上有兩排圓形的凹槽並插有石栓，他猜測是用來協助移動石板的構造。於是他就把石板移開了，揭露出一道填滿礫石的階梯，通往下方支撐結構的金字塔。他的團隊耗費數年，才清理出那條長長的樓梯井，抵達距離他們的起點八十英尺（約二四・四公尺）深的底部，並在那裡發掘巴加爾的陵墓。基本上，那座陵墓是坐落於地平面，但位在金字塔內部。現今一般認為馬雅人是先建造陵墓，才在其周圍蓋起金字塔。

巴加爾本人被安置在一口長達十三英尺（約四公尺）的石灰岩棺材或石棺之中。棺蓋上有著繁複的雕刻，描繪巴加爾遁入陰間的過程。[35]起初，考古學家們並未意識到這只石蓋覆蓋著一口石棺，而誤以為整個結構是一座實心的岩石聖壇，且在上方附有刻飾。一直到他們在石塊上鑽了一個探孔，才發現它是空心的，而非實心。

在石棺中，巴加爾的骨骸泰然自若地安息著，一千三百年前放置的玉質面具仍穩穩躺在他的臉上。此外也找到了數量可觀的其他玉製物件[36]，包括項鍊、耳飾、一頂王冠和一只戒指、胸飾、手鐲、兩座雕像和一條腰帶。巴加爾身旁還有六具骸骨，顯然是為了陪伴國王前往來世而犧牲陪葬的。

一九八七年，帕倫克被宣告為聯合國教科文組織世界遺產遺址。[37]帕倫克也令較近期的探險家和考古學家趨之若鶩，從一九九三至二〇〇〇年發現了許多新建物和墓地。[38]其中包括所謂的紅皇后（Red Queen），一九九四年，她在十三號神殿（Temple XIII）中一間設計精巧的墓室裡被尋獲，身旁還貯藏有大量的陪葬品。這座神殿位於巴加爾葬身的金字塔附近，有些人認為紅皇后可能是巴加爾的妻子[39]，早他約十年逝世。一九九八至二〇〇〇年，帕倫克地圖繪製計畫（Palenque Mapping Project）也在遺址如火如荼開展，針對建物進行測量和地圖繪製，包括有些當時仍隱沒在森林裡的建築。

史蒂芬斯和凱瑟伍德從帕倫克繼續前往他們清單上的第三個遺址，名為烏斯馬爾。不過不久後，他們因為凱瑟伍德病重而暫緩探險旅行。旅途中，兩人都曾因瘧疾輪流復發而苦不堪言。而且他們已經上路十個月之久，是時候回到紐約的家了。雖然又經歷了另一連串的冒險，包括幾乎要死在航行返家的船上，但他們總算在一八四〇年七月回到美國，史蒂芬斯立即出版了兩卷關於他們探險旅程的套書，其中附有凱瑟伍德的插畫。著作的上市時間為一八四一年的六月，兩卷裝的套書定價五塊美金，相當經濟實惠；之後在當年的十二月，便已售出兩萬冊。[40]

他們很快又著手計畫再次回到猶加敦半島地區，並在一八四一年十月啟程，距離他們著作發行時間僅僅四個月。這次他們離開了八個月，最終在一八四二年的六月回到美國，一八四三年二月便出版了多卷描述第二趟旅程的書籍。

第二趟旅程最精彩的部分是靠近猶加敦半島頂端的契琴伊薩遺址探勘。[41]他們在那裡待了十八天，並僱用當地工人，協助他們將遺址數座建物上的樹木、灌木和其他破瓦殘礫移除，包含美洲豹神殿（Temple of the Jaguars）、戰士神殿（Temple of the Warriors）、庫庫爾坎金字塔（Pyramid of Kukulkan）和維納斯高臺（Platform of Venus）。庫庫爾坎金字塔的階梯也被稱作「卡斯蒂略金字塔」（El Castillo），其結構在春分時會投射出巨大的蛇狀陰影；每年都有數千名觀光客慕名而來。

而美洲豹神殿和戰士神殿等部分建築內含大型壁畫，描繪著托皮爾岑·奎札爾夸特爾（Topiltzin Quetzalcoatl）領導托爾特克人（Toltecs）征服這個區域的場景。托爾特克是在該遺址尚有人居的最後兩個世紀（約為公元一〇〇〇至一二〇〇年）從墨西哥抵達當地的新族群。[42]那些壁畫暗示了入侵者最初是從海上而來，擊敗乘坐在獨木舟上迎戰防守的馬雅人。接著，他們又和同一批馬雅人展開激烈戰爭，並再次戰勝他們。

契琴伊薩遺址還有一座天文臺，一列長長的石頭「頭骨架」，有好幾個刻在岩石中的頭骨，無疑是為了仿真而製；以及一座大型球場，面積為中部美洲最大，史蒂芬斯對它的描述鉅細靡遺。這些建物的年代多可追溯至托爾特克人占居此地的時期，用來取代更早期的馬雅建築[43]，或額外興建而來；日後契琴伊薩之所以能夠比多數馬雅遺址更加繁盛，並在公元八〇〇至一二〇〇年到達巔峰，有部分正是因為托爾特克人在該時期的中段抵達當地。

雖然史蒂芬斯和凱瑟伍德在一八四一至一八四二年間造訪遺址，莫德斯雷也在一八八六年來一探究竟，但一直要到一八九五年愛德華・湯普生（Edward Thompson）抵達當地時，才首次在契琴伊薩進行系統性的探勘。湯普生的挖掘工作長達三十年。接著，又經過了近一世紀[44]，契琴伊薩才在一九八八年被提名為聯合國教科文組織世界遺產遺址。

湯普生的挖掘工作包含了遺址一座天然井的疏浚。若有讀者對天然井不甚了解，史蒂芬斯在他的書中對其下了清楚的定義，將之形容為「巨大的圓形地洞，直徑介於六十至二百英尺（約一八・三至六一公尺），破碎、岩質的垂直壁面深約五十至一百英尺（約一五・二至三〇・五公尺），底部有大量的井水」。契琴伊薩共有兩座天然井，他說其一是「我們見過最龐大且荒涼的一座」，並描述它位於茂密森林之中，周圍瀰漫著一股「神祕力量」。他也相當清楚將人推入井內的傳統，並認為井口邊緣的建物「可能就是受害者被丟入黑暗深淵的地方」。[45]

在湯普生和其他人疏浚和探索這座天然井的過程中，確實找到了人類殘骸，包括至少五十名受害者的骸骨——有年輕男女和幾位孩童。另外也找到了玉質和黃金圓盤，以及銅鈴等物品。顯然多年來，在這座天然井曾進行許多種類的獻祭。這些祭品不只源自馬雅人，也有許多物品是後期的托爾特克人所製造的。[46]

※　※　※

我們還能描寫多處其他大大小小的馬雅遺址，但整體而言，這四座遺址——科班、提卡爾、帕倫克和契琴伊薩——已頗具代表性。雖然我們今天已經相當了解馬雅人和他們的文明，但馬雅文明在公元九〇〇年後瞬即滅亡的原因依舊成謎，所有或幾乎大部分的宏偉遺址都遭荒廢，接著雜草叢生，世界其他地區的人們對其渾然未知。最受推崇的解釋是他們無能應付長達一世紀的乾旱——亦即氣候變遷——但這絕非定論。此外也有幾項假說被提出，包括涉及人口過剩和砍伐森林的說法。[47]可是，或許不只有單一個答案，而且必須花費整整一本書的篇幅來討論各種馬雅文明衰亡的可能性。目前可以確定的是，為了要一鼓作氣解開這個謎團，絕對需要更多的調查——也很可能需要更多發掘。

不過，我們可以說，馬雅遺址的發現代表著考古學家首次在新大陸探勘到先前未知的文明。西班牙人已經知曉印加民族和阿茲特克人，但在約翰．洛伊德．史蒂芬斯和費德里克．凱瑟伍德的探險旅行之前，一般大眾對馬雅文明十分陌生。過去人們總認為美洲原住民只是貧窮村民，理所當然該被更進步的歐洲人征服，而且也不該和埃及人、希臘人和羅馬人的成就相提並論，但是史蒂芬斯兩人所出版的著作挑戰了這些假設。接續的研究工作成功解譯馬雅人廣泛的文字紀錄，並顯示出他們在政治、軍事和文化上和舊大陸其他較知名的文明同等複雜（且殘暴）。

挖深一點，之一

你怎麼知道要挖哪裡？

我們在前面花了幾章的篇幅，討論了從埃及到中部美洲、世界各地最早的考古發現，現在我想要暫時換個口味。這是分散在本書幾處的間章中的第一章，我會在這些篇章裡提出我經常被問到的問題，也就是關於考古學家如何工作的各種疑問。考古學既是一種技術，也是一種工藝，了解研究的進行方式也是考古故事的一部分。

舉例來說，經常有人會問我們：「你怎麼知道要挖哪裡？」這是一個很好的問題，牽涉到一些考古學家運用的基本工具和方法。在本章中，我們會透過探討考古調查——亦即在地表上尋找遺址的過程——來回答這個問題，因為有些遺址一眼就能識出，有些卻並非如此。地表調查也可以幫助我們在已知的遺址搞清楚該挖哪裡。1

不過，首先我們必須定義何謂遺址（site），因為遺址有各式各樣的形式和規模。比方說雅典的安哥拉，以及像在以色列米吉多的那種巨大土丘，我在這兩處都曾參與挖掘工作，它們顯然是古代遺址。可是其他遺址範圍可能非常小，又難以發掘。如法根和杜蘭尼（Durrani）*所述，小至「打獵採集者的遺物零星散布的一小塊區域」，大至墨西哥的特奧蒂瓦坎古城，都可以稱為遺址；遺址是指「過去人類活動的痕跡被發現的地方……通常是以遺物的存在來判斷」。[2]

我們也必須定義何者為遺物（artifact）——以及何者為非。非常簡單，那些在考古挖掘或調查過程中值得讓你寫信回家的「好東西」大多數都是遺物——它們是人類生產或改製的物品。在名為「遺物」的分類中，我們囊括了從最早期的石器到陶器、武器、珠寶、衣物和幾乎所有人類可以產製、可以攜帶移動的東西，包羅萬象。然而，有些與遺物相關的人工製品和東西無法移動，我們則稱之為「遺跡」（features）。[3]因此，溝渠一類的東西就屬於遺跡——它顯然是人為製造的，但你無法在不破壞它的前提下移動它。同理可證，出入口、火坑、岩石聖壇和其他類似的東西也是如此。不過，有時候我們也會把純粹還不太確定是什麼，但確知是某個「東西」的物件稱為遺跡。這也是為什麼我們會說：「一顆石頭只是一顆石頭，兩顆石頭卻成一個遺跡，三顆石頭成為一道牆壁。」

※ ※ ※

要找尋遺址有幾種方法，但幾乎所有方法都需要進行我們所謂的考古調查。在考古調查的廣泛範疇中，有地面調查、空中調查、遙感探測和樣本調查，多數我們都會在這章中提到。所有的調查方式都是為了要找到位於某個特定區域的遺址，如希臘南部皮洛斯周邊的地區，我就曾在那裡做過調查工作。[4]

進行地面調查的傳統方式是讓團隊成員實際行走在可能的地區，觀察那裡有什麼遺存。這種方式通常被稱作勘察調查（reconnaissance surveys）或地毯式調查（full-coverage surveys），但也可稱之為步行調查（pedestrian surveys），原因不言自明。然而，在美國東北部一帶，因為植被覆蓋幾乎無法看見東西的區域，地面調查有時也會每隔幾碼就挖掘一個小型的探坑（shovel-test pits），來看看地表之下是否有任何遺物的跡象。[5]鑿出的物品密度將會決定這些區域是否能被劃歸為遺址。

地面調查最初是在一九六〇和一九七〇年代開始普及，並在一九八〇年代越來越受歡迎，這部分是因為地面調查通常是比挖掘更廉價的替代方案，而且可以涵蓋更廣泛的地區。比起在單一遺址的挖掘工作，這種調查方式因為經常涉及多處遺址，也讓考古學家可以提出並回答不同種類的問題。舉例來說，有人可能會想調查在青銅器時代和較晚期的時期——黑暗時代（Dark Ages）、希臘古樸和古典時期（Archaic and Classical Greece）、羅馬和拜占庭時期（Roman and Byzantine periods），以及奧斯曼突厥時期（Turkish Ottoman age）——希臘某個特定區域人口集中程度有多高。在這些時期中，人們定居的模式是否曾經改變？遺址的數量和大小可以告訴我們不同時期的相對人口規模嗎？人口移居可以透露出他們使用何種資源、他們的環境有多危險，以及他們的政治情勢嗎？

地面調查有助於提供這類問題的答案。透過調查，以及辨別出該區域的不同遺址所隸屬的歷史時期，通常不需要在任何一處遺址開挖，就可以建構出那個區域的歷史。不過，許多調查會在事後演變成挖掘考察，尤其是當考古學家決定專注在某個他們剛尋獲、前景看好的新遺址，又得到挖掘許可的

＊譯註：指的是考古學作家布萊恩・法根，以及考古雜誌《當代世界考古學》（Current World Archaeology）編輯兼作家娜迪亞・杜蘭尼（Nadia Durrani）。

時候。

現在時代已經不同以往，近期的考察工作不再總是始於地面調查，有時初步就展開空中調查是更明智的做法，特別是在某些地區，古代居民興建了建物，或是留下材質耐久、至今仍可能可供辨識的遺存。單純的空中調查可能是向特定公司購買航空照片或衛星影像，但也有複雜又昂貴的方式，例如安排遠在天邊、運用光達探測的飛行航程，來勘察你的研究區域。

購買影像是目前最簡便的方式，如果你想要這麼做，有幾個選項。其中的一個可能是購入解密的軍方衛星影像，例如「日冕計畫」（Corona program）拍下的照片。日冕計畫是美國情報機構從一九六〇至一九七二年間實施的偵察作業。一九九五年的一道行政命令解密了這個計畫的影像，現在已經運用在各式各樣的用途上，包括尋找考古遺址。[6] 即使是在這些比較舊的影像中，遺址有時仍能看得一清二楚，要不是用肉眼或在電腦螢幕上放大來觀察，就是使用放大鏡來搜尋。

像這些年代較久遠的影像可能極具價值。長達一百年來，人們為了戰爭、情報蒐集或一般偵察拍下航空照片。有些照片大有助益，部分是因為它們是在近期的經濟發展或都市擴張摧毀或破壞了考古遺址之前所留下的。約翰．布拉德福德（John Bradford）是最早期的例子之一，他是一名二次世界大戰期間服役於英國國軍的考古學家。一九四三年，布拉德福德一邊研究英國皇家空軍（Royal Air Force）拍下的軍事用途照片，一邊還能找出義大利北部超過兩千個伊特拉斯坎（Etruscan）墳塚的確切位置，而且純粹是透過相片中可見的草地和土壤顏色差異來判別。[7]

接著，布拉德福德在一九五六年和來自米蘭的義大利工程師卡羅．雷里奇（Carlo Lerici）合作，自一九五七年起，他們探勘了許多布拉德福德事先在航空照片上識別出來的伊特拉斯坎墳塚，以小型的高速螺旋鑽（或稱鑽孔機）在這些地點鑽地。一開始，他們在一條空心管中安裝一臺小巧的針孔攝影機，來拍攝墓穴內部的照片，但不久他們就發展出現今所知的雷里奇潛望鏡（Lerici periscope），附有強力光源的特別設計，可以伸入鑽好的狹窄孔洞中。這項裝置讓他們無須等待照相底片沖洗出來，就能很快看見墳塚裡的景象，也能判別出哪座墳塚已在古代或現代遭洗劫一空，而哪些還留有古代遺存，甚至是牆上的壁畫。利用這種做法，他們每人都能在不以任何方式開挖或破壞的狀況下，探勘數百座墳塚。[8]

另外一個選項是向數位全球（DigitalGlobe）這類的公司，或從太空梭拍攝的影像中，取得現下最新高解析度的彩色衛星影像。比方說，在奮進號（Endeavor）太空梭上拍到柬埔寨吳哥古城的一張相當著名的照片，裡頭所有至今仍挺立的建物都能一目了然。[9]

我的同僚莎拉．帕卡克（Sarah Parcak）正是使用衛星影像來進行調查；她是國家地理學會的探險家，也是阿拉巴馬大學（University of Alabama）的副教授，但她較為人所知的頭銜可能是「太空考古學家」，以及二〇一六年一百萬美元的TED獎項得主。她可以在這些影像上利用各種高難度技術，如紅外線成像，來凸顯某些遺跡，也隱藏其他部分。藉由這些技術，她在埃及找到了先前無人發掘的數百座遺址，包括十七座失落的金字塔，以及傳奇般的塔尼斯遺址；據她所述，它們全都「近在眼前，卻毫不起眼」。[10]

這樣的新技術配合衛星影像提升了我們的能力，可以看到過去基本上看不見的東西，包括沙漠中縱橫交錯的古代道路。這就是一九九二年發現阿曼（Oman）的失落古城烏巴爾（Ubar）時採用的方法。奮進號拍下一張那個地區的照片，而考古學家注意到那些古代道路的交會點。他們接著在那裡展開挖掘，並找到了那座古代遺址。[11]

相較於在地面上，從空中更容易可以看見埋藏的牆面、土木工程，以及其他和聚居地有關的大型建物，即使你就走在那些遺跡上也不易發覺。在側光下，或是用些微傾斜的角度拍下航空照片，有時就能看見埋藏的牆面所投射出的陰影。更常見的狀況是，航空照片可以凸顯[12]「作物痕跡」（crop marks）。無論是像溝渠等遺跡，或是像建築和牆面等建物，作物痕跡都能精準記錄埋藏物件的位置。原因很簡單，那些埋藏的物件會影響土壤吸收的水量，因此也會影響生長其上的植被顏色和高度。可是若上頭建造了其他東西，如現代停車場，這個方法就行不通了，但可以運用在有青草、小麥、大麥或茂密雜草生長的原野地。

如果在現代地表下埋有一條溝渠，那麼生長在上方的植物就會比周邊的植物更為高大蔥鬱，因為那裡的土壤含有更多的水分和營養。反之，如果現代地表下埋藏的是一道牆，比起周遭的植物，上頭的植被就會較為低矮稀疏，也不那麼翠綠，因為那裡土壤中的養分較少。[13]

植物高度和密度的差異在地面上可能細微到難以察覺，但在一年中的某些特定時節，從空中觀之便能一目了然。在英國和歐陸，尤其是在義大利，約三英尺（約〇．九公尺）寬、如箭矢般筆直橫跨田野的作物痕跡，指明了地底存在著羅馬時期的道路。其他的圓形作物痕跡，如約翰．布拉德福德在義大利北部的皇家空軍照片中看見的跡象，便指出可能有埋藏的墳墓。

在前往歐洲某地的班機上，我經常在降落時望向飛機窗外，試圖看看自己能否辨別出機場周邊土地上任何的作物痕跡，藉此自娛。我時常看見一些讓我想回到當地挖掘的痕跡，好弄清楚那裡埋了些什麼，次數多到令人吃驚。

二〇一〇年一月，莎拉．帕卡克和我一度買下了以色列米吉多周邊區域的捷鳥（Quickbird）衛星影像，只是為了實驗如果使用她的新分析方法，我們可以在其中找到什麼。結果我們幾乎馬上就在一座古代土丘旁的土地上看到疑似大型建物的輪廓，那個位置恰好正是先前一位名叫優塔姆．泰普（Yotam Tepper）的以色列考古學家認為，古羅馬第六軍團（Sixth Roman Legion）——第六裝甲軍團（Legio VI Ferrata，意即「裝甲軍」）——在公元二世紀興建軍營的地點。[14]

當我們將那疑似是建物的輪廓比對其他已知的遺址和建築時，我們發現它和其他羅馬軍營幾乎毫無二致，例如羅馬人在公元七三或七四年圍攻馬撒達（Masada）時，在該遺址周邊建造的那些軍營。顯然我們正看著軍團遺址，也就是第六軍團的總部所在之處，泰普的推測完全正確。

我們將那些影像分享給泰普以及耶斯列谷地區計畫（Jezreel Valley Regional Project）指導人麥特．亞當斯（Matt Adams），他們在二〇一三和二〇一五年先後在當地二度開挖，最初進行了額外的遙測工作，包括透地雷達和電磁測勘，之後他們立即找到了溝渠和牆面的遺存，另外還有羅馬時期的硬幣、小塊的鱗甲，以及最重要的屋瓦碎片。這些瓦片都壓印著軍團的標誌，因此證實了這確實是他們的軍營。[15]

我在前文曾提到，考古學家也把光達加入了他們的工具包。在像中部美洲或東南亞這樣的地區，光達最能發揮效用，因為藉由向地面發射雷射光，它能穿透叢林或雨林裡的樹層，提供失落神廟和建築的影像，甚至連完全隱沒在荒煙蔓草中、現今幾乎無法觸及的古城也能捕捉，例如二〇一〇年在貝里斯發現的卡拉科爾馬雅古城。

二〇一六年六月，在柬埔寨工作的考古學家宣告他們「在離吳哥窟寺廟古城不遠處」，找到了

「數座過去未有記載的中世紀城市……可望顛覆關於東南亞歷史的關鍵假設」。這些城市大約有九百至一千四百年的歷史，發掘者是澳洲考古學家達米恩．伊凡斯（Damian Evans），他所運用的光達資料是二〇一五年某次空中測量時，安裝在一架直升機上的裝置所記錄下來的，那次空中測量的涵蓋範圍為七百三十四平方英里（約一九〇一平方公里）。伊凡斯相信，「這些人口稠密的大城市所構成的帝國，在其巔峰的十二世紀是世界最龐大的帝國。」其他考古學家也認同他的評價，紛紛表示這是該區域在過去一百年內最重大的考古發現。[16]

光達在沒有茂密植被的地區也派得上用場，於是被用來繪製以色列北部耶斯列（Jezreel）遺址的地圖，也是找出英國的羅馬道路的另一項工具。[17]在以色列的卡布里廢丘遺址，我們也在地面使用光達，以便快速且精準記錄我們在二〇一三年找到的酒窖，也就是我在這本書的開頭描寫的那座。

最近，考古學家還在工具包加入了商業用無人機，就像業餘愛好者玩模型飛機一樣，遙控著無人機飛行，既是為了找尋和記錄遺址，也是為了偵查洗劫古物的行為。無人機可以拍下某個區域的低空或高空照片，有時還能直接將結果傳送到電腦上，供未來運用和分析。[18]

除此之外還有其他遙測技術適用於地面，並且可以協助判別在某個想挖掘的位置，地底下有沒有東西。其中包括電阻率或電導率，運作的基本原理是讓電流通過地底在兩根細柱間流動，如果在中間有類似埋藏牆面的東西，便會阻斷電流；如果沒有，電流則會暢行無阻。探測結果是一張相當模糊的地底內容物照片，但通常並無法確知古代遺存距離地表多遠，甚至也不確定影像能否被正確解讀。[19]

這時就得用上名為「地面實況調查」（ground truthing）的探查方法。地面實況調查的意思是要再次檢查或確認在照片或遙測影像中看到的事物，弄清其是否為真，或解讀是否恰當，經常需要步行勘查或實際挖掘。因此，在我們的以色列北部卡布里廢丘遺址，二〇〇三年記錄下的電導率影像指出該區可能有古牆，令我們很感興趣，於是在二〇〇五年，我們就在該區進行地面實況調查，直接挖掘，以檢視那些影像是否正確。超過兩個星期的時間，我們都挖掘著貧瘠的土壤（也就是說裡頭空無一物），最後才總算挖到迦南宮殿的牆面和地板，它們位於現代地表下方整整六英尺（約一．八公尺）處。[20]

磁強計（magnetometer）的運作原理相同，可以去測量考古學家感興趣的地區的磁場。如果有建物、溝渠或其他埋於地底的考古遺跡，就會顯示在磁強計的讀數上，因為那些遺跡會影響當地的磁場。

這些技術的限制都是一樣的。雖然它們可以顯示出地面下不同於一般土壤的異常現象，卻很難確知那些異常就是某種地底建築。異常是否能夠凸顯出來也取決於地表下土壤的一致性，而讀數通常不會告訴你遺跡的位置有多深。不同的方法可能會得出看似不同的結果。遙測裝置[21]辨別出來的東西都需要透過挖掘來確

曳引機和透地雷達，近巨石陣。

認，無一例外。

因著上述部分或全部的理由，我們試圖在以色列的卡布里廢丘使用磁強計，結果慘痛失敗，最可能的原因是遺址當地的土質問題。另一方面，大衛．史羅恩（David Schloen）*在土耳其辛奇里（Zincirli）挖掘時，磁強計調查進行得非常順利，結果產出的圖像就像一張已經出土的遺跡的照片，雖然遺跡還深埋地底，尚未被挖掘。我在前面的章節曾提及，特洛伊的挖掘者嘗試了數種類型的磁強計，才總算找到有效的一種——銫蒸氣磁強計。於是，他們便能繪製出特洛伊整個下城區的地圖，即使下城區還埋藏在土丘附近的農田下方。自從施里曼活躍的一八〇〇年代晚期以來，好幾個團隊都曾挖掘那座土丘，但從沒人想過要去挖掘旁邊的農田，因為那裡看起來什麼也沒有。不過也別忘了，在早期他們忽略了地面實況調查，而沒有去確認那些被假定為特洛伊圍牆的影像，結果那道牆其實是一條巨大的溝渠。

並非只有在特洛伊才需要在向媒體發表考察報告之前進行地面實況調查。另一項常見的遙測技術是透地雷達，其運作方式正如其名，讓雷達訊號撞擊地底物品再反射回來。[22]這項技術的最新版本極為強大，可以「看」穿地底近四公尺深（約十三英尺），因此在二〇一四和二〇一五年間，促成了不少英國巨石陣（Stonehenge）地區的驚人發現，包括巨石陣似乎一度是個完整的圓圈。[23]

在這裡，考古學家利用透地雷達、磁強計和其他遙測技術，正忙於所謂的巨石陣之謎計畫（Stonehenge Hidden Landscapes Project）。據媒體報導，在短短數年內，他們已經發現了青銅器時代的墳塚、鐵器時代（Iron Age）的聖壇，以及可追溯至青銅或鐵器時代的乳牛和其他家畜的圈地，全都是過去未曾被注意過的遺跡。[24]

最振奮人心的是二〇一四年九月的報告指出，他們也在都靈頓牆（Durrington Walls）找到了立石遺跡，距離巨石陣不到二英里（約三．二公里），而且兩者的年代可能大致相同——建於四千五百年前。此處遺跡的規模令巨石陣顯得矮小，因此被封為「超巨石陣」（Superhenge），它被認為是一道C形的圍牆，由超過五十塊——也可能多至九十塊——巨石組成，每塊巨石長約十到十五英尺（約三至四．六公尺），直徑約五英尺（約一．五公尺）。不過，我們看不見任何一塊岩石，因為它們似乎是刻意被水平埋入距地表約三英尺（約〇．九公尺）深的地方，這也是為什麼從未有人見過它們。多虧藉由遙測技術，超巨石陣終於首次為人發現和報導。[25]

然而，兩年後的二〇一六年，媒體後續報導指出，在這過渡期間進行了幾次試驗的挖掘，以便對遙測影像展開地面實況調查，預計要讓其中兩塊巨石出土。結果考古學家找到的東西令他們驚訝不已——地底沒有什麼巨石，而是兩個巨大的坑洞，裡頭可能一度置有粗大的木樁。木樁現已不復存在，因為在某個時間點被移除了（如果真有過那些木樁的話），而那些坑洞填滿了白堊岩的礫石。遙測儀器錯把那些礫石標示為實心的岩塊，引發了最初關於「巨石」的報導，而不是符合真實情況的填滿岩屑的大坑。如果報導中其餘的巨石都是如此，那就是特洛伊的舊事重演了——原以為的「防禦城牆」結果是一條遭填充的溝渠。有些媒體報導現已改稱超巨石陣為木樁圓陣，直徑為五百公尺，並指出其從未完工。[26]這個說法是否正確還有待考證，但這一連串的事件已經成為一記警鐘，我們應該等到考古學家們完成考察工作，並在經同儕評閱的期刊上發表他們的發現後，才進一步提出推斷和假說。

＊譯註：大衛．史羅恩為芝加哥大學的近東考古學教授。

雖然在過去數十年來，遙測技術進步良多，但有時衛星影像和其他高科技的方法對於尋找遺址毫無助益。在那些情況下，考古學家必須仰賴行之有效的老方法，徒步尋找考古遺址。有時徒步探勘做法十分單純：走過可能存在遺址的地區時，利用當地的自然侵蝕地貌，睜大眼睛看個仔細。比方說，這就是唐納德．約翰森（Donald Johanson）在一九七四年找到露西的第一部分遺骸的方法，其經過留待後面的章節細談。

其他時候，當遺址、建築、遺跡和遺物在地表上直接可見，進行一場有組織的地面調查可能比較恰當。這些技巧可以追溯至考古學的起源，並在一九六〇和一九七〇年代變得更系統化。我所參與的兩次希臘考古調查就用了這些方法，以色列的某次調查也不例外，所以我可以證實這些地區在進行遺址調查時做了些什麼事。這種類型的調查可見於世界各地，不過僅限於研究素材位於地面上且取得地主許可的狀況。

⁂ ⁂ ⁂

有兩種類型的地面調查運用在世界的某些特定地區。如前所述，其中一種是以大尺度的方式進行，試圖快速涵蓋廣大的範圍；這是勘查調查或地毯式調查。這種調查的目標是要繪製一張地圖，呈現出廣袤地景中古代遺址的可能位置。另外一種類型是集中調查（intensive survey），通常是用來探勘最初在更大規模的調查中發現，而且被註記為特別有發展性的單一遺址或小型地區。[27]在這樣的情況下，調查的目標就是要盡可能識別出該地點的種種細節——它的範圍、年代、文化從屬和各式各樣的物品——往往也是發掘工作的前奏。考古學家們會對遺址或小型區域進行極為詳盡的調查，可能會把每一樣在那裡找到的遺物都拾起帶回營地。

如果有個區域沒有不同時期古代遺址的綜合地圖，在那裡工作的考古學家首先會展開一般的勘查調查。如果調查方式系統化且徒步進行，團隊成員煞費苦心地走過該區域的每一寸土地，則稱為地毯式調查。[28]過去在一九八〇年代初，我們在希臘底比斯城附近的維奧蒂亞區域就是這麼做的，一九九〇年代初在皮洛斯的邁錫尼宮殿周邊地區也是如此。

在皮洛斯，我們分成三隊人馬，各隊約有六人。我負責帶領A隊，而我們立即將自己重新命名為「A咖隊」（The A-Team）。起初，儘管我嚴正聲明我有懼高症，我們仍被分配到要到山谷的一側測量山脈的高度。不出所料，當我們在第一天展開調查時，我便因為恐懼而動彈不得，隊員們必須把我從一處峭壁粗暴地扛回車上。這對團隊或團隊領導人而言，實在不是什麼吉利的開始。過一陣子，當我們得以移動到海拔較低的地方後，我就能自在行動了，不過我因此學到了至今依然受用的寶貴一課——要傾聽你團隊成員，尤其是當他們告訴你某個可能會影響到他們職責的恐懼症。

一旦我們的工作上了軌道，便逐漸按表操課。首先，我們會在現代的地圖上找到我們的所在位置，通常是能一眼辨識的地標，例如一條道路。在擁有GPS定位系統的今天，這件事變得容易多了。接著，我們會兩兩散開大約三十英尺（約九公尺），於是總共大約會涵蓋一百八十英尺（約五十五公尺）的範圍。當我大喊或吹出一聲口哨，每個人都會開始依指定方向筆直往前走，直到抵達某個預先決定好的位置，通常是也有標示在地圖上的另一條道路或一道邊界圍牆。這代表著我們一次會行走一座美式足球場長度的距離——約一百碼或一百公尺——因為再遠就會變得太過複雜。

這在考古學調查術語中被稱為「橫斷行走」（walking a transect）。而我所謂的筆直行走是要真正走在一條直線上，無論這代表著要涉溪、垂降、跌落一座小懸崖，或是要擺平一頭公牛或一名拿著獵槍、要驅離我們的地方農民。這一切全都發生過，不是我，就是我們團隊其他人的遭遇，不過更常見的狀況是雙腿布滿割傷，因為我們必須直穿矮樹叢前行，在希臘矮樹叢被稱為「macchi」。那玩意可是萬分棘手。

行走時，我們會四處搜索地面，尋找陶器碎片、石器和薄片、古牆，或任何標誌出古代聚落遺存的東西。順帶一提，要看出某人剛結束數週的考古調查始終易如反掌，因為當他們回到文明世界，總是會發現地上的硬幣和其他不起眼的變化。

每位團隊成員都會手持一個響片計數器，每次看見一只陶片、一塊加工過的石塊或其他類型的遺物，就會按壓發出咔噠一聲。三片陶器就會有三聲咔噠，五片則有五聲咔噠，以此類推。大約每走十步，每個團隊成員就會寫下計數器上的數字，代表著他們在這一小段距離中看見的遺物數量，接著歸零，再重新起步計數。當他們抵達橫斷行走的終點，就會得到一份百碼中每個階段所看見的遺物數量紀錄。

這個動作為什麼重要？在地表上，經常能看見來自地底下考古建築的耐久物品，如陶器、石頭和金屬等，它們是經由農耕、侵蝕、齧齒動物、灌溉溝渠、坑洞，以及許多其他自然和人為過程，而被帶上地面的。當你走過在青銅器時代、鐵器時代、羅馬時代和拜占庭時代皆有人居的遺址，便會看見源自所有這些時期的陶片和石器就這麼躺在地上。如果用響片計數器記錄遺物的數量，當你進入遺址的邊界內，數字就會直線飆升。從另一側離開遺址的邊界後，數字便再次下降。

團隊成員的響片計數，（讓我再次複述）記錄著每十步左右看見的陶片、經加工石塊件數，大致會像這樣：一、五、二五、一〇七、五一〇、四二三、二九八、一五二、八七、〇。而緊鄰這位成員兩側的人員大概會得到類似的數字，因為他們很可能是步行在同一座遺址上。可是，那些位置較遠的成員如果橫斷行走的路線並未穿越遺址，就會得到一般「周邊環境分布」（background scatter）的遺物計數，例如：一、六、四、一二、〇、五、三、八、五、〇。

團隊成員會將他們的數據交給團隊領導人，由他記錄在筆記本裡，並在地圖上標示出可能的遺址位置，以便接手的團隊可以再次找到遺址，更徹底地探勘。接著，團隊成員會再次散開，調查下一個區塊。他們會再次行進一段預先決定的距離、邊走邊按壓響片，一次又一次重複這個程序，直到抵達指定區域的尾端。接著他們會轉身並再次散開，從他們走來的路線折返，再走過橫斷區塊內的下一個分段，一遍又一遍重複這個程序。如此一來，一支團隊每天便能橫貫並記錄遺址中的一平方英里或平方公里或他們訂下的範圍，直到涵蓋整個區域。

回到營地，每天的調查結果都會被記錄下來，並發展出潛在遺址的分布地圖。接著一隊經驗豐富的調查員會造訪新發現的潛在遺址中最有發展性的一個，負責進行這個新發掘地區的集中調查。調查員會更仔細記錄地表的發現，從遺址蒐集具代表性的物品，留下資料，供未來的研究者使用。在我們的案例中，找到的物品大多都是陶器碎片，而他們的尺寸、所在的陶罐部位、製作技術或裝飾，有助於團隊裡的陶器專家判斷他們源於什麼時期。

這些是我們於一九九〇年代在皮洛斯周邊採用的調查方法——而至今在世界的其他角落仍經常有人使用相同的方法。不過，如果像在林木茂密的區域，地面覆蓋著一層厚厚的落葉，或因自然狀況導致古代地景被更近期的土壤掩蓋，或古代人並未以耐久材料建造大型建築（美國東北部正是如此），那麼調查技術便會有所不同。這類的調查也不適用於木材、布料或其他易損毀材料所製成的物品。因此，雖然在美國東部、農夫犁田的河川氾濫平原廣泛採用徒步調查，但在密密層層的森林區域並無法這麼做。

當區域過大而無法進行地毯式調查時，則有其他技巧可以只調查一個地區中特定或隨機選擇的部分。在這種狀況下，有待探勘的地區往往會採用統計學的取樣技巧，並稱之為樣本調查（sample survey）。29

還有另一種地面調查值得一提，即標的類型的調查法，只重新造訪先前已被發現的遺址。二〇〇六至二〇〇七年間，在以色列北部的卡布里廢丘周邊地區就是使用這種調查法。二〇〇五年，我們已經初步在那座遺址開挖，並決定我們要再展開長期多季的挖掘工作。不過，我們首先想要了解其背景脈絡——在近四千年前的青銅器時代中期，也就是它的極盛時期之前、之間和之後，卡布里廢丘周邊地區是什麼樣子？30

幸運的是，我們要針對已知遺址進行這樣的標的調查相當容易，因為過去三十多年間，在卡布里廢丘所在的加里利西部，幾乎每一季、在任何所能想像到的狀況下，都有數支考古團隊進行地毯式調查。我們已經擁有該地區的多張地圖，標示著所有已知的青銅器時代中期的遺址。我們也能取得先前的考古團隊蒐羅的陶器和其他遺物。

握有地圖和調查報告，我們開車前往已知的遺址，純粹針對卡布里廢丘周邊及其腹地的每一處遺址進行集中調查。我們的目標是要確認並修正過去認定的遺址年代。此外，我們也想再次檢查每座遺址有多大（或多小）。最後，我們便能繪製出一張地圖，呈現出近四千年前，卡布里廢丘成為繁盛的主要中心之前、之間和之後，該區域有人居住的遺址位置。

那麼，本章伊始提出的問題「你怎麼知道要挖哪裡？」答案可以濃縮成兩個字——調查——因為一個地區一旦經過調查，便能輕而易舉地決定你想要挖哪裡。至於挖掘實際是怎麼進行的，則又是另一回事了，我們會在另一章再來討論。

第二部

非洲、歐洲與黎凡特：從早期原始人到農人

Part 2.

Africa, Europe, and the Levant: Early Hominins to Farmers

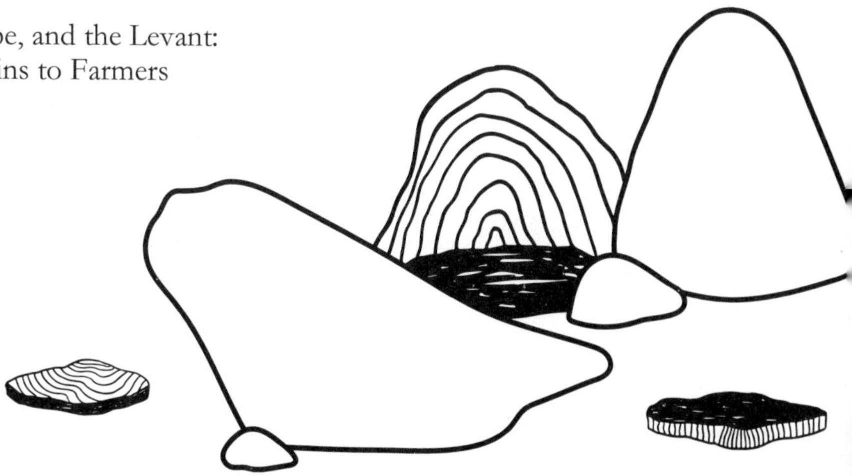

第六章

發掘我們最古老的祖先

二〇一五年十月號的《國家地理雜誌》（*National Geographic*）所主打的故事，是關於李．伯格（Lee Berger）和他的團隊在南非一座名叫「新星」（Rising Star）的洞穴中振奮人心的發現。[1]有兩名洞穴探險愛好者告訴伯格的團隊，他們在那座洞穴深處看見地面布滿了骸骨，於是團隊展開調查，最終找到超過一千五百塊骨頭，至少來自十五個人，而伯格認為那些骸骨隸屬於先前未知的一個人族（*hominin*）*物種。他們被命名為「納萊蒂人」（*Homo naledi*），與他們被尋獲的那座洞穴同名。納萊蒂在塞索托語

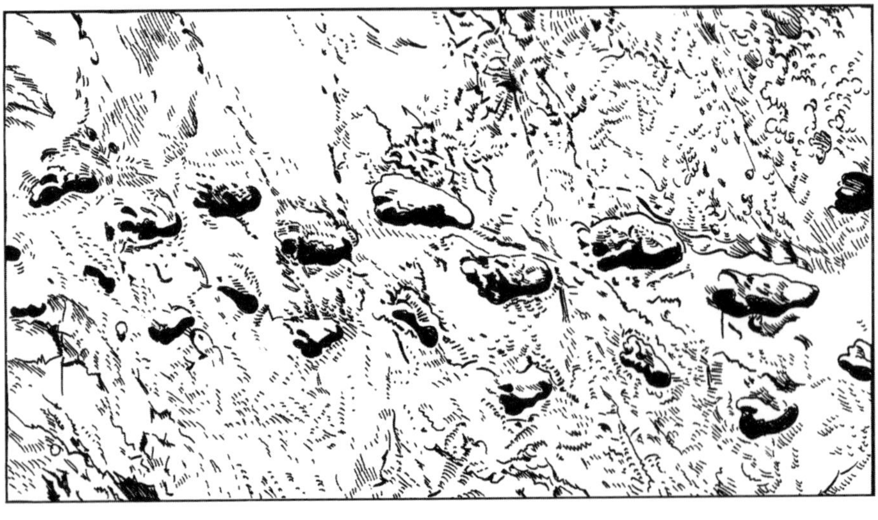

拉耶托里的腳印。

（Sesotho language）[†]裡的意思是「星星」，而人族則是指稱現代人類、滅絕人種和我們所有的直接祖先，本章通篇都會使用這個術語。[2]

那些骸骨的歷史可能已經高達兩百八十萬年。它們全都是在洞穴內一處幾乎無法到達的內室裡被找到的，時間是在兩名洞穴探險者告訴伯格如何前往之後的二〇一三和二〇一四年。根據《國家地理雜誌》傑米・薛里夫（Jamie Shreeve）的描述，尋骨的過程得經過一條名為「超人爬行」（Superman's Crawl）的通道，其高度低於十英寸（約二五・四公分），若要穿越，你必須將一隻手臂貼緊身體，並將另一隻手臂高舉過頭，就像超人的飛行姿勢；接著爬上凹凸不平、名叫「龍背」（Dragon's Back）的垂直岩壁；經過幾次的扭動和轉動，才總算擠過一條窄道，中途寬幅一度只有七英寸半（約十九公分），最後方能抵達骨骸所在的迪納萊蒂室（Dinaledi Chamber）。

隨後在兩年內取出骸骨的六位科學家全都是身經百戰的女性考古學家，她們的體型足夠嬌小，才得以通過所有的通道。據薛里夫所述，伯格在臉書上廣為宣傳，表示他要徵求「體態瘦削、有科學文憑和洞穴探察經驗者」，並且要「願意在狹窄的空間裡工作」。短短十天內，他就收到了六十位申請者的回覆，並選出這六位他稱之為「地底太空人」的女性。[3]

他們的發現雖然非常激動人心，但所引發的爭議也沒少過。若如伯格猜測，這些是刻意的墓葬行為，那便代表了我們可能正看著人類自我意識古老的例子之一，數百萬年前，他們可能已經理解過去

＊譯註：人族指的是靈長目人科底下的一個亞科，包含了史前人類與黑猩猩。

†譯註：塞索托語為班圖語支（Bantu languages）中的一支，亦為南非十一種官方語言之一。

和未來，或許甚至具有某種宗教概念——否則那些軀體就會被留在他們斷氣身亡之處，而不是被蓄意帶到洞穴裡的這個位置。某些人認為這個可能性乏善可陳，但對那些人類演化的研究者而言，可說是改寫了歷史。

有些學者提出異議，不認同伯格僱用了好幾組世界各地的年輕考古學家來研究各個部位的骸骨，而他迅速在數本開架期刊上發表研究結果，包括那些化石的三維影像，供其他人下載和自行重建那些史前人類的外貌，也令他們頗有微詞。這些學者比較偏好其他研究者典型的緩慢步調，耗費數十年去分析單一副骸骨，再行發表，不過伯格的做法代表著一種新興的方式，將遺存的研究工作群眾外包給世界各地的專家，而非局限於單一人員，可能預示著在這個網路時代的未來發展。[4]

※ ※ ※

伯格的發現屬於史前考古學的次領域，也被稱為古人類學（palaeoanthropology）。這個領域的考古學家所研究的時期長達數百萬年——從我們最早的人族祖先，一直到信史的開端。考古學在慣例上將這段漫長的時期分成幾個時代：

◎舊石器時代，從約三百五十萬年前，延續到兩萬至一萬兩千年前之間；結束的時間點視所述地區為非洲、歐洲或亞洲而定。

◎中石器時代（Mesolithic），持續至約一萬年前。

◎新石器時代，持續至約四千五百年前。

鑽研史前考古學最著名的現代家族是李奇一家。路易斯和瑪麗・李奇（Louis and Mary Leakey）是第一代，他們的兒子理查德（Richard）和他的妻子米芙（Meave）是第二代，路易斯和瑪麗的孫女露易絲（Louise）則是第三代。[5]

露易絲在二〇〇一年取得倫敦大學學院（University College London）的博士學位，據報導，她是類人猿（hominoid）化石的發現者中最年輕的一位，至今仍是紀錄保持人。一九七七年，她找到一顆一千七百萬年前的靈長類祖先的牙齒時，年僅六歲。二十二年後的一九九九年，她和母親米芙尋獲一顆三百五十萬年前的原始人類頭骨。[6]自一九九三年起，露易絲也參與了肯亞北部的庫比弗拉計畫（Koobi Fora project），她的父親理查德首先於一九六八年開始在那裡工作，而母親米芙則是始於一九六九年。

米芙因為替路易斯・李奇工作，而開啟了她的考古學家職業生涯，路易斯先是她的論文指導教授，她和理查德在一九七〇年結婚後成為她的公公。[7]理查德憑著自己的能力打響名號，他長期投入考古學領域，成就斐然且著作等身，其中包括寫給一般大眾閱讀的《起源》（*Origins*）一書。[8]他的團隊所完成的著名發現中，有一具一百五十萬年前、近乎完整無缺的骸骨。一名土生土長的肯亞人卡莫亞・基莫（Kamoya Kimeu）自一九五〇年代起就和路易斯和瑪麗一起工作，後來也和理查德並肩合作，並在一九八四年找到那具骸骨的第一塊碎骨，其餘的部分則是在長達五季且一絲不苟的發掘工作期間辛辛苦苦找到的。人們稱那具骸骨為「圖爾卡納少年」（Turkana Boy），他身亡時可能大約八至十一歲。他通常被視為直立人（*Homo erectus*）的實例，也就是現代人的直接祖先。[9]

※ ※ ※

路易斯在肯亞長大，是首批主張應該在非洲尋找人類起源的人士之一；當時廣為接受的理論仍是人類起源位在亞洲。結果證明他是對的，雖然其他人花了一些時間才開始接受他的觀點。始於一九四八年，但尤其是一九五九年後的時期，他和瑪麗的發現證實了他的論據。那時，他們正在一座位於坦尚尼亞的峽谷或溝壑工作，長三十英里（約四八．三公里）、深三百英尺（約九一．四公尺），名為奧杜威峽谷（Olduvai Gorge）。[10]

路易斯和瑪麗在這裡找到了骸骨碎片，並認定它們源自人族的一支新物種。事實上，找到第一批碎骨的人是瑪麗，因為路易斯發燒，待在營地休息。她和兩隻他們的大麥町犬，出發檢查他們自一九三一年就未曾涉足的一處遺址，結果立即尋獲一塊頭骨碎片，以及在一個人族下顎中的兩顆牙齒。於是她跳上荒原路華越野車，開車回去接路易斯過來。接著兩人找到了更多碎骨，得以重建那只頭骨的絕大部分。[11]

他們是第一個發現這個物種的人，因此有權命名。最初，他們以當時主要資助者查爾斯．鮑伊斯（Charles Boise）的姓氏，將之命名為「鮑氏東非猿人」（*Zinjanthropus boisei*），但後來（根據生物學分類法採用的分類級別制度）被歸類成一個不同的屬，現名為鮑氏南方古猿（*Australopithecus boisei*）〔或傍人（*Paranthropus*）〕。此外，他們一開始以為骸骨的年代約可追溯至六十萬年前，但當時有項新興的定年技術，原理是測量火山岩中鉀元素經放射性衰變成為氬的比例，這項技術迅速顯示出骸骨可能有一百七十五萬年的歷史。當年，這項新發現因其極度古老的年代而轟動一時。

隔年，他們又立刻追加新發現，發掘了新的人族物種——*Homo habilis*。這次他們沒有用資助者的姓氏命名。反之，他的名字反映出這個物種的化石遺存經常和石器有關[12]，因為「*Homo habilis*」可以粗略翻譯為「巧人」。

我們很難想像在那些早期的歲月，李奇家族是如何進行考古考察的，不過我們還留存了他們那時期的工作照片。在相片裡，可以看到他們在極度炎熱的狀態下，小心翼翼挑揀泥土，身旁插著一把巨大的陽傘，以供遮蔭，還有幾隻大麥町犬相伴。

一九七二年路易斯去世後，瑪麗才有了眾人公認她職涯中最重大的發現——一九七八和一九七九年在拉耶托里發掘的人族腳印。這個遺址位於奧杜威峽谷東南方約四十五公里。早個幾年，在一九七六年，團隊成員原先正互丟大象糞便[13]嬉鬧玩樂，結果在這個遺址首次發現了一些腳印，不過全都是動物所留下的。

而知名的那些腳印則是三百六十萬年前，三個生物走過附近的火山剛噴發掉落的火山灰上所遺留下來的。一般咸認，腳印的主人是我們所謂阿法南方古猿（*Australopithecus afarensis*）的人族。其中的兩條足跡似乎是兩個按節奏走路的人族——也就是說他們並肩同行——但第三條可能和前兩條無關。無論如何，從留下的印記判斷，三個人族的身高都低於五英尺（約一五二公分）。[14]

那些人族走過這個區域時是什麼樣的情景，如今我們只能想像。遠處的火山正在爆發，火山灰在他們四周紛紛飄落，或許還混雜著雨水。當時可能烏雲密布，因為爆發的煙霧遮蔽了陽光，可以想像四周黑暗如夜，就像數百萬年後小普林尼對維蘇威火山爆發期間的描述。動物們大概在逃竄避難，但矮小的人族或許尚未察覺，因為三人看來並不著急。他們的足部壓痕顯示出他們正在步行，而非奔跑，儘管火山爆發絕非尋常之事。

瑪麗・李奇和她的團隊總共找到了七十個這些人類祖先的腳印，足跡延伸近九十英尺（約二七・四公尺）。它們是人族以雙腳行走最古老的直接證據，現在複製的足印可見於華盛頓特區的美國國立自然史博物館（Smithsonian National Museum of Natural History）裡人類起源館的地面上，以及紐約市的美國自然史博物館（American Museum of Natural History）。[15]

找到的腳印可不只這些。二〇〇七和二〇〇八年，在圖爾卡納湖（Lake Turkana）附近的庫比弗拉尋獲另一串足跡。這些腳印只有一百五十萬年左右的歷史，因此比瑪麗・李奇找到的晚了兩百萬年。留下庫比弗拉足印的可能是近似圖爾卡納少年的直立人一員。用今天男鞋的尺寸來說，它們大約是九號（約長二七・五公分）。[16]

＊　＊　＊

所有這些發現都有助於驅散數十年來所謂的皮爾當人（Piltdown Man）投下的巨大陰影，那是考古學歷史上惡名昭彰的騙局之一。[17]一九一二年，李奇家族展開探勘的許久之前，一位名叫查爾斯・道森（Charles Dawson）的男子宣稱，自己在英國的皮爾當砂礫採礦場找到了一些頭骨碎片、牙齒和一塊顎骨。這項發現迅速被吹捧為人類和人猿之間「遺失的連結」，轟動一時，但也幾乎立即引發質疑。造成爭議的部分原因帶有國族的情節在——一八四六年，法國學者布歇・德・佩赫特（Boucher de Perthes）就在索姆河（Sommes River）附近尋獲早期人族使用的工具，德國人也在一八五六年在他們的尼安德河谷（Neander Valley）找到物種尼安德塔人（Neanderthal）；英國在皮爾當的發現之前，卻沒有可以相提並論的成果。

最傑出的幾位科學家在短短數年內就發表了質疑的著述，但一直要到一九五三年，才終於確證皮爾當人是捏造出來的。[18]那只頭骨確實是人類的，但其年代為中世紀時期；成為化石的牙齒是黑猩猩的獸牙；而大約五百歲的顎骨則是來自一隻紅毛猩猩。道森於一九一六年便已逝世，但長久以來都有人懷疑他製造了贗品。不過，他在這一樁未解的懸案中並非唯一的嫌疑犯，可能的偽造者名單相當冗長，甚至連福爾摩斯的創作者亞瑟·柯南·道爾（Arthur Conan Doyle）也在其列。

＊　＊　＊

貨真價實的發現接踵而至。一九七四年，路易斯·李奇死後不久，瑪麗·李奇在拉耶托里找到第一批腳印的前兩年，柏克萊大學古人類學家唐納德·約翰森發現的東西，確保了他將在史前考古學的名人堂中占有一席之地。

一如考古學領域時常發生的狀況，約翰森的發掘純屬機運。當時他和一名同事正在探勘衣索比亞哈達爾遺址周邊，距離李奇家族一直以來考察的坦尚尼亞北部十分遙遠。經歷了豔陽下的漫長一日，努力未果，他們開始走回他們荒原路華越野車的停車處。約翰森建議，與其和來時走相同的方向歸返，不如試試不同的路線，通過他們未曾涉足的一處小峽谷。根據他的敘述，他們最先看見源自一隻人族前臂的骨頭，緊接著又陸續發現一塊頭骨碎片、一隻腿骨、肋骨、骨盆和下顎。在兩週內，他們就已經找到了數百塊骨頭，全都來自同一具骸骨。[19]

這具骸骨被稱為露西，她過世時年約二十歲，年代可追溯至三百二十萬年前左右。她被判定為阿法南方古猿，和早她約五十萬年、在拉耶托里留下腳印的生物頗為相似。據信她的身高約三英尺半或四英尺（約一〇七至一二二公分），體重至多六十五磅（約二九．五公斤）左右。不過，這只是估計值，因為我們只有她大約四成的骸骨[20]，但仍是當時所尋獲的最完整的人族骸骨。

他們首次帶著遺骸回到營地的那晚，披頭四的歌曲〈露西在綴滿鑽石的天空中〉（Lucy in the Sky with Diamonds）在慶功派對上反覆播送。那個夜晚的某個時刻，他們開始稱她為露西。至今人們仍叫她這個名字。[21]

※ ※ ※

李．伯格的發現證明了洞穴也可以是史前考古學至關重要的遺址，因為在理解我們和遙遠過去的關聯時，洞穴扮演了重要的協助角色。部分著名的洞穴發現是發生在一九二〇和一九三〇年代，一位名為桃樂絲．加洛德的考古學家和幾位同事在今天以色列的現代城市海法（Haifa）的南邊、迦密山（Mount Carmel）斜坡上的一群洞穴中找到了考古證據。聯合國教科文組織於二〇一二年將這些洞穴認定為世界遺產遺址。[22]大多數的洞穴都是對外開放的，不需要預約就能參觀——給觀光客走的道路養護良好，但訪客必須準備進入極其炎熱又乾燥的環境，尤其是在夏天。

加洛德被公認為重要的早期考古學家之一。她是英國劍橋大學首位成為冠名教授的女性，從一九三九至一九五二年，她都擔任考古學的迪士尼教授職位（Disney Chair）[23]。這個傑出卓越的教授職位和華特．迪士尼（Walt Disney）完全無關，而是在一八五一年一位名為約翰．迪士尼（John Disney）的男士所資助設立的職位。

桃樂絲・加洛德的研究專業是舊石器時代。她在迦密山首次的發掘地點是在奇巴拉洞穴，於一九二八年短暫開挖。接著，從一九二九至一九三四年，她繼續耗費五年時間，挖掘另外兩座洞穴，較著名的是塔布恩洞穴（Tabun Cave），另一座則被稱為瓦德（el-Wad）。她成功證實在大約五十萬年內的多數時期，那兩座洞穴幾乎都有人居。約於五十萬至四萬年前，塔布恩洞穴首先成為聚居地；有人居住在瓦德洞穴的時間[24]始於塔布恩洞穴被棄居前不久，約為四萬五千年前。

塔布恩洞穴裡有著一位尼安德塔女性的墓地，年代可追溯至十二萬年前左右。她的頭骨顯示出她的腦部幾乎和我們今天的腦部一樣大，但她沒有明確的下巴，且前額短小。[25]

鄰近的斯胡勒洞穴（Skhul Cave）中也有幾處墓地，是加洛德的一位美籍同事希奧多・麥考恩（Theodore McCown）挖掘到的。這些墓地總共約有十四處，年代可追溯至十二萬至八萬年前之間。不過，其中的骸骨是源自和我們相同的人種成員——晚期智人（*Homo sapiens sapiens*）——也被稱為解剖學意義上的現代人（anatomically modern people）。[26]這些墓地在學者間引發熱議，他們認為這些證據能夠證實一項主張——尼安德塔人和現代人*為兩種不同的物種，而且曾有一段時間在相鄰地區一起生活。[27]近期的DNA研究指出，現代人和尼安德塔人曾經混種，他們的歐洲和亞洲後裔——我們多數人都在其列——帶有兩者的遺傳標記。

＊譯註：本書中的「現代人」（modern humans）是考古學用語，指的是上述的晚期智人，而非現下時代的人類，因為其體質特徵和我們已沒有太大差異，考古學上稱之為「現代人」。

一九八二至一九八九年間，哈佛考古學家歐夫．巴爾－優瑟夫（Ofer Bar-Yosef）再次回到奇巴拉洞穴，也就是加洛德在一九二八年挖掘過的地點。他和他的團隊在那裡找到一個尼安德塔人墓地——一名生活在六萬年前左右的成年男性。他的綽號是摩希（Moshe），可能是至今尋獲最完整的尼安德塔人骸骨。他被發現時令眾人興奮不已，因為即使他的頭已經遺失，但喉嚨的骨頭仍存，指出他可能已經有說話能力，這一直是關於尼安德塔人和其他前現代人族的主要疑問，畢竟言說是人類演化史上的重大事件。[28]

摩希的年代和在伊拉克北部沙尼達爾洞穴（Shanidar Cave）中找到的尼安德塔人墓地大致相同，這是一九五一至一九六一年哥倫比亞考古學家雷夫．索萊茨基（Ralph Solecki）歷經數季挖掘的發現。在索萊茨基和他的團隊[29]手中出土的十個人族，通常被定年在六萬五千至三萬五千年前。眾人對他們深感興趣，部分原因是其中一位在過世時是相對而言較年邁的男性（約四十到五十歲）——被稱為沙尼達爾一號（Shanidar 1），而且骸骨證據顯示在他一生中曾受到供養而存活，也曾多次受傷，這意謂著他的群體會照料病人和傷患。另一位成年男性被稱為沙尼達爾四號（Shanidar 4），約略在三十到四十五歲間身亡，許久以來人們都認為他有花朵陪葬，這被解讀為某種墓葬儀式，甚至可能代表著對來世的信仰，或純粹是尚存的家族成員的傷感悼念。也有人猜測他可能是某種巫醫，因為某些花朵是源自帶有醫療特性的植物，如千里光（ragwort）和蜀葵（hollyhock）。然而，最近又有另一項主張認為那些花朵遺存可能只是一隻鼠輩在事後侵入的結果，這個說法就乏味多了，也代表我們必須重新思考許多先前寫下的著述。[30]

※ ※ ※

在歐洲——尤其是法國和西班牙——還有其他以壁畫聞名的洞穴，包括法國的肖維（Chauvet）和拉斯科洞穴（Lascaux），以及西班牙的阿爾塔米拉洞穴（Altamira）。肖維洞穴是目前年代最久遠的一座，那裡最早的遺存可追溯至公元前三萬五千年左右；接著是拉斯科洞穴，大約是公元前一萬五千年；最後則是阿爾塔米拉洞穴[31]，大約是公元前一萬兩千年。

相對而言，阿爾塔米拉可能是歷史最短的洞穴，但它是三座洞穴中最早被發現的一座。一八六八年一名獵人首次發現了它，後來當地的地主唐・馬塞利諾・桑斯・德・桑圖奧拉（Don Marcelino Sanz de Sautuola）在一八七六年曾經到訪。兩年後，德・桑圖奧拉受到一八七八年在巴黎的一場舊石器時代藝術展覽會啟發，而和他的八歲女兒瑪莉亞（Maria）回到那座洞穴。當他忙著挖掘洞穴地面、尋找工具和其他遺物時，他的女兒看到了牆上的繪畫。他接著在一八八〇年宣布這項新發現，卻遭受學術權威人士的懷疑。如此原始的人類，如何能創造出如此激發聯想、技術精湛，甚至富有藝術性的作品？一直到數十年後，德・桑圖奧拉逝世已久，學者們才承認他說對了那些繪畫的古老程度。[32]

洞穴裡的繪畫通常被定年為公元前一萬兩千年左右，也就是最後一次冰河時期的尾聲，不過有些學者論稱那些畫可能還要古老許多。可以肯定的是它們絕非更近期的創作，因為那時有片滑坡封住了洞穴的入口。[33]

阿爾塔米拉洞穴本身大約三百公尺長，有著我們預期這樣的洞穴會有的通道和內室。描繪或刻畫在牆面的那些動物中，最著名的是在多彩穴頂（Polychrome Ceiling）上的繪畫，包括一群野牛、幾匹馬、一隻鹿，可能還有其他動物。[34]

到了一九七九年，每年都有十五萬名遊客造訪阿爾塔米拉洞穴；它也在一九八五年被列入聯合國教科文組織世界遺產遺址之中。[35]然而，大量的訪客傷害了那些繪畫，因為許多人同時聚集在一個小空間裡製造出大量溼氣，還有塗鴉和其他蓄意破壞的行為，全都造成損毀。不久之後，相關單位便將訪客人數限制在每年一萬人以下。最後，洞穴直接在二〇〇二年關閉，並在附近打造一座一模一樣的洞穴，現在多數的觀光客都是造訪這座複製品；自二〇一五年起，每週只有一次，五位隨機挑選的遊客能夠進入原始洞穴參觀三十七分鐘。[36]

至於拉斯科洞穴，要描述它的發掘故事十分容易。一九四〇年，四位青少年和他們的狗〔因為某種理由而取名為「機器人」（Robot）〕偶然發現了這座洞穴。他們在蒙提涅克（Montignac）小鎮的一座山丘散步，位於法國南部波爾多（Bordeaux）附近的多爾多涅（Dordogne）地區，途中決定要探索一個他們找到的洞穴——據述是因為他們的狗先開始在裡頭挖地，他們才以為其中可能埋有寶藏。我們現在已經知道，洞穴裡沒有埋藏的金銀財寶，但它是一座藝術的寶庫[37]，而非少年們期望的黃金寶藏。

拉斯科洞穴長約六百五十英尺（約一九八·一公尺），牆上至少有六百幅繪畫，以及另外一千五百幅雕刻作品。[38]它在一九七九年被列入聯合國教科文組織世界遺產遺址。有趣的是，當一九四七年，威拉德·利比（Willard Libby）首次以放射性碳定年技術（我們在後面的章節會討論這個定年法）探勘時，最初的幾次試驗之一是檢測一塊在拉斯科洞穴裡找到的木炭。這項技術貢獻了部分成果，現在這座洞穴一般被定年為一萬七千年前左右，或公元前一萬五千年。[39]

現今的洞穴入口（也很可能是原始入口）通往龐大的公牛廳（Hall of the Bulls），洞穴牆上畫了四頭巨大公牛，涵蓋範圍總共超過五公尺。如果說得更精確一點，牠們應該是原牛（aurochs），是一種已滅絕的野牛。廳裡還繪有較小的馬匹和迷你的鹿群。

我無法確定我們是否能夠百分之百享受進到這座一萬七千年前洞穴的過程——沒有電力、沒有觀光走道，也沒有任何能夠防止你失足跌入黑暗之中的事物。我們必須想像自己拿著某種燃燒的火把，小心翼翼地走入洞穴的陰暗大口。每走幾英尺，搖曳的火光就會揭示新的一批動物，但再往前卻只有一片漆黑，駭人而寂靜。即使你是負責某些岩畫的藝術家之一，每回你進入洞穴肯定仍會感到一絲恐懼，邊邁步向前，邊跳開那些畫在牆上的可怕動物陰影——甚至連你幾年前親筆繪畫的動物也不例外，但尤其是那些在遙遠的過去、比你更早來到此地的不知名人士所畫下的生物。

洞穴裡的走道從公牛廳直通縱軸廊道（Axial Gallery）。這個區域的繪畫有牛、鹿和馬群，包括所謂的中國馬，雖然跟中國無關但仍如此稱之，據傳是因為牠們和中國宋朝（公元九六〇至一二七九年）的馬匹繪畫有些神似。

不過，如果你不是直走進入縱軸廊道，而是向右轉，則會走進一條有著近四百幅雕刻壁畫的通道，大多都是畫著馬匹。如果你從那裡再次右轉，就會出現大半圓室（Great Apse），牆上另有超過一千幅的雕刻繪畫。拉斯科的貓獸室（Chamber of the Felines）也別具特色，在數十幅雕刻繪畫裡有六隻巨大的貓科動物。[40]

洞穴從未真正經過挖掘，但卻簡略為觀光整頓，一九四八年開放給大眾參觀。每年超過十萬名的遊客也導致和阿爾塔米拉洞穴一樣的問題，不過拉斯科洞穴其實更早面臨人為的衝擊。自一九六三年起，洞穴就不再敞開門戶，只允許小團體進入。然而，問題依舊叢生。二〇〇〇年，安裝了新的空調系統後，牆面和繪畫都開始長出真菌。到了二〇〇六年也開始冒出黑霉。損害可能已經無法挽回，因此相關單位在附近仿建了一座相同的洞穴，讓一般大眾能夠改為造訪那座仿造洞穴。[41]

肖維是我們正在談論的三座洞穴中最古老的一座，但卻是最近期才被發掘的。它位於法國南部的阿爾代什（Ardèche）地區。這座巨大的洞穴可能長達四百公尺（約一千三百英尺），涵蓋面積超過八千平方公尺。肖維在二〇一四年被列入聯合國教科文組織世界遺產遺址，距離一九九四年十二月末尚—馬利・肖維（Jean-Marie Chauvet）和一小群同事首次發現並探勘這座洞穴正好二十年。知名電影導演韋納・荷索（Werner Herzog）還曾製作過一部3D

肖維岩洞壁畫。

電影[42]，逼真重現肖維洞穴，於二〇一一年上映。

在洞穴中共找到了近四千件遺物和獸骨，以及牆面上的一千幅圖畫。裡頭的圖畫和繪畫極致優美，其中有些是全世界最古老、保存最良好的洞穴藝術之一，描繪了至少十三種不同的物種，從獅子、馬匹和有絨毛的犀牛，到貓頭鷹、長毛象、熊等其他動物，應有盡有。此外，可能還有已知最古老的爆發中的火山圖像。[43]

這些岩畫的年代引發熱議。直到最近總算出現普遍公認的年分，好幾年來針對三十至八十個樣本施作的放射性碳分析，將多數樣本定年為公元前三萬年左右，是洞穴最早開始有人居住的年代。接著，這座洞穴遭棄居長達數千年，在公元前兩萬五千年左右才又再次被占居，而數十幅壁畫就是在此時添加上去的。洞穴柔軟的陶土地面也保存了一只孩童的腳印，其歷史可能可以追溯到第二段有人居的時期。可是這些年分在近期面臨挑戰。[44]

最新的研究得出兩百五十九個放射性碳年分，分析對象是黑色圖畫的顏料以及洞穴內找到的骨頭和木炭，另外還有近一百個年分是源自更深奧難解的技術，牽涉到鈾釷（uranium-thorium）、熱發光（thermolu-minescence）和氯36（chlorine-36）。這些方法指出，洞熊（cave bear）實際開始使用洞穴的時間是近五萬年前，最古老的繪畫則是創作於公元前三萬五千年左右。這個階段約在公元前三萬一千五百年結束，人熊都不再占用洞穴。接著它遭棄居的時間長達兩千五百年，一個新的人類群體才又重新聚居於此，但沒有熊的蹤跡，這個時期約為公元前兩萬九千至兩萬六千年。後來，一片滑坡封閉了洞穴入口，自此人類和動物皆無法進入，直到在一九九四年重新發現了洞穴。[45]

不過，發現肖維岩洞的過程並非意外。根據二〇〇八年《紐約客》（*New Yorker*）發表的一篇詳盡文章，尚—馬利．肖維，一名任職於法國文化部的保育巡查員，一直積極尋找這類的洞穴。這座獨特的洞穴高坐於一片石灰岩峭壁的頂端，俯瞰阿爾代什河（Ardèche River）從前的河道，位置和一座名為虹橋（Pont d'Arc）的天然石灰岩橋十分接近。雖然因為滑坡，洞穴的原始入口已經封閉至少兩萬年，但肖維團隊的成員們注意到有冷風從峭壁表面的一道小裂縫透了出來。[46]

團隊中體型最嬌小的是一位名叫艾莉耶．布魯內（Eliette Brunel）的女性，在他們移除幾塊岩石、擴大那道裂縫後，她爬了進去。其他人迅速跟在她後頭，並用他們帶來的鏈梯爬下三十英尺（約九公尺）的深通風井。他們發現自己身在一座巨大岩洞裡，到處都是石筍和鐘乳石。他們注意到地面上有些獸骨，接著看見牆上的頭幾幅繪畫。布魯內大喊：「他們來過這裡！」——她指的是舊石器時代的洞穴畫家。[47]

在二〇一五年四月《史密森尼》發表的一篇文章，約書亞．漢默（Joshua Hammer）＊根據那些探勘人員在一九九六年出版的回憶錄中的細節，重現了接下來發生的事：

> 三人躡手躡腳走過泥土地面，試圖避開一座古老火坑的結晶灰燼，凝視著數百幅圖像而讚嘆不已。「我們意識到自己正站在一面布滿紅赭色圖畫的石牆前……岩板上有一頭帶著長象鼻的猛瑪象，還有一隻口鼻處濺出弧狀紅點的獅子，宛如滴滴鮮血。我們屈膝蹲伏[48]，凝視著岩牆，看得目瞪口呆。」

關於當天和肖維同行的人究竟是誰，他在不久後又帶了什麼人前往，甚至他是否是第一個發現最初那個小裂縫的人，都引發了一些爭辯。無論如何，他們確實在洞穴裡看見數百幅的圖畫和繪畫，它們有大有小，有些和其他畫區隔開來，有些被聚集畫成同一組，必要時會互相重疊。他們迅速通知政府當局，於是相關單位派遣尚・克羅特（Jean Clottes）前去，他是洞穴繪畫的專家，也是文化部的科學顧問。克羅特宣稱這是二十世紀偉大的發現之一。[49]

克羅特召集了一群專家，從一九九六年就開始研究肖維岩洞繪畫至今。在這段時間裡，洞穴都禁止一般民眾進入，這是為了避免拉斯科和阿爾塔米拉洞穴開放觀光後所導致的那類問題。事實上，就連研究團隊一年也只進去肖維岩洞兩次，在春季和秋季分別待上幾個星期。而其他所有時間，都有一道四英尺（約一・二公尺）高的鐵門深鎖，防止任何人闖入。這是三座洞穴中唯一在發掘時採用現代方法的一座。[50]

肖維岩洞由幾個部分組成。[51]原始的入口岩室目前已經被古代滑坡從外頭封住，它能通往一個被稱作「布魯內室」（Brunel Chamber）的寬廣區域，因為艾莉耶・布魯內是數千年來首位進入洞穴的人而得名。從這裡你能走入熊穴室（Chamber of the Bear Hollows），其中有許多洞熊棲息的證據，包括牠們挖掘柔軟泥土地面所留下的空穴。

從熊穴室可以通往兩道廊道。其一是長度相當短的走道，稱為仙人掌廊道（Cactus Gallery）。肖維和他的團隊見到的第一幅繪畫就位於此處——一隻畫在岩石上的小紅長毛象，這也就是艾莉耶・布

＊譯註：約書亞・漢默（Joshua Hammer，一九五七～）為美國記者。

魯內看見後呼喚其他同伴的那幅畫。[52]

另一道長廊寬敞許多，而且可以通往更多內室。這道長廊被稱作紅岩板廊道（Red Panels Gallery），因為在此找到的多數繪畫都在東牆的一系列岩板上，而且主要都以紅色繪製。

從紅岩板廊道，你可以左轉（亦即往西）進入蠟燭廊道（Candle Gallery），這是這個岩洞系統第二部分的開端。緊接在蠟燭廊道後頭的是希萊爾室（Hillaire Chamber），其名源自最初發現洞穴三人組的第三人克里斯安．希萊爾（Christian Hillaire）。這個內室直徑約三十公尺——即寬約一百英尺——洞頂的高度幾乎和直徑等長。裡頭有數不清的岩畫和圖畫，有些互相重疊，可能代表是在不同的時間點繪製的。此外，其中許多岩畫都覆蓋著一層天然的方解石塗層，如果有人好奇的話，這意謂著它們不可能是偽造出來的。

從希萊爾室，你有兩條可以選擇的路線。如果繼續往西，會來到頭骨室（Skull Chamber），考察人員在裡面發現有個熊的頭骨被謹慎地放在一塊從洞頂掉落的岩石上。頭骨室再往下則是此方向的最後一條長廊「交叉線影廊道」（Gallery of the Crosshatching），岩石上畫有一匹巨大的馬。

不過，如果你從希萊爾室繼續往北而非往西走，你會進入巨角鹿廊道（Megaloceros Gallery）。這裡有幾隻犀牛的圖畫，但廊道是因為一隻巨角鹿（megaloceros）的繪畫而得名，那是一種已經滅絕的巨鹿，鹿角碩大。巨角鹿屬中體型最大的成員，站立時比人類的平均身高要高大許多，牠有各種不同的名稱，如愛爾蘭麋鹿[53]、愛爾蘭紅鹿或巨型麋鹿。

二〇一六年初，幾位法國研究者提出一項推測，認為此廊道內的噴霧狀圖像（巨角鹿的圖畫蓋住了一部分）可能是在表現附近一座爆發中的火山。這座洞穴的其他地方至少還有另外兩組相似的圖像，學者們一直認為其意涵十分費解，但現在看來可能全都是在描繪巴維瓦黑火山區（Bas-Vivarais volcanic field），那座火山距離岩洞僅三十五公里，曾在一萬九千至四萬三千年前多次爆發，涵蓋了洞穴有人居住的時期。如果研究人員的解讀正確，這些圖像就會是已知最早的火山爆發圖畫。[54]

從巨角鹿廊道，你可以繼續前往所謂的尾段室（End Chamber），裡面有野牛、犀牛、長毛象和大型貓科動物的圖像。它們的數量之豐，在整個洞穴的所有岩畫之中，占比超過三分之一；有一組圖畫描繪了十六隻獅子正在獵捕一群野牛。就像遍布洞穴的許多圖畫，那位或那群繪圖的藝術家利用岩石本身的特性，來讓動物動態十足、栩栩如生。[55]

從尾段室的一側你可以走入觀景廊道（Belvedere Gallery），這裡頭沒有圖畫，但有一個小洞，讓你能夠回望尾段室的左側牆面。另一側則是通往聖器室（Sacristy），牆上有著一匹馬、一頭巨大野牛、一隻大型貓科動物和一隻犀牛，軟土地面則有許多動物留下的痕跡。到這裡為止，整個岩洞系統便已來到尾聲，或說至少目前已知的部分是如此。

※ ※ ※

二〇一五年四月末，仿真打造的肖維岩洞在附近開張。其建造經費高達五千五百萬歐元（約六千三百萬美元），但總算能讓一般大眾看見繪於原始洞穴牆面和岩石上的精彩圖畫。每幅圖像都精準複製了原畫，仿製過程中利用三維模型、數位影像和其他技術，跨足科學和藝術領域。原來的石灰岩牆用水泥仿造，石筍和鐘乳石則用樹脂重現。[56]據報導，其成果令人嘆為觀止。

因此，這三座洞穴——拉斯科、阿爾塔米拉和肖維——現在基本上都已經不對外開放，但在它們周邊建造的仿真洞穴吸引了比原始洞穴所能消化的訪客人數更多的遊客，或說它們具有這樣的潛力。舉例來說，即使是在高峰期，阿爾塔米拉洞穴每年也只有十五萬名遊客造訪，但報告指出仿真洞穴每年的訪客人數高達二十五萬人。[57]

這或許是建造更多這類仿真遺址的一大誘因，埃及的圖坦卡門陵墓也採用這種做法，因為許多熱門的考古觀光景點都面臨保存遺跡和民眾近用之間的兩難。建造一模一樣的擬真遺跡，目的絕非將遺址「迪士尼化」，而是要讓更多的一般大眾有機會欣賞這些古代奇景，同時讓原始遺址保持在較完好無缺的狀態，以便科學家們能夠進一步進行研究。

關於這類藝術的多數層面皆已有所著述，包括許多學者針對舊石器時代晚期繪畫的最初目的提出各式各樣的假設，但仍有更多研究工作有待完成。顯然三萬五千年前的人類已經具備強大的手工技巧，而且理解藝術和宗教，與我們大同小異。

史前考古學也無疑是獨一無二的，讓我們得以一窺人族歷史的片段，從數百萬年前，在坦尚尼亞的拉耶托里火山灰上留下腳印的三個人族，一直到更近期，我們的古老親族在法國和西班牙的洞壁上作畫。此時，我們的人類家族樹圖像已然改變，現在它更像是一片樹叢而非一棵樹木，有多個人族物種同時棲息在這個星球上。[58]比方說，我們知道五萬年前人類和尼安德塔人在歐洲一同生活，我們在此未能提及的物種亦然，包括亞洲的丹尼索瓦人（Denisovans）、印尼弗洛勒斯島（Flores Island）的「哈比人」（Hobbits），而如果遺傳學家說得沒錯，甚至還有一些尚無法辨別的物種也全都加入了這個基因庫（gene pool）＊。只是到了兩萬五千年前，我們以唯一存活的物種之姿興起，但每個其他物種的小小片段仍深植在我們的ＤＮＡ裡。這是個日新月異的研究領域，每年都有更多新的發現，所以得知接下來發掘的事物將會十分有趣。

＊譯註：指同一個族群中所有生物的基因總和。

第七章

肥沃月彎最早的農夫

有些遺址被發掘時登上世界各地的頭條新聞；有些遺址則能吸引稀奇古怪的理論，宛如撲向蜜糖的飛蠅；而有些遺址以上皆是。二〇〇七年，一處位於現今土耳其，名為哥貝克力石陣的遺址開始挖掘工作，其歷史超過一萬一千年。到了二〇一〇年，它成為《遠古外星人》（*Ancient Aliens*）*其中一集的主角。[1]

根據各種描述，一名農人在一九八三年發現了哥貝克力石陣。他在他的田裡找到一塊雕刻過的石頭，並把它交給當地的博物館。芝加哥大學的考古學家先前曾於一九六〇年代在這座遺址進行考古調

加泰土丘的小塑像：可能是女神或女王。

查，但因為他們見到許多破碎的石板，認為可能是墓碑，於是認定遺址大概是中世紀墓地，而不予理會。因此，農人的發現沒有引起太多關注，至少一開始是如此。

一九九三年，一名德國考古學家克勞斯・施密特（Klaus Schmidt）看到那塊農人發現的雕石，在大約一年後重新探勘那座遺址。他耗費了超過十年的歲月，讓一切準備就緒，直到二〇〇七年才開挖遺址。在很短的時間內，便已確知哥貝克力石陣是目前找到且具有宗教信仰證據的前陶新石器時代（prepottery Neolithic）遺址中最古老的一座，年代可追溯至公元前九六〇〇年左右。施密特主導挖掘工作七年，卻在二〇一四年七月游泳時，意外死於心臟病發。[2]

※ ※ ※

新石器時代（Neolithic period，在希臘文中，「neos」意為「新」，而「lithos」意為「石頭」）約略始於一萬兩千年前，亦即公元前一萬年左右的古代近東。這個時代的第一個時期持續了約四千年，我們所知的陶器尚未被發明，因此被稱作前陶新石器時代。

我們在討論這個時代時，經常會提及新石器革命，因為它見證了嶄新生活方式的開端。改變的事物不只有石器，儘管這是我們一開始稱之為新石器時代的原因，然而，從波斯灣頂端向北延伸至土耳其和敘利亞接壤處，接著向南至地中海岸，一直到今天的以色列——亦即肥沃月彎，在這裡弧狀分布的多處遺址中，我們從中看到了歷史上首次植物和動物的馴化，包括小麥和大麥、綿羊和山羊。

＊譯註：美國電視節目，二〇二五年正播第二十一季中。

這場革命陸續改變了一切。想像一下，擁有足夠的糧食而能安置定居，不再需要過著游牧生活。想像一下，全年都有充足的食糧供應，讓你能安心生養更多孩子，可以讓你的族群人口增長。想像一下，你的一群小屋成長為村莊，再擴大成一座小鎮、一座城市，你的社會越來越複雜，最終開始需要律法、會計和文字。這一切以及更多的發展全都是隨動植物的馴化而來，不過有些人主張其他物事同樣接踵而至，如暴力的起源、社會上的不平等和其餘的不公不義。

關於這個區域在新石器時代孕育出農業和動植物馴化的原因，有著各式各樣的理論，其中有些是享負盛名的學者所提出的，如澳洲考古學家V．哥登．柴爾德（V. Gordon Childe）、芝加哥大學的考古學家羅伯特．布萊伍德（Robert Braidwood）、密西根大學的人類學家亨利．萊特（Henry Wright），以及名為愛絲特．波斯哈普（Ester Boserup）的丹麥農業經濟學家。他們的主張和可能發生在公元前一萬至九千年的氣候變遷有關，或許因此促使人們在綠洲定居，尋找可以馴化、適合的動植物種類，也導致人口過剩、自然資源過度使用，以及其他讓馴化變得必要且可行的事件和發展。[3]

※　※　※

在古代的近東地區，哥貝克力石陣涵蓋了已知最古老的紀念性建物範例。截至目前，考古學家已經發現了至少五個大小不一的環狀石陣——其一寬幅達六十五英尺（約十九．八公尺）。[4]它們令人永誌難忘——就連至今刊登在各式出版品上的所有美麗照片都無法完整捕捉它們的宏偉壯觀。

多數的立石上都刻有形體或場景，包括動物的圖像。這些雕刻激起了許多人的濃厚興趣，無論是專業考古學者、一般大眾或是那些主張超乎尋常理論的人。上頭的動物有蜥蜴、蠍子、公牛、獅子、禿鷹、犬狼狀的生物等其他物種。有些甚至可能是象形符號（pictographs）——亦即文字發明的五千年前具敘述性的圖像——這是二〇一五年夏季新出現的看法。[5]

據施密特所述，他利用透地雷達等遙測技術，探測到地底下至少還有十六個環狀石陣。目前已經出土的石陣皆由許多立石組成，包含中央的兩塊T形巨石，以及圍繞在它們周邊的較小型立石。較大的石塊可以高達十六或十八英尺（約四・九或五・五公尺）。

哥貝克力石陣的居民這麼做的目的至今仍未明朗，但施密特深信這是一處聖地，或許還是最早有人為建物的聖地。二〇〇八年，《史密森尼》雜誌刊載了一篇文章，探討石陣是否為世界已知最古老的神廟；二〇一一年，《國家地理雜誌》刊登的一篇文章表示「信仰崇拜的渴望觸發了文明發展」。[6]

在《國家地理雜誌》的那篇文章中，作者指出哥貝克力石陣的建造者能夠「在沒有輪子或馱獸的狀況下，切割、塑形重達十六公噸的石塊，甚至將之運送數百英尺」。他也提到，他們身處的時空[7]尚未出現文字、金屬或陶器。

對我們而言重要的是，哥貝克力石陣坐落於肥沃月彎的北端，而且似乎是這個時代極古老的遺址之一。事實上，那裡似乎在居民學會馴化前便已有人居住，因為尋獲的數千塊動物骸骨經研究後指出，當地居民會獵捕並食用野生獵物，主要是羚羊和鳥禽。[8]

如前所述，許久以來，一般都認為人類之所以能夠定居是因為動植物馴化的發明，但如哥貝克力石陣的遺址可能顯示出相反的事實。因為如此眾多的人被召集到這樣的遺址，建造環狀石陣、雕刻立石等等，如果慣常的打獵採集方法無法維持生計，他們可能必須尋找另一個方式供養所有人。[9]因此，哥貝克力石陣是一座極度重要的遺址，但考古調查其實才正要開始。隨著在新任主管考古學家的指揮下繼續挖掘，未來我們將會看到這座遺址的更多消息。

可是，我們也應該提一提哥貝克力石陣不是什麼。它不是伊甸園，施密特也從未如此主張，儘管有些報紙描述[10]他曾這麼說過。它可能也不是和聖經的守望者（Watchers）或古代拿非利人（Nephilim）*有關的古代遺址，也和有些人認為在最後一次冰河時期結尾發生的全球性大災難無關（有本在二〇一四年出版的書是這麼主張的）[11]。

它只是目前考古學家正在調查的新石器時代遺址中極有趣的幾座之一，就這麼簡單。它可能可以提供最早期宗教儀式的線索，而它也絕對可以闡明人類剛開始定居、馴化動植物時期的狀況。就此而言，有另外兩處遺址也在這兩個層面上具有極大吸引力，我們現在就要來瞧瞧這兩座遺址：現今土耳其的加泰土丘，以及位於約旦河西岸地區（West Bank）、鄰近死海的耶律哥（Jericho）。

※ ※ ※

因為約書亞（Joshua）和以色列人（Israelites）的故事[12]，耶律哥是個許多人耳熟能詳的遺址，據聖經所述，約書亞在率眾出埃及的末尾入侵了迦南†。雖然針對那個故事的考古學研究完全是兩碼子事，但事實上，正是確認聖經故事的興趣促使了新石器時代耶律哥的發掘。

耶律哥坐落於一片綠洲，而草地的四周全是荒涼的沙漠。綠洲的水源豐沛，足夠供應飲水和灌溉，讓人們得以在這裡生存、甚至繁榮發展。從一九三〇至一九三六年，一位名叫約翰．加爾斯鄧（John Garstang）的知名英國考古學家在耶律哥進行挖掘。他對於他所發現的遺跡所做出的詮釋，其中有一部分就將土丘中的某一層視為約書亞和以色列人占領的那座城市。然而，他的假設遭到猛烈攻擊，其他人認為他搞錯了那一地層的陶器年分，才會曲解一切。

最後，他邀請了凱斯琳・肯揚（Kathleen Kenyon）來重新檢驗他找到的陶器，她是一位年輕的考古學家，師承莫蒂默・威勒（Mortimer Wheeler）‡，曾在耶律哥往北一些的撒馬利亞（Samaria）遺址參與挖掘。結果她判斷目前的證據尚不足以得出確切答案，必須繼續發掘遺址，這是考古學家常見的決定。

於是，她在一九五二年回到耶律哥[13]，展開她自己主導的一系列挖掘工作。遺址的地層學研究記錄了四個有生活痕跡的地層和時期，結果比預期的更為複雜。在她徹底挖掘了土丘某部分的區域後，她所畫出的分區圖像呈現出牆壁、地面、毀城和其他考古遺存糾纏而成的一團混亂。

在這裡我們必須提到，將取自地質學的地層學觀念引進近東考古學的是威廉・馬修・弗林德斯・皮特里（William Matthew Flinders Petrie）和弗雷德里克・瓊斯・布利斯（Frederick Jones Bliss）兩人，當時是幾十年前，他們在耶律哥西邊一處名為赫西廢丘（Tell el-Hesi）的遺址進行挖掘。他們正確主張，年代較久遠的東西通常會被埋藏在較近期的東西之下，在那些我們稱之為「廢丘」（tells）的人

---

* 譯註：舊約聖經的〈創世紀〉章曾提及神的兒子和人類的女兒交合生下的後代稱為拿非利人，而此處「神的兒子」指的是來到地上的墮落天使，又被稱為守望者。在非正典的猶太《以諾書》中提及拿非利人是巨人，在大洪水之前便已存在，因此有人視之為古代外星人種。

† 譯註：舊約聖經中，約書亞繼承了摩西的遺志，帶領以色列人前往迦南地，首先征服的地點就是耶律哥。

‡ 譯註：莫蒂默・威勒（Mortimer Wheeler，一八九〇～一九七六）為英國考古學家兼英軍軍官。

為土堆尤其如此，常見於中東各地，耶律哥也不例外。他們也注意到，遺址的地層狀況[14]可能極其複雜，就如同肯揚在耶律哥發現的例子。

肯揚找到的證據中，陶器特別多，讓她和大半的學術界明白，加爾斯鄧找到的毀城地層實際上的歷史應該比約書亞的時代早一千年——那座城市的遺存是來自青銅器時代早期，而非晚期。此外，在她看來，那座城市在公元前一千五百年左右便已遭到荒廢，而到了約書亞和以色列人入侵該區的時期，那裡應該要不是空寂無人，就是徹底的廢墟。[15]

無論如何，肯揚在挖掘耶律哥時，也找到了新石器時代地層，內含牆壁、建物和墳墓，於此我們會把焦點放在這些發現上。約公元前七五〇〇年，耶律哥當時的人口最多可能有兩三千人左右。這約略晚了我們剛提過的哥貝克力石陣遺存兩千年，但仍屬前陶新石器時代。這個地層被厚厚的石牆保護住，因此在許多考古學文獻中，都將耶律哥描述為已知第一座有圍牆的城鎮。

在同一地層，肯揚也發現了所謂的耶律哥塔（Jericho Tower）。這座塔高約二十六英尺（約七．九公尺），基底寬約三十英尺（約九公尺）。它是以未經加工的中型石塊搭建而成，塔樓中空，內有一道貫穿塔頂和底部的樓梯。它很可能是儲藏用的建物或古代穀倉，保存糧食以備需要時使用，但它可能也有另一個功能，是保護城鎮的防禦建築。有些學者也主張，它的功能可能更具社會性，或甚至和天文研究有關。[16]

在這個時期，耶律哥的居民會把死者埋葬在他們房屋的地面下。肯揚發現了近三百處墓地，但在這個時期的後半部，也就是前陶新石器時代的B階段（又持續了一千年，直至公元前六〇〇〇年左右），耶律哥居民對死者頭骨的處置特別古怪。

在這個時期，於耶律哥和約十二座近東其他地區的遺址中發現，居民會將頭骨從遺骸上移除，推測是在屍體腐敗到足以輕易取下頭骨時才進行，而非試圖砍下頭骨。他們還會移除下顎，接著將頭骨剩餘的部分塗上厚厚的灰泥。基本上，他們這麼做是為了修補臉部的肌肉。他們還會將貝殼置於原來眼睛的所在位置，瑪瑙貝殼最為常見，因此形成逼真的人頭外觀。[17]接著，他們經常會把頭顱放在顯眼的地方，如房子裡的客廳。

一般認為，這反映了某種祖先崇拜，但我們無法確切知曉，因為他們沒有留下任何紀錄述說這麼做的原因。至少在我看來，想像弗萊德叔叔或甚至是一位逝世父母的頭顱被放在客廳角落，看著屋裡發生的一切，實在是有些詭異，而且令人毛骨悚然。不過，有幅我過世的母親肖像就掛在我們的餐廳牆上，意義似乎相去不遠，對吧？

即使到了今天，我們依然著迷於頭顱的魅力，而且有些人更加狂熱。當達米恩・赫斯特（Damien Hirst）*製作出這種頭骨的獨創版本，我把它們的影像——耶律哥的頭顱和達米恩・赫斯特在二〇〇七年創作的頭顱——並排展示給學生看。我們都認同

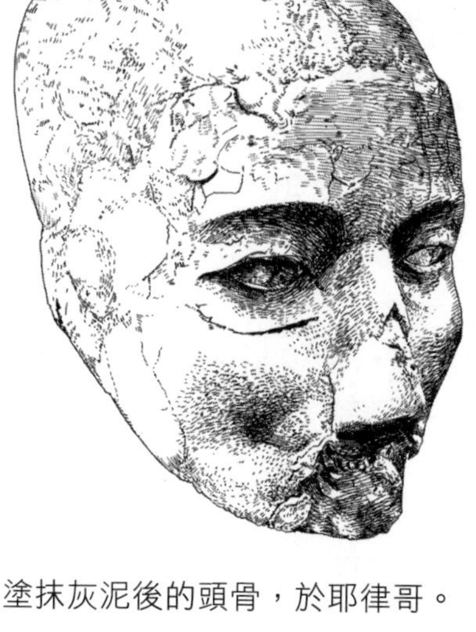

塗抹灰泥後的頭骨，於耶律哥。

* 譯註：達米恩・赫斯特（Damien Hirst，一九六五～）為英國當代藝術家，此件作品為《給上帝的愛》。

兩者有些相似，但達米恩·赫斯特製作的那個可能昂貴了點，因為他使用了八千六百顆無瑕的鑽石和白金。光是材料就價值一千四百萬英鎊（約兩千兩百萬美元）；販售時的特價價格為五千萬英鎊。[18]

最近，從一九九七至二〇〇〇年，一支義大利和巴勒斯坦合作的考古學家團隊在耶律哥開挖。他們又找到了額外的有趣資訊，包括一座青銅器時代中期巨大下城的考古證據。他們的考察工作因為當地情勢緊繃可能導致危險而暫停，但他們在二〇〇八年又回到那座遺址，至今仍在挖掘。[19]

※ ※ ※

本章要探討的最後一座遺址也出現了兩個和在耶律哥尋獲的頭骨同類的灰泥頭顱，但它其他的發現更加廣為人知。這座遺址的年代比耶律哥晚一些，其興盛期落在前陶新石器時代B階段間的公元前六五〇〇至五六〇〇年，它就是現今土耳其境內的加泰土丘遺址。[20]

這座遺址的挖掘工作始於一九六〇年代初期，主導者是一名英國考古學家詹姆斯·梅拉爾特（James Mellaart）。他讓一百六十棟房屋重見天日，它們都隸屬於一座令人驚豔的村莊或小鎮，人口一直維持在三千至八千人左右。[21]

這些一層樓的平房全都是相連的，每道隔牆都有兩棟房屋共用。所有的牆壁皆以泥磚砌成，但很奇怪的是沒有任何一棟有門窗。樓房之間也沒有街道或巷弄，因為每棟都緊緊相連。

既然沒有窗戶、沒有門口，也無法從街巷通行，那他們究竟如何進入屋裡呢？我們認為答案是梯子：可以攀爬到屋頂的梯子，和可以進到屋內的梯子。這必定是唯一的解釋，因為人們顯然有方法得以進入屋內。不過，這是個相當奇特的起居安排。究竟是什麼啟發了他們這麼蓋房子呢？

在發現了一幅裝飾在某棟屋外的壁畫後，謎底漸漸解開。那幅畫描繪的場景，是一隻非常巨大、可能有長角的動物，正在被一群體型嬌小許多的人類和幾匹馬獵捕。這位畫家似乎在比例上出了點差錯，否則這隻動物——看來很像一隻野豬，或可能性更高的公牛——將會大得離奇。但即使牠在現實中不如圖片上那麼巨大，這幅畫仍代表著這座村莊外的區域可能有大型動物四處走動。可以想像村民們會懼怕這些野生動物，試圖保護自己遠離牠們，這也解釋了為何他們的房屋沒有門窗，如此一來動物就無法從門窗闖入。藉著使用動物無法攀爬的梯子，居民就能確保他們的生存，至少在夜裡能免於擾人的掠食者侵害。除此之外也沒有其他說得通的解釋了。22

梅拉爾特在一九六〇年代挖掘時尋獲這幅畫，遺憾的是他放任畫禁受風吹雨打，所以目前的保存狀況並不太好。他也找到了許多其他壁畫，其中有一幅描繪一大群看似在奔跑的人，只有腰布蔽體。另一幅則是上方畫著賞心悅目的幾何圖樣，下方有幾隻白色的手，襯著紅色背景。那些手令人聯想到孩童在幼兒園裡的圖畫，他們會在一張紙上描出自己的手掌輪廓，再為它著色。他們在這裡也做過類似的事，在紅色上塗上白色。

其餘的繪畫似乎呈現了更多的狩獵場景，其中一幅有許多小人圍繞著一隻頗大的鹿或羚羊，或是其他有大角的類似的動物。許多這些打獵的繪畫都位於某棟房屋的同一間房間裡，它們全都有個共同點，那就是動物畫得比看似在獵捕牠們的人類要大得多。再次強調，這可能僅僅表示了他們在狩獵的動物的重要性，而不代表牠們的體型真的如此巨大。

另一方面，居民們似乎特別迷戀公牛。除了有畫著公牛的繪畫，還在其中的一些房間找到我們稱之為塑形或三維的雕像。這些塑像主要都是公牛的頭部，帶有牛角，也經常只有牛角本身。

關於他們為何如此著迷於公牛，我們毫無線索。我們之後會談到住在愛琴海地區的克里特島且出現時間晚了四千年左右的米諾安人，他們在青銅器時代也異常迷戀公牛。有些論述認為克里特島的原始居民來自古安那托利亞，但因為時間的跨度實在太大，要把加泰土丘的新石器時代公牛和克諾索斯（Knossos）的青銅器時代公牛連在一塊不甚妥當，雖然這麼聯想很吸引人。

還有另一幅壁畫看似在描繪風景。事實上，那似乎是從村莊看向遠處一座高聳大山的景象。這座高山——名為哈桑山（Hasan Dağı）——其實是火山，在加泰土丘製造工具用的黑曜岩（obsidian）若非全數，也絕大部分是源自這裡。[23]在壁畫中，山腳前方繪有許多小方塊。這位畫家可能試圖在前景描繪他或她的村莊，也就是說在畫加泰土丘本身。在這幅畫裡的火山也被假定正在噴發中，至少近期有一組學者團隊是這麼主張的。[24]

還有另一個描繪的場景，是有一群長得像禿鷹、有翅膀的大鳥，似乎正在攻擊一個俯臥在地的人。這致使某些學者提出假設，認為他們偶爾可能會把屍體暴露在外，在埋葬遺骸之前讓食腐動物吃光死者的肉。

事實上，梅拉爾特和現在承繼他在遺址考察的學者——史丹佛大學的伊恩·霍德（Ian Hodder），都在房屋的地板下找到許多墓地，就像凱斯琳·肯揚在耶律哥的發現。我們很難辨別那些遺骸是否在埋葬之前便已去除肌肉，不過至少在某些墓穴裡排列完好的骨架，代表他們被放入墳墓時依然完整無缺。

霍德在一九九三年重新開始挖掘這座遺址時，帶來了各式各樣的新構想，包含許多基本概念，如在挖掘區搭建巨型屋頂，以便保護他們正在尋找的遺跡，而非像梅拉爾特任憑風吹雨打。他也實施了一些有創意的新方法來為挖掘工作募資，包括聯合一間當地的大銀行，很像美國足球或棒球球場的冠名方法，並爭取大企業的贊助支持，如ＩＢＭ、百事可樂、英國航空和殼牌公司（Shell），這在其他遺址幾乎是聞所未聞的。此外，他還參與了一九九七年伊斯坦堡和二〇一〇年上海世界博覽會的時裝秀籌劃，世博會搭建了一座加泰土丘的仿造遺址，並讓模特兒們從遺址中現身，穿著設計靈感取自新石器時代的服裝，在伸展臺上昂首闊步。[25]

霍德先前較為人所知的事蹟是他提出的考古學理論。在任職於史丹佛大學之前，他曾是英國劍橋大學的教授。在那裡，他偕同麥可・尚克斯（Michael Shanks）和克里斯多福・提里（Christopher Tilley），開創了我們所謂的後過程考古學（postprocessual archaeology），其簡單的解釋如下。

※ ※ ※

自一九六〇年代起，一位名叫路易斯・賓福德（Lewis Binford）的美國考古學家發展出所謂的過程考古學（processual archaeology）——經常被稱之為新考古學（New Archaeology）。直至當時，考古學和考古學著述主要都是敘述性的，也就是說描述發現、遺址，以及某個民族來自哪個時期、在哪裡被發掘、隸屬於哪種文化、文物的模樣等等。賓福德想要將考古學變得更像一門科學——亦即更傾向人類學的性質。為此，他延續了其他的美國考古學家在一九五〇年代晚期開創的風潮，當時他們曾說：「考古學若不是人類學，那就什麼也不是。」[26]因而打開知名度。

賓福德希望考古學能試著解釋事物，而不只是描述它們。他主張考古學家應該提出人類行為的普世法則或通則，就像愛因斯坦對物理學的貢獻。他也認為，他們應該讓考察過程科學化，討論時應當絕對中立客觀，這些見解和過去考古學家[27]的研究方法大相逕庭。

賓福德極具影響力，尤其是在一九六〇和一九七〇年代，他和學生們廣泛宣揚這項主張。然而，接受的大多是美國學者。歐洲人並不大受到吸引，而到了一九八〇年代，他們便發起了一項運動來回應。

這波反制運動名為後過程考古學，或稱後過程主義（postprocessualism）。伊恩·霍德正是主導者之一，而且至今依舊。霍德等人至少在一定程度上反對賓福德對科學的依賴。後過程主義者表示，根本沒有任何普世法則在主宰人類行為，試圖尋找通則十分荒唐可笑。他們也論稱，不該使用太多直截了當的科學方法，因為考古學並非「硬科學」。霍德和他的追隨者認為，試圖在我們的討論和詮釋中假裝客觀中立，基本上是很荒謬的行為。人類就是偏見的動物，絕無可能去除我們詮釋裡的偏見。[28]

他們也主張新考古學在本質上就是將考古學去人性化——而若要了解過去，就非得試圖去理解人們和他們可能的行為動機，包括要認知到過去也有多種不同的聲音，在亞歷山大大帝和尤利烏斯·凱撒等赫赫有名的已逝男性以外，還存在著女性和少數群體。基本上是為了回應賓福德，霍德說過一段類似這樣的著名陳述：「考古學就是考古學，考古學也是歷史學——但考古學不是人類學。」[29]諷刺的是，霍德現在任職於史丹佛大學的人類學系。

後過程主義至今仍十分盛行，但他們的立場也導致了一些問題，比方說可能對業餘人士有些太過寬容，因為他們主張一切事物都是相對的，開放任何詮釋，甚至也可能是非專業人員的詮釋。事實上，非專業人士的參與就為加泰土丘帶來了耐人尋味的活動，尤其是那裡有些小塑像[30]出土後，吸引了新時代（New Age）和地母神（Mother Goddess）的信徒造訪遺址。

這些加泰土丘特殊的小塑像是女性的雕像。她們通常呈坐姿，而且身材比例豐腴性感。她們符合一項小型女性塑像的分類，在歐洲的許多遺址也時常可見，但僅限於這個特定的時期。瑪利亞‧金布塔斯（Marija Gimbutas）於一九六三至一九八九年時任加州大學洛杉磯分校（ＵＣＬＡ）教授，她將這些小雕像視之為地母神的塑像，旨在象徵生育、母性以及地母神[31]對地球的主宰。

然而，事實上這些小塑像代表的意義十分模糊不清。或許有些真的象徵生育或母性的某些部分，但無法確知是否在描繪女神以及動機為何。小塑像的主人會不會是一個渴望懷胎生子的女人，或是一名因為有了身孕而表達感謝的婦人？或兩者皆非？有些塑像的女性坐在看起來很像王座的椅子上，其中有個女人的肩上似乎還披繞著一條獸皮。這或許代表塑像是在描繪一位女王或女祭司，而非女神本身。金布塔斯的理論絕對不是普遍接受的說法，儘管如此，加泰土丘仍名列許多地母神主題旅遊的行程表中。

＊　＊　＊

無論如何，即使僅以我們在本章討論的三座遺址為基礎來看，新石器時代也是一段極為有趣的時期。它顯然是變革的絕妙時代，但我們也明顯還在認識它的過程中。哥貝克力石陣自一九九〇年代至今的發現暗示著仍有更多留待發掘的事物，加泰土丘和耶律哥亦然。未來的發現無疑將改變我們對新石器時代的認知和理解，其中或許能替究竟農業和動植物的馴化為何始於肥沃月彎這個特定區域的疑問，找到一個更確切的解答。

第三部
發掘青銅器時代的愛琴海

Part 3.

Excavating the Bronze Age Aegean

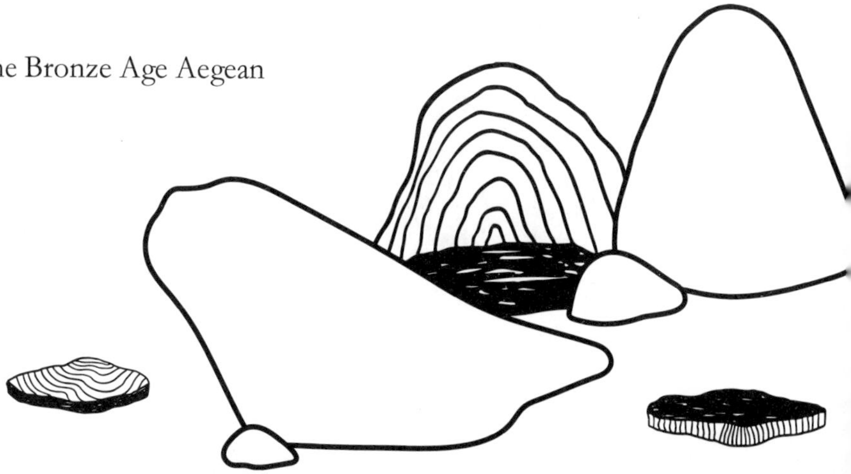

第八章

揭露最初的希臘人

特洛伊的「發掘者」海因里希·施里曼也經常被稱作「邁錫尼考古學之父」。理由很簡單：一八七〇至一八七三年，他在土耳其的西撒勒克遺址挖掘，並昭告天下他找到特洛伊古城後，他決定去尋找另一方的文明，也就是阿加曼農、梅涅勞斯、奧德修斯，和其他據稱對抗特洛伊人十年的邁錫尼人。

於是，施里曼暫緩西撒勒克的挖掘，嘗試改挖邁錫尼；邁錫尼位於希臘伯羅奔尼撒（Peloponnese），據說是諸王之王、希臘入侵特洛伊勢力的領導者阿加曼農曾經統治之地。尋找邁錫尼比特洛伊容易多了，因為現今那座村莊仍沿用同樣的名稱——希臘文為

邁錫尼：獅子門與「阿加曼農的面具」。

「Mykēnē」——而且通往古代堡壘的著名獅子門（Lion Gate）[1]遺存尚有部分可見，突出於地面。

施里曼自認知道要在遺址的哪個地點尋找阿加曼農。從荷馬一直到較晚期公元前五世紀索福克勒斯（Sophocles）、埃斯庫羅斯（Aeschylus）和歐里庇得斯（Euripides）所寫的劇作，這些古代希臘文獻曾提及阿加曼農在特洛伊打仗十年返家後遭到殺害。凶手是他的妻子克萊特門絲特拉（Clytemnestra）和她的情人埃癸斯托斯（Aegisthus），據荷馬所述（《奧德賽》第四卷五二四至五三五行），案發地點是在一場盛會的晚宴餐桌上，但也可能如較晚期的敘述，是在沐浴中被謀殺的。當場在阿加曼農身邊的人員也全都慘遭毒手。

又過了許久，一位名叫保薩尼亞斯（Pausanias）＊的男子在公元二世紀羅馬時期寫下他踏遍希臘的旅程，他曾造訪那座遺址，並表示阿加曼農和他的手下都被埋葬在邁錫尼城境內。[2]保薩尼亞斯並未提到墳墓的確切位置，所以施里曼得運用他的推論能力。[3]

⁂ ⁂ ⁂

一八七四年二月，一如往常在沒有許可的狀況下，施里曼在遺址進行了一些探勘工作。按照他的說法，他掘出「三十四個不同地點的井狀通道，來試探地底、尋找我應該挖掘的位置」。換句話說，他在那座遺址挖鑿探坑——我們先前探討過這項技術——以便決定正式的挖掘工作開始時，該在哪裡

＊譯註：保薩尼亞斯（Pausanias）為羅馬時代的希臘旅行家兼地理學家，著有第一手觀察的《希臘志》（Hellados Periegesis），是日後重要的考古依據。

集中火力。有幾個探坑的挖掘結果都相當有趣，但最重要的兩個挖在獅子門的內側附近。他表示，他在這裡找到了「近似墓碑、未經雕琢的厚岩板」，除此之外尚有其他發現，包括女性偶像和小型塑像。[4]

一八七六年八月初，他率領初步團隊的六十三名工人回到遺址，並將三分之二的人員分配到距離獅子門內只有四十英尺（約十二．二公尺）的區域工作。他們得到指示，要在一個長寬一百一十三英尺（約三四．四公尺）的巨大方形區域內[5]挖掘。在兩週內，在他把工人人數加倍到一百二十五人後，他們找到了排列成圈的墳墓，碎裂的墓碑標示出五條深井通道的頂端，而碑石上頭描繪著戰士和狩獵的場景。[6]這個遺跡現在被稱作「墓圈A」（Grave Circle A）。

在施里曼找到的井狀通道通往的墳墓裡，有多個墓穴、數量多到令人難以置信的劍、大量的金銀物品等其他陪葬品。其中有幾只黃金面具覆蓋著幾位死者的臉部。

現在普遍流傳的故事版本中，施里曼十分確信自己找到了他在尋覓的人，因此立刻打了通電報給希臘國王喬治一世（George I），上頭寫著：「我已注視過阿加曼農的臉龐。」[7]國王隨即趕往邁錫尼，施里曼在那裡向他展示一只刻著君主般面容、令人驚嘆的黃金面具，還帶有鬍鬚。那只面具現在懸掛於雅典的國家考古博物館（National Archaeological Museum）正前方的一座展示櫃內。

問題在於，施里曼發送電報時並非注視著那只面具，那也不是他傳給國王的真實訊息。他寄給國王的電報說不上是言簡意賅，（據某個版本）寫著：「我滿懷喜悅向陛下稟告，我發現了保薩尼亞斯表明的傳統中，被視為阿加曼農、卡珊德拉（Cassandra）、優里米敦（Eurymedon）和他們同伴的墳墓。」此外，他當時正看著的是另一只面具，它的主人是個更天真無邪、表情更和善的傢伙。而當施里曼在希臘君主抵達前找到了更具國王威嚴的面具，便改為向他展示新的那只。這樣的行為是典型的施里曼作風——別忘了他在還沒取得許可前就已經開挖遺址了。一直到後來的電報，如寄給德國部長或新聞媒體人員，施里曼才開始改口說他注視著阿加曼農的臉，或凝視王者的雙眼。

施里曼在那些墓裡找到的陪葬品有許多令人嘆為觀止的作品：刀刃有著金銀刻飾的銅質匕首，描繪狩獵和野生動物的場景；石英和半寶石製成的物品；還有成堆的黃金、黃金、黃金——據說總共有重達八百公斤的黃金物品。

大約一年後，希臘考古學家帕納優提斯・史塔瑪塔基斯（Panayiotis Stamatakis）進行挖掘，又在墓圈A找到了至少一座墳墓，而當時已有了更進步的定年技術可以使用，便發現它們極不可能是阿加曼農和他的人馬的墳塚。如果他們是真實存在，而非神話和傳說中的人物，那他們身亡的時間大概是在公元前一二五〇至一一七五年間。但我們現在已經知道墓穴裡的陶器和其他物品的歷史可追溯至公元前一六〇〇至一五〇〇年之

獅子門，於邁錫尼。

間，代表他們的年代比特洛伊戰爭早了三百或四百年。

施里曼可能也同樣起過疑心。他在挖掘幾年後的一八八〇年出版了關於邁錫尼的著作，並在其中特別提及那些碎裂的墓碑[8]可能可以追溯至公元前第二千禧年中期，甚至還在第四章的目錄表格中定下公元前一五〇〇年的年分。因此，即使他完全搞錯了墓穴裡的死者身分，就墓地的年分和內容物而言，他的推測和實際情形相去不遠。

事實上，因為邁錫尼城在公元前一七〇〇年左右蓬勃興盛，所以一般認為這些墳墓是源自統治邁錫尼的前幾個朝代。這些統治者大約生活在全盛期的一兩個世紀間，並被埋葬在城牆之外。然而，在青銅器時代晚期末的某個時間點，約略是公元前一二五〇年，他們重建了邁錫尼城的防禦築壘，所圍繞的區域比先前更大，而獅子門就是在此時建成的。正是在這個時候墓圈A才移到了城牆內。

※ ※ ※

墓圈B（Grave Circle B）就位在山腳邊，發掘於一九五〇年代，現在鄰近一座觀光巴士和車輛的停車場。這裡的墓穴可追溯至公元前一六五〇至一五五〇年，因此有些比墓圈A更為古老。其中的死者可能是統治邁錫尼的第一批國王，或許還有一位王后。一九九五年，一群法醫人類學家著手研究在墓圈B找到的骸骨素材，試圖重建某些人物的原始長相——簡直就像《ＣＳＩ犯罪現場：古希臘》（*CSI: Ancient Greece*）的一集。他們推斷那些遺存來自一個女人和六個男人。雖然他們得出的結果只是「最佳猜測」，但因為他們重建了死者的臉[9]、頭髮和幾位的鬍鬚，成功讓入土已久的人們更加栩栩如生，這是只有骸骨辦不到的事。

遺址的其他部分還有幾個頗大的蜂巢狀墓穴，由巨大石塊建成，被稱作圓頂墓（tholos tomb）。其中幾座的名稱是較近期才命名的，包括克萊特門絲特拉陵墓和阿加曼農陵墓〔別名為阿特柔斯寶庫（Treasury of Atreus）〕。這些墳墓的建築年代為公元前一二五〇年左右，所以如果阿加曼農真的埋葬在某處，就很有可能是在這裡。然而，它們被發現時已全數遭洗劫一空。

＊＊＊

施里曼只有在一八七四和一八七六年挖掘邁錫尼。他接著便繼續尋找伊薩卡（Ithaca），也就是奧德修斯的家鄉，在那之後，他又回到特洛伊進行了幾季的挖掘工作。一八八四年，他在提林斯遺址開挖，距離邁錫尼僅僅數公里之遙，但從未再回到邁錫尼當地發掘。一百一十五年後的一九九九年，邁錫尼和提林斯共同名列聯合國教科文組織世界遺產遺址。[10]

邁錫尼遺址的其餘部分就留待後來的考古學家去發掘，他們使用的挖掘方法大多比施里曼的更加高明。自施里曼的年代開始，邁錫尼遺址的挖掘幾乎從未間斷，一些赫赫有名的希臘、英國和美國考古學家都曾在那裡度過幾個考察季，包括喬治・米羅納斯（George Mylonas）、艾倫・偉斯（Alan Wace）、伊麗莎白・弗倫齊（Elizabeth French）和我師承的教授史派羅・亞柯維德斯（Spyros Iakovides）。

因為他們的努力，宮殿尚留存的堡壘最頂端已經被完全挖掘出來。結果發現堡壘的內部全都覆蓋著一層亮色石膏，在牆上以藍、黃、紅等鮮豔色彩，描繪著打獵和其他活動的場景，外牆可能也是如此。國王可能就坐在一間大房室的一側，周圍圍繞著這些彩繪景象，房間地板中央設有一座爐臺，燃燒著熊熊烈火。那裡既陰暗又煙霧瀰漫，也可能十分潮溼。邁錫尼人的宮殿似乎會引發輕度的幽閉恐懼症，因為幾乎沒有窗戶或其他對外開口；比起望外看，他們更專注於內部事務。

宮殿周遭的房間具有多種用途，舉凡疑似王室家族的起居區域，到工匠的工作間都有。那裡似乎還有一處膜拜中心，可能是舉行宗教儀式的地點。在壁畫之外，人們還在那裡找到了一些奇特的偶像和塑像。

宮殿的內部和周遭也尋獲刻寫文本的陶板，這樣的陶板亦可見於其他邁錫尼的宏偉遺址。它們是以線形文字B（Linear B）寫成的；一九五二年，一名英國建築師麥可．文特里斯（Michael Ventris）破譯了線形文字B，並證實它是希臘文的一個早期版本。大部分的陶板只是被帶到宮殿或從那裡寄出的貨品存貨清單，但其中也有一些他們的神祇名字[11]，讀者們應該相當熟悉，如宙斯、赫拉（Hera）、波賽頓、阿蒂蜜絲（Artemis）和戴歐尼修斯。

邁錫尼無疑是座富裕的城市，並有跨國交流。在那裡找到了自義大利、埃及、迦南、賽普勒斯和安那托利亞進口的物品，甚至遠從美索不達米亞而來。其中最有趣的是埃及的彩陶飾板碎片，上頭寫有法老阿蒙霍特普三世（Amenhotep III）的名字，這很可能是公元前十四世紀中，受派前往邁錫尼的一位埃及官方使節[12]所留下的。

青銅器時代晚期，可能是在公元前一二五〇年左右，約和獅子門同期，邁錫尼還建造了一條附有石階、通往水源的精良隧道，如此一來，居民便無須在圍城期間冒險外出。這或許是他們預料到不久的未來將有大難臨頭的徵兆。

我們並不清楚這座城市為何在公元前一二〇〇年後迅速覆滅，但它確實是因為某場讓該區域的青銅器時代晚期終結的大規模災禍才導致滅亡。邁錫尼城建築在一條地震斷層線上，在這段時期裡，若沒有多次，也至少有一次地震造成城市毀壞。不過，可能是饑荒、乾旱以及接連的內部叛亂或外來入侵，最終讓這座偉大一時的城市滅亡。[13]當地還有一些較晚期的遺存，包括一座獻給赫拉的神廟，在古樸時期的公元前八世紀後建於堡壘的頂端，但邁錫尼從未重拾過往失去的榮光。

在青銅器時代晚期的尾聲，其他位於提林斯、底比斯、皮洛斯和希臘其他地方的邁錫尼宮殿，也全都遭到毀壞或荒廢。二〇一五年，傑克・戴維斯（Jack Davis）和莎朗・史托克（Sharon Stocker）率領的一支辛辛納提大學考古學家團隊就在皮洛斯發掘所謂的獅鷲戰士塚（Griffin Warrior grave），證實了在這些和其他遺址仍有許多遺存等待挖掘。這座墳塚的年代可追溯至公元前十五世紀，就坐落在遺址所謂的涅斯特宮殿（Palace of Nestor）旁邊，內含超過一千四百件物品，陪葬一具男性骸骨——他是一名約於三十至三十五歲死亡的男子。初步的公告和媒體報導列出了一些和他一起埋葬的遺物：黃金戒指、項鍊和其他珠寶；許多金杯、銀杯和銅碗；一面銅鏡、象牙梳和雕飾的石章；以及一把長銅劍，象牙刀柄上附有金箔。在他的雙腿之間，有一塊刻有獅鷲的象牙飾板，亦即這座墳塚和戰士的名稱由來。因為墓穴裡充斥著精緻的遺物，所以考古學家們用木製的烤肉串棒來挖鑿[14]，而不用金屬的牙醫器具，以確保挖掘過程中不會對它們造成任何損害。

※ ※ ※

在橫跨愛琴海的途中，施里曼也試圖在克里特島上購買一處遺址的土地，他認為那裡可能是傳說中的國王米諾斯（Minos）的首都。地主拒絕出售土地給他，於是等到二十年後，另一位考古學家亞瑟‧伊文思（Arthur Evans）才挖掘了那座遺址，揭露出另一個偉大的青銅器時代愛琴海文明——米諾安文明。他在一九〇〇年開挖的那座城市，現在被稱為克諾索斯。[15]

伊文思是一位徹頭徹尾的維多利亞時代紳士。在一張照片裡，伊文思穿著一套白色亞麻西裝，戴著一頂遮陽白帽，這當然完全不是我們今天考古挖掘時會穿的服裝。伊文思於一八五一年出生，在英國良好的境況下成長，他的父親是約翰‧伊文思（John Evans），他是一位受人敬重的學者，身兼大英博物館的理事，也是古物研究學會（Society of Antiquaries）、古幣研究學會（Numismatic Society）、倫敦地質學會（Geological Society of London）等學會的會長。

大約在開挖的十年前，自從伊文思在雅典的市集看見幾樣販售的物品以來，他已經尋覓這座克諾索斯城多年。那些小塊的半寶石被稱為乳石，專門販售給孕婦，有助於順產和產後恢復，上頭有些奇特的塑像和雕刻。伊文思最終追蹤到它們源於克里特島，取自現今港口城市赫拉克良（Heraklion）郊區的克法拉丘（Kephala Hill），也就是施里曼試圖購買但未果的那塊土地。伊文思的運氣比較好，他買下了那座土丘，開始挖掘。在滿布灌木和林木的緩丘之下，他的工人團隊迅速地發現一座廢墟，伊文思認為那就是他在尋找的宮殿。他窮盡他的職業生涯以及幾近全數的家族財產，來挖掘那座遺址、發表結果，並重建遺存。

後來證實伊文思在克諾索斯找到的文明遺跡比邁錫尼人更古老一些，當邁錫尼文明正在「茁壯」時也曾受其影響。比方說，施里曼在邁錫尼的井狀墳墓裡找到的一些物品正是米諾安人所製造的，或至少帶有受米諾安文明影響的痕跡。事實上，伊文思甚至認為米諾安人曾經征服邁錫尼人，雖然最後證實邁錫尼人才是征服者。

提到米諾安人時，我們使用的是伊文思賦予這個民族的名稱，因為我們不知道他們如何自稱，也不知道他們源自何處。他們的繁盛期始於公元前第三千禧年末，延續至幾乎整個公元前第二千禧年——也就是現在這個地區我們所謂的青銅器時代中期和晚期。約於公元前一七〇〇年，一場大地震襲擊了克諾索斯，但居民倖存並重建宮殿。可能在公元前一三五〇年左右，來自希臘本土的邁錫尼人似乎入侵並接管了米諾安人的領地，並且引入新的書寫方式、新種類的壁畫場景，以及更黷武的生活方式，接著持續了一個半世紀之久，直到一切在公元前一二〇〇年後毀滅殆盡。

伊文思在克諾索斯有許多了不起的發現，但他也犯下了許多人認為相當嚴重的錯誤，因為他重建了遺存。舉例來說，他猜想宮殿的主要建築共有三層樓，這是他從他發現的階梯遺存中推斷而來的，於是他將那部分的宮殿重建為三層樓。可是因為他採用了水泥和其他永久性材料，今天已經幾乎不可能廢除他的重建。在某些部分他可能蓋對了，但並非總是如此，這也是現今一般都不允許這類型重建工程的原因，除非有非常明確的指示來區隔原始遺跡和重建建築。

伊文思和他的工人團隊發現的是一座龐大、基本上是露天的宮殿，附有寬廣的中庭。這座宮殿明亮、通風、禁受風吹雨打，也融入自然環境之中，甚至還有流水和下水道系統。換句話說，這棟建築隸屬的文化在它的年代擁有十分先進的技術。它不只是統治者的總部，更是資源分配中心。當地人會把他們的貨物帶到那裡儲藏，如小麥、大麥、葡萄酒和葡萄，而宮殿則會按照需求重新分配。事實上，宮殿裡有個區塊全是裝滿巨大儲藏罐的廊道，其中有些甚至埋入地底，好讓內容物保持低溫。

然而，有兩件事依舊成謎。其一是克諾索斯的宮殿周圍沒有任何防禦圍牆。雖然有時會出現相反的主張，但基本上這個時期在克里特島上其他地方的六、七座較小型的宮殿也沒有圍牆。這實在是一件怪事。為什麼克里特島上的居民不怕受到攻擊呢？

許久之後，希臘歷史學家修昔底德表示米諾安人擁有制海權——亦即他們有統治海域的海軍。但這只解釋了他們可能不擔心外來者的入侵，卻並未說明他們為什麼不提防近在咫尺的攻擊。人們提出了許多說法，但沒有任何一項毫無破綻。其中一項假設認為，當時只有單一個家族統治克里特島，父親坐鎮克諾索斯，他的兒子住在其他宮殿，如斐斯托斯（Phaistos）和卡托薩克羅（Kato Zakro），而其他表親則在哈尼亞（Khania）等宮殿。也有個說法表示，或許是女性在統治克里特島，採行母權制（matriarchy），因為她們和平治理而無須設防。[16]雖然這很可能是實情，但仍然無法說明為什麼沒有防禦城牆；帕爾米拉（Palmya）的潔諾比亞（Zenobia）、凱爾特英格蘭（Celtic England）的布狄卡（Boudicca）、埃及的克麗歐佩特拉，和其他數世紀以來遍布古代世界的女性統治者，全都足以證明女性和男性一樣有能力對抗或率領進攻其他城市或區域。

不過，這也正是第二個謎團，因為我們無法確知統治克諾索斯的是不是一位國王；可能是一位女王，可能是一位男祭司或女祭司，也可能是由群體統治，我們並不清楚。考古遺存、遺物、甚至是遺址找到的書面文本全都含糊不清，讓我們無法為「是誰統治克諾索斯」這個問題解答。伊文思確實將其中一間房間稱為「國王寶座室」，另一間為「王后邁加隆正廳（megaron）*」，但那只是他選定的名字而已。確實有人坐擁大權，但我們仍無法確認是何方神聖。

在伊文思手下重見天日的物品中，有兩尊遠近馳名的塑像是兩名手中握蛇的女性。它們是由彩瓷和象牙製成，但被發掘時已幾近粉碎，伊文思僱用了手藝高超的工匠來修復塑像。較大的那一尊經常被稱作蛇女神（Snake Goddess），較小的則是蛇女祭司（Snake Priestess），不過這兩個名字經常被調換使用，也無法確知兩尊塑像是否真有其一代表女神或女祭司。現今世界各地的博物館都收藏了一些這樣的塑像。遺憾的是，只有幾尊可能是真品，其他的則已被判定為偽造品[17]，很可能正是替伊文思保存和重建正牌塑像的那幾名工匠所為。

宮殿的內牆五光十色，滿布壁畫。無論居民望向何處，都能看見精美的裝飾。從這些壁畫，我們可以了解許多和米諾安人相關的事情。比方說，有名畫中的女子特別美麗，伊文思替她取了「巴黎女伶」（La Parisienne）的綽號。她有著精心設計的髮型、妝容和珠寶，身穿一襲紅、白、藍色的洋裝。其他的壁畫也繪有相似打扮的女性。畫中也有男性，通常只穿著一件男子短裙；他們也會穿戴珠寶，可能還會化妝。

然而，伊文思的重建和他的修復團隊在幾幅壁畫上出了滔天大錯。一幅是著名的海豚壁畫（Dolphin Fresco），另一幅是那座遺址中最知名的繪畫——祭司王壁畫（Priest-King Fresco）。

在那幅海豚壁畫所在的王后邁加隆正廳牆上，伊文思重繪了一幅五隻海豚和一些飛魚的圖畫。但當然，那幅畫早就不在牆上了；挖掘期間，伊文思在那面牆前的塵土堆中找到壁畫脫落的碎片。他只找到其中兩隻海豚的碎片，但他認定的繪畫範圍十分寬大，令他不得不主張那裡原來有五隻海豚。

然而，奧坎剃刀（Occam's razor）的哲學原則在這裡可以派上用場——最簡單的解方可能就是最

＊譯註：邁加隆正廳是古希臘宮殿大廳的建築形式，設有門廊、四根立柱和中央火爐和寶座。

正確的解方。如果伊文思只找到兩隻海豚的繪畫碎片，就只能明確陳述原來只有兩隻海豚，其餘的主張都只是假設。況且畫也可能位在房間裡的其他地方，甚至來自樓上的那間房間，我們應該四處觀望是否有其他可能性。一九八六年，紐約亨特學院（Hunter College）的教授羅伯特・柯爾（Robert Koehl）認為海豚壁畫只有兩隻海豚，而非五隻；[18]原始位置是在地面上，而非牆上，因為地板上有個空間恰好是現存兩隻海豚圖畫的大小——而且目前已知米諾安人和邁錫尼人至少會彩繪部分的建築地面。此外，可以想見繪畫原來是鑲嵌在目前所在位置正上方的另一間房間的地面上，在宮殿被棄用後，坍塌到現在的房間。

伊文思重建出錯的另一幅畫是祭司王壁畫，現今從書封、餐墊到石膏複製畫，四處都能看到它的再製品。在這裡，伊文思和他的修復員拼湊出一名他們稱之為「克諾索斯的祭司王」的男子[19]——不過我們應該留意，這個頭銜也暗示了他們不確定是誰在統領這座城市，正如我們至今依然無法確知。他們把他重繪成走向畫的左側，他的頭部和雙腳面向左邊，但他的身體往右側扭轉，正面朝向觀者。他的右手臂在胸前豎起，左手臂則伸向右方，手中握著一條繩索（他們說這條繩子另一端套著一頭公牛，但沒有顯現在畫中）。

那麼，這幅畫哪裡出錯了呢？嗯，幾乎一無是處。首先，這些碎片似乎是分別在同棟建築的不同房間裡找到的，而非聚集在同一處。我實在想不透為什麼伊文思會認為它們全來自同一幅畫。其次，畫中人物有兩種膚色；面朝左方的頭部只能看見一點肌膚，被塗上白色；扭向右側的胸部則是紅褐色；朝向左方的雙腿也是紅褐色的。在米諾安藝術中，他們畫男性和女性時會依循一項慣例——男性總是畫成紅色或棕色，女性則是白色或黃色。

換句話說，這其實是三個不同的人物，但伊文思卻把它們湊成同一人。一位是面朝左方的女性，現在只留存她的頭部；一位是同樣朝向左側的男性，只留下雙腿部分；還有一位可能是面朝右側的少年或青少年，只留下軀幹，右手在胸口前豎起。此外，這個軀幹的姿勢和在聖托里尼島發現的一幅畫中兩名拳擊少年的姿態十分相似。關於克諾索斯的祭司王就談到這裡為止，不過這是個很好的提醒：考古學和考古重建總是要面對日後研究者的改正。

※　※　※

現在讓我們暫且擱置伊文思重建的壁畫，來快速看看克諾索斯的大中庭。這座中庭無疑有著各式用途，這種巨大的儀式性空間在世界各地和各個時期都能看見。但是，如果其中一棟建築裡的一幅小畫可信度夠高，克諾索斯的中庭似乎是進行某項頗不尋常的習俗的地方；在畫裡，我們可以看到三個人——一位男性和兩位女性——正在躍過一頭公牛。

那名男子飛躍在半空中，在公牛背部上方翻筋斗。一名女子站在公牛前面，抓住牠的牛角，可能是為了轉移他的注意力，同時另一名女子站在公牛後方，看起來泰然自若，要在男子落地時接住他。不過，也有可能三人都在躍過公牛；若真如此，那麼就是有一名女子剛剛著地，那名男子正在跳躍，而另一名女子正準備要把自己甩到空中。目前還不清楚哪個詮釋是正確的。但無論何者為真，這就像是奧運鞍馬比賽的固定動作，除了這座鞍馬是活的、有角，還試圖要置你於死地。

克諾索斯的挖掘工人也找到了一座象牙塑像，可能是跳牛團體的一部分。這個塑像最有可能是被放在飛越空中的位置，因為他的腳尖伸直、雙手敞開。

除此之外，在克諾索斯還找到了幾顆岩石製成的公牛頭，有些似乎被刻意擊碎，或許是在某種儀式後敲碎的。這些石公牛頭是中空的，在鼻孔的位置有孔洞，所以舉例來說，如果在裡面注滿葡萄酒，再以一個特定的角度拿著，儀式參與者就會很像手裡有顆甫獻祭給神的公牛頭，仍滴落著鮮血。

＊ ＊ ＊

因此，看起來米諾安人可能會在中庭舉行一些跳牛活動，並在宮殿內部或周圍進行一些與公牛有關的儀式。這接著讓人聯想到忒修斯（Theseus）和牛頭怪（Minotaur）的希臘神話故事。遠在青銅器時代，米諾斯國王下令每年要向牛頭怪獻祭，牠是一隻半人半牛的生物，住在他克諾索斯宮殿下方的地下室。那間地下室是一座迷宮，進去後從沒有人能活著出來。每年雅典的國王都必須送七名少年和七名少女給米諾斯國王，接著米諾斯會將他們送入迷宮。

有一年，雅典國王的兒子忒修斯自願前往，以便試圖殺死牛頭怪，終結每年的獻祭傳統。他的父親因憂心如焚而首肯。忒修斯一抵達克諾索斯，就和米諾斯國王的女兒亞莉阿德妮（Ariadne）成為朋友。她給了他一把劍和一球細繩。於是他走過迷宮時，沿路鬆開繩球，藉此找到逃出迷陣的回頭路。當他來到牛頭怪面前，便拔劍砍下牛頭怪的首級，接著按他的足跡折返，凱旋歸來。

許久以來，我都認為那個故事是後來當地的居民試圖解釋克諾索斯宮殿遺跡所編造出來的，也是為了說明他們模糊的記憶裡祖先從事某些和公牛相關的活動，以及特別是那荒廢儲物區迷宮般的外觀。

然而，我可能完全想錯了，或許還有另一個徹底不同的詮釋，因為在一九九〇年代早期發現了一幅巨大壁畫，描繪著多頭公牛和無數個正在跳牛的人，就位在只可能是迷宮或迷陣的建築前方。可以想見，我們會預期在克諾索斯找到這樣的一幅畫，但那幅畫卻不在那裡，甚至也不在克里特島。事實上，它的所在位置是埃及尼羅河三角洲地區的達卜亞廢丘（Tell el-Dab'a）遺址。而這幅畫的年代可以追溯至公元前十七至十五世紀之間，也就是公元前第二千禧年的中期，正值青銅器時代和米諾安文化的繁盛期。[20]

因此，忒修斯和牛頭怪神話可能確實對米諾安人的習俗有一定程度的影響，而不是事後為了說明克諾索斯的廢墟憑空捏造出來的。不過，這樣的一幅畫竟然出現在埃及，這件事對我來說更為有趣，儘管那幅畫描繪了米諾安文化的主題，而且是使用與當時的埃及繪畫技巧大異其趣的方式創造出來的。那幅畫的挖掘者主張，或許是一位米諾安公主為了朝代聯姻而帶過去的。我認為沒有必要去做如此鉅細靡遺的解釋，但那幅畫的存在無疑代表著當時的埃及和克里特島之間有直接的交流。我猜想繪畫的作者要不是米諾安的藝術家，就是受過米諾安人訓練的當地藝術家。我們已經從其他證據中得知這樣的關係確實存在，但能夠找到如此鮮活的確證，證明超過三千年前青銅器時代橫跨愛琴海和東地中海的國際連結，實在非常美好。

※ ※ ※

一般來說，希臘本土的邁錫尼遺跡發掘會歸功於施里曼，發現克里特島的米諾安遺跡則是伊文思的功勞，不過在青銅器時代的愛琴海地區，還有另一個群體也蓬勃發展——位於克里特島北方、希臘本土東方的基克拉哲斯群島（Cycladic islands）。

雖然和邁錫尼人和米諾安人有許多互動聯繫，這些島嶼也有它們自己的基克拉哲斯文化，如納克索斯島（Naxos）、帕羅斯島（Paros）、米洛斯島（Melos）和錫拉島（Thera）等。它們最名聞遐邇的是基克拉哲斯時期早期（公元前第三千禧年間）的大理石塑像，主要刻畫女人，但也有些雕像在彈奏樂器，如雙管排笛和一種可能是豎琴或里拉琴（lyre）的樂器。這些島嶼之中，至少有部分參與了公元前第二千禧年較晚期持續進行的國際交流，包括錫拉島在內，它現今較為人所知的名字可能是聖托里尼島。我們將在下一章探討那些事件。

第九章

發現亞特蘭提斯？

二〇一一年，一部名叫《發現亞特蘭提斯》（*Finding Atlantis*）的紀錄片在電視上播送，據稱有個團隊正在西班牙卡迪斯（Cadiz）北方[1]的一個區域，尋找失落島嶼的遺存。多數我認識的考古學家和其他的一些觀眾都認為考察結果乏善可陳。

似乎幾近年年都會出現某人找到亞特蘭提斯失落島嶼位置的宣告，可能位於巴哈馬（Bahamas）*或是在賽普勒斯的海面上。[2]有時會有電視節目呈現考察成果，有時會有著述出版。

* 譯註：位於大西洋西側，美國東南方、古巴東北方的一個島國。

阿克羅帝利：縮圖壁畫。

我個人認為那座島嶼就近在眼前，也始終如此，因為我和其他許多的考古學家都猜想，如果亞特蘭提斯的神話有任何一點屬實，那麼那座島嶼大概就是希臘的火山島——錫拉島，又名聖托里尼島，約於公元前第二千禧年中期噴發成形。我們很快就會回頭談這之間可能的連結，但首先我們應該先看看自一九六七年起，這座島上實際的挖掘和發現。

＊　＊　＊

聖托里尼島大約位在克里特島北方七十英里（約一一三公里）處。「聖托里尼島」是相當近期的名字，威尼斯人以聖伊里尼（Saint Irene）之名替這座島嶼命名。它還有一個較古老、考古學家經常使用的名字是錫拉島，希臘歷史學家希羅多德說，這個名稱是來自一位名叫錫拉斯（Theras）的斯巴達指揮官，[3]他是公元前第一千禧年期間於當地建立的聚落的首領。而在那之前，這座島被稱作「卡里斯特」（Kalliste），意思是「美麗的」或「美好的」；希羅多德曾說，這是腓尼基人替這個島嶼取的名字（儘管「kalliste」是個希臘語單字）。[4]有些人主張這座島嶼的第一個名字可能是「斯特隆吉里」（Strongili），可以譯為「圓形的」，這也言之有理，因為島嶼的形狀就是圓形的。而它事實上是一座火山，至今依然活躍。

公元前第二千禧年的某個時刻，最有可能是在公元前十七或十六世紀，這座火山頂端爆發了，主要朝南方和東方噴散火山灰和浮石。這場火山爆發正值米諾安人在克里特島上蓬勃興盛的時期，可能也帶給他們的文明或短或長的劇烈影響。據說比起現代最猛烈的一次火山爆發，也就是約在一百三十年前的一八八三年印尼的喀拉喀托火山（Krakatoa）爆發，這場噴發還要強勁四到五倍。從克里特島、埃及到土耳其等地，考古學家和地質學家已經在挖掘遺址期間和多座湖底找到了聖托里尼火山爆發的浮石。

火山爆發導致這座島嶼的中央完全消失，只剩下外圍不完整的環狀土地。這個圓環在兩處斷裂，因此有數以噸計的愛琴海水洶湧而入，填滿數百英尺深的火山口。這很可能接續引發海嘯，波及範圍遠至克里特島。至今在亞姆尼索斯（Amnisos）*遺址旁的沙灘上，仍然可見巨大石塊，可能就是在這場天災中被拋擲出來的岩塊。今天，在火山口中央有幾座過去一世紀以來冒出的小島，由持續不斷的低度火山活動造就而成。現在觀光客（和考古學家）可以乘船出海到這些小島上健行。我的親身體驗可以證實那些岩石極為炎熱，就算隔著鞋底也能感受到熱氣，而島上的一切都散發著硫磺味道，宛如腐敗雞蛋的氣味。那是個獨一無二、有時不大愉悅的經驗——但相當值得紀念。

這場噴發還完全埋葬了青銅器時代的城市阿克羅帝利（Akrotiri），這座古城經常被稱作「愛琴海的龐貝城」，因為它也徹底被厚厚的火山灰層覆蓋而保存了下來。在這座島上的某些地方，火山灰層非常深厚，現今還被開採來製作水泥。飄落的火山灰填滿了阿克羅帝利的房屋，有些淹沒至二樓。如同龐貝，這座古城的生活也彷彿就這麼凍結在某個超過三千五百年前的時刻。

※ ※ ※

無論有沒有亞特蘭提斯的神話，阿克羅帝利遺址的挖掘都揭露了青銅器時代愛琴海地區的生活中

---

* 譯註：克里特島北岸、克諾索斯的港口聚落。

有趣且重要的部分，因為那場火山噴發時，當地居民以及鄰近克里特島的米諾安人，都已經與地中海東部的埃及和迦南等地進行規律的交流和跨國貿易。

從挖掘期間找到的某些遺存可以清楚看出，在最後一次火山爆發之前，這座遺址可能已經幾乎荒廢。有些跡象顯示在最終的毀滅之災前，可能曾有一場大地震（也或許是多場）襲擊這座島嶼。雖然許多居民在災禍的第一個徵兆出現時便逃之夭夭，但至少有部分人留下試圖修復損害。今天我們已經知道，在火山爆發前經常會發生地震。那些古代人可能也清楚這一點。因為儘管考古團隊已經挖掘近五十年，卻沒有找到任何屍體或其他人體殘骸，也只尋獲一些貴重物品，這代表事實上多數居民很可能在末日終至前便已搬離當地，還隨身帶走了他們最有價值、最易於運送的財物。不過，他們依然留下許多東西，有待我們的發掘。

聖托里尼火山爆發。

發現這座遺址是希臘考古學家史派里東．馬里納托斯（Spyridon Marinatos）的功勞，但要找到它並不太困難。遺址的一部分位在一個小峽谷中，每次降雨，雨水就會沖刷而下。流水洗去了那個區域多數的火山灰，所以有些遺址的文物一眼就能看見。那裡的發掘工作始於一九六七年。

自從一九三九年馬里納托斯在《古物》（*Antiquity*）期刊發表一篇文章後，長達近三十年，馬里納托斯一直渴望開挖遺址。[5]在那篇文章裡，他主張公元前第二千禧年某個時刻的聖托里尼火山爆發，終結了克里特島上的米諾安文明，或至少帶來劇烈且不利的影響。這是一個相當大膽的說法，因此編輯要求他同意在文章開頭加上註釋，說明他將為了檢驗這個假設而展開發掘工作，如此才願意刊登這篇文章。

一九六七年開始，馬里納托斯指導阿克羅帝利古城的挖掘，一直到一九七四年他在遺址現場身亡。官方裁定他的死因是從土埂摔落探溝引發的嚴重中風。他被埋葬在遺址，但過程有著十足的考古學作風，我聽說他們因為不斷碰到古代遺址的遺存，費了一番功夫才挖出一座像樣的墳墓。（我應該補充一下，每次要安裝新的屋面系統而試圖豎起支撐柱時，也會遇到類似的問題，因為他們在挖掘立柱的地洞時總會鑿到古代遺存。）

馬里納托斯在古代遺址展開挖掘的第一天就有所斬獲。而挖掘工作在他死後依然持續下去，現今是由著名的考古學家克里斯多斯・道瑪斯（Christos Doumas）主導。[6]雖然至今遺址的挖掘已經延續近五十年，但人們估計這座古老城鎮尚只有一小部分出土。

在這座遺址的許多地方，都會碰上和在龐貝古城相似的情況：原來的木頭或其他有機材料已經分解或消失，在現已硬化的火山灰中留下空洞。挖掘工人在這些孔洞裡倒入水泥或熟石膏（一如在龐貝的做法），接著將它們漆成棕色，仿造原始木材的樣子。如此一來，建築物至二樓都能在馬里納托斯和道瑪斯發現它們的狀態下被保存下來，有時甚至能到更高的樓層，而且遊客和考古學家都能安全地在其中穿梭走動。聖托里尼島建築形式的延續性非常高，若將那些廢墟漆成白色和藍色，這座古鎮和島上的現代村落幾乎無法區別。

在阿克羅帝利，火山灰四散各處，在噴發後深入遺址的每個岬角和裂縫，結果便將一切保藏在爆發時的樣子。於是，巨大的儲藏罐儘管往往從它們原始的位置摔落，但仍然留存了下來，能夠就地出土。其他如木床等大型遺物，也被謹慎挖掘出來並修復，當它們崩解並在火山灰中留下空洞，便採用脫蠟技術重建之。

數量頗豐的陶器已經在挖掘期間修復成原狀，石頭和其他素材製成的物品亦然。有些物品（特別是陶器）上繪有以海豚和章魚為主的海洋場景。其他則是描繪自然景觀，包括花朵、葉子、長莖的草以及一種飛鳥，神似今日在島上可見的燕子。

有些屋子的房間飾有壁畫。其中一幅布滿了某間房的全四面牆，自然場景以紙莎草植被為特色，還有兩隻那特有的小燕子比翼齊飛。事實上，我們在青銅器時代的愛琴海地區找到的繪畫中，阿克羅帝利壁畫[7]是保存最佳者之一，能與克諾索斯發現的繪畫匹敵。有一幅被稱為尼羅河壁畫（Nilotic Fresco），主要場景可能是在描繪埃及的尼羅河。畫中有隻跳躍的貓科動物正在追逐一隻鴨或鵝。看似棕櫚樹或紙莎草的植物生長在河川（也可能是溪流）的兩岸。這幅畫是在一棟房屋——所謂的西屋（West House）——內尋獲的，另外還有幾幅壁畫，描繪航海或非錫拉島當地的場景。那棟房舍的主人可能是一位船長或有海外旅行經驗的人士。

另一幅頗具異國風情的壁畫呈現出猴群在樹林間攞盪的模樣，大多懸掛各處，就像一般猴子的喜好。只是這些猴子有著藍色身軀、白色臉頰，看來有些古怪。克里特島上的克諾索斯也有類似的藍猴壁畫，而在希臘本土的邁錫尼和提林斯所發掘的兩座猴子小塑像[8]，其身軀也是藍色的，臉頰則是黃色。

更奇怪的是，猴子並非愛琴海地區的原生動物。後來發現，在非洲有種名叫綠長尾猴（green guenon）的猴類物種，毛髮可能會呈現藍綠色，也有黃色或稍白的臉頰。牠們棲息於努比亞（Nubia）＊等地，受新王國時期的法老珍視為寵物，偶爾會將牠們當作禮物，送給異國的統治者。因此雖然看似古怪，但這些繪畫和塑像應該是真實呈現了這些猴子的模樣。牠們可能代表著某人在埃及見過的猴群，或是作為禮物，從埃及送給聖托里尼島或克里特島的統治者。

一幅名作般的繪畫中，有兩隻貌似羱羊（ibex）或野生山羊的動物，常見於希臘各島。牠們特別各以單一的粗筆畫描繪而成，從動物的尾巴末端、頸部到頭部一氣呵成，之後再用同樣的粗線條添加細節。這嫻熟純粹的繪畫技巧完美捕捉了二獸的身影。

壁畫裡也描繪了一些人物。有一幅畫著兩名似乎在比賽拳擊的少年，在前一章關於克諾索斯祭司王壁畫的段落曾順帶提及。他們幾乎全裸，只圍著纏腰帶，經剃髮的頭部仍有髮束鬈曲垂下。他們的頭髮剃短至頭皮，於是呈現青色而非黑色。此外還有一幅畫著一名裸露的青年手握兩串他剛捕獲的魚。這幅畫中的男子頭髮剃去更多，鬈髮或卷曲的長垂髮更少。有人推斷，少年每年可能都會在儀式中剃掉更多頭髮，所以當他們年屆十八九歲[9]，基本上就是留著平頭。

其他的圖畫中，年輕女子從事著各種活動，如有一群就在摘採貌似藏紅花或番紅花的花朵。有些

＊譯註：努比亞指的是埃及南部、蘇丹北部努比亞人居住的地區。

少女也像少年一樣，頂著幾乎剃得精光的腦袋。如果真有某種和頭髮有關的年齡儀式，顯然年輕女性和男性一樣都參與其中。畫中的許多女人都佩戴耳環和其他首飾，穿著精美的洋裝，所以我們能輕易重建當時她們打扮自己的方式。

西屋除了尼羅河的繪畫之外，還有另一幅畫被稱作縮圖壁畫（Miniature Fresco）或小型艦隊壁畫（Flotilla Fresco）。在場景的一端，我們可以看見進軍戰場的勇士。他們的服裝與荷馬在《伊利亞德》描繪的一些戰士十分相像，頭戴野豬獠牙頭盔，手持所謂的塔盾（Tower Shield），長度足以覆蓋一個人從脖子到雙腿下半的部位。戰士身後有棟巨大建築，站在屋頂上的女人們似乎正在向士兵揮手道別。畫裡貌似也有乳牛或其他放牧動物，以及一名在牠們上方稍遠處的牧人，而在這部分下方則是幾艘船隻和一些側斜或顛倒的男人——這是青銅器時代的藝術家描繪死亡或溺斃之人的方式。一般會將這個場景詮釋為海戰，雖然也有人認為它是在描繪獻祭儀式。[10]

壁畫續接著小艦隊的場景，有至少十二艘船艦正在出港，可能是在聖托里尼島上的港口，也可能不是。男子們划船跨越海洋，騰躍的海豚相伴，直到他們抵達第二座城市，在那裡停泊船隻，想必也有登陸。這部分的壁畫是考古學家熱議的主題，有些學者聚焦在船隻的設計和描繪，有些則關注他們的航程可能是從哪裡開始、又在哪裡結束。部分人認為那可能是前往或駛離埃及或安那托利亞[11]（現今土耳其）的航行，但這些詮釋至今尚未達成任何共識。

※ ※ ※

自一九八七年，有人大幅修改了那場火山爆發的年代以來，聖托里尼島一直處在青銅器時代愛琴海地區考古學家激烈辯論的最前線。過去一般認為，聖托里尼火山爆發發生在公元前一四五〇年左右。因為某種特定類型、名為米諾安文明晚期 Ib 陶器（Late Minoan [LM] Ib pottery）在噴發時蔚為風潮，而以前人們都假定這種陶器的年代也大約是公元前一四五〇年。

然而，根據遺址和鄰近地區新的放射性碳定年分析結果，推測出火山爆發的年代為公元前一六二八年，或在其前後，而非公元前一四五〇年，幾乎提早了整整兩世紀。而既然火山噴發和米諾安文明晚期 Ib 陶器使用的年分依然息息相關，這代表了任何遺址的任何地層只要含有這種陶器，其實際年分就應該是公元前十七世紀，而不是公元前十五世紀。因為這個年表將這些歷史事件的年分定得古老許多，因此後來被稱為高限年表（high chronology）。

自從火山爆發重新定年的討論首次展開後，現任職於康乃爾大學（Cornell University）的史都華・曼寧（Sturt Manning）一直是其中的核心人物。他發表了數篇關於這個主題的文章，以及一本名為《時間的試驗》（*A Test of Time*）的著作。在他定年的過程中，關鍵的證據物件之一是一塊在爆發期間遭火山灰掩沒的橄欖樹木材。[12] 這塊橄欖木的年代可追溯到公元前一六二八年左右。

重新定年的前提是新的放射性碳年分是正確的。可是一般公認放射性碳定年法有些問題，包括大氣層內碳比例的波動，以及樣本遭受汙染的可能性，因此年表的更動並非人人買單。有些人只願意接受小幅度的改變，而僅將火山噴發年分推回至公元前一五五〇年，而非遠遠退回到公元前一六二八年，因此在高限和低限聖托里尼島年表之外，出現了中限年表。

順道一提，我們應當留意，無論你接受哪個年分，這場火山爆發的重新定年意謂著無論是紅海分裂，或與以色列人逃出埃及相關的十災（Ten Plagues）的任一個災禍，都不能以任何途徑、形式或方式，將它們和這起火山噴發事件連結在一起。不過，本來就只有極少數的學者曾試圖找出這些事件的關聯，因為火山爆發的年分要早於出埃及記[13]可能發生的年代至少一世紀、至多四世紀——但這是偽考古學家最熱中的主張。

就我個人的看法，高限年表比較有可能是正確的，但辯論仍在持續。我在此特別強調這個年代的爭議，是為了表達即使我們有某個遺址的建築、陶器和其他遺物，我們也知道它興盛期的相對年代，卻不總是能確知絕對或編年的年分。我們會在後面的篇章更深入探討這個議題和放射性碳定年法本身。

※ ※ ※

考古學家對聖托里尼島和阿克羅帝利古城有極大興趣，因為在關於超過三千五百年前希臘、埃及和近東之間[14]進行的跨國貿易和聯繫的任何討論中，它們都扮演了關鍵角色。不過，一般大眾也對那裡深感興趣，這是因為它們可能和亞特蘭提斯的傳說有關。

如前所述，我傾向相信許多希臘神話和傳說的根源都有部分屬實，因為我認為他們可能是以現實中的某個層面為基礎，來創造出如此荒誕不經的故事。因此，我猜想確實是有某件事情發生，才觸發了關於特洛伊戰爭的故事。我也認為聖托里尼島在公元前十七世紀（或說十五世紀也對）的火山爆發可能就是整個亞特蘭提斯故事背後的真實事件。我在這裡已經接近淪為偽考古學家的危險邊緣，去尋覓或為虛構之地，但我將會簡短解釋我如此認定的原因。[15]

※ ※ ※

我們之所以能聽聞亞特蘭提斯的故事，全多虧希臘哲學家柏拉圖。在錫拉島火山爆發後超過一千年，柏拉圖在公元前四世紀寫下兩部較短的作品，分別題為《蒂邁歐篇》（*Timaeus*）和《克里底亞篇》（*Critias*），他在這兩部著作中，講述了一個不可思議的文明，和一座在一天一夜內沉沒海浪之下的島嶼，未曾再為人所見。他特別在《蒂邁歐篇》中提到：「劇烈的地震與洪水降臨彼地；在厄運的一日一夜中……亞特蘭提斯島……隱沒在海洋深處。」他從未提及亞特蘭提斯的位置，只說它是「一座位於你們稱之為海克力斯之柱（Pillars of Heracles）的海岬前方的島嶼，其面積大過利比亞和亞洲[16]相加的土地」。

柏拉圖表示，在公元前五九〇年後的某天，一名埃及祭司向一位名為梭倫（Solon）的來訪希臘立法者述說亞特蘭提斯最初的故事。祭司告訴他，這些事件發生在他們所處年代的九千年前，雖然——坦白講——若說早梭倫九百年還比較合理，因為那代表事件年分大約在公元前一五〇〇年，而非公元前九六〇〇年的新石器時代，當時還沒有任何繁複的文化（儘管有些偽考古學家如此主張）。接著，這個故事由梭倫轉述給他的兒子，再到他兒子的兒子，代代相傳，直到公元前四〇〇年左右傳到柏拉圖的耳裡。

柏拉圖還詳細描述了亞特蘭提斯的樣子，比方說它是由土地和水域交替的同心環所構成，不同城市區塊都有特定的大小等等。但因為他對於島嶼位置的敘述相當模稜兩可，人們便在各式各樣的地點尋覓之，包括如前所述的巴哈馬、賽普勒斯外海[17]，和兩者之間的各個地點。

目前報導的調查結果都毫無斬獲。雖然有些地方的實體布局和柏拉圖的描述十分相像，但要不是自然形成的，就是和希臘文化無關——或兩者皆非。聖托里尼島的條件最為符合，但如我們所見，即使是那裡，年代也相差甚鉅。

人們可以論稱——可能也應當這麼做——亞特蘭提斯是個柏拉圖創造的神話之地，藉此來描寫他心目中的完美城市和社會的可能樣貌。因此，我們沒有理由相信只要出發尋覓就能找到那座島。然而，應該遠至埃及都能聽見和感受到聖托里尼的火山爆發。埃及人應該也看見了噴發生成的火山雲，最終還會見到浮石塊漂流在水面，並擱淺在北部的海岸上。有些埃及學家和其他學者甚至曾經主張，名為風暴石碑（Tempest Stele）的知名埃及銘文可能正是當時他們在爆發期間和之後所見所聞的紀錄。[18]

此外，如果來自聖托里尼島等地的米諾安人和基克拉哲斯島民，至少在火山爆發後暫時停止造訪埃及，這情形確實也極有可能發生，那麼在埃及人看來，這偉大的島嶼帝國就宛如消失一般。對阿克羅帝利的居民而言，他們的世界確實在厄運的一日一夜中終結覆滅，對島上其他地區的居民來說或許也是如此。

因此，聖托里尼的火山爆發可能是柏拉圖亞特蘭提斯故事的根據。但即使事實不然，馬里納托斯、道瑪斯等人在阿克羅帝利遺址的考古發現，已經美妙地揭示了公元前第二千禧年間青銅器時代的愛琴海文明——在我看來，這是人類歷史上極為迷人的時期之一。

第十章

海底的魔力

一九八二年，一名十七歲的採集海綿潛水員從土耳其西南沿岸外的酒暗色海水中探頭而出，告訴他的船長，他看見了一塊「帶耳的金屬餅」。當他畫出金屬塊的模樣，船長認出那是一塊銅製的牛皮狀錠（oxhide copper ingot），先前德州農工大學（Texas A&M University）的航海考古學院（Institute of Nautical Archaeology）曾請他在海綿潛水季期間留意類似的物品。他聯繫學院，而到了隔年夏季，考古學家已經確認那塊銅錠是來自青銅器時代晚期的一艘失事船隻。他們找到了現稱之為「烏魯布倫沉船」的船骸。

烏魯布倫：銅錠與其他遺物。

那艘船大約在公元前一三〇〇年沉沒，是歷史上極為重要的考古發現之一——這絕非言過其實。從鐵達尼號開始回推，船骸總能代表某個時代的切片，但要找到一艘年代如此久遠又滿載貨物的沉船十分難得。發現烏魯布倫沉船時，船上塞滿了原料，包括銅、錫、象牙和玻璃坯料，也有加工完成的貨品，諸如來自賽普勒斯和迦南的陶器，說明了超過三千年前便已有跨國貿易和往來。沉船作為當時相互聯繫的世界縮影，重要性極高。[1]有件事讓這個故事顯得更不尋常：沉船在一百四十至一百七十英尺（約四二・七至五一・八公尺）深的水底尋獲，而考古學家在十年間執行超過兩萬次下潛，卻從未傳出嚴重意外。

※ ※ ※

這個故事有「水下考古學之父」喬治・貝斯（George Bass）和傑馬勒・普拉克（Cemal Pulak）參與其中，後者是貝斯的第一個學生，現在成為他在德州農工大學航海考古學院的同事。不過，故事始於一九五九年，當時貝斯只是賓州大學的研究生。當賓大博物館（Penn Museum）的地中海館館長羅德尼・楊（Rodney Young）請貝斯到辦公室找他時，貝斯正試圖決定學位論文的主題。土耳其海外尋獲一艘沉船，需要有人進行挖掘，而楊認為貝斯會是很好的人選。[2]

他確實十分勝任。貝斯出發進行世界首次的水下發掘，考察現名為傑列東尼亞岬沉船的船骸。這正是為什麼他受譽為水下考古學之父。傑列東尼亞沉船的位置和烏魯布倫沉船相當接近，但當然，貝斯當時並不知道這件事。它的年分也幾乎相同，因為它是在公元前一二〇〇年左右沉沒的。

在傑列東尼亞船骸上，貝斯發現了一些遺物顯示它過去是艘小船，可能不定期繞著地中海運輸

——也就是從一個港口航行到下一個，並在途中買賣商品。它的主人似乎不是富商或國王，更可能是努力營生的平民百姓。貝斯取回的物品中有些實心的銅錠——那是一種我們稱之為牛皮狀錠的種類，因為它們的形狀像一張可能會掛在牆上或鋪在地面當作地毯的母牛皮或公牛皮。每塊銅錠大約重六十磅（約二七・二公斤），和一九八二年那位年輕的海綿潛水夫在烏魯布倫找到的「帶耳金屬餅」如出一轍。

青銅通常是混合九成的銅和一成的錫製造而成的（也可以用砷代替錫，雖然我不建議這麼做），因此如果在傑列東尼亞沉船上也有錫原料是說得通的。而且確實也找到了。不幸的是，因為鹽水導致腐蝕，現在大部分的錫原料長得更像牙膏，以至於有些學者懷疑這項鑑定結果。

從挖掘出的遺物判斷，貝斯也表示那艘船骸是艘迦南人的船隻，可能在前往愛琴海的途中。這和當時學術界的觀念大不相同，尤其是因為一般咸認可能只有克里特島的米諾安人會在海上航行——畢竟，修昔底德曾提及「米諾安人的制海權」或「對海域的統治」。貝斯在一九六七年發表以這艘沉船為主題的著作[3]時，遭受到某些學術團體的嘲諷和鄙視。然而結果證實，貝斯不僅全都說對了，還遙遙領先他的時代，辨別出在米諾安人之外尚有其他民族已知航海。

※　※　※

貝斯決心總有一天要找到另一艘沉船，來確認他對傑列東尼亞沉船作出的推論。與此同時，一九七二年，他在仍任職於賓州大學期間成立了美國航海考古學院，並在一九七六年和學院一起轉移到德州農工大學；儘管他們早就剔除名稱中的「美國」二字，但從那時起，學院——和貝斯——才在德州呈現出他們研究工作的跨國本質。[4]

一九八〇年，學院購入一艘船，並開始進行水下調查，尋找其他船骸。水下調查漫長耗時，特別是在一九八〇年代，因為他們的調查方法和在陸地上沒兩樣，都是追蹤長長的橫斷區塊和記錄新發現。但在某個時刻，他們突然靈光一閃，與其親自進行調查，不如直接造訪土耳其海綿潛水夫居住的村莊，向他們描述所要尋覓的東西。如此一來，他們便能獲得每天下潛至海底、找海綿來賣的專業人士的幫助。

果不其然，在不久之後的一九八二年，那名年輕海綿潛水夫就看見了「帶耳的金屬餅」。貝斯就快要找到另一艘沉船，將能確認他對傑列東尼亞船骸的推論。當時的他尚未知曉，烏魯布倫沉船將會比他先前的發現更加豐富且重要。這項發現的重要性從一件事情可見一斑：幾年過後的一九八六年，他們的發掘已完工許久，貝斯榮獲美國考古學會（Archaeological Institute of America）頒發的傑出考古成就金獎，這是他的同行所能獲得的最高榮譽。[5]

一九八四年夏季，烏魯布倫沉船的發掘工作在貝斯的指揮下慎重展開。隔年的一九八五年，他將計畫的指導權轉交給傑馬勒．普拉克。從那時起至一九九四年，幾乎每個夏季都有一支專業考古學家和積極的研究生組成的團隊進行挖掘。他們每天都潛水至船骸處，每人一天下潛兩次，但每次只在水底待上二十分鐘左右。對潛水者來說，減壓過程會對生理帶來重大危險，而且從那麼深的地方浮上水面需要頗長的時間。為了打發時間，一旦離水面夠近、有足夠的光源可以閱讀，他們就會開始讀綁在繩上的小說。在那十年間，他們挖掘沉船的過程合計工作超過六千六百個小時，下潛至船骸超過兩萬兩千次。[6]

結果沉船的頂部深至海底一百四十英尺（約四二・七公尺），但遺存繼續散布到一百七十英尺（約五一・八公尺）深。即便如此，他們發現這艘長五十英尺（約十五・二公尺）的沉船前端已經斷裂掉落一座懸崖或岩礁，從未有人發現。貝斯曾說，在那麼深的海底，他們彷彿還沒開工就先灌了兩杯馬丁尼，所以他們必須事先精心計畫每次的潛水。他們兩兩下潛，採用夥伴制，並且有一位前海豹部隊成員（Navy Seal）*監督他們的安全，這也是為什麼即使長達十年都極少傳出意外事件。

貝斯曾在一部《新星》（*Nova*）†影片中，描述身為團隊一員的感受。他說，一旦你抵達海床，就得從腳上脫下你的蛙鞋，避免在接近底部的沙地游泳或行走時無意間剷出東西。從水面下潛時，你要抓著一根吸塵管，藉此移除許多鬆軟的沙土，但當你開始進行精細的挖掘時，你要用手不斷做出舀挖的動作，

烏魯布倫潛水員。

*譯註：海豹部隊為美國海軍特種部隊。
†譯註：美國公共電視臺的科學節目。

來小心翼翼撥開沙子，因為如果只是來回揮動你的手不僅毫無助益，還會揚起沙塵，模糊你的視線。你正在協助鉅細靡遺地畫出沉船構造的每個部分——以及裡面找到的每件物品——因為你的最終計畫是要畫出誤差不超過毫米的圖，等同於任何在陸地上的考古遺址計畫的精細程度。這件事要在陸地上完成已經十分困難；更何況是得要在水面下一百四十英尺（約四二・七公尺）進行，而且還是在喝下兩杯馬丁尼當午餐之後。

最後，這支團隊找到了數量驚人的物品，以至於一直到我正在寫這本書的時候，他們仍在撰寫最終報告，想必完成出版後會多達數卷著作。在這期間，貝斯或普拉克都會在每個考古季結束時發表初步報告。他們也在許多會議上提交文獻[7]，那些文獻也已經出版。

為了要潛水探勘船骸，團隊每年夏天都會在他們於峭壁面上搭建的木屋裡住上幾個月，這座峭壁可能就是三千多年前，烏魯布倫船在沉沒前撞上的地方。他們的潛水船海風號（*Virazon*）永久在船骸上方移動，船上也有些起居空間。他們共有一間男子寢室和一間女子寢室，加上一棟廚房和用餐空間的建築，一棟用來儲藏人工製品，還有一棟——懸掛在水面之上——當作盥洗室，考古團隊在真正沒水沒電的狀態下生活，要搭船數小時才能抵達最近的城鎮。

⁂ ⁂ ⁂

我們之所以知道船沉沒的時間，是因為四個不同的證據。第一，在船上找到一只黃金聖甲蟲，上頭刻著娜芙蒂蒂王后的名字。她大約在公元前一三五〇年和阿肯那頓法老王共同統治，所以這艘船的沉沒時間不可能早於這一年。第二，船身的一些木材經修復後，測出其年代可追溯至公元前一三二〇年左右，採用的是樹齡年代學（dendrochronology）定年法，透過計算樹輪，來推定使用的木材遭砍下的年分。第三，船上的邁錫尼和米諾安陶器屬於一種名為「希臘銅器時代晚期 IIIA2」（Late Helladic IIIA2）的風格，考古學家與其他希臘遺址比較後，將其年分定為公元前十四世紀末期。第四，他們可以利用碳十四追溯船上某些柴枝的年代。這四點全都指出船是在公元前一三〇〇年左右沉沒的，這大約是圖坦卡門在埃及下葬後三十年，可能也早於特洛伊戰爭幾十年。[8]

我們現在也已經知道這艘船運送的東西。首先，在所有貨物之下，沿著船身的長邊隔出來的一個空間裡，大約有十四個巨大的石錨。在航程中的多數時刻，它們都當作壓艙物來使用，但只要有需要，每一個都會派上用場。如此一來，若有個錨卡在一塊岩石或暗礁上，水手只要切斷繩子，再從貨船下方取出另外一個錨就行了。這種石錨也可見於陸地上的幾座遺址，如賽普勒斯島上的基提翁（Kition）或恩科米（Enkomi）遺址，以及敘利亞沿海的烏加里特（Ugarit），但過去從沒有任何一個是仍在一艘青銅器時代的沉船上時被發現的。

船上主要的貨物是牛皮狀錠，百分之九十九是由來自賽普勒斯的純銅原料所製成。船上共有超過三百五十塊這樣的金屬錠，在貨艙內堆放成疊。有封賽普勒斯國王約在公元前一三五〇年寫給埃及國王的信已經尋獲，他在信裡為「僅僅」寄送了兩百個銅錠（或稱塔冷通（talents）*，這是當時它們的名稱）致歉；由這艘船可知，在這個時期，一次最多能載運三百五十塊銅錠。這種銅錠可能被當作貨幣——也就是跨國交易的金銀塊。

*譯註：塔冷通（talents）是古希臘的重量或貨幣單位。

單單這一艘船上總共就有超過十噸的銅塊。有些銅錠已遭大幅腐蝕，考古學家必須從頭發明一種新種類的膠水，將之注射到銅錠的遺存中，並放置一整年，等到下個考古季時膠水硬化。[9]接著他們謹慎撿起每個銅錠，讓它們浮到水面上，再全數帶回位在土耳其波德倫（Bodrum）的博物館。他們在那裡修護並清除數世紀來累積的腐鏽。

至於貝斯在傑列東尼亞沉船上找到的錫——亦即貌似牙膏而引發學者懷疑的錫原料——烏魯布倫沉船也在此證明了他的推論正確無誤，因為沉船裡有超過一噸的錫，而且是現今可以識別的型態，有些是牛皮狀錠的碎片，有些是更小型的金屬錠，稱為小圓錠（bun ingot），還有些是錫製成的盤子等其他容器。這些錫已歷經長途旅行，因為它們可能是來自阿富汗的巴達珊（Badakhshan）地區，但其航程最有可能應該要到愛琴海才畫下尾聲，沉船事件卻打亂了計畫。

十噸的銅和一噸的錫合計，讓青銅的數量來到十一噸。貝斯曾經推算出，這些金屬將足以替高達三百位士兵的軍隊提供裝配，諸如劍、盾、頭盔、護脛甲等其他必要的配備。這艘船隱沒海底時，代表的不只有人損失一大筆財富，也可能有人輸掉了一場戰爭。

船上還有其他原料，其中包含約一噸的松脂，用來當作薰香和製造香水。這些樹脂是來自開心果樹[10]，過去從未在單一地點找到這麼多的量。

這些樹脂被裝在某些所謂的迦南儲藏罐裡頭，船上大約有一百四十只罐子。這種罐子正如其名，就是迦南（即今日的以色列、黎巴嫩、敘利亞）製造的運輸及儲藏用的罐子，可以存裝大量的東西。在烏魯布倫沉船上，考察人員發現它們不只裝填樹脂，還有玻璃珠——有些罐子裝了數千顆——以及無花果和椰棗等食物。

有個罐子裡有一小塊折疊的木板，附有象牙鉸鏈，很可能是在沉船後意外漂進罐裡的。兩面木板內的凹陷處原先應該填滿蠟，現遭松脂染成黃色。在蠟上應該寫著某種訊息，因為這正是我們所謂的雙折記事板（diptych）或木刻寫板。荷馬在《伊利亞德》的第六卷曾談過這樣的刻寫板，他提到一塊帶有「災禍徵兆」的刻寫板。

遺憾的是，烏魯布倫刻寫板上的蠟早已不復存在。發掘期間又找到了第二塊刻寫板，但蠟也已經消失。因此，我們不知道任一塊木板上原來寫了些什麼。是那艘船的航海日程表嗎？是貨物艙單嗎？還是一位國王給另一位君主的訊息呢？我們永遠無法知道解答。

船上運送的原料貨物中，考古學家發掘了約一百七十五個玻璃坯料製成的小圓錠；多數呈深鈷藍色，但其他是淺藍色，還有一些帶有琥珀色。這些玻璃坯料錠的化學分析結果，與這個時期在埃及和希臘發現的玻璃製品相符，這表示所有人都是從同樣的來源取得玻璃坯料[11]，可能是敘利亞北部或埃及。

船上的一個獸牙原料貯藏所裡，放著大象的長牙，以及河馬的犬齒和門牙。在船骸發現了這些原料之後，其他學者回頭重新檢驗存放在世界各地博物館中的青銅器時代晚期的獸牙製品。先前他們假設多數都是由象牙製成的，但令他們大感意外的是，似乎多數都是河馬牙做成的。在船上還找到了一塊非常小的頷骨（下顎骨），可能是一隻敘利亞家鼠的骨頭，或許是停泊在烏加里特海港期間，在某個時刻爬上船的偷渡客。[12]此外，船上還有黑檀木，來自東北非埃及南部的努比亞地區。

貨物中也有許多已經加工完成的物品，它們受到的保護相當出乎意料。[13]那時考古學家正在挖掘巨大的罐子，近似於埃及高階貴族陵墓牆上所繪的場景中、青銅器時代的船隻甲板上能看到的樣式。

過去人們一直假設這些大罐是用來存裝新鮮的水，供船員飲用。可是，當考古學家將其中一只抬起並放至網中，好讓它飄至海面時，罐子向前傾斜，開始倒出許多陶器——剛製成、嶄新且未經使用的陶器。其中有碗盤、碟子、大大小小的壺罐和油燈——全都來自賽普勒斯和迦南。看來這些巨大的儲藏罐並不是作為貯存飲水之用，而是我們所謂的陶瓷器桶，用來在運送過程中包裝並保護新陶器。

船上還有一個長得十分古怪的石製物品，已經鑑別為巴爾幹人的一柄權杖。此外，也有幾把劍；一把似乎是迦南人的，一把是愛琴海地區的樣式，另一把則是像義大利風格。它們可能是船員或船長的私人物品，但我們無法確知。所發現的箭頭、矛頭以及各式各樣的青銅器，也都有可能是個人物品或貨物的一部分。

船上還有魚鉤和鉛製砝碼，顯然是船員在航程中用來捕捉鮮魚的工具。烏魯布倫沉船上鑑別出來的糧食全都是地中海東部的產物，除了魚之外，也有橄欖、杏仁、無花果和石榴。今天那個地區的船員仍吃著幾乎一模一樣的食物。

不過，船上也找到了幾個華麗的飲水杯，以彩瓷（介於陶和玻璃間的材質）製成獸形，如公羊頭。一般認為它們是王族使用的物品，可能證實了那項主張：這艘船裝載的是一位君主贈送給另一位國王的王室禮物。我們從文獻證據得知，這段期間的統治者的確會交換大量奢侈的禮品，所以無庸置疑我們正在此見證一個實例，可能是從埃及或迦南運送給一位邁錫尼國王——或許是在邁錫尼的阿加曼農祖先。但我們應該永遠無法得到確切的解答。

在可視為與君王匹配的物品中有一只金杯。雖然十分精美，但這只杯子對於推斷任何關於這艘船的事，無論是它的來源或年代，並沒有太大助益，因為它的外觀其實相當普通。現今大部分的考古學教科書中都能找到一張頗具代表性的照片，是在金杯從海床中被取出前所拍下的。相片中有那只金杯、一個迦南儲藏罐、一只錫製酒瓶和一只樸素的邁錫尼古希臘高腳雙耳淺杯（kylix）。當我問我的學生，照片裡最重要的物品為何，他們總是會指向那只金杯。但事實不然——我會引用法櫃奇兵系列電影第三集的臺詞，告訴他們「你的選擇……是錯的」。雖然迦南罐因其內容物而具重要性，酒瓶因為是發現中罕見的錫製品也相當重要，但圖片中最重要的物件其實是那只不起眼的邁錫尼陶器，因為它的特殊造型有助於我們追溯沉船的年代。

貝斯、普拉克和他們的團隊成員也找到了許多首飾，從銀手鐲到金墜飾應有盡有。其中一只墜飾的做工神乎其技，砂點狀的黃金組成一隻隼或其他種鳥類，爪上攫著一條蛇。另一只則描繪出一個雙手各握著一隻瞪羚的女人。還有一只墜飾的樣式和埃及墓室壁畫上迦南男性戴的垂飾相同。之中也有一些來自美索不達米亞的滾筒印章，包括一枚石英材質、兩頭皆有金蓋的印章，佩戴時可能是被綁在手腕或頸部，還有一枚來自埃及的黑石小印章，上頭刻著「真理之主普塔（Ptah）*」的字樣。

聖甲蟲和其他刻有埃及象形文字的小物品中，娜芙蒂蒂王后的實心金聖甲蟲是最重要也最小巧的一個，以象形文字銘刻著她的名字「Nefer-neferu-aten」。這個名字只在她統治的前五年左右使用，當時她的丈夫，也就是異教法老阿肯那頓，正譴責世界上的一切事物，除了以太陽光盤為代表形象的神祇阿頓（Aton）。這個發現相當稀有，而如前所述，它有助於我們替這艘船定年，因為船不可能在聖甲蟲製造前就已經沉沒，也就代表其年分大約是在公元前一三五〇年之前。[14]

＊譯註：普塔（Ptah）是古埃及孟菲斯地區（Memphis）的造物神，也是工匠和藝術家的保護神。

在沉船上沒有發現的一樣東西是遺體，或是任何部分的骨骸。這可能是因為倖存者游到了岸上，又或者是他們的屍體在水底躺了兩千兩百年期間，落入魚類和其他海洋生物口中。

＊　＊　＊

首次發現這艘沉船時，挖掘人員認為烏魯布倫沉船最有可能是以逆時針方向，在地中海東部和愛琴海地區的各個港口間巡航，或許就像傑列東尼亞沉船在一世紀後一樣不定期運輸，但船上的貨物要豐富多了。自彼時起便出現了其他主張，包括它可能是一艘貨船，作為一位國王贈與另一位君王的王室禮物（我們已知當時確實會發生這樣的事），它也可能是從埃及運往希臘，或從迦南前往希臘，或甚至從賽普勒斯送往希臘。

無論如何，人們公認它是航向希臘的船隻，因為雖然船上的物品至少來自七個不同的文化，但它顯然是一艘貨船，而唯一經使用過、並非嶄新的物品是來自希臘的一些米諾安人和邁錫尼人的陶瓷容器，還有兩枚私章可能曾為愛琴海地區的居民所佩戴。[15]船上的物品可能是設計來迎合希臘受眾的愛好。

在回程上，或繼續逆時針繞行該區的航程中，這艘船可能滿載著典型的邁錫尼和米諾安貨品，包括裝滿葡萄酒、橄欖油和香水的陶瓷容器，目標運往埃及、迦南和賽普勒斯。當然，回程的航行未曾完結，因為即使船上有一位看似保護神的神祇——那是一尊青銅製的小塑像，但在頭、肩、手、腳上都覆蓋著金箔——它仍在烏魯布倫失事沉沒。這尊神像被尋獲時已完全腐蝕，但按我們考古學界的說法，「它還算是人模人樣」。塑像的樣式是典型的祈願物品——也就是製造來表達宗教虔誠和渴望神聖庇護的塑像。

若它真是這艘船的保護神，那它實在未盡其責。然而，他們的厄運正是我們的幸運，讓我們得以在今天研究這艘船和它全數的貨物，並且一窺在三千多年前的青銅器時代晚期國際社會的生活樣貌。

第四部 揭露古典時期

Part 4.

Uncovering the Classics

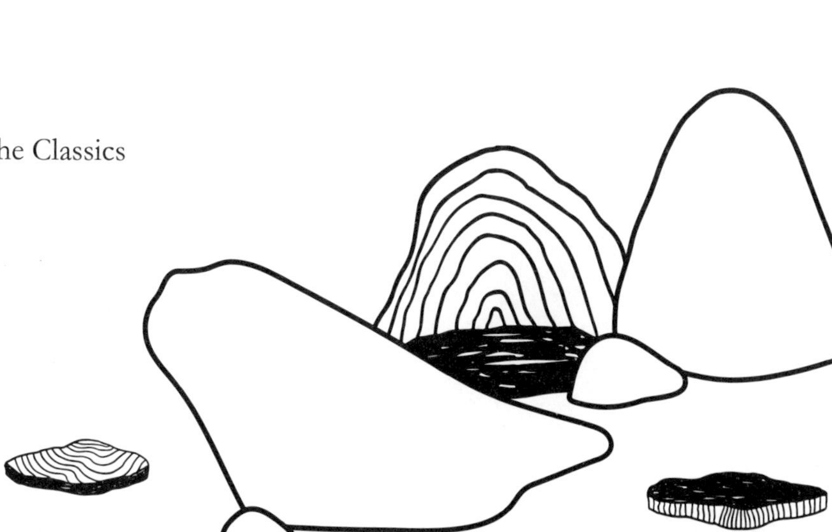

第十一章

從擲鐵餅到民主制度

在二〇一六年的里約熱內盧奧運，從水上運動和射箭，一直到舉重和摔角，共有四十二個運動項目的賽事。不過有項古代奧運的比賽沒有舉辦——一種參與的跑者要穿著盔甲的賽跑，頭戴頭盔，小腿著護脛套，盾蓋左臂。同樣地，里約也沒有任何戰車賽或是古希臘式搏擊（pankration），後者是一種沒有任何限制的武術比賽，類似於今天的自由搏擊，或者是空手道和柔道的結合[1]，除了咬人、戳眼和用指甲抓，一切動作皆受允許。

最早的奧林匹克運動會大約在近三千年前的公元前七七六年舉行。接著改為每四年舉辦一次，持

德爾菲神諭。

續超過一千年。來自希臘世界各地的運動員同場較勁，這也是為什麼我們稱這個比賽為「泛希臘」（Panhellenic，「pan」意即「全」，而「Hellenic」意為「希臘」）。在羅馬（和基督教）皇帝狄奧多西（Theodosius）於公元三九〇年代初宣告必須停止一切異教活動前[2]，總共舉辦了兩百九十三次奧林匹亞競賽。

對早期的探勘者和考古學家而言，尋找奧林匹亞（Olympia），也就是奧林匹克運動會舉行的地點，就像荷馬提到的那些遺址那樣具有重要的指標性。正如施里曼尋覓特洛伊、邁錫尼、提林斯和伊薩卡，其他人也為其他理由尋找希臘歷史上的著名遺址。緊接在搜尋奧林匹亞及其運動會之後，人們則尋找著德爾菲（Delphi）及其神諭，還有民主制度的誕生地——雅典的衛城（Acropolis）和安哥拉。

來自他國的考古學學院分別在這些遺址進行考察——一八七五年，德國人開挖奧林匹亞；一八九二年，法國人開挖德爾菲；一九三一年，美國人開挖雅典的安哥拉——但希臘考古學家也參與了他們自己的遺產探勘，例如在施里曼初步挖掘後，史塔瑪塔基斯（Stamatakis）也在邁錫尼展開挖掘。在本章中，我們將聚焦在這些遺址上。

※ ※ ※

要找到奧林匹亞遺址對考古學家來說並非易事。在公元三九三年的最後一場奧林匹克運動會後，這座聖地漸漸被棄置不用，最終遭到荒廢。公元六世紀的多場地震讓建築物搖來擺去、應聲倒地，導致宏偉神廟的圓柱猶如一根根平行的牙籤般倒塌。鄰近的兩條河川全都溢出河岸，讓損害更加慘重——其一的克亞希歐斯河（Kladeos River）早在公元四世紀、運動會仍如火如荼進行時便已外流過一次，而後在中世紀（Middle Ages）期間，艾菲歐斯河（Alpheios River）也在當地氾濫成災，成為摧毀的最後一根稻草，讓遺址覆蓋著一層深度超過四公尺的淤泥和泥淖。[3]

英國探勘家理查·錢德勒（Richard Chandler）首度成功找到遺址的位置是在一七六六年。就像施里曼一個世紀後在邁錫尼的做法，錢德勒透過詢問當地人發現古代廢墟，再參考保薩尼亞斯在公元二世紀寫成的旅行指南，進而辨別出聖地的遺址，包括宙斯神廟（Temple of Zeus）的遺存[4]；這整座聖地皆是作為供奉這位希臘神祇之用。

當我們最後一次在二〇一五年三月，夥同一群喬治華盛頓大學的學生造訪該地時，那座遺跡十分賞心悅目。在一片綠草如茵的新鮮草地，遭地衣覆蓋的古代灰色岩石間，混雜生長著小白雛菊和野生紅罌粟花。有些學生在發表各個古蹟的報告時，還頭戴雛菊編成的花冠。在春天，希臘的伯羅奔尼撒西北部地區風光明媚，但古希臘人可不只為了美景前來。他們是為了榮耀宙斯和贏得運動競賽來到此地。[5]

遠近馳名的運動會是為了榮耀宙斯而舉行的慶典的一部分——同時兼具宗教和運動目的——而錢德勒認出的神廟是那座遺址最著名的建築物。它也是當時希臘發掘最龐大的神廟，涵蓋範圍長六十四公尺、寬二十八公尺（超過兩百英尺長、九十英尺寬）。裝飾神廟的三角楣（pedimental）浮雕和排檔間飾（Metopes）描繪著一場虛構的戰車賽、一場人頭馬怪參與的戰役和海克力斯（Heracles）的十二件苦差。這座神廟在公元前五世紀中（公元前四五七至四六六年）耗費了十年才建成。

最重要的是，神廟裡容納了一尊知名希臘雕刻家菲迪亞斯（Pheidias）的宙斯神像，這座塑像高四十英尺（約十二·二公尺），由黃金和象牙製成，名列世界七大奇景。然而令人哀嘆的是，在錢德勒找到那座建築時，神像早已不復存在，它在公元四世紀間被帶到今天土耳其境內的君士坦丁堡（伊斯坦堡），後來因為存放塑像的建築發生火災而遭燒毀。[6]

保薩尼亞斯寫道，這裡還有幾座其他塑像，但是是正常大小，有些是大理石製成的，有些是青銅材質，出自一些最著名的希臘雕刻家之手，如普拉克希特利斯（Praxiteles）和萊希帕斯（Lysippus）。第一批考古學家有部分正是為了這些古代藝術的名作而來到奧林匹亞，代表著這裡展開發掘工作的原因和一世紀前在義大利的赫庫蘭尼姆大致相同。[7]

※ ※ ※

一八二九年，法國人在奧林匹亞進行挖掘，發現了宙斯神廟的雕刻排檔間飾碎塊。這種排檔間飾會和三槽線飾帶（triglyph，三條垂直的條狀雕刻）交替使用，是裝飾希臘神廟常見的建築元素，位於圓柱頂端和屋頂之間。這些描繪著海克力斯苦差的獨特雕飾，現收藏於巴黎羅浮宮。[8]

然而，首先和希臘政府簽下合約的卻是德國人，保障他們從一八七五至一八八一年挖掘該遺址的獨占權利。這份合約被稱為奧林匹亞慣例（Olympia Convention），為往後所有在希臘考古挖掘的異國團隊立下先例。合約明載所有挖掘期間的發現都必須留在希臘國內，除非希臘政府決定將複製品或摹本贈與挖掘人員或他們的政府，以向他們致謝。作為交換，德國人必須為學術社群發表挖掘考察結果，他們也迅速完成了這項任務，詳述遺址的銘文、雕塑和建築。較晚期的考古計畫指導人赫穆特・克里耶萊斯（Helmut Kyrieleis）將他們的調查譽為古典遺址首次帶有「具體精確目標」的重大發掘。他們詳盡的勘查報告正是促使法國人巴洪・皮耶・德・古柏坦（Baron Pierre de Coubertin）發起現代奧林匹克運動會的部分原因[9]，首屆於一八九六年的雅典舉行。

威赫姆．德普費爾德和這些德國人在奧林匹亞展開的早期挖掘有些關聯，他擔任考察過程的一名建築師，並學習考古學家的技能。一八八一年，海因里希．施里曼造訪這座遺址，看看他們有何發現時，德普費爾德曾為他導覽。施里曼對德普費爾德的表現印象深刻，於是邀請他到特洛伊遺址工作，德普費爾德在一年後赴任。兩人偶然搭檔，成為默契絕佳的工作夥伴，因而不只在特洛伊，接著又在提林斯合作。在施里曼死後，德普費爾德接手主導特洛伊的挖掘，這段經過我們在前面的章節已經描述過了。亞瑟．伊文思曾評論道，德普費爾德——這位一絲不苟、重視科學的學者——是施里曼最偉大的發現。[10]

一九三七年，一支新的德國考古學家團隊利用前一年柏林奧運帶來的利潤，繼續在奧林匹亞進行挖掘工作。第二階段的挖掘持續了近三十年，不過其間中斷了十年（一九四二至一九五二年），也就是第二次世界大戰期間和結束後不久的時期。他們也參考了保薩尼亞斯對這座遺址的詳盡描述，若沒有那些敘述，大部分的建築很可能仍然未知。其他調查也在之後延續，但一直到一九八五年，在克里耶萊斯的主導下，才在遺址展開最近期的考察活動。[11]

超過一世紀的考古挖掘已經使夠多的遺跡出土，於是在走過遺址時，便能在聖地區的中央看見許多建築，包括獻給宙斯的大祭壇、赫拉神廟，以及公共會堂（Prytaneion）和議事廳（Bouleuterion）等建物，負責管理聖地和慶典的行政官員和議會成員會在此處會面。體育訓練場（Gymnasium）和角力學校（Palaistra）位於聖地的一側，還附有游泳池，是運動員在比賽前一個練習體訓的場所。另一側則有舉行戰車競速賽的競技場（Hippodrome），以及舉辦競走賽的運動場。考察計畫中代價最高昂又最耗時的部分，正是挖掘長達六百英尺（約一八二・九公尺）、最初約建於公元前三五〇年的運動場，因為必須要移除數百噸的沙土。考古學家們付出的一切努力都得到了回報，他們修復了碑文中巨量的資訊、雕像、建築物，以及陶器和其他人工製品。一九八九年，奧林匹亞被列入聯合國教科文組織世界遺產遺址；現今每年約有五十萬名遊客造訪。[12]

一九五〇年代挖掘運動場邊緣的土堤（超過四萬名觀眾會在上面觀看體育比賽）時，考古學家意外發掘一件件青銅盔甲和武器，包括二十二頂青銅頭盔、盾牌、護脛套和利劍。原本它們應該是被繫在木竿或木樁上，成排插在觀眾上方的高堤泥土中。在視覺上很像洛杉磯紀念體育競技場（Los Angeles Coliseum）頂端飛揚的旗幟，或是現今任何一所高中的足球體育館，但那是勝利的戰士所奉獻給宙斯的。盔甲和武器之所以放置在此處，是為了讓各個希臘城邦的公民讚賞戰士個人的力量和成功，或是集體向波斯戰爭（Persian War）*等戰役的團結奮鬥表達感謝。[13]

他們在獎盃堆裡發現了一頂密提阿德（Miltiades）獻上的頭盔；密提阿德是一名將軍，曾於公元前四九〇年，在馬拉松戰役（battle of Marathon）帶領希臘人戰勝波斯人。那是一頂樸素的頭盔，帶有考古學家稱為科林斯式（Corinthian）的常見風格。沿著覆蓋臉頰部分的底部邊緣，刻有「密提阿德獻予宙斯」的文字。此外還有一頂波斯風頭盔，根據上頭刻印的銘文：「雅典人取自米底亞人（Medes），獻給宙斯」[14]，可知它是在同一場戰爭中奪來的，之後也供奉給神。

其他的供品通常是更值錢的金銀製品，都收藏在名為公庫（Treasuries）的小型建築中。每座公庫

＊譯註：這裡的波斯戰爭（Persian War）應指公元前四九九至四四九年間，希臘城邦和波斯的一系列戰役。

都蓋得像小型神廟一般，而且是由各個希臘城邦和殖民地興建而成的，用來存放他們的公民送來的物品。[15]

奧林匹亞另一件平凡無奇、刻有銘文的人工製品在今天也名氣相當，但它並不是供品。相反地，它是一只破裂的陶杯或酒壺，在底部刻著「我屬於菲迪亞斯」的文字，被認為是雕刻家本人的私人用飲料杯。一九五八年，德國人在聖地範圍邊的一棟建築裡找到這個杯子，那棟建物想必就是菲迪亞斯創作宙斯巨像的工作坊。這棟建築後來被改建為拜占庭教堂，但它的容積恰好與神廟裡神像矗立數世紀的房間大小相符。考古學家在附近挖掘出來的兩處廢棄素材囤積區，找到象牙、金屬和玻璃碎屑，以及赤陶土模具和工具，其中包括一把金匠的槌子。[16]

運動會本身逐年變得越來越繁複，經常加入新的比賽項目。[17]當運動會首次在公元前七七六年舉辦時，只有一場簡單的競走賽。那個世紀晚期又加了兩場距離較長的競走比賽。接著加入角力、拳擊，以及參與五種項目競賽的五項全能運動——包含鐵餅、標槍、跳躍、跑步和角力。之後也新增了全副武裝的戰車競速賽和古希臘式搏擊。

這些賽事並非全都以今天的方式進行。舉例來說，跳遠選手在比賽時要手握重物，跳躍到半空中的時候往後拋擲，來把身體推得更遠。德國考古學家發掘了部分的比賽用重物，距離勝利者在遺址獻出這些重物已經超過兩千年。

到了公元前一〇〇年左右（也可能在更早之前），已經有整整五天的體育和宗教慶典。每項競賽只會有一位贏家，他們將在運動會的最後一天獲頒桂冠。他們也經常一回到家鄉的城市，就收到更多精心準備的禮物，包括獻給雅典勝利者的終生食宿。[18]

即使在公元前二世紀，羅馬人征服希臘後，運動會仍依然廣受歡迎，一直到五百多年後狄奧多西禁賽才停止舉辦。羅馬皇帝尼祿（Nero）對運動會尤其著迷，甚至在公元六七年的奧運親身參賽。戰車賽時，他在抵達終點線前跌落在地，但終究還是獲頒冠軍。此外，他下令要舉行公眾的音樂表演，他本人也參與其中，並且要求關上城門，不准任何人離去。羅馬傳記作家蘇埃托尼烏斯（Suetonius）告訴我們（或許有些誇大），尼祿在臺上時，有些女人會假裝臨盆生產，其他觀眾則會從聖地的圍牆頂跳落或是裝死[19]，好讓人將他們扛出喪葬，藉此逃離現場。

因為其他的泛希臘運動競賽會在兩屆運動會之間舉辦，故奧林匹克運動會每四年才舉行一次。期間，地峽運動會（Isthmian Games）在科林斯（Corinth）舉辦，內梅亞運動會在內梅亞（Nemea）舉辦，皮提亞運動會（Pythian Games）在德爾菲舉辦，每年舉行一場。一如在奧林匹亞，這些遺址每一座都建有神廟、公庫和運動設施，其他為守護神而建的紀念性建築也是如此。德爾菲供奉的是阿波羅神（Apollo）。

※ ※ ※

在古代，位於阿波羅神廟的德爾菲神諭為此處遺址帶來重要性、名氣和財富。神諭位在希臘中部的帕納索斯山（Mount Parnassus）山麓間，被擬人化為一位神聖女祭司，據說她安坐在一間內室的三腳臺座上，腳邊的地面有一道裂縫。蒸氣自縫隙中滲出，令她進入恍惚狀態，神因此得以藉由她來說話，以玄妙之語答覆請求人的提問。[20]

在公元前八、七世紀，有些希臘城邦經常向神諭請益，因為他們渴望將拓殖者從黑海地區送往義大利南部、甚至更遠的區域，包括北非的昔蘭尼（Cyrene）和法國南部的馬賽（Marseilles）。神諭是如何知道該給什麼建議是個值得思考的問題，但似乎多數的殖民地都相當興盛，有些地區的繁榮和聲望最終還超越了母城。[21] 按希臘歷史學家希羅多德所述，最著名的問題據說是呂底亞（Lydia，位於安那托利亞）的克羅索斯國王（King Croesus）提出的，他想要知道他該不該與公元前六世紀中居魯士大帝（Cyrus the Great）率領的波斯人打仗。神諭回答，如果他領軍攻打波斯人，他將會摧毀一個偉大的帝國。克羅索斯以為這代表情勢對他有利，於是揮軍上陣，卻慘遭擊敗。結果是他自己的帝國遭到毀滅，預言因此成真。[22]

阿波羅神廟，於德爾菲。

然而，在法國挖掘人員的發現之中，這一切並未留下任何痕跡。沒有三腳臺座，沒有女祭司，地上甚至連一道裂縫也沒有，不過兩條地震斷層線[23]有可能在附近的某處相交。

法國考古學家藉由和希臘政府在一八九一年三月和五月簽訂合約，獲得德爾菲的挖掘許可。可是，首先他們必須遷移一整個現代村莊，因為它就建於古老聖地的正上方。當時他們耗費了十五萬美金（換算成今天的幣值將會接近四百萬美金），讓三百名屋主全都搬進新建村莊的新房子裡，才開始挖掘。[24]即使到了這個階段，他們依然面臨部分村民的抵抗，因為他們並不滿意考古團隊買下舊房的價錢。最終一切總算塵埃落定，法國考古學家得以繼續發掘工作。他們的考察成果非凡卓越，德爾菲過去被古希臘人視為世界的中心（*omphalos*），而在今天它成為該國極為美麗、至多遊客造訪的景點之一。它在一九八七年被列入聯合國教科文組織世界遺產遺址。[25]

這些法國考古學家並非開挖這座遺址的第一人，因為自一八二〇年代起的數十年來，便偶爾有人試圖進行調查。然而，他們是官方批准且考察詳盡，還附帶一條一千八百公尺長的鐵路軌道，興建在適當的位置，以利運走他們移除的大量砂土。從一八九二年十月至一九〇三年五月，這場挖掘考察持續了十餘年，也被暱稱為「大發掘」（Great Excavation）。從遺址的發現和僱用工人的人數[26]——一八九三年一度高達兩百二十人——兩方面來看，它確實相當偉大。

儘管在一九二〇、一九三〇、一九七〇和一九八〇至一九九〇年代的不同時間點曾有額外的短期勘查，但自彼時起，不再有人試圖在這座遺址進行規模相似的發掘工作。因此，關於在這座遺址使用的現代考古技術或進展乏善可陳。不過，超過一世紀前的那十年挖掘期間所發掘的物品，在保存和維護方面下了許多工夫，而關於挖掘成果的出版品極其出色，至今已經出版超過六十部著作[27]，描述不同的建築、銘文和其他發現。

一八九二年的第一個考察季十分簡短，因為他們在緊要關頭仍在與村民協商，因而受到延遲；第一批重大的發現自一八九三年開始陸續出現，一八九四年和隨後的幾年更是大有斬獲。若能在那些令人陶醉的日子加入法國考古隊，必定是熱血沸騰的經驗。當時攝影仍是相當新穎的技術，但考古學家已充分利用之。大約有兩千片玻璃攝影硬片仍保存在法國雅典學院（École française d'Athènes，一八四六年成立），記錄下某些驚人發現[28]出土的時刻。

有幾座塑像尤其引起轟動。例如一對青年組合的塑像，被稱作阿爾戈斯（Argos）的克利奧比斯（Kleobis）和畢頓（Biton），以公元前七世紀晚期的古樸風格和大理石雕刻而成，分別在一八九三和一八九四年接連出現。這對兄弟檔的故事出自希羅多德的《歷史》（*Histories*），他在其中描述「這兩位盡職的兒子」為自己套上他們母親馬車的軛，拉行長達五英里（約八．〇五公里），送她去參加一場宗教慶典。希羅多德表示，為了榮耀他們，阿爾戈斯人「製作了他們的雕像，並供奉在德爾菲，讚譽他們為人中之龍」。現在，自豪的考古學家和他們的工人已經修復了這些雕像；那些黑白照片裡，當雕像出土時，他們全都聚集在頭部和軀幹的位置合影。[29]

另一尊塑像或許是此遺址最著名的發現，直接被稱作「馬車夫」（The Charioteer）。這座雕像是以青銅製成，近一八九六年的四月底，法國考古學家先發現了雕像的下半部及其刻有銘文的岩石基座。上半部在幾天後的五月初尋獲，它的頭部和臉龐仍保持完整無缺，鑲嵌著玻璃的雙眼。相片又再次記錄了這些發掘時刻。上頭的碑文記載著一件史實：敘拉古的希倫（Hieron of Syracuse）在公元前四七八年（或可能是四七四年）的皮提亞運動會贏得勝利。他是專制君主革隆（Gelon）的兄弟（和繼承者），並且是獲勝戰車的主人——因為這類的戰車賽宣告的優勝者是戰車的主人，而非駕駛人。他的另一位兄弟波利捷盧斯（Polyzelus，接續繼承他的王位）似乎在晚期又再次為雕像舉行奉獻儀式[30]，以便宣稱自己是勝利者。

另外，還有房屋和其他建築物出土。其中，雅典人、錫夫諾斯島人（Siphnians）、西席翁人（Sikyonians）的公庫殘骸重見天日，它們的橫飾帶（frieze）和其他裝飾的碎片散布在周遭的砂土之中。在這些小巧美麗的建築裡，上述列舉的城邦存放了他們的公民所製作的珍貴金銀裝飾，雖然這些物品早已被羅馬征服者蘇拉（Sulla）和尼祿竊取一空——據傳尼祿還從聖地拿走了高達五百尊雕像。此外，阿波羅神廟的殘壁也顯現蹤跡。另外還有皮提亞運動會（和奧林匹克運動會一樣四年一次）舉辦競速比賽的運動場[31]，以及該遺址的體育訓練場。

而且，他們也找到了一些銘文，其數量之豐，有時短短一天就能找到數十件。其中最著名的是兩首獻給阿波羅的德爾菲讚美詩的碎片，年代為公元前二世紀。它們是在一八九三年出土的，刻在雅典人公庫裡發現的石頭上。在字行間刻有符號，代表著歌唱和樂器的記號，因此能夠如它最初的目的一般，演出這些讚美詩，並且很快就在一八九四年的三月中，為希臘國王和王后演奏。加場表演在聖彼得堡（St. Petersburg）和約翰尼斯堡（Johannesburg）舉辦，不過正是因為同年在巴黎皮耶·德·古柏坦組織的研討會上的那一場演出，才說服更多人加入他復興奧運的運動。[32]

神聖之道（The Sacred Way）也重見天日，如蛇一般從聖地入口到運動場一路蜿蜒上山——與原始的地名「皮松」（Pytho）*相符，日後才更名為德爾菲。今天，我們都能爬上這一條蟒蛇般的道路，

＊譯註：皮松是希臘神話中，一條住在德爾菲的巨蟒。

據保薩尼亞斯所述，當年朝聖者和遊客也曾走過同樣的路徑。飽覽山谷中的神聖橄欖林以及海灣相隔的伯羅奔尼撒，總是能讓我心滿溢敬畏與驚嘆，這兩種情緒是古代宗教經驗的兩個關鍵要素，或許現代宗教也是如此。[33]

從位於低處、面積小了許多的雅典娜聖所（也是體育訓練場的所在地）的臺階往上走，我們接著橫跨一條現代道路，一進入遺址的主要入口，就來到有鋪設地面的區域。我們會立即開始經過個人和城邦獻上的塑像和其他供品，沿著神聖之道兩側豎立。其中許多都是在慶祝軍事勝利，有件雅典人的獻品就標誌了他們公元前四九〇年在馬拉松戰勝波斯人，還有斯巴達人委託建造的一整棟建築，來紀念他們在公元前四〇五年在伊哥斯波塔米（Aegospotami）擊敗雅典人，那也是伯羅奔尼撒戰爭的最後一場戰役。[34]

當我們繼續沿著道路往上走，並在第一個轉彎處急轉向右，便會經過不同希臘城邦興建的公庫。但如前所述，這些建築和其中一度保存的財寶早已不復存在。全部只有公庫的地基留存，在一八九三至一八九四年為法國考古學家發掘，附帶過去曾有繽紛彩繪的排檔間飾和橫飾帶碎塊——描繪神祇和巨人的戰鬥、忒修斯的剝削和各式各樣的其他場景。[35]

當我們繼續攀上山丘，便能在左側看見阿波羅神廟地基的陡牆，因為我們距離神廟的地平面仍相當遙遠。緊鄰牆面的是雅典人門廊（Portico of the Athenians）。現今沒了祭品，門廊只剩下一段銘文寫著：「雅典人獻上這道門廊，以及從敵方取得的長臂和船首像。」一九四八年，一位法國學者充分的偵查結果顯示，銘文裡的「長臂」指的是波斯國王薛西斯（Xerxes）在公元前四八〇年入侵時，為跨越安那托利亞和希臘之間的赫勒斯龐海峽（Hellespont）*所建造的橋梁上的纜繩。雅典人當年在普拉提亞（Plataea）和薩拉米斯島（Salamis）擊敗薛西斯後，取走了纜繩當作紀念品，並在德爾菲的這座門廊獻上那些繩索。[36]

當我們在下個轉彎處繞行左拐，便會來到神廟的角落，也逐漸靠近前門入口。我們能在遠處看見普拉提亞三腳祭壇（Tripod of Plataia）——有時也稱作蛇柱（Serpent Column）——曾經矗立的位置，對面則是阿波羅祭壇（Altar of Apollo）和神廟入口。

這座金色的三腳祭壇是設置在三條交纏的青銅蟒蛇造型的基座上，用來紀念公元前四七九年希臘在普拉提亞戰役（Battle of Plataia）戰勝波斯人。三腳祭壇本身早已遭竊盜或毀壞。而組成三條蟒蛇的青銅基座上銘刻著曾派遣人馬作戰的三十一座希臘城邦之名，也已經遭人移除，不過這次我們知道是誰拿走的，也知曉它的下落——公元四世紀，羅馬皇帝君士坦丁大帝將之運送至他的新首都君士坦丁堡，現今較多人稱之為伊斯坦堡。至今仍然可以在位於蘇丹艾哈邁德廣場（Sultan Ahmet Square）的競技場中央看見那三條蟒蛇[37]，但牠們的頭部（或身體部位）則是收藏於附近的伊斯坦堡考古博物館（Istanbul Archaeology Museum）。

冒險走離神聖之道，進入阿波羅神廟的周邊土地，我們將會看見重建的遺跡，原始六根柱子的一部分在前方筆直聳立，神廟後方應該還有六根柱子。另外，側邊應各有十五根柱子，總共比同類的神廟多了兩根，這是因為他們必須額外加長空間，來容納全希臘最為聞名的神諭。

＊譯註：即達達尼爾海峽（Dardanelles Strait），為土耳其境內連結馬爾馬拉海（Sea of Marmara）和愛琴海的海峽。

根據保薩尼亞斯所述，連現存的神廟本身都已經是第五次重建，但他的說法或許不完全可信，因為他聲稱前三次分別是以月桂樹枝、蜂蠟和青銅建成的，第四次才終於用石頭建造。考古學家的發現可能比較可靠，他們考察出先前在這個位置至少曾有兩座神廟。第一座在公元前五四八年遭焚毀，而公元前三七三年的地震摧毀了第二座。現在可見的這座神廟是在四世紀晚期所建；法國考古學家尋獲一段銘文，列出幫忙支付這次重建費用的捐助人，也得以查明它花了近四十年才建成[38]，這部分是因為亞歷山大大帝的父親，也就是馬其頓（Macedon）的腓力二世（Philip II）在那時期進攻希臘。

按原路折返、離開神廟，我們回到神聖之道並再次左轉，繞行前往神廟的另一側。當我們在這角落轉彎時，右手邊還有更多雕像和獻物，它們後方的稍遠處則有一棟大型的列柱建築，名為柱廊（stoa）。建造者是公元前三世紀統治貝加蒙（今位於土耳其境內）的希臘化君主阿塔羅斯一世（Attalos I），並為這座柱廊舉行落成儀式。他的小兒子阿塔羅斯二世（Attalos II，也是後來的繼承者）於公元前二世紀中，也在雅典興建了一座類似的柱廊。

當我們抵達神廟的另一端，會在右手邊看見大劇場。最重要的是，還能看見一八九六年法國人挖掘出來的運動場，皮提亞運動會的競速比賽就是在這裡進行的。按照保薩尼亞斯的描述，德爾菲舉辦的比賽和競速大體上和奧林匹亞的項目相同，每項競賽的優勝者會得到一頂花環。皮提亞運動會在公元前五九一年初開始，每四年舉行一次，直至公元三九〇年代，狄奧多西封閉奧林匹亞的同一道命令，也關閉了包含神諭和運動會場地的整座聖地。[39]

※　※　※

雅典也有一座運動場，但相當現代而非古老——曾在一八九六和二〇〇四年使用過，是現代奧運唯二在希臘舉行的兩次。雅典城從未在古代主辦過這樣的運動會，但它也有一位守護神——雅典娜——就像奧林匹亞的宙斯和德爾菲的阿波羅。不過，雅典反而見證了重大革新的誕生，如民主的發明，同時也是哲學巨擘蘇格拉底、柏拉圖和亞里斯多德等人的故鄉。

衛城是雅典的制高點，享有的名氣無可非議，一九八七年名列聯合國教科文組織世界遺產遺址。[40] 始於一八〇〇年代，希臘和德國的挖掘人員，包括威赫姆・德普費爾德在內，發掘了此處建築的遺存，除了無數的塑像和銘文，還有帕德嫩神殿、艾瑞克提恩神廟（Erechtheium）和小巧的雅典娜勝利女神神廟（Temple of Athena Nike）。所謂的埃爾金大理石浮雕（Elgin Marbles）正是來自帕德嫩神殿，一八〇五年埃爾金勳爵（Lord Elgin）將之搬移送往英國，十年後來到大英博物館。希臘人仍想方設法要拿回那些浮雕。考古學家也在衛城的斜坡上發現一些遺存，如劇場和音樂表演場（Odeion），有些年代最晚可追溯至羅馬時期，不過今天也再次啟用，在地和客座藝術家會在此進行戲劇演出。

然而，當時較多雅典人天天造訪的其實是安哥拉，或稱市集，因為那裡是雅典的商業區和市中心。法院和某些城中最重要的建築都坐落於此，包括參議官會面的議事廳；參議院行政委員會私下會晤的圓形建築（Tholos）；保存文獻的母神之廟（Metroon）；各式柱廊；以及其他主要的行政和立法建物。這裡也是許多商店的所在地，是座名副其實的市集，同時也是公民的聚會場所，聚會成員之中還包含蘇格拉底。赫菲斯托斯神廟（Hephaisteion）在安哥拉的一側俯瞰萬物，它是匠工之神赫菲斯托斯（Hephaistos）的主要神廟，於一八九〇年代被德國人發掘。和重要的市中心地區相稱的一點是，這裡可說是日新月異，於是在建築和布局方面，公元前五世紀的安哥拉和公元一世紀的城市樣貌大異其趣，不過其基礎功能則是一直以來都大致相同。[41]

自一九三一年起，雅典古典研究美國學院（American School of Classical Studies in Athens）在安哥拉的挖掘工作幾乎從未間斷，這裡的考古活動反映出過去八十五年來技術和科技的變遷。[42]考古學家已經挖掘出先前概述提及的所有建築，還包括伯里克里斯（Pericles）和蘇格拉底曾走過的街道和小徑，但仍有更多留待發掘。最近期的挖掘工作開始運用名叫「iDig」的軟體程式，這個程式要在 iPad 平板電腦上操作，是考古挖掘的科技宗師布魯斯・哈特茲勒（Bruce Hartzler）的發明。有了這個專門的程式，比數年前在龐貝古城的挖掘人員使用的現有程式更加進步，安哥拉的考古學者便能更迅速、容易、正確且即時記錄下發掘資料。[43]

當然，這個位於衛城山腳下、雅典最繁忙的地區至今依然滿布現代商店、餐廳和樓房。因此，在考古學家開始任何挖掘工作之前，他們必須買下欲挖鑿區域內現存的房屋和其他建物。在老T・萊斯利・席爾（T. Leslie Shear Sr.）、霍默爾・湯普生（Homer Thompson）、小T・萊斯利・席爾（T. Leslie Shear Jr.）和當今約翰・坎普二世（John Camp II）接連的指導下，買下了約有四百棟房屋和其他建築並全數拆遷，才能接續在其下開挖。挖掘人員必須小心翼翼穿越地層，以倒退的歷史順序進行考察，從奧斯曼時期到拜占庭時期，接著羅馬時期再到古典雅典的地層，最終來到青銅器時代。[44]

考古學家每年夏天都在這裡挖掘，緩慢而謹慎地揭開這座全世界最著名市集的歷史。他們找到了標誌區域邊界的界石，每個石塊上都確實刻著「我是安哥拉的邊界」的字樣，還有因好幾世紀的古代作家文字而聞名的建築，如十二神祇祭壇（Altar of the Twelve Gods）、齊名英雄紀念碑（Monument of the Eponymous Heroes）、阿塔羅斯柱廊（Stoa of Attalos），或許還有鞋匠西蒙（Simon the Cobbler）的住處（有時蘇格拉底會在這裡教書），以及蘇格拉底被指控使青年腐化墮落和不信神的審判期間遭囚禁的監獄。[45]

這裡還是民主的誕生地，因此不出所料，考古學家找到了投票箱和實際的青銅製選票，選票在放入投票箱之前可以捏在拇指和食指間，這麼一來就沒人能看見你的投票內容。他們也尋獲為審判挑選陪審員的分派裝置、用來計時演說的水鐘，以及有刻寫文字的陶器破片（ostraca）；用來投票放逐被認定勢力過大、可能影響政治的人物，因此產生「陶片放逐制」（ostracism）一詞。這些文物有許多都存放在阿塔羅斯柱廊裡，這座柱廊在一九五〇年代以和原始建築相同種類的素材重建而成，現成為遺址的博物館。[46]

安哥拉碰巧也是一九八二年我參與的團隊的考察地，當時我是個年輕熱血的志工，正值大學和研究所之間的夏天，因為過去幾十年的培育政策是任用以考古學為志向的大學高年級生或研究生為考察隊成員。當時的我渾然未覺，但那個夏季至少有十二名和我一起工作的志願團隊成員，現都已成為資深的考古學家。

我有榮幸負責挖掘波凱勒柱廊（Stoa Poikile）——即彩繪柱廊（Painted Stoa），這座柱廊大約在一年前經偵測和鑑定。在古代，這座建物因飾有巨幅繪畫而聞名——保薩尼亞斯造訪時，它仍在原地，距離最初設置的時間長達六百年[47]，但至今當然早已不復存在。

我也在彩繪柱廊旁的古井，參與了結局未知但真的十分涼快＊（且潮溼）的刺激挖掘工作。我得

＊譯註：原文為 literally cool，cool 有「酷」和「涼快」兩個意思，按照語意讀者一般會認為是指很酷的挖掘工作，但作者幽默地取其雙關，表示是真正的那種「cool」，因為井底十分涼爽。

只穿著短褲，在頭上套上頭巾（避免泥土沾染我的頭髮和雙眼），接著待在一只水桶中讓人將我降至井中，宛如我要下去取水。一旦到了底部，我便爬出水桶外，踏進汙泥之中，開始在一個非常狹窄且幽閉恐怖的空間裡垂直下挖，幾乎連我也難以容身。我和其他同樣體型瘦小的挖掘者在考古季的過程中，耗費了大量時間蹲踞在那濡溼的環境，小心翼翼地挖出完好無缺的容器、陶片和其他遺物，它們要不是在許久以前意外掉落，就是被當作垃圾故意丟擲進去的，接著將它們取出過去保存其中的泥沼。[48]

在雅典市中心開挖是個嶄新的經驗，因為無時無刻都有數十名觀光客透過遠在挖掘區域上方的鐵絲網眼柵欄，看著你的一舉一動。不過，我們很快就能雪恥報仇，每天下午當我們在返家時走過普拉卡（Plaka）*的人群，整趟路他們都會神奇地在我們面前自動分成兩半——因為我們身上覆蓋著大量的汙物和爛泥——尤其是我們在井底進行挖掘的日子。即使歷經超過三十季的田野勘查，那個夏季仍高居我獨特經驗的前幾名。

※ ※ ※

任何閱讀過古希臘相關內容的讀者都會知道這三處遺址——奧林匹亞、德爾菲和雅典。多虧長達兩世紀的考古工作，人們能夠在那些遺址漫步走過古蹟，感受當地在古代可能的景象。然而，除了一些主要位於德爾菲和雅典的特選建物，現代考古學家並未重建大部分的毀壞建築，於是現今的遊客必須積極參與投入遺址，才能想像它們原來的模樣。

本章探討的這三座遺址足以代表古典希臘時期的所有其他遺跡。它們也代表著這個區域古典考古學的發展，從塑像和著名遺址位置的搜尋，一直到聚焦在提問並解答古希臘人的生活及成就的科學嘗試。不過，除卻所有，坐在歐里庇得斯曾安坐的同一劇場，佇立於蘇格拉底的牢房中，造訪曾存放德爾菲神諭和克羅索斯國王象徵物的阿波羅神廟，或是在原始的奧林匹克運動場來場賽跑，都能帶來純然美妙的感受，令人興奮得顫抖。考古學家和考古學讓這一切得以成真。

* 譯註：雅典的歷史街區。

第十二章

羅馬人曾為我們做了什麼？

在考古學著作裡引用蒙提・派森（Monty Python）*的臺詞來當作篇章標題似乎有些不敬，但我們也已經不止一次援引印第安納・瓊斯，況且——無論如何——這部一九七九年的電影《布萊恩的一生》（*Life of Brian*）[1]中毫無遲疑給出的答案簡潔扼要又相當正確：「下水道設施、醫學、教育、葡萄酒、公共秩序、作物灌溉、道路、新的供水系統和公共衛生。」雖然羅馬人並未發明上述的所有事物，但他們確實在羅馬帝國存續的數世紀內，將之推廣到大部分的領土，特別是在公元前一世紀至公元五世紀之間。他們也帶給了我們大規模的娛樂活動和觀賞這些節目的競技場，如古羅馬圓形競技場（Colosseum）。

古羅馬圓形競技場。

考古學家當然不只在義大利尋獲和挖掘羅馬遺跡，在英國、法國、德國、西班牙和歐洲等地，以及利比亞、埃及、以色列、黎巴嫩、約旦、敘利亞和中東其他區域也有所斬獲，更別提希臘、土耳其和賽普勒斯了。舉個例子，一九八六年，我是賽普勒斯帕福斯一棟羅馬別墅考古挖掘團隊的一員。那棟別墅的年代可追溯至公元二世紀末或三世紀初，似乎毀於一場地震。經證實，我們在其中尋獲的遺物的主人必定是一位富人。我們在其中的一間房間找到一具可能死於這起天災事件的少女骸骨，還有單隻的皮革拖鞋。[2]

屋裡最令人難忘的遺跡是某間房裡繁複多彩的馬賽克地板，描繪奧斐斯（Orpheus）——一位以音樂技巧聞名的傳奇希臘英雄——彈奏著里拉琴，動物圍繞在他身旁；這整棟房子也因而得名〔名為奧斐斯之屋（the House of Orpheus）〕。我對發掘這幅馬賽克拼畫的過程仍記憶猶新，因為我們結束開挖、要從高處拍下整幅馬賽克畫時，遭遇了不少困難，由於它接近十英尺寬、十二英尺長（約三乘三．六公尺），而當時尚未經常使用無人機，甚至連低飛的風箏也不常見，我們的攝影師必須爬上一架梯子，再往外走上我們在最高梯級安裝的一塊厚木板，就像在平衡木上的體操運動員，同時間我們全都緊抓著這整座奇妙的裝置，好讓他可以移動到馬賽克地面正上方，拍到想要的鳥瞰照片。想像你自己在一塊游泳池的跳水板上，站在板子的最末端，在水面上彈晃著，但是手中握著一臺非常昂貴的相機試圖拍照，[3]而非跳入水中，那你就能大致明白他的感受了。

類似這棟賽普勒斯的別墅和馬賽克畫等考古發現，遍布在任何羅馬人的立足地或是羅馬帝國影響

＊譯註：蒙提．派森為英國的六人惡搞喜劇團體。

力觸及之處，從歐洲到中東，再到更遠的土地。我們已經在前面的章節裡提到在倫敦和特洛伊，還有雅典、德爾菲、龐貝和赫庫蘭尼姆的羅馬時期發現；這本書的後半部，也還會有幾個額外的機會去評論在各座遺址的羅馬時期發現物，如馬撒達、米吉多和以色列的死海洞穴（Dead Sea Caves），以及約旦的佩特拉（Petra）和敘利亞的帕米拉（Palmyra）。因此，在這章裡，我們將限縮討論幾個羅馬城的重大歷史時刻，並思考以國族主義為目的的考古學會導致的部分問題。

※　※　※

按照傳統所述，雙胞胎兄弟羅姆魯斯和雷姆斯在公元前七五三年四月二十一日建立了羅馬。於此五百年前，王子埃涅阿斯逃出焚城特洛伊，因為在公元前一二五〇年或稍晚的某時、特洛伊戰爭落幕之際，勝利的希臘人洗劫了這座城市；相傳這對兄弟檔是埃涅阿斯的後代。羅馬詩人維吉爾（Virgil）在標題適切的史詩《埃涅阿斯紀》（*Aeneid*）中描述了埃涅阿斯的故事，他是在公元一世紀羅馬的第一個皇帝奧古斯都的時代寫下的。維吉爾也屢次提及那對雙胞胎兄弟（在第一和第八卷）。

埃涅阿斯的故事有些可疑之處或許並不令人意外，因為維吉爾是在為羅馬人創作國族史詩，就像荷馬早些時候為希臘人寫下《伊利亞德》和《奧德賽》一樣。羅姆魯斯和雷姆斯的故事同樣疑點重重。我們可以在李維的《羅馬史》第一卷找到這個故事的詳盡細節，這部著作也是在奧古斯都治期內寫成的，可以視為同一波榮耀並正當化羅馬首位皇帝的運動的一部分。李維表示，這對雙胞胎在出生後便遭棄於台伯河（Tiber River）岸，但一隻母狼找到他們，並將他們帶回牠的獸穴，當作自己的幼狼般餵養他們。後來，一位名叫浮士德勒（Faustulus）的牧羊人發現了他們，於是帶他們回家並交給妻子，視如己出地養育他們。幾年之後，當他們正在建城時，羅姆魯斯殺害了雷姆斯[4]，並以自己的名字為這座城市命名，或至少傳說中是如此敘述的。

李維的著作涵蓋了羅馬建立到他的時代的歷史。他寫下的多數內容都已經被考古學家證實，包括在羅馬的帕拉廷山（Palatine Hill）發現了公元前一千年初的原始小屋和其他遺存。[5]然而，他敘述的羅姆魯斯和雷姆斯的故事是學者們所謂的奠基神話（foundation myth）相當典型的演繹，社會往往以此解釋明顯平凡無奇的個人如何成為統治者或領袖。我們在希伯來聖經裡也可以讀到摩西的相似典故，波斯大帝居魯士也有這樣的故事，更早以前在公元前二十三世紀統治美索不達米亞、阿卡德帝國（Akkad）的薩爾貢大帝（Sargon）亦然。其中所有相關的事件皆有待商榷。[6]

當然，無論是在公元一世紀或十九、二十世紀，傾心羅馬歷史、渴望探查古代到當代的直接關聯者不乏李維一人。事實上，很多在一八七〇至一九四〇年間羅馬的考古挖掘以及許多古蹟重建的現況，多數都是起因於連結過去與當下的想望。

教宗庇護七世（Pope Pius VII）發起了羅馬的挖掘和修復計畫，始於一八〇三至一八〇四年。其考古工作旨在發掘並保存塞維魯斯凱旋門（Arch of Septimius Severus）、萬神殿（Pantheon）、君士坦丁凱旋門（Arch of Constantine）和古羅馬圓形競技場的各個部分。這些考察工作甚至到了一八〇七年拿破崙征服羅馬後仍持續不輟，更進一步開挖數個區塊，如圖拉真廣場（Trajan's Forum）和圓形競技場的內部。[7]

在國王維克多・埃曼紐二世（Victor Emmanuel II）的命令下，帶有國族主義目的的工事於一八七〇年後展開，圓形競技場、古羅馬廣場（Roman Forum），以及其他的一些古代建築、紀念碑和著名的雕塑作品全都進一步開挖，或僅清除古蹟上的礫石。彼時，羅馬才剛成為一統義大利的首都，正如過去它曾是羅馬帝國的中心，因此國王要求古代和現代的建築都必須反映出成功收復國土的嶄新狀態。[8]

除此之外，許多今天的遊客見到的古蹟最初是在貝尼托・墨索里尼（Benito Mussolini）的命令下開挖的；他是在一九二二年以總理職位掌權的義大利法西斯獨裁者，在十年後他曾宣告：「我……最重要的身分是一名羅馬人。」事實上，一九一九年墨索里尼為了描述他的政治運動所創造出來的法西斯主義（fascism）一字，正是源自古羅馬的束棒（fasces），那是一種紮成捆的木棍，一端有斧頭突出，在古代被攜帶用來象徵權力和羅馬官員的權威。和一位考古學家商討、讓圖像盡可能精確後，墨索里尼採用束棒的圖案作為他的政治運動象徵，當作他的革命和羅馬在過去和當下的重要性的視覺表現，也傳達他自視為新奧古斯都的意念。墨索里尼大權在握時，意圖像奧古斯都時期一樣重新創建羅馬；那位皇帝曾將磚砌的城市改造成大理石之城。[9]

為了達成目的，墨索里尼下令挖掘許多古老建築，並拆除各處侵占在古蹟之上的棚屋、商店等其他現代或中世紀的建物。藉此，於一九二四至一九三八年，在一位名為柯拉多・里奇（Corrado Ricci）的考古學家等人的監督之下，各個新發現的古羅馬廣場皆清理完成——如尤利烏斯・凱撒、奧古斯都和圖拉真（Trajan）的廣場，還有舉行馬匹和戰車競速比賽的馬克西穆斯競技場（Circus Maximus）。古代建築和紀念碑重見天日，在圓形競技場和古羅馬廣場則是進行更深入的挖掘，有些也進行重建，例如奧古斯都的和平祭壇（Ara Pacis），以及奧古斯都陵墓（Mausoleum of Augustus）、馬切羅劇場（Theater of Marcellus）和萬神殿等不同的神廟。展示新出土古蹟的新廣場和寬廣的街道也興建完成。

據說，墨索里尼任內十四年的挖掘工作「所提供我們對奧古斯都所統治的羅馬的認識[10]，比過去十四個世紀都要來得多」。

墨索里尼十分積極熱愛這些發掘和興建計畫，甚至在拆除影響遺跡的建物工程剛開始時，擺出甩動尖鋤的姿勢拍照。在其他照片裡，他和隨行人員在馬切羅劇場前新建的海洋大道（Via del Mare）邁步行走，不過背景是真理之口廣場（Piazza Bocca della Verità）和雅努斯拱門（Arch of Janus）。著名的幾張相片之一是在一九三二年帝國大道（Via del Imperio）[11]完工後的落成典禮上拍攝的，他盛裝騎馬，身後的背景是古羅馬圓形競技場。

和平祭壇的挖掘工作尤其巧妙。這座祭壇原來建於公元前一三年，並於公元前九年完工，用來慶祝奧古斯都在西班牙和高盧（Gaul，今法國）的三年戰爭結束歸返，並歌頌他為帝國帶來的和平。祭壇的做工精良，不附屬於其他建築，約十平方公尺大，四面皆飾有雕刻橫飾帶和浮雕鑲板，其中包括安坐在盔甲堆上的羅馬（Roma）女神化身，也描繪了正在哺育羅姆魯斯和雷姆斯的母狼。墨索里尼決定要在奧古斯都誕辰兩千年紀念慶祝活動之前[12]，完成這座祭壇的挖掘和修復工作，時間是一九三八年九月二十三日。

早在一五六八年，興建培雷提宮殿（Palazzo Peretti，後更名為菲亞諾宮殿（Palazzo Fiano））期間，就曾意外找到祭壇的十個碎塊，而在一八五九年又發現了十七個碎塊。後一批的碎塊分散收藏在不同的博物館，必須重新取回。此外，這座古蹟的主要部分仍在宮殿下方，在地下也在水下——一九〇三年的挖掘找到了另外五十三個祭壇碎塊，但也證實了該地區過去完全被水淹沒。[13]

一九三七和一九三八年，一位名為朱塞佩・莫瑞提（Giuseppe Moretti）的考古學家和一位名為吉奧凡尼・羅迪歐（Giovanni Rodio）的水利工程師主導發掘工作。團隊首先透過在每一塊磚塊注入水泥漿，來將在古蹟上方的宮牆穩定強化。接著他們建造一座用來放置宮牆的巨大鋸木架，並用液壓千斤頂將牆抬到支架上。下一步，他們挖出圍繞全區、寬五英尺（約一・五公尺）的溝渠，形成一個巨大的圓圈，圓周約二百三十英尺（約七〇公尺），橫跨約七十五英尺（約二二・九公尺）。他們在溝渠裡放入一根水管，再接上五十五根附加水管，每根直徑長三英寸（七・六公分），將之推入地底深二十四英尺（約七・三公尺）處。在壓力下將二氧化碳打入管中，就能創造出一臺巨大的地下冰箱，讓包覆每根管子周圍的水分全數結凍，因此形成二十四英尺深、圓周兩百三十英尺的凍土圓牆。這道結冰牆可以成為屏障，防止更多的地下水滲入。將他們隔離出來的區域內現存的水抽出來之後，考古學家才得以挖掘遺存，找回祭壇七十五塊額外的大型碎塊以及數百塊較小的碎片。他們接著在奧古斯都陵墓附近的新選址重建祭壇，把這些新碎塊和那些早期發現、從各地博物館取回的碎塊結合在一起。他們及時趕在奧古斯都誕辰紀念的慶祝活動前完工，正如墨索里尼所願。[14]

自那時起，他們也開始整修祭壇及其周邊地區，最近期的修復成果是在二〇〇六年揭幕。此外，現今有幾位學者質疑墨索里尼考古學家的重建工程，認為過程太過倉促也不完全正確，漏掉了幾個碎塊，其餘又誤組在一起，也主張祭壇的外部可能是繼承奧古斯都權位的皇帝提貝里烏斯（Tiberius）後來所加，他也可能曾經改建原始的結構。[15]

※ ※ ※

不過，除了和平祭壇以外，今天羅馬最著名、最多遊客造訪的古蹟多數可追溯至公元一世紀稍晚和二世紀上半葉，分別是弗拉維王朝時期和五賢君（Five Good Emperors）時期。其中包含維斯帕先（Vespasian）建造的古羅馬圓形競技場、其子提圖斯興建的凱旋門，還有圖拉真建成的圓柱與哈德良任內完工的萬神殿。

奧古斯都建造和平祭壇後超過八十年，維斯帕先皇帝才在羅馬興建了他自己的和平神殿（Templum Pacis）。和平神殿在公元七一年委任開工，並在四年後正式落成啟用，據傳它的面積是和平祭壇的十倍大。它一直到相對近期才不見蹤影，但經過一九九八至二〇〇〇年考古學家的挖掘，在涅爾瓦廣場（Forum of Nerva）附近發現了神殿的西側角落。[16]

這座神殿最知名的部分是相當後期才加蓋的，約於公元二〇三至二一一年建成，專門用來擺放雕刻在碩大大理石板上的巨幅羅馬地圖，與神殿的東南牆相連。它經測量超過五十英尺高、四十英尺寬（約十五・二公尺高、十二・二公尺寬），被稱之為羅馬疆圖（Forma Urbis Romae），更口語化的名稱則是塞維魯斯大理石地圖（Severan Marble Plan）。它描繪了公元三世紀早期、從台伯河一路延伸到圓形競技場南邊範圍內，城市裡所有主要建築的位置，比例尺約為一比兩百四十。在騷亂的公元五世紀蠻族入侵期間，地圖遭到擊毀，其碎塊再次用於羅馬的其他地方。自一五六二年以來，超過一千片的地圖碎片[17]因意外或被考古學家尋獲，最近期的發現是在二〇〇六年，但仍約略只占了整幅地圖的兩成（而且找到的碎片中只有一成確知其擺放位置）。

在公元六九年間，也就是名稱恰如其分的四帝之年（Year of the Four Emperors），維斯帕先是第四位登上王位的皇帝。當時，羅馬帝國正忙於平息在現今以色列境內的一場叛亂——從公元六六年延續至七〇年的第一次猶太叛變（First Jewish Rebellion）。維斯帕先統率鎮壓起義的羅馬將軍，帶領羅馬軍隊對抗叛變人士，直到他被召回羅馬、派任為皇帝。維斯帕先的登基標誌著弗拉維王朝的濫觴，因為他的兩位兒子提圖斯和圖密善（Domitian）都在他之後繼位。他們三人從公元六九年，統治到公元九六年，接續為帝。

因為維斯帕先被召回羅馬，實際上是他的兒子提圖斯在公元七〇年奪下並摧毀了耶路撒冷。希律王（Herod）的第二聖殿（Temple）被焚毀夷平，寶藏全遭侵占。大批的人民淪為俘虜，大量的贓物被當作戰利品奪走，導致奴隸的價格和黃金的價值在事後立即暴跌——古代的歷史學家約瑟夫斯（Josephus）表示：「在敘利亞，一磅重的黃金只賣得先前價格的一半。」[18]

維斯帕先和平神殿的建造原因有很大一部分是為了慶祝成功壓制第一次猶太叛變，興建經費來自於洗劫耶路撒冷的戰利品。從希律王聖殿掠奪而來的財寶在羅馬遊街展示後，被放置在神殿裡頭，據約瑟夫斯所述，其中包含有著七個分支的實心黃金猶太燈臺（menorah）、陳設餅桌（Table of Shewbread）和一對銀喇叭。後來所有物品都消失了，相傳是在公元五世紀羅馬遭遇的第一次蠻族入侵期間被帶到了迦太基（Carthage）（那幅巨大地圖可能也是在同一時間遭到摧毀），接著又在公元六世紀運往君士坦丁堡。至今全數仍下落不明。不過，它們因被描繪在紀念性的提圖斯凱旋門而遠近馳名，這座凱旋門是為了慶祝戰勝猶地亞（Judea），在提圖斯公元八一年逝世後不久建造落成，坐落於古羅馬廣場的一端，鄰近圓形競技場。[19]

那座凱旋門偶然受到保護，因為它在中世紀時遭併入一座防禦塔樓之中，成為弗朗吉帕尼（Frangipani）家族所建造的堡壘的一部分；他們是一支勢力強大的氏族，曾在公元十二世紀短暫治理羅馬。到了一八二一年，凱旋門除去弗朗吉帕尼家族增建的部分，恢復成原始的樣貌。它是座宏偉莊嚴的紀念性建築，高高屹立在現今每年造訪古羅馬廣場的數千名遊客群中。在它最初建成時，必定是幅令人嘆為觀止的景象。[20]

刻畫羅馬士兵搬運這些寶藏在羅馬遊街的場景位於凱旋門內側的一面，走過或騎車穿過凱旋門的人們都能看見；這個場景成為二〇一二年六月一場有趣實驗的主題。紐約葉史瓦大學（Yeshiva University）的史蒂芬・法因（Steven Fine）、維吉尼亞大學（University of Virginia）的伯納德・弗利雪（Bernard Frischer）和羅馬考古遺產特殊管理協會（Soprintendenze Speciale per I Beni Archeologici di Roma）的辛希雅・康提（Cinzia Conti）所領導的團隊，利用一種新興的尖端技術，來判斷這幅場景原來是否曾有彩繪，因為現在已經確知許多古代建物上的建築特徵——如雅典的帕德嫩神殿、埃及的路克索神廟（Temple of Luxor）以及許多古代大理石雕塑——皆曾飾有豐富的色彩。[21]

這項工程名為提圖斯凱旋門數位修復計畫（Arch of Titus Digital Restoration Project），第一步是進行高解析度的三維掃描，以便團隊最後能製作出整座凱旋門的三維模型，正如它原始的樣貌。這個模型會成為「羅馬重生」（Rome Reborn）的一部分，這是一項弗利雪主導的計畫，目標要在三維空間重現從公元前一〇〇〇年至公元五〇〇年古羅馬隨著時間演變的全貌。[22]

這支團隊採用了一種名為紫外線–可見光分光光譜測定法（UV-VIS spectrometry）的非侵入性技術來判斷大理石浮雕上是否有任何區塊曾經彩繪，而無須損害或摧毀任何部分。他們掃描搜尋三十二個位置的顏料殘留物，而有二十處呈陽性反應。測定結果交由一名德國的資深文物修護師海因里奇・皮寧（Heinrich Piening）博士進行分析，他描述在一隻手臂和其中一位士兵拿著的猶太燈臺基座正面有

提圖斯凱旋門。

提圖斯凱旋門特寫。

「黃赭石的痕跡」，「被直接塗在石頭表面……作為顏料塗層」。從一定的距離觀之，猶太燈臺的描繪看起來會是金色的，一如它實物的模樣。顯然場景中的其他部分[23]也有彩繪，但這支團隊在初期的先導研究外尚未有其他作為。

中世紀的弗朗吉帕尼氏族也是附近圓形競技場的所有人，並曾加強其防禦工事；圓形競技場在公元七二年維斯帕先的命令下開工，公元八〇年時雖仍未完工，但他的兒子提圖斯舉行了落成典禮。這座競技場原來的名字是弗拉維圓形露天劇場（Flavian Amphitheater），因此偶爾在現今提及時，也會簡稱為「圓形露天劇場」（the amphitheater）。不過，我們知道至少到了八世紀時，它也被稱作圓形競技場*，並沿用至今，這可能是因為附近曾矗立一座巨大的尼祿雕像，全長一百二十英尺（約三六・六公尺）高，也可能純粹是因為競技場確實相當龐大——不止一位學者[24]曾指出，競技場是城中最高的建築。

維斯帕先將圓形露天劇場蓋在一座乾枯人工湖的遺存之上，而這座人工湖曾是尼祿金宮（Domus Aurea）的一部分。這座巨大的宮殿因它的金色宮牆而得名，因為部分房間覆蓋著金箔，外牆可能也是如此。金宮因尼祿頻繁在那裡舉行的晚宴和盛宴而名聞遐邇，它是在公元六四年的大火（Great Fire）後建成的，據說「尼祿在羅馬身陷火海時還拉著小提琴」[25]（雖然其他資料主張，他確實曾在一座安全距離之外的高塔中，一邊看著熊熊大火，一邊歌頌著特洛伊遭淪陷洗劫的事件）。

＊ 譯註：古羅馬圓形競技場常用的英文名是「Colosseum」，有「巨大」（colossal）之意，所以中文也有人譯作古羅馬圓形大劇場。但臺灣常用譯名為「古羅馬圓形競技場」或「古羅馬競技場」，因此本書仍採用常見譯法。

尼祿自殺後僅僅四年，也就是公元六八年，金宮便已荒廢，有部分遭到拆除而後期的皇帝在其上大興土木。早在文藝復興期間的一四八八年，金宮就已經被意外發掘，相傳宮殿有部分的塑像遭到洗劫，梵蒂岡知名的勞孔群像（Laocoön）可能也是其中之一，那些雕像原來應該是放在宮殿的一個房間裡，牆上繪飾著特洛伊戰爭的場景。拉斐爾（Raphael）、米開朗基羅（Michelangelo）和其他文藝復興時期的畫家「以繩索垂降穿過天花板上的洞，去研究宮殿裡的壁畫」，據說這些古老壁畫影響了他們自身的藝術作品；有幾位畫家甚至在牆上刻寫下他們的名字。現代考古學家在一九〇七年開始挖掘這座宏偉宮殿的遺存，一直到近期的二〇〇九年都仍有新發現，現已開放遊客參觀。[26]

最近出現相當具說服力的論述表示，可謂今天全羅馬最著名的古代建築——圓形競技場，建築經費可能也是來自羅馬在公元七〇年占領並洗劫耶路撒冷的暴發財富，正如先前討論過的維斯帕先的和平神殿。這項論述的證據來自一塊毫不起眼的大理石，首次於一八一三年在競技場附近被發掘。長久以來，人們都知道上頭刻有公元五世紀的碑文，但似乎還隱匿或包藏了一段額外的幽靈銘文。[27]

這項卓越的發現是海德堡大學（Heidelberg University）的教授蓋薩・阿爾弗迪（Géza Alföldy）在一九九五年的成果[28]，其靈感來自於其他學者在數年前的觀察。刻在大理石上的銘文記錄了某次在公元四四三至四四四年間進行的修復工程，費用由一位名叫魯菲烏斯・凱西納・菲利斯・蘭帕迪烏斯（Rufius Caecina Felix Lampadius）的元老院議員支付。根據銘文所述，這位大方的羅馬人似乎「自行出資，重新修復露天劇場的圓形舞臺、表演臺、戲臺和後門」。

不過，阿爾弗迪注意到大理石的同一表面上鑽有數個小孔，和魯菲烏斯・蘭帕迪烏斯的慷慨解囊計畫毫無干係。他認為這些孔洞是更早以前一度曾裝飾在同一塊大理石上的青銅字母所留下的銘文痕跡。那些文字是在雕刻較晚期的銘文之前或過程中被移除的。每個青銅字母背面都附著小釘或小突起，被嵌入大理石表面的小孔，好讓字母固定在正確的位置。阿爾弗迪所要做的就是弄清楚哪些字母和留下的小孔分布最為相符。

在解譯這種幽靈銘文方面，阿爾弗迪是世界級的專家，沒多久他就提出了一種可能。他認為上頭寫著：「皇帝凱撒．維斯帕先．奧古斯都下令以掠奪物（販售後的收益）建造新的圓形露天劇場。」維斯帕先應該是在公元七九年立下這段銘文。在指涉「掠奪物販售後的收益」時，是使用特定的字眼，代表戰爭奪得的戰利品。維斯帕先參與的戰役中收穫如此豐厚者，只有公元六六至七〇年的第一次猶太叛變。阿爾弗迪主張，維斯帕先用這些收益來協助認購圓形競技場的建築費用，現在多數的學者也同意這個說法很可能是正確的。但阿爾弗迪並未就此打住。

他注意到即使銘文已經頗長，仍有幾個小孔未經詮釋。尤其，他發現那些孔洞似乎暗示了某區塊的原始字母被移動到右方，並加入了一個額外的字母。他鑑別出這個字母是T，在這樣的銘文中經常用來表示提圖斯名字的縮寫，而T被鑲嵌在代表凱撒的C字母前。因此，修改後的銘文如下：「皇帝提圖斯．凱撒．維斯帕先．奧古斯都下令以掠奪物（販售後的收益）建造新的圓形露天劇場。」提圖斯——實際奪下耶路撒冷之人——藉由添加這單一個字母，來主張圓形露天劇場的興建是他的功勞。這項修改應該是在維斯帕先死後的公元八〇年完成的，也就是提圖斯為露天劇場舉行落成典禮的年分。

公元八〇年提圖斯的落成儀式距離維蘇威火山爆發、波及龐貝和赫庫蘭尼姆僅僅一年，在這之後，圓形競技場一直是羅馬人生活的中心，直到近四百年後、公元五世紀的最後一場運動會為止。在那幾百年間，競技場上演的奇觀場面和娛樂活動，從惡名昭彰的角鬥士搏鬥[29]到對戰野生猛獸的格鬥應有盡有，有時甚至還有船艦的交戰（雖然船戰可能只在競技場出現的前幾年舉辦過）。

正如金宮的意外發現據說影響了文藝復興時期的畫家，圓形競技場也影響了十八和十九世紀的浪漫主義詩人和其他作家，包括拜倫勛爵、納撒尼爾．霍桑（Nathaniel Hawthorne）、查爾斯．狄更斯（Charles Dickens）和馬克．吐溫（Mark Twain）。例如，在一八一七年的戲劇詩《曼弗雷德》（*Manfred*）的一個著名段落中，拜倫讓他的主角描述月光下的圓形競技場：

> 我佇立大劇場牆內，
> 身在偉大羅馬的首要遺跡之中，
> 依著殘破拱門生長的樹木
> 在藍色月光下暗影婆娑，而星子
> 閃耀光芒穿透廢墟的隙縫……
> ……角鬥士的血腥競技場猶存，
> 一場發生在傾圮之完美建物中的高貴毀滅！[30]

拜倫的詩歌和其他作家的文字讓圓形競技場成為具號召力的觀光景點，夜間參訪尤其熱門，至今依舊（儘管夜間時段已經不再開放參觀）。然而，我想我們很難真正想像那時的實際場景，即使看過了羅素．克洛（Russell Crowe）的電影《神鬼戰士》（*Gladiator*），也無法以全部的五感去體驗。

想像一下，氣味爭先恐後竄入你的鼻腔，有汗水、鮮血和露天劇場內五萬具不潔屍體的惡臭；在你的嘴裡嚐嚐因競技場內的激烈動作而漫天飛舞的塵土；想像群眾震耳欲聾的吼聲，蓋過你鄰座之人的談話聲；感受兩旁的人們密集地擠在一塊，以至於你的雙手和雙腳緊貼著他們全身。雖然用來保護觀眾的巨大遮陽棚高掛，你仍須努力忽略曝晒在你頭頂和雙肩上的熱辣陽光，同時入迷地注視著角鬥士、遭判有罪的犯人、從非洲引進的野獸等人畜，一個接著一個為了娛樂你而戰鬥至死，接連數日。

然而，感官幾乎在剎那超載，而你融入群眾，成為專注在下方競技場的沸騰觀眾的一分子。你只撇開頭一瞬，再定睛一看，一隻獅子正撲向一頭無助的斑馬，雙方都宛如憑空冒出，但其實是從競技場地底深處以一種巧妙的裝置送上場的；這種裝置近似於現代的電梯或送菜升降機，將動物往上運送到一道活板門下方的水平面[31]，門一開就能讓牠們進入競技場。

當在提圖斯為圓形競技場舉行落成典禮、接連一百天沒有停止這樣的娛樂活動時，這就是你會聞到、看到、聽到、嚐到和感受到的一切。後期的皇帝甚至讓這些節目持續更久——圖拉真舉行的競技比賽長達一百二十三天，共有一萬名角鬥士和一萬一千隻野生動物牽連其中。不過，平民（private citizens）因為要在他們的公民同伴眼中競爭特權，而贊助了大部分的競技比賽，所以這種奇觀[32]通常每星期會發生一次，有時甚至天天上演。

雖然關於是否真的有人因宗教信仰而被送入獅子群的血盆大口仍有爭議，但教宗本篤十四世（Benedict XIV）在一七四九年宣告，將古羅馬競技場改為基督教殉教者的聖壇。在那之前，競技場一直被當作採石場，盜採那些經切割的石塊，重新利用在附近的建築，或是拿走把石塊固定在一起的鐵夾[33]，這也是為什麼競技場的許多部分已不復存在。

當然，羅馬並不是唯一擁有圓形露天劇場的帝國城市；其他地方也建有類似的建築，要不是羅馬人所為，就是出自當地人之手，而且在公元一至四世紀尤其常見。事實上，從阿爾巴尼亞到阿爾及利亞，從突尼西亞到土耳其，世界各國尚能看到的古羅馬圓形露天劇場總共超過兩百座，而且光是法國境內就有近四十座。[34]即使到了今天，我們仍然為了重大運動賽事，以類似的規劃使用圓形露天劇場，如洛杉磯體育競技場（Coliseum），只不過現在唯一會在那裡進行的搏鬥僅是敵對的兩支足球隊。

※ ※ ※

在一八七〇至一九四〇年，國王維克多・埃曼紐二世和墨索里尼統治任內，對羅馬考古學特別重視的政策背後是奠基於國族主義——按定義包括了對母國的自豪，通常也對其歷史感到驕傲。這兩者的關聯相當值得一提，特別是在羅馬考古學和國族主義的連結可能比世界上任何其他城市或區域、歷史上任何其他時期都要來得強大——包括雅典、耶路撒冷、墨西哥市等地。一如考古學家詹姆斯・佩克（James Packer）所述：「對法西斯主義者而言，最重要的古蹟……是（用來當作）……政治宣傳的工具，同時也是帝國的先例和正當辯護。」[35]

然而令人遺憾，且相當諷刺的一點是，國王維克多・埃曼紐二世和墨索里尼因倉促開挖古羅馬遺跡，導致他們想要進行考古工作的許多城區都遭到破壞和拆毀。許多人民被迫遷移，商店關門大吉，甚至連教堂也遭殃。[36]

此外，考古團隊匆促開挖，又高度聚焦在尤利烏斯・凱撒時代到羅馬帝國巔峰的公元二世紀，也代表了他們直接挖穿並毀壞覆蓋在這些遺存之上、較後期的平面和地層，包括古典時代晚期和中世紀，亦即羅馬帝國衰弱後的時期。大多數來自這些較晚時期的物品都被直接丟棄，過程中極少數的考古筆記和規劃後來也多在世界二次大戰期間佚失。當時參與的人員沒有試圖提問或解答任何關鍵的研究問題，儘管這是今天考古學的基礎——他們絲毫不想進一步認識建造那些建築、參加圓形競技場運動會、在神殿中敬拜的民族。[37]

考古學和國族主義的掛勾並非義大利所獨有；一本近期修編、關於歐洲國族主義和考古學的著作主張：「這可以被視為一種普遍的現象[38]，在過去兩百年內影響所有的國家。」事實上，那本書的編輯群指出，在德國、義大利、丹麥等地，正是因為國族主義的出現才創造並制度化考古學這門學科，還附帶出現了儲藏取得遺物的博物館、專業人士的學術團體、發表挖掘結果的期刊、以及協助教導學生認識自身重新找回歷史的大學教授職位。這也有助於鞏固一項觀念——它是考古學成功的關鍵，至今也依然盛行：「過去……對現在具有核心的重要性。」[39]

今天，我們看著每年數以千計造訪羅馬的遊客，渴望一睹歷史遺跡的風采，過去的重要性尤其能夠顯現，而且這些建築之所以重見天日，部分是當今有時被稱作法西斯考古學的成果。[40]現在看來，要回答在本章開頭那個蒙提．派森提出的問題「羅馬人曾為我們做了什麼？」很適合在答案中加上觀光產業這一項。

國族主義和考古學的連結也有黑暗面，有時訴諸過去的目的不僅僅是自豪，更是要提倡某個現代群體相較於他者的優越性，正如我們在二戰之前和期間看到的德國和義大利。[41]當一個現代群體亟欲藉由考古遺存來確立領土的所有權時，考古學也可能遭到利用和濫用——比方說，我們可以在以色列看到這樣的狀況，以色列人和巴勒斯坦人都站在實際或自認與古代有所連結的基礎上，聲稱他們擁有使用同一塊土地的權利。[42]我們會在後面的一個篇章討論到伊加爾・雅丁（Yigael Yadin）對馬撒達考古遺存的挖掘和詮釋時，再次探討這個主題。因此，今天的考古學家一致努力，希望能夠避免被國族主義或其他類似的情感過分影響，儘管努力並非總是奏效，因為即使考古學家經常在異國進行發掘工作，我們也不過是一介凡人。

挖深一點，之二

你怎麼知道要怎麼挖？

接著是我們第二次可以花些時間挖深一點，來看看考古學研究是如何進行的。這次，我們要透過回答「你怎麼發掘一座遺址？」這個問題，來真正「深入挖掘」。

第一件你必須要知道的事，就是你有可能在十五分鐘內學會如何挖掘。考古挖掘的基本技巧和後院的園藝工作所需要的技術大同小異。隨著在世界不同地區工作，特定技巧可能會有一定程度的改變，但在多數地方使用的工具是相同的。考古學家用大型工具挖掘大範圍的區域，如十字鎬、鏟子和獨輪手推車。細節工作則是用手鎬和平鏟，牙科工具和牙刷則是用在極為精細的工作上[1]，例如挖掘骸骨和其他有機遺跡，包括種子、核果或獸骨。當要弄清楚在挖掘的是什麼東西，事情就會變得比較複雜了，包括要決定挖掘區域是在古代建築裡面或外面，是否有地坑或其他遺跡存在，或是對付其他和地層狀況相關的問題。

似乎頗為令人驚訝的是，十字鎬的使用時機比多數人想像的都要來得頻繁，至少在我曾工作過的地中海地區是如此。我在米吉多的朋友兼同事伊斯拉儀．芬克斯坦（Israel Finkelstein）就因為在許多場合都說過：「如果用得恰當，十字鎬可以是廢丘上最精細的工具，」而廣為人知。他所言不虛，但使用的祕訣是不要將十字鎬高舉超過你的臀部，讓鎬頭靠著本身的重量落進土中，而不是將鎬高舉在空中，失控地甩開，即使是一次要挖穿十公分高的填充物或土壤也要這麼做。如果有團隊成員開始往地面重擊猛掘，不久就會有人受傷了。事實上，在我曾參與的一次發掘工作中，有一位志工毫無章法地揮舞十字鎬，結果把她的膝蓋骨敲擊到大腿中段或接近的位置。這代表在接下來的六週或更長的時間，她得打著整腿的石膏——所以請務必小心。

工具箱裡還會有各式各樣的用具，但一定會有一把平鏟。不過，考古學家用的不是隨便一把當地五金行買來的平鏟。馬紹爾鎮（Marshalltown）或WHS是首選的平鏟品牌——通常美國考古學家會用馬紹爾鎮牌，英國或歐洲考古學家會用WHS牌，後者的平鏟體積較小，也較不易彎曲。它們的價錢並不昂貴；就算加購一只別緻的皮套來裝平鏟，每把也不到二十美元。

挖掘：專業工具。

令我驚嘆的是，現在我自己的平鏟已經比這陣子和我一起挖掘的多數學生都要老了。它是馬紹爾鎮牌的平鏟，是我母親在我滿二十一歲時送給我的。我不願這麼說，但現在如果我意外把這把平鏟遺落在某座遺址，又被某人挖到的話，它本身就可能會被認定為遺物。

有些人也會攜帶自己的手鎬，也就是較小型的十字鎬。美國的幾間公司有販售手鎬，大約六十美元可以買到一把。不過，挖掘現場通常會提供手鎬，所以我從沒想過有需要自備一把，不過在我參與過的幾場考察遠征中，有些成員死也不會忘了在自己的皮帶掛上一兩把。

挖掘現場也會提供畚箕、刷子和捲尺。這些工具再加上平鏟和手鎬，就是每天都會使用的器具。每年夏天我也都會隨身帶著牙科工具。我的牙醫會為我留下一些壞掉的工具，在每年我去定期檢查和洗牙時送給我。牙科工具通常只有在挖掘某些必須非常精細處理的東西時才會派上用場，例如骸骨。我一般會直接把我的牙科工具箱留在任一處我工作的挖掘現場的材料庫，因為我不常使用它們。

在地中海地區的許多發掘，都很可能有適當的桶子分色制度。舉例來說，在卡布里廢丘的米吉多，我們將挖掘出來的塵土倒進黑桶，陶器放入橘桶，獸骨放進綠桶或藍桶。接著，每過一陣子，我們吆喝大夥排成一列傳桶隊伍，一直把裝滿土的桶子傳遞到廢棄堆，傾倒一空。其他時候，我們會直接把桶子裡的土移到獨輪手推車上，再推運到同一處廢棄堆清空它們。不過有時候，特別是在我們謹慎挖掘某處古老的地面時，在丟棄廢土之前，我們會用一張網篩仔細篩過所有的土，找尋其中最渺小的物品。到了季末，因為到處搬運這些廢土桶，團隊成員都會增肌減重。我們常說，我們可能都用錯方法行銷考古挖掘了——應該將它們宣傳成健康保健診所，人們可以在這裡減肥健身，同時發掘古代遺存。

可是前往考古發掘時，別期望找到骸骨、黃金、珠寶、埋藏財寶或墳墓等物。在地中海地區挖掘時，幾乎每天每個小時都能發現陶器、石器和其他小物品。在美國或中南美洲、在英國或歐洲，可能會預期發掘的東西或許並不相同。儘管如此，雖然大部分的發現可能都是平凡無奇的物品，如陶器或建築物的牆面，但能夠成為要不是數千年、也是數百年來，第一次摸到這些物品的人，實在是個挺美妙的感受。

※ ※ ※

無論你在世界的何處挖掘，通用的經驗法則是絕對不要在任何東西有一角出土時，就將它猛扯出地面。知道物品底部的位置，比知道它的頂端來得重要——因為舉例來說，它可能安坐在一片地板上，那將會傳達出重要的資訊，也就是我們所謂物品的脈絡關係（context）。因此，在通知挖掘場或區域督導員，並得到繼續挖鑿的允許後，必須一直挖到那樣物品和任何其他可能與之相關聯的遺物像放在桌面上那樣完全露出才行。只有當那些物品能夠被輕鬆拿起並帶走，好比晚餐後把一只餐盤拿離桌面，才能考慮是否移動它們。不過，如果那件物品足夠重要，督導員或許會想要請來攝影師，或可能是一位藝術家，就地——也就是當它還在原處時——照張相，甚或畫下物品的樣子。

這是因為每項出現在考古發掘現場、或可說世界任何一處的物品，無論是否由一名考古學家挖掘出土，皆有其脈絡關係。脈絡關係包含了去理解發掘時和那件物品相關的其他東西——比方說，圖坦卡門陵墓裡的其他陪葬品——以及其周遭自然環境，例如它是在沙地、泥地、水中、冰晶或普通的土壤中找到的。了解一項遺物的脈絡關係[2]往往可以幫助我們弄清楚它是如何出現在那裡的。這也經常讓挖掘者能夠判斷物品的確切年代。

每項古代物品的脈絡關係正是它之所以如此重要的一大原因，同時也是考古學家的工作和寶藏獵人或劫掠者的不同之處。如果有人向我展示一只黃金手鐲或某樣其他遺物，或是讀到相關文章，我會說的第一句話是：「哇，它是從哪裡來的？它的脈絡關係是什麼？」如果我們不清楚一件遺物的脈絡關係，它對考古學家而言就失去了大部分的固有價值，因為這代表完全不知道它的發現地點、發現時間、其他一起發現的物品，或任何關於發掘地的資訊。這也是為什麼考古學家看見一件洗劫而來、被放到藝術市場上販售的物品，總會十分哀傷——那件物品原本可能可以告訴我們大量的資訊，現在卻只是因為某位收藏家認為它很漂亮，或想要一些來自古埃及或伊拉克的東西，就被白白出售。

此外，稍微岔題一下，一項物品就算是在考古學家手下發現的，其脈絡環境也可以分為首要、次級或甚至是三級。[3]如果我們說某物是在首要脈絡環境中被發掘的，就代表我們是在那項物品許久以前最初被丟棄的地點找到它的，且從未經移動或擾亂。

如果我們說一項遺物是在次級脈絡環境中被找到的，那代表我們認為某人或某物曾在它最初被埋入地底後移動或擾亂之。關於次級脈絡環境，可以舉凱斯琳．肯揚挖掘耶律哥的時候當作一例。如我們先前所述，肯揚在耶律哥發現，在新石器時代——亦即約公元前七五〇〇年，或近一萬年前——人們會埋葬死者的遺體，或甚至可能讓屍體暴露在外，但或許在肌肉瓦解後，他們會將頭部取下身體，塗上厚厚的泥土，目的或許是要模擬曾在原處的肌肉，接著在雙眼曾在的眼窩黏上貝殼，更精確地說是瑪瑙貝殼。接下來，他們會把抹泥的頭顱放在屋裡客廳角落的陳列架上，可能是一種祖先崇拜的形式。因此，當肯揚發掘這些頭顱時，它們是位於次級脈絡環境。

脈絡環境真的重要嗎？其重要性無庸置疑——因為了解耶律哥的居民會移除死去家族成員的頭顱、塗上灰泥，再將之放置在客廳（也就是考古學家找到它們的次級脈絡環境），都是為了讓我們現在能夠大致掌握他們當時的想法和他們這麼做的原因。這或許能讓我們一瞥他們的思考過程、他們對死亡的恐懼或對死後生命的信仰，或甚至是我們現在稱之為宗教的開端。

從各方面來說，理解考古學脈絡關係的觀念及其重要性是不可或缺的，由於這解釋了為什麼我們如此謹慎挖掘，以及為什麼我們必須在過程中小心記錄的部分原因，因為當我們在挖掘時，也代表正在破壞一件物品特有的脈絡環境。脈絡關係就是一切，而紀錄必不可少。事實上，據考古學家預估，古代物品若遭劫掠者剝離考古脈絡環境，放到藝術市場上販售時也沒有任何憑證，便已失去九成的價值，因為其附加的資訊微乎其微。同樣地，仿造品和贗品則可能會影響到我們對於古代世界的思考過程，後果無可挽回。

※ ※ ※

如果你要恰當地挖掘一處遺址，會運用到哪些方法？

其中一個可能性是名為水平發掘（horizontal excavation）的方法[4]，也就是揭開整座遺址的一個完整平面或地層。接著再進行記錄、描繪和攝影。水平發掘經常運用在美國殖民地威廉斯堡（Colonial Williamsburg）一類的遺址。一九二〇至一九三〇年代，芝加哥大學在米吉多進行的部分挖掘也是採用這個方法。

水平發掘可以幫助你了解整座遺址的布局配置——有哪些各式活動舉行的地點，哪些人們居住、工作、敬拜的地方深埋地底。若在只有單一層生活層的遺址，水平發掘是顯而易見的策略。但在多層的遺址就必須有所取捨，因為如果挖掘的範圍如此寬廣，你就得犧牲深度——你了解了遺址某一地層的樣貌，但你放棄了認識遺址的各個地點是如何隨時間變化的。舉例來說，芝加哥大學的一支大型挖掘團隊在米吉多工作了近十年，仍只能夠完成遺址上方三層的地層勘查，並讓第四層出土——留有下方另外十六層未經考察，最後他們更改了發掘計畫。

另一個主要的選擇是進行垂直發掘（vertical excavation）[5]——在幾個地點深入挖掘，以便初步理解遺址的年代次序或時間跨度。如果事後決定要擴大遺址的挖掘範圍，這是個很好的方法，可以事先了解未來可能會遇到的地層情況。若是如此，便只會選出幾個限定區域，並在那些地點盡可能深入挖掘。這就是芝加哥大學的考古學家最後在米吉多某個區域的做法，他們挖掘出一條又窄又深的溝渠，直至生活層下的岩石底床——這就是我們得知該處遺址共有二十個主要地層的方法，可追溯到至少公元前三〇〇〇年。

威廉．馬修．弗林德斯．皮特里——最重要的早期考古學家之一——是其中一位最先在挖掘多層遺址時演示垂直考古學的重要性的學者。皮特里原先未曾受過任何正式的學校教育，雖然在他二十六歲前往埃及測量金字塔的許久以前，他便曾在英國參與調查，他的工作地點還包括了巨石陣。他靠著實戰經驗學習，最終在一八九二年成為倫敦大學的第一位埃及學教授[6]，當時他大約四十歲，後來又任職了四十年。

皮特里最先在埃及挖掘，最終在那裡培訓出一整隊來自現今路克索附近的古夫特村（Quft，或作Guft）的工人。一直到今天，這些被稱為古夫特村人（guftis）的工人後代，仍在埃及的考古發掘中提供許多精良的勞力。每個古夫特村人都做著皮特里分派給自己的父親、祖父或曾祖父的同一份工作——有些專門用十字鎬，有些專門用平鏟，有些則是監工。古夫特村人是一群天賦異稟的工人；一九八〇年代中，我曾有幸在一次埃及尼羅河三角洲區的發掘中和幾位合作。

皮特里也挖掘過現今的以色列和加薩走廊。在那裡，他是引入或有時可說是推廣某些觀念的一大功臣，這些觀念在今天的考古學已經被我們視為理所當然，包括地層學和疊覆——兩個觀念都是圍繞在較早期的事物通常會位在較晚期的事物下方。[7]在中東多數地區發現的廢丘尤其如此，因為廢丘是由一座又一座的古代城市層層相疊所組成，數百年或千年來逐漸累積，而最古老的城市總是在最底層。

舉例來說，如前所述，芝加哥團隊在米吉多發現，那座七十英尺（約二一．三公尺）高的土丘內有超過二十座城市隱身其中。最底部的第一座城市至少可追溯到公元前三〇〇〇年，頂端最近期的城市也可回溯到公元前三〇〇年左右。如果觀察這些土丘切割出來的側邊斷面，很容易就能看出不同的分層，因為每一層都充滿了土石和其他物質，有各式各樣的顏色、質地和組成。這樣的側邊斷面在考古學界的正式名稱為地層剖面（stratigraphic section），通常為了發表考察結果會被鉅細靡遺地畫下來或攝影記錄，以便其他學者能夠檢視發掘工作是否盡善盡美，或有些錯誤詮釋。

皮特里也是其中一位發現人士，所有挖掘時找到的每一桶泥土中的陶器破片都能用來協助定年土丘的各個分層。後來證實某些類型的陶器會一陣子時興又退流行，就像我們今天男女服飾和鞋子。陶器的流行款式可以對應相當精確的年分和時期，有時精準到約十年之差。考古學家稱這定年方法為陶器排隊法（pottery seriation）。

我們各個考古時期的名稱經常是來自這些陶器破片，舉希臘為例，當我們說「希臘銅器時代晚期IIIA1陶器」（Late Helladic IIIA1 pottery），指的是追溯至邁錫尼時期的公元前十四世紀前半。皮特里也發覺，如果同類型的陶器在兩座不同的遺址都有出現，陶器出土位置的兩個遺址地層可能年代相同。[8]後來證實這是非常重要且實用的要點。

不過，皮特里做過最怪異的一件事或許是他在一九四二年逝世時，將他的頭——和腦——遺贈給科學。他在耶路撒冷過世，遺體的其餘部分也還埋葬在那裡，但他的頭被運送至倫敦。某個時期，它曾被存放在地下室一段時間，貯存罐上的標籤脫落了，以至於有一陣子無人知曉這顆頭的主人是誰。它最終身世大白，據說現在正在倫敦英國皇家外科學院（Royal College of Surgeons）儲藏室的某個角落[9]，雖然我還沒親自去找過。

另外兩位對我們今天的發掘方法有實際貢獻的考古學家是莫蒂默．威勒，和他最知名的學生凱斯琳．肯揚（後成為女爵士凱斯琳．肯揚）。威勒在一九三〇至一九四〇年代間，挖掘過英國梅登城堡（Maiden Castle）和印度哈拉帕（Harappa）等多處遺址，他發明了一種新的發掘方法[10]，在這兩個國家考察時都曾派上用場。

威勒發現，一座遺址的地層狀況有可能極其複雜。因此他決定以五乘五公尺的正方形區塊為單位開挖，但在兩個相鄰的方塊間留下一公尺寬的未挖掘區域，稱之為地埂（balk）。聽起來很複雜，但其實不然——你只消想像許多人在冷凍庫（如果沒有自動製冰裝置的話）會存放的長方形冰塊盒。裡面的那些冰塊，或說你倒入清水來製冰的那些方格，就是你挖掘的方形地洞，而冰塊間的塑膠隆起處就是地埂。如此一來，威勒的工人們便能在地埂上走動、推移獨輪手推車，但更重要的是，地埂也讓威勒可以記錄地層狀況，因為每個挖開的方形地洞都有四個側面——也就是在每個方塊四邊留下的地埂表面。

如果有助於理解，你可以想像自己縮小到足以真正跳入你倒水進去的冰塊盒方格裡，便會發現你在裡頭的時候總共可以看見四面圍壁。用同樣的方法，威勒可以跳進每一個他的工人所挖掘出來的方形地洞內，觀察被預留在適當位置的地埂的四個表面，如此一來就能看見他們已經挖過的位置，從視覺上取得對該區域歷史的概念。如果有一塊殘留不多的斑駁灰泥地面，很容易就會不小心挖穿它，但事後在方格內側的地埂裡面，便能清楚看見一條筆直延伸的白色線條。

地埂每天都會清理整頓，以便謹慎注意地底的狀況，例如是否有人意外挖穿了任何灰泥地板。如果要清晰呈現已經挖過的地區，地埂就必須要絕對垂直，這時十字鎬就派上用場了，因為用鎬便能輕鬆快速地掘直地埂。

在每個考察季結束時，大多數的考古團隊會畫下、拍下每個區塊，以便發表考察紀錄，供其他人檢視討論。畢竟，考古學就是一種破壞；當我們掘過我們在研究的東西，就是在毀壞它，因此我們必須在過程中記錄下每個小細節。透過發表挖掘區塊的詳盡繪畫和照片，其他考古學家也可以看到那些資料，進而贊同或反對挖掘人員歸納出的結論。現在這已經是在地中海地區工作的考古學家科學方法的一個標準程序，在許多其他地方亦然。

因此，舉例來說，當我在一九八〇年代中，於埃及的瑪斯胡塔廢丘擔任區域督導員進行挖掘時，我們最後來到一處已經深挖約二十英尺（約六．一公尺）的方形地洞，其內側的地埂表面十分壯觀。在其中，我們可以清楚看見不同地層明確的顏色差異——有些是灰黑色且帶有灰燼，源自過去的一場大火；其他則是高度含沙，當時遺址已遭荒廢一段時間。而在另外的地層，我們可以明顯看見建築牆面泥磚的輪廓，曾在不同時期貫穿我們的挖掘區。我們耗費好幾天才在當年挖掘季結束時，完整測量、繪畫和攝影每一面地埂，但結束後我們得到了可供發表的正確紀錄，讓其他學者和未來的考古學家查閱。

另一次在卡布里廢丘，我們找到了一系列美妙的白色灰泥地板，中間穿插著深褐色的土壤層。它們來自一座宮殿的不同時期，因為宮殿隨著時間演進不斷翻修更新。那些地埂看起來就像有冰淇淋夾層的蛋糕，非常容易測量、描繪和攝影。

在雅典這個熱門的觀光景點，考古學家和城市規劃人員想出了一個獨特的方法，來展示他們必須趕在二〇〇四年奧運前建造新地下鐵系統時，挖掘過的地層狀況。在某些地鐵站，牆面上放置了玻璃板，讓人們可以看見原處的泥土和地層樣貌，宛如它們是正在進行考古挖掘的地埂。此外，土壤層也可以清晰顯現，還

地層分布，於卡布里廢丘。

有建築的部分牆壁、排水溝、甚至是道路的一部分，全都能在不被觸碰的狀態下供人觀賞。

現今在記錄地埂時，許多考古學家和挖掘工作也會利用所謂的哈里斯層位關係圖（Harris matrix），那是一種以圖像呈現地層關係的方法。在哈里斯層位關係圖中，每個分層都以一個方格來代表，按照其地層位置來擺放在版面上，較低的地層就在版面較低的位置，較高的地層就放得較高。方格之間會畫線來連結，以便呈現他們彼此間的垂直和水平關係，因此也呈現出方形地洞中的地層歷史。[11] 通常在田野現場時便能畫出哈里斯層位關係圖的粗略工作草圖，可以幫助溝渠或區域督導員直接在腦中輸入不同地層和它們彼此間的關係。

最著名的事蹟或許是挖掘耶律哥和耶路撒冷的肯揚，在一九三〇年代開挖位於當時巴勒斯坦的撒馬利亞時，引入了威勒的方法。因此現在這個方法稱作「威勒肯揚法」或「肯揚威勒法」。[12] 不過長期以來，肯揚等人替這套系統做了點修正，而現在採用這個方法時，通常會附帶要求工人或團隊成員一發現土壤的顏色或質地改變，就必須完全更換他們盛裝陶器和其他發現物的桶子以及上面的標籤，因為土壤顏色改變可能代表著該遺址新分層或地層的開始，這一點只有在事後才會明確顯現出來。藉此，我們就能在挖掘遺存的階段就察覺並記錄細微的變化。如果挖掘工作都有確實完成，包括每當留意到土壤顏色或質地不同就替換桶子、標牌、袋子、標籤等所有東西，那麼就能在該區的地埂中看見與記錄下如鏡像般相似的地層狀況。

有了這個概念，只要正式開始發掘，最好的方法便是遵從我第一次挖掘時得到的建議，當時我還只是個大學二年級生——如果正在挖掘的土壤顏色或任何東西的質地改變，就要停下動作，在繼續挖鑿前通知某人過來查看，而不擅自行動，否則可能會挖穿一片地面或其他重要的遺跡。督導員會把新的桶子、標牌、標籤和其他一切所需的用品拿來，以免顏色或質地的改變可能代表了古代分期的實際改變，比方說土丘內的一個全新地層。若真如此，最終將能在地埂內看到分層的變化。

我應該再次強調，這是我在地中海地區工作過的遺址的發掘方式。在英國或北美洲發掘的考古學家會按需求遵循另一套他們自己的系統，如依照單位和挖掘分層將遺物分裝到不同袋子裡。

除此之外，每日發現和其他活動的紀錄也必不可少，無論你是在世界的何方挖掘皆然。這樣規律的記事不僅有助於考古學家在考察季結束後發表他們的成果，也能夠幫助未來的研究者，或許可以按照其他地方的新發現或其他學者的新主張，回頭重新檢視那些資料。這些紀錄包括載錄每天發掘的事物的田野筆記；建築結構、遺跡和遺物在田野中發現時拍下的照片，以及移到實驗室經清理或保存後的相片；陶片和罕見發現的紀錄，附帶當天已發現物品的詳細目錄；以及其他相關資料。在許多案例中，現在如龐貝和米吉多的發掘已經會將某些紀錄直接輸入筆電、iPad 平板或田野現場的其他裝置，每天都上傳資料到遠在家鄉的美國、英國等地的伺服器，所以遺失資料的風險幾乎趨近於零。

＊　＊　＊

如果有人好奇挖掘現場一天的工作都在做些什麼，我只能回答我們在地中海地區的做法，不過我們在卡布里和米吉多的正常工作天，團隊都是早上五點就到遺址報到開挖。我們會挖掘三個多小時，到早上八點半，然後停工半小時吃早餐。接著，我們繼續挖掘到早上十一點，停下來休息十五分鐘，通常會吃點咖啡、水果和餅乾。再度上工，我們接續工作到中午十二點半或一點，後成群擁上巴士，回到我們的住處。到了那個時間，幾乎多數地中海周圍的區域都已經太過炎熱，沒人會想要在探溝裡鏟土。

享用豐盛的午餐之後，大部分人會在下午四點重新集合前的幾小時休息時間前往泳池消暑，或在房裡小睡。四點一到，有些團隊成員會清洗當天找到的所有陶器，並放到陽光下曝晒乾燥，隔天指導人就能檢視成果並推測它們來自哪個時期。有些人則會清洗發現的獸骨殘骸。還有些人會將資料輸入電腦，或是進行任何分派到的任務。方形地洞和田野現場的督導員會記下當天的筆記，並規劃翌日的工作。這會持續到晚上六點或更久一些，七點吃晚餐，接著八點有一堂講課——因為許多人都是為了大學學分而來工作的——並彼此交流直到十點左右熄燈。

隔天早晨，整個團隊都會在四點半起床，五點就抵達遺址，又開始這些例行公事，通常每星期工作五天，每個田野調查季大約會工作四到七週。這些全都會發生在六月和七月，因為這是大部分人能夠志願成為團隊成員的時間。志工大多數是大學生，但也有許多來自各行各業的人們，通常是為了完成一項目標，在人生遺願清單上打勾——所以現場會有退休的醫師、律師、護理師、學校老師等等。他們所有人的一項共同點，就是他們一直夢想參與發掘工作，儘管實際的環境條件讓有些人大吃一驚——在中東地區的任何一處挖掘，都要有心理準備得面對酷熱，可能還相當乾燥、滿是沙塵，除非遺址靠近海岸，那麼就會極度潮溼悶熱。

當然，在世界其他地方發掘時，如英國或北美洲，就必須要準備好面臨大相逕庭的情況，如在雨水和泥濘中挖掘。每人每日工作的時段也可能大異其趣，完全和專業人士而非志工一起工作時尤其如此。特別是在考古學家進行所謂的「文化資源管理」時會發生這樣的狀況——比方說在一場重大工程計畫前，他們早推土機一步被聘僱到現場，確認沒有任何考古遺存可能遭受破壞。在這些情況下，工作時數會漫長得多，可能從黎明到黃昏都馬不停蹄——除了匆匆用餐和喝咖啡——一次持續數天、甚至數週。

＊　＊　＊

挖掘期間的一天內通常會找到些什麼呢？在地中海地區的許多遺址，從義大利到以色列等更遠處，除非是在前陶新石器時代的遺址工作，否則幾乎每一鏟土都會有陶器碎片出現。這些被稱作破片，也就是破碎陶片的簡稱。你可以把它們想成是好幾千歲的破盤子。在古代世界的多數地區，幾乎所有家戶和工業活動都普遍使用陶器——由當地的陶土做成，全都一起燒製，若摔落便會輕易破碎。破裂的陶器與其試圖修補，不如把碎片聚集起來丟棄，並製造或取得一只新的陶器，還更加便宜輕鬆。在史前遺跡由燧石、火石、黑曜岩或石英做成的石器也是如此——容易製造、容易破碎、替換比修補更廉價。

還記得我們在前文說過，發掘物中大部分值得寫信回家的好東西都是我們所謂的遺物，也就是人類製造或加工的物品。有時候很難分辨製成的石器和一塊只是滾落溪床一兩英里的石頭，但一般來說遺物是顯而易見的。也就是說，除非是第一天開挖的新手——幾乎所有從未參與發掘工作的人在第一個早上大約就會跑向方形地洞督導員五十次，揮舞著某樣東西並說：「這是一塊陶片嗎？這是陶器嗎？」答案通常都是「不是」。「那是一塊石頭——不過是一塊漂亮的石頭。」過一陣子，就能宛如第二天性般，一眼分辨出是一塊陶器碎片，還是一顆美麗的小卵石或石塊。

因為陶器和石塊無法生物分解，你會找到滿坑滿谷這樣的碎片。要記住，調查階段也會找到陶器和石塊，標誌著遺址的位置；而挖掘時仍會在遺址本身的脈絡環境裡發掘它們。

現場也會有獸骨、許多砂土和成堆的石塊——不計其數的小石塊和較大型的石頭。有些只是普通石頭，其他則是牆面和建築物的一部分。竅門在於撿起一塊丟棄之前，辨別出那是什麼——再也沒有比發現你剛丟掉了半堵古牆更糟糕的事了，這是菜鳥才會犯的錯誤。

這也是在本書開頭引用的考古格言再度奏效的時刻——「一顆石頭只是一顆石頭；兩顆石頭卻成一個遺跡；三顆石頭成為一道牆壁。」在挖掘時開始發現一排明顯是某人在很久以前刻意擺放的石塊，那感受真是妙不可言。

※　※　※

總而言之，記住真正的考古學不總是像外界（尤其是好萊塢）描繪的那樣浪漫非常重要。每個發掘驚人之物的時刻背後，都有許多日子或星期累積的塵土、間或的鮮血（和水泡）、始終的汗水與偶爾的淚水。然而，無論是第一次挖掘的獨特經驗、第二次回到發掘現場、或發表考察成果，總能帶來豐厚的收穫。一項考古計畫是有其偉大之處的，含括了所有牽涉其中的規劃，以及考察季間和季後的一切努力。在某種意義上，考古有點像是在演奏重要曲目的交響樂團；除非每個人都做好分內的工作，否則是行不通的。

第五部

聖地與更多地方的發現

Part 5.

Discoveries in the Holy Land and Beyond

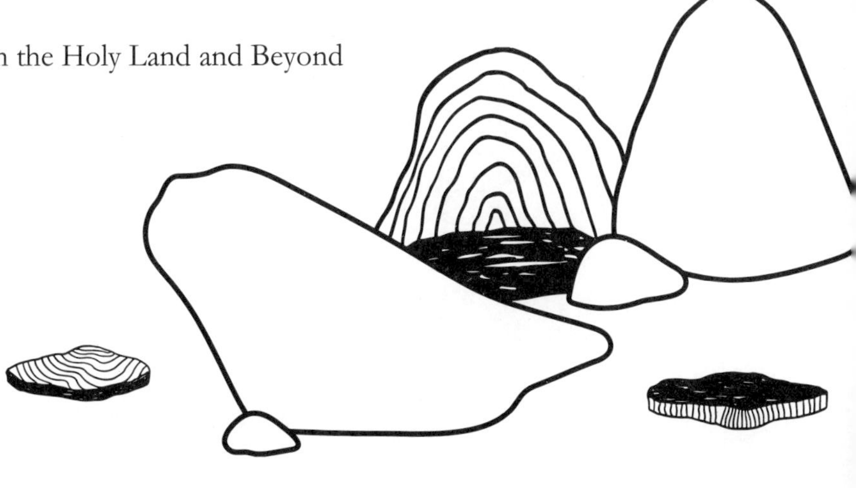

第十三章

發掘哈米吉多頓

我們在前面的篇章已經提過幾次在以色列的米吉多遺址，它更為人所知的名字應該是聖經的哈米吉多頓。「哈米吉多頓」這個字就源自於「米吉多」，因為——在希伯來文中——「哈米吉多」（Har Megiddo）的意思是米吉多的土丘或山脈。這個字原來在希臘文裡寫作「Harmageddon」，隨著時間過去漸漸改拼為「Armageddon」。

走過像米吉多這樣人們已經居住三千年的山丘丘頂是趟無與倫比的經驗，邊走邊猜想著你的腳下埋藏著些什麼。什麼都有可能——也可能什麼都沒有。我有幸在米吉多挖掘了十個考察季，從一九九四到二〇一四年

米吉多：象牙獅鷲。

間，我每隔一年就會去那裡挖掘，而發掘季的每天早晨登上遺址時，我心中總會湧現一樣的感受。我的腳步正踏過些什麼呢？如果我就在這裡停下開挖，我會找到什麼？

我們已經屢次留意到，米吉多的人工土丘[1]高過耶斯列谷地七十英尺以上，其中至少包含二十座不同的城市，每一座都建於另一座之上。最早的城市可以追溯至超過五千年前，而最晚則可追溯至公元前四世紀亞歷山大大帝的時期左右。

谷地本身位於以色列的北部，形狀有點像是一個傾倒的三角形——頂端上方是地中海岸的海法，較寬的底邊則緊鄰約旦河。從東邊到西邊大約長二十或三十英里，但由北至南只有二至七英里（寬約三二．二或四八．三公里，高約三．二至一一．三公里）。它是戰場的完美地點，這或許解釋了為什麼過去四千年來至少有三十四場戰役在這裡開打。其中大多都是為了掌控米吉多和周邊地區而戰，因為米吉多的範圍擴展到整個谷地，馬里斯道（Via Maris）橫越其上——這是一條名叫「海洋之道」（the Way of the Sea）的道路，從埃及通往美索不達米亞後再折返。埃及法老圖特摩斯三世曾說，奪得米吉多就宛如奪得了一千座城市。

許多知名的人物曾在米吉多或耶斯列谷地打仗：公元前一四七九年的圖特摩斯三世，以及聖經中的底波拉（Deborah）、巴拉（Barak）、基甸（Gideon）、掃羅（Saul）、約拿單（Jonathan）和約西亞（Josiah）。羅馬人也曾在這裡戰鬥，還有十字軍、埃及的馬木路克傭兵（Mamluk）、來自中亞的蒙古人、拿破崙，甚至是第一次世界大戰的英國將軍艾倫比（Allenby）。這個區域的所有入侵者中，只有亞歷山大大帝沒有在米吉多或附近打仗，因為該區似乎直接向他投降了。不過，米吉多的戰役中最著名者仍未到來——那就是〈啟示錄〉中描寫的哈米吉多頓大戰。[2]這是善與惡之間倒數第二場戰役，而善的勢力將會勝出；將會有無數的徵兆預示這場戰爭，包括地震、瘟疫、冰雹和長達一百八十英里（約二八九．七公里）的血河。

＊ ＊ ＊

此處遺址最著名的兩個考古遺存可能是水道和所謂的所羅門王馬廄（Solomon's Stables）；前者向下筆直挖掘了一百英尺（約三〇．五公尺），再向外挖鑿三百英尺，從土丘的邊緣附近通往外界，有了這條水道，居民就能前往外頭的湧泉處，並避開敵方勢力的攻擊；後者是一系列長長的石砌廊道，中途穿插著石柱，可能不是作為馬廄之用，也幾乎可以確定不是所羅門王興建的。

米吉多的第一場發掘工作是戈特利布．舒馬赫（Gottlieb Schumacher）執行的，時間是一九〇三至一九〇五年。他採用當時時興的發掘方法，與弗林德斯．皮特里和霍華德．卡特同年代進行考察。因為彼時仍是考古學發展的早期，他僱用了數百名工人直朝土丘中央挖穿一條巨大的探溝，和三十年前海因里希．施里曼在特洛伊的做法大同小異。他也在土丘頂端的不同地點挖鑿了較小型的探溝，但一些最有趣的發現仍出自那條大探溝，包括青銅器時代中期的一座墳墓，裡頭有幾位男女的遺體、黃金製成的物品和其他華麗服飾。

舒馬赫認為他找到了那個時期米吉多統治家族的遺體，年代可追溯至公元前一五〇〇年左右，他確實很有可能找到了。遺憾的是現在大部分的物品已經下落不明。

他也找到了米吉多最知名的發現物之一，那是一枚橢圓形的圖章，寬約一英寸半（約三．八公分），由一種名為碧玉（jasper）的石頭製成。上頭刻有一頭獅子，還有「耶羅波安（Jeroboam）的僕人施瑪（Shema）」的字樣。我們無法確知這是指哪一位耶羅波安，因為有兩位聖經曾提及的國王都叫這個名字，但肯定是其中之一。不幸的是，舒馬赫將它當作禮物送給伊斯坦堡奧斯曼土耳其的蘇丹，當時他是那個區域的統治者，而現在已不知去向。

舒馬赫的工人們也在挖掘時錯過了一些東西，把它們丟到後方的土堆，或直接堆放在探溝旁邊——例如他們從殘牆拆解下來的石塊。這些石塊的其中一塊後來證實刻有公元前十世紀埃及法老舍順克（Sheshonq）名號的象形繭（cartouche）[3]*，但那些工人並沒有注意到。

一直到下一批前往米吉多的考察展開，才識別出那塊石塊——那是紀念性碑文的一部分，可能高達十英尺（約三．一公尺）左右。它可能是一方勝利石碑，在舍順克奪下並占領該城後才豎立在這座遺址。數年或數十載後，它被拆除並打碎，重新利用來建造一棟新建築的牆面。這可能就是舒馬赫的工人找到它的地層，但因為他們錯過了石塊，僅僅將之堆放在探溝旁，我們無法得知它是來自哪個分層或城市。如果我們能夠知道的話就太好了，因為我們或許就能將那座城市和一位已知人物連結在一起，因為我們不只從埃及知道舍順克，它也被記載在聖經中，名為示撒（Shishak）。

這塊石頭是由芝加哥大學的一支團隊辨別出來的，當時他們正在蒐集材料建造遺址工作人員總部的建築。這支芝加哥團隊在米吉多挖掘約十五年，從一九二五至一九三九年；他們一直到第一次世界大戰爆發才被迫停工。

那年他們幾乎整年都住在遺址內。當時耶斯列谷地仍泥濘不堪，因此多數人都深受瘧疾之苦；

＊譯註：象形繭是將古埃及象形文字圍住的橢圓形或長方形圖案，裡面會寫著法老的名字和稱號。

還好最後沼澤地總算排乾水分。這整個計畫都是在詹姆斯·亨利·布雷斯特德（James Henry Breasted）的指導下完成的，他是芝加哥大學知名的東方研究所（Oriental Institute）的創辦人，另外還偕同一批田野指導，包括克拉倫斯·費雪（Clarence Fisher）、戈登·勞德（Gordon Loud）和P·L·O·蓋伊（P.L.O. Guy，當時他名字的縮寫還稀鬆平常，但現在意義已經完全不同*）。

芝加哥大學的考察走在新型態考古學的最前端，比二十年前舒馬赫操作的方式更加謹慎和科學。多虧皮特里的好主意，他們當時已經了解地層學和陶器排隊法，亦即陶器樣式隨時間的變化（我們在「挖深一點之二」已經討論過這個方法），所以他們能夠辨別不同城市，並對它們的年代（至少是相對年代）有一定程度的掌握。

藉著小約翰·戴維森·洛克斐勒（John D.

米吉多的「所羅門王馬廄」。

Rockefeller Jr.）[†]的資助，芝加哥團隊著手進行我們所謂的水平發掘——也就是說他們試圖讓整座遺址的一整個地層出土，記錄、描繪並拍下它，再掘開、移除整片地面，以便接著開挖下一個地層。他們在最頂端的分層採用這種方法，也稱之為地層一，並將它的末期定年為公元前四世紀中；接著也如此開挖地層二，源自公元前六和五世紀；最後來到地層三，可追溯至新亞述帝國（Neo-Assyrian）時期，亦即公元前八和七世紀，他們在此時也開始面臨資金短缺的問題。

不久後，他們在遺址工作的剩餘時間都改為採用垂直發掘法。我們就是透過這個方法，才得知土丘內至少有二十座城市層層相疊，因為他們在現今所謂的芝加哥探溝（Chicago Trench）內一路挖到岩石底床。

芝加哥團隊也仍傾向於使用聖經敘述來支持他們在遺址的發現。比方說，當他們挖掘到一連串狹長平行、足夠容納一群馬匹的房間，他們便求助於〈列王紀上〉來辨別之，並在其中找到他們認為相關的兩個段落，分別在〈列王紀上〉第九和十章。

第一段是這麼寫的：

> 所羅門王徵集苦役，是為建造上主的殿宇、他自己的屋宇、米羅（Millo）[‡]、耶路撒冷的城牆、夏瑣（Hazor）、米吉多與基色（Gezer）。（〈列王紀上〉第九章第十五節）

---

* 譯註：PLO為巴勒斯坦解放組織的英文名稱縮寫。

† 譯註：小約翰・戴維森・洛克斐勒（John D. Rockefeller Jr.，一八七四～一九六〇）為美國著名慈善家。

‡ 譯註：米羅是一座希伯來聖經提到的石造建築，位於耶路撒冷，用途眾說紛紜，如樓房、倉庫、宮殿等。

而第二段如下：

> 所羅門王召集戰車和馬兵；他有戰車一千四百輛、馬兵一萬兩千名，安置在駐車的城邑和王所在的耶路撒冷。（〈列王紀上〉第十章）

由這兩個段落歸納，他們判斷米吉多必定是所羅門王的駐車城邑之一，而那建築當然就是馬廄，歷史可追溯至公元前十世紀、所羅門王的時期。今天導遊仍稱它們為所羅門王馬廄。

其他的遺址也有類似的長房結構。而雖然米吉多的這些房間很可能確實是馬廄，但也可能被用作倉庫、士兵的營房、或甚至是市集或市場，以上這些可能都曾有學者提出過。[4]

此外，後期針對在米吉多這些建築裡找到的陶器所做的放射性碳定年和分析，結果顯示它們不可能是在所羅門王的時期建成的。它們的年代更有可能晚至少一世紀，或許是北以色列王國（Northern Kingdom of Israel）國王亞哈（Ahab）和暗利（Omri）的時期，或甚至是他們的繼承者之一耶羅波安二世的時期。因此，米吉多的所羅門王馬廄可能不是馬廄，也幾乎確定不屬於所羅門王。

下一位主導米吉多挖掘工作的人是著名的以色列考古學家伊加爾．雅丁[5]，他在一九六〇和一九七〇年代曾來到米吉多，待過幾個短短的考察季。雅丁為了探究幾個研究問題在遺址做了有限的考古工作。他也把這座遺址當成研究生的發掘訓練地，後來許多學生都憑藉自己的能力，成為重要的考古學家。

雅丁及其團隊的發現之一，是一座貌似巨大宮殿建築的地基，他稱之為宮殿六千（Palace

6000）。之所以只有地基留存，是因為這部分的建築就位於芝加哥團隊找到的北段「馬廄」的正下方。雅丁發現的宮殿六千的巨大磚塊被重新利用在之後的建築——建成芝加哥團隊主張用來盛裝馬匹的飼糧、可能還有飲水的馬槽。雅丁認為，這座宮殿才是所羅門王興建的，而非後期位於正上方的馬廄。但對此他毫無證據，除了那些聖經段落，以及他認為宮殿是和城市本身的巨大城門入口[6]是同時間建造而成的。

這道巨大城門有六間內室，樣子和雅丁先前在夏瑣找到的城門十分相像。他推測在基色遺址也有另一座城門，先前它的一部分曾被挖掘出來，卻遭錯誤判斷。雅丁根據聖經提到所羅門王在米吉多、夏瑣和基色構築堡壘的同一段落，將它們全都視為公元前十世紀的建築——亦即所羅門王統治的時期。

然而，至少在地中海地區，考古學研究不應該這麼做。那些城門和連帶的建築應該按照其中找到的陶器來定年，而非按照不一定相關的聖經段落來歸納年代。於是，當伊斯拉儀・芬克斯坦再次檢視芝加哥團隊和雅丁找到的陶器後，他表示城門和宮殿的年代應追溯至公元前九世紀，而非所羅門王的十世紀。若他所言不虛，那麼先前的挖掘者定年為所羅門王時期的地層，實際上全都不是那個時代留下的。即使二十年後芬克斯坦強烈主張要更改定年，其中的細節仍眾說紛紜，爭議懸而未決。

自一九九二年起，芬克斯坦夥同一群共同指導員，包括我在內，在米吉多帶領一系列新的發掘。[7]一九九四年，我開始在遺址和他一起挖掘。雖然我已經有十五個考古季的經驗，但起初我只是一名志願的團隊成員，因為我想要參與以色列遠近馳名遺址的大規模考察。我節節高升，在二〇〇六年被分派為副指導，接著在二〇一二年又成為共同指導。一直到幾年後我退出那個計畫前，我都是擔任那個職位。

我所屬的小組有幸重新挖掘雅丁的宮殿六千和芝加哥團隊的北側馬廄所在的區域，因此關於他們重新定年的爭論，我擁有第一手的了解。[8]而大部分的其他區域，我也幾乎都在某些時刻參與過挖掘，每區都有獨特的有趣之處。

舉例來說，在遺址內我們稱之為H區的部分，目前出土的建築是兩座宮殿，其年代可追溯至公元前八世紀的新亞述帝國時期。芝加哥團隊讓它們重見天日，但並未進一步深入挖掘該區。我們在這一側的土丘，向下挖鑿了一條所謂的階梯探溝，以便一瞥新亞述帝國地層底下的遺址歷史，就像芝加哥團隊在遺址另一側的做法。到了二〇一四年的考察季尾聲，我們已經比一九九四年開始時往下挖掘超過二十英尺（約六．一公尺），並且抵達青銅器時代中期的地層，約略定年為公元前一五〇〇年（可能和舒馬赫一百年前找到的墳墓同時期）。在途中，我們碰到幾個帶有灰燼、焚燒痕跡和其他毀壞跡象的地層，標誌著幾座曾占有此處遺址的城市戲劇化的終結。

在另一個定年為公元前三〇〇〇年的青銅器時代早期的區域，我們可能找到了古代中東目前發現的神廟中最巨大的一座。它橫跨了整個我們命名為J區的挖掘範圍，位於土丘的東側，也就是芝加哥挖掘者發現著名的圓形祭壇的所在地。在這裡曾尋獲大量的骸骨，有些導遊因此斷言迦南人曾在這座祭壇進行孩童獻祭。我們在這裡發掘了數以千計的骨頭，大多來自綿羊和山羊，有些是牛隻、甚至獅子的獸骨，可是沒有任何孩童的骸骨。

同樣在米吉多的東側，但沿著土丘邊緣的更南側，我們也挖掘了K區，從新亞述帝國地層抵達青銅器時代中期地層。如果我們定年正確的話，這裡最有趣的城市之一可能在公元前十世紀末遭到毀滅。時值一九九八年，當我們越來越確定自己正在挖鑿那個時期遭毀壞的一棟房子的遺存時，我們採用了被稱作細分格法（fine gridding）的技術來協助挖掘。就我所知，這是這項技術首次使用於這座遺址，並且是由阿薩夫・雅蘇爾－蘭道所引進的，他後來和我在卡布里廢丘成為共同指導，我們在那裡總是使用這個方法。

採用細分格法只是代表將一般長寬各五公尺的方格，分割成長寬各一公尺的較小方格。透過記錄每個這種較小方格裡包含陶器碎片在內的所有發現物，事後就可能更精確重現找到的物品和地點。在北美洲的考古學家經常使用這種方法，因此他們根本不會多此一舉採用另外一種稱呼——他們通常還會將一平方公尺的方格分成四個象限，更精細地測量發掘事物的來源位置。

用這種方式在米吉多工作，我們便能以更適當的精細程度，來辨別房子裡從廚房、客廳到臥房每間房間的用途。屋內也找到了幾具骸骨，包括一名女子和幾名孩童；大多位於我們鑑別為廚房的區域。[9]

主要的疑問在於，是什麼導致了這座迦南城市和這棟屋子的毀滅？有些人認為罪魁禍首是入侵者，可能是大衛王（King David）或其他以色列人的群體；其他人主張埃及法老舍順克在此處遺址留下他的石碑時，可能就是毀滅或占領了這座城市。[10]

不過就資料顯示，我認為毀城是地震所致。身為一名考古學家，我會率先坦承，要區分地震等自然災害和入侵者所造成的破壞經常十分困難，但這個案例有幾個凸顯的特點。首先，屋牆都是傾倒的，有些排列得歪七扭八，顯示出有某種強大的力量使它們位移。其次，屋內的遺體周遭沒有任何暴力的證據：沒有箭頭、劍或矛，骨頭上也沒有切割的傷痕。簡而言之，儘管我無法明確證實，但我認為是大自然導致了毀城。[11]

在米吉多土丘南緣的另一個區域，我們確實找到了戰爭的證據，但並非來自我們起初預想的時期。這也是個考古學會在最意想不到的時刻投出驚喜曲球的案例。[12]當時是二〇〇八年，我們開始在芝加哥大學團隊於一九二五和一九二六年挖掘過的區域清除灌木叢。自那時起無人曾涉足該區，至少我們是這麼認為的。我們握有芝加哥考古學家留下的照片和繪畫，我們也知道他們找到了內有許多小房間的長方形建築，年代可追溯至公元前八世紀的新亞述帝國時期。

當我們開始清空這個區域，並重新命名為Q區，我們發現有些房間現在變成圓形的了，而非長方形。在房間的內部和周遭，我們找到了一些彈殼——也就是從槍枝發射而出、失效的子彈殘骸，起初我們以為這是週末出沒的獵人所為，或是某人在這裡練習打靶。但隨著越來越多彈殼現身，我們開始意識到或許這裡曾發生過其他事件。因此，我們開始像對待考古遺物般收集這些彈殼，而後來證實它們真的是遺物。

我的一名學生安東尼・蘇特（Anthony Sutter）將幾枚彈殼帶回美國研究。當他清潔完彈殼後端，就能讀到壓印在金屬上的字母和數字，名為火器標印（headstamp）。這些標印可以識別出子彈的製造者和生產年分。我也將剩餘的彈殼帶回清潔。他和我的彈殼全都標注著一九四八年或更早的年分。我們當時檢視的數百枚彈殼，或是我在二〇一〇和二〇一二年考察季後檢驗的其他彈殼中，沒有任何一枚的年代更晚，因而我們很快明白自己正在看著已知發生在米吉多的一九四八年戰役所留下的物質遺存，這場戰爭導致了以色列建國。

我們也逐漸明瞭自己正在投入所謂的戰場考古學——有時也稱之為衝突場域調查。這種調查曾應用在歐洲一戰和二戰期間的戰場，也曾運用在美國，例如蒙大拿州現已成為國家公園的小巨角（Little Bighorn）地區，亦即卡斯特（Custer）軍官最後一搏之地＊。考古學家在那裡僱用了一群金屬探測器迷，來繪製出彈殼的分布圖，讓人對戰役發生的過程有了新的認識。[13]我經常想著，我們當時也可以在米吉多這麼做，這麼一來就能釐清以色列軍隊在占領前入侵土丘的路線。

現在我們已經知道為什麼原先芝加哥團隊發掘的部分長方形房間變成圓形。有人在一九四八年搬移新亞述帝國的建築石塊，來搭組散兵坑和射擊坑，以便蹲伏其中、朝英國警局發射機關槍，這間警局現在已成為一座監獄，坐落於一公里的原野之外。

不過，我們不知道是誰搭建了散兵坑和射擊坑，也不知道是誰在戰役中發射了這些子彈——是防禦的阿拉伯人，還是攻擊的以色列人。而事情就在這裡發生了意想不到的轉折，顯現出考古學家如何能夠在最出乎意料的地方找到他們的答案。雖然我們從未確實釐清是誰搭組了散兵坑，但我們有相當證據能夠確定是誰射擊了那些子彈。

我們知道我們所擁有的許多彈殼是來自八公釐的子彈（更精確的數字是七．九三公釐），由一把或多把最可能置於射擊坑的機關槍發射而出。我們甚至可以將一九四八年能夠發射子彈的機關槍種類範圍縮小到三個特定的類型：有兩種是德國製的，一種是捷克製的。接著我們卻就此停滯不前。我們不認識任何擁有其中任一種機關槍的人，更別說找到全部的三種型號，以便進行彈道比對。

＊譯註：十九世紀時，大批白人湧入美國中西部淘金，卻遭到當地原住民的攻擊，於是政府派遣南北戰爭中驍勇善戰的卡斯特軍官（George Armstrong Custer，一八三九～一八七六）前往平亂，在一八七六年和美國原住民開戰，最終戰敗陣亡，是為小巨角戰役。

一直到一次行政進修期間，我碰巧向喬治．華盛頓大學鑑識科學學系的系主任提到我們有趣的發現和困境，研究才有了突破。他對我的描述相當好奇，於是給了我一位兼任教授的姓名，她的主要工作是在美國菸酒槍炮及爆裂物管理局任職。接著，她又引介我聯繫上管理局的某位人士，他工作的地點鮮為人知，裡頭收藏了來自各時期和各地的超過六千把槍枝。當我向他問起我們認為那些子彈來自的那三種機關槍，他說：「有哦，我們三把都有。」結果他過去也是主修考古學的大學生，所以他對我提出的這個深具挑戰性的問題大感興趣——如何鑑別出我們找到的這些超過六十年前發射的子彈是來自何種機關槍。

最後，他在我的注視下發射了那三種機關槍。接著，我們拿著那些剛剛射擊出來的彈殼，回頭去找我第一位聯繫的女性。她將新彈殼和米吉多的彈殼並排擺放在一架特殊的顯微鏡下；先比對一種德國製機關槍，再來是另一種類，最後是捷克機關槍的彈殼。捷克槍發射的彈殼和我們來自米吉多的彈殼完美相符，有著同樣的撞針痕等等。我們得出了明確的鑑定結果。我們成功偵破「犯罪現場米吉多」的案子，這是一起來自一九四八年的冷案。那是個精采絕倫的時刻。事後安東尼．蘇特和我在《軍事歷史期刊》（*Journal of Military History*）共同撰寫了一篇關於這整個主題的文章。[14]

＊　＊　＊

近期，米吉多的挖掘工作以另一種方式站上了科學化考古學的最前端。這是因為在二〇〇九年，計畫的共同指導伊斯拉儀．芬克斯坦榮獲歐盟研究委員會（European Union Research Council）頒發的鉅額補助金，讓他能夠在聖經考古學研究中融入更新穎的科學進展。米吉多是他運用這些新技術的地點之一，他在這裡引介專家來進行微觀考古學研究（microarchaeological study）：比方說，檢驗沙土和其他在地面上找到、已遭荒廢的物質，這能提供該區關於植被種類、建築被再次占用前遭荒廢的時間長度等資訊。

除此之外，在二〇一二年，新聞媒體開始報導在米吉多找到了黃金珠寶的藏寶處。藏寶處共有八只小巧的黃金圓圈耳環、一只大型的華麗戒指，再加上許多可能曾是項鍊或手鐲的一部分的小珠子。就風格來看，這些珠寶的歷史全都可追溯至公元前十一世紀左右，或是更早一些，它們無疑屬於一名相當富裕的迦南女性，她將珠寶藏匿或保存在一只罐子裡，因為某種原因而未曾取出。[15]

這些珠寶被發現時安躺在一只略小的陶罐中，但考古學家過了一段時間才發現它們在裡面——精確來說是近兩年後。陶罐在二〇一〇年的考察季被發掘，狀態完好無缺。罐中的土壤滿至罐緣，所以研究人員將它送到保存實驗室，仔細發掘。因為修護師有許多先前的任務，這只陶罐安放在架上頗長的時間，才等到一名修護師得以查看它。當她終於開始處理這只陶罐，小心翼翼清除裡面的土壤，珠寶的隱藏處就現身了，令修護師和米吉多考察隊的成員驚喜不已，他們並未預料到這樣的發現。

※　※　※

米吉多的發掘工作仍在繼續。如前面的篇章所述，麥特・亞當斯和優塔姆・泰普近期在土丘外的考察工作，最終已經鑑別出在公元二世紀建於古代土丘旁的羅馬軍營遺址。[16]

至今我仍會回想起那些在冷冽清晨走過遺址的日子，猜想我的腳下藏了些什麼。雖然我不再共同指導發掘，但我仍和眾人一同關注、等待在哈米吉多頓未來的考察季還會有什麼樣的新發現。

第十四章

聖經出土

死海古卷是現存最古老的希伯來聖經抄本。在發現它們之前，我們所擁有最古老的聖經版本比死海古卷晚了一千年，被找到時隱身在埃及開羅的一間猶太教堂後方的房間裡。其他古卷則包含了基本的宗教文件和一支猶太啟示教派的文字，他們可能是聖經文本的作者，但也可能不然。

這些古卷中最古老的可追溯至公元前第三世紀，最晚近者則為公元一世紀。它們的所在地是死海西岸邊的懸崖洞穴裡[1]，位於今天的以色列境內，最有可能是在公元六六至七〇年對抗羅馬的第一次猶太叛變期間遭人藏匿在這裡的。

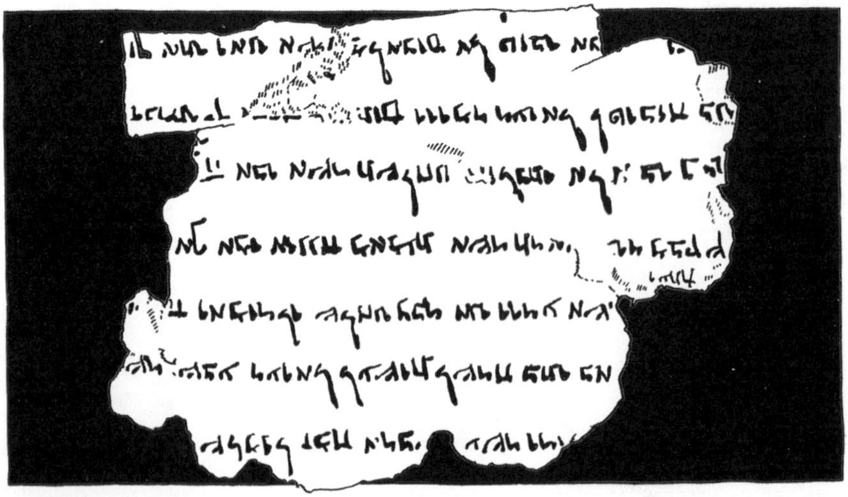

死海古卷碎片。

雖然關於古卷仍有許多爭論，但多數的學者都同意一項可分為兩部分的理論：第一，那些古卷隸屬於附近名為昆蘭（Qumran）的聚落的圖書館；第二，昆蘭的居民將卷軸隱藏在洞穴裡，預計在叛亂結束、羅馬人離開後再取回。然而，叛亂被平定，聚落遭荒廢，而居民們也從未為了卷軸歸返。

我們無法確定昆蘭的居民是何方神聖。多數學者認為可能是愛色尼人（Essenes），他們是當時三個主要猶太群體之一〔另外兩個是撒督該人（Essenes）和法利賽人（Pharisees）〕。從斐洛（Philo）、老普林尼和約瑟夫斯等古代作者的筆下，我們對愛色尼人有些許認識。他們告訴我們，愛色尼人是獨身者，而且沒有任何私人物品——換句話說，幾乎像是修道院裡的修士。由於普林尼描述他們居住的恩戈地（Ein Gedi）就位於這個區域內，有人認為昆蘭是個僧侶的聚落，而愛色尼人撰寫了死海古卷。不過，這兩個論點都引發爭辯；舉例來說，有人提出昆蘭可能其實是一棟羅馬宅邸或一座堡壘，而不像一座修道院。[2]

無論是誰住在這裡，都是居住在他們可以選擇的地點中想像可及最為炎熱乾燥的地方之一——這麼說並不誇大——當地年降雨量少於五十公釐。死海低於海平面一千三百英尺（約三九六公尺），是地球上海拔最低的地方。約旦河流入其中，但河水無處外流。水分唯一可以離開死海的方法是蒸發，於是便將鹽分和礦物質留了下來。如此造就死海成為地球上鹹度最高的水體之一，其鹽分甚至比猶他州的大鹽湖（Great Salt Lake）還要高，而且全境都位在我造訪過最炎熱的區域。

※ ※ ※

死海古卷目前已經發現超過九百卷，而第一批卷軸是三名貝都因少年在一九四七年找到的，三人經常被描述為堂兄弟。他們當時在附近的拉斯費什卡（Ras Feshka）放綿羊和山羊牧群喝水，其中一名男孩離開同伴身邊，或許是去尋找一隻走失的山羊。

出於無聊，他從地面撿起一顆小石頭，試圖丟進他可見位於崖壁高處的洞穴裡。幾次嘗試後，一顆石子直直飛入洞口，接著他聽見一聲碰撞的巨響和陶器碎裂的聲音。

由於天色漸暗，他回到他們暫時的紮營地，並告訴另外兩名男孩事情發生的經過。可是當那些孩子隔天前往洞穴一探究竟，卻沒有找到任何黃金，令他們大失所望。按他們事後轉述，洞裡有十只陶罐，其中的一只已經破裂。多數的陶罐都填滿泥土，但其中一只有一些捲起的皮質卷軸。他們取走了卷軸，但將陶罐留在洞穴中。

數週之後，那些少年所屬的貝都因部族成功來到伯利恆（Bethlehem）的郊區，把那些卷軸帶去一間皮革鞋店，店主是一位名叫坎都

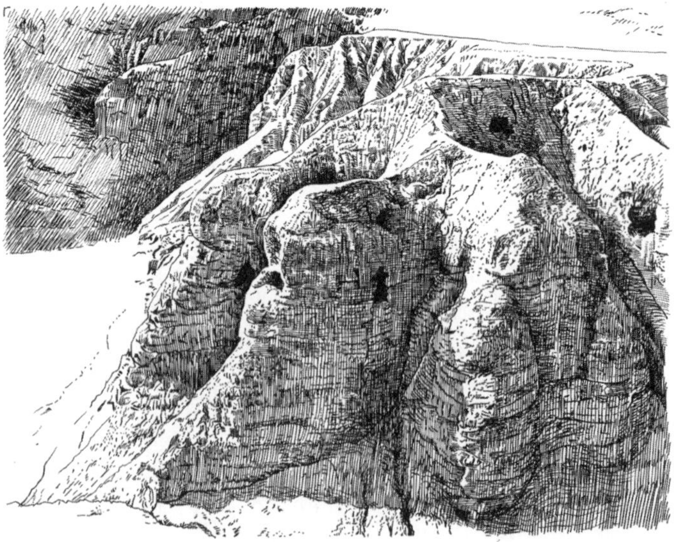

昆蘭的洞穴。

（Kando）的男性。他也兼賣古物，因此買下了那些卷軸，打算如果無法把它們當作古代遺物售出，便將之改製成涼鞋。[3]這個故事的另一個版本是坎都購入四卷卷軸，而另一位名叫薩拉希（Salahi）的伯利恆古物商買下了另外三卷。[4]無論如何，卷軸的消息傳到了一名耶路撒冷的猶太學者耳裡，他的名字是亞利雅澤・蘇克尼克（Eliezer Sukenik）。他搭公車前往伯利恆，買下了三卷卷軸——要不是向坎都，就是從薩拉希手中購入的——並在一九四八年的戰爭爆發前的幾個小時回到耶路撒冷。

當蘇克尼克翻譯了這三卷古卷，他驚訝地發現其中一卷是希伯來聖經《以賽亞書》（*Book of Isaiah*）的抄本。他是兩千年來第一位閱讀這卷卷軸的人。更讓他感到驚奇的是，它和在開羅猶太教堂找到的《以賽亞書》抄本幾乎一模一樣，而且開羅的卷軸比它晚了將近一千年，約為公元十世紀的產物。它和我們今天通行的版本只有約略十三處的小幅差異，可能都是數世紀以來抄寫員抄錄時的錯誤所致。

另外兩卷古卷之一被稱作「感謝詩卷」（Thanksgiving Scroll），裡頭包含了先前未知的讚美詩和禱詞，內容是在感謝某個族群。第三卷卷軸也是前所未聞。它被命名為「戰卷」（War Scroll），其中記錄了昆蘭的居民（或任何這卷古卷的所有者）曾在等待哈米吉多頓之役——亦即善與惡的最終戰役。他們自視為一支戰鬥勢力，並自稱為「光明之子」（Sons of Light），要對抗「黑暗之子」（Sons of Darkness）。卷軸概述他們將要如何應對和過活，始終在為這場戰役沙盤推演。當然，你可以說這場戰役從未發生，但我會論稱，至少在他們眼中，如果將羅馬人視為黑暗之子的話，戰爭確實爆發了。

不久後，又有四卷卷軸出現在古物市場上。販售者是大主教山謬爾（Archbishop Samuel），他隸屬於耶路撒冷敘利亞東正教（Syrian Orthodox）的聖馬可修道院（Monastery of St. Mark）。他從那位伯利恆古物商坎都手中買下了這些卷軸，據稱要價兩百五十美元。接著他向蘇克尼克兜售卷軸，但他們無法達成協議。

那該怎麼辦呢？一九四九年一月，大主教將這四卷古卷偷渡到美國，長達數年都祕密保存在新澤西州的一座敘利亞東正教堂。接著，一九五四年六月一日，他在《華爾街日報》刊登了一則廣告寫著：「『四卷死海古卷』——出售至少可追溯至公元前二〇〇年的聖經手抄本。這是個人或團體送給教育或宗教機構的最佳禮物。《華爾街日報》郵箱號碼 F206。」[5]

事情就這麼巧，當時傑出的以色列考古學家伊加爾．雅丁正好人在美國，在約翰霍普金斯大學（Johns Hopkins University）講課。那則廣告吸引了雅丁的注意，他透過一位來自紐約的仲介協助，以二十五萬美元的價格，為以色列買下了那四卷古卷。

於是，七卷古卷再次團圓。它們現在被收藏在耶路撒冷的以色列博物館，存放在名為「聖書之龕」（Shrine of the Book）的專屬區塊。不過這個故事還有一部分更為精彩，因為伊加爾．雅丁曾在某個時刻改掉了他原來的名字。他出生時的姓名為伊加爾．蘇克尼克（Yigael Sukenik）——他正是亞利雅澤．蘇克尼克的兒子。兒子得以買下父親未能獲得的古卷，一切再順理成章不過了。

雅丁向大主教山謬爾購入的四卷古卷中，有一卷是另一份《以賽亞書》抄本，保存狀況甚至比他父親買到的那份更好。另一卷則是現稱為「紀律手冊」（Manual of Discipline）的抄本。它涵蓋了所屬社群（大多數人認定是在昆蘭的聚落）的規範和守則。

第三卷古卷是希伯來聖經《哈巴谷書》（*Book of Habakkuk*）的評注。哈巴谷（Habakkuk）是某位較不見經傳的先知，這部被認為由他所著的《哈巴谷書》雖然篇幅不長，但這份評注卻相當重要。它向我們呈現了三個人物——一位名叫正義之師（Teacher of Righteousness），以及他的兩位敵手，分別名為邪惡教士（Wicked Priest）和謊言之人（Man of the Lie）。雖然數年來，這卷古卷都是許多學術論辯關注的焦點，但這些人物的確切身分皆尚未鑑明。

至於雅丁取得的第四卷古卷，則被稱為「創世紀次經」（Genesis Apocryphon）。這卷卷軸並非希伯來文，而是以那幾個世紀猶太人的口語語言亞蘭文（Aramaic）寫成，它是〈創世紀〉的另一個版本，不同於現今聖經裡流通的版本。這卷古卷記錄了一段諾亞和他的父親拉麥（Lamech）之間假想的對話——這段對話並未出現在今天的聖經中。

這些非凡文獻的消息震驚了聖經研究學界。同時也觸發了考古學家和居住在死海周邊的貝都因牧人間的競賽，看誰能在一九五〇和一九六〇年代找到更多洞穴。最後他們一個接著一個找到了——總共至少有十一個洞穴。完成考察工作之時，他們已經找到希伯來聖經幾乎每部書卷的多部抄本，唯有《以斯帖記》（*Book of Esther*）除外。他們也找到了好幾卷和宗教無關的卷軸。

洞穴七裡只有以希臘文寫成的卷軸，而沒有希伯來文或亞蘭文，希臘文在當時是商業和羅馬占領勢力的語言（拉丁文亦然），不過引發最多關注的卻是洞穴三和洞穴四。洞穴三中，有一卷古卷並未寫在皮革或任何種類的羊皮紙上，而是寫在薄銅片上。考古學家在一九五二年找到這份卷軸時，它已經裂成兩半。在學術著作和大眾文學中，都稱之為「銅卷」（Copper Scroll）。[6]

關於這卷古卷的著述數量頗豐，裡頭不乏胡謅亂述，因為它是一份藏寶圖。一清二楚、明明白白，它正是一幅藏寶圖，「目標標有X記號」，就像海盜會留下的那一種。只不過它並不是用X記號來標注，而是一系列通往六十四種不同寶藏的詳盡指南。

銅卷現收藏於約旦安曼一座博物館中，當考古學家首次發現它時，並無法憑藉一己之力展開它。事實上，他們運用了各種他們所知的方法就是無法打開卷軸，於是他們直接將它切割開來。他們將卷軸帶到英國曼徹斯特，在那裡用高速鏈鋸把它切成二十三個小塊。某些字母直接被鋸子從正中央割開，但整體而言這個技巧奏效了，於是捲起的捲軸現在能夠攤成平面，儘管看起來很像一幅拼圖，但幾乎每一塊都是同樣的大小和形狀。

銅卷的大部分內容都是以希伯來文寫成，也有一些希臘字母和似乎是數字的符號。不過，最古怪的是上面記載的指引，但至少對我來說，這解釋了為什麼卷軸上列出的六十四項寶藏至今無一尋獲。

比方說，第一組指示寫道：「在谷地裡的廢墟，從朝向東方的階梯下方前行四十腕尺（約一八．三公尺）……（那裡有）一箱的錢幣，總數：重達十七塔冷通。在墳墓紀念碑，在第三條路線：一百只金錠。在列柱廊的庭院的大儲水池，在填滿沉積物的地洞，在較高的開口前方：九百塔冷通。」[7] 到底是在哪座廢墟？哪片谷地？哪座儲水池？哪條列柱廊？我們完全無法得知它究竟指的是哪裡的谷地、紀念碑或儲水池。

銅卷裡就這麼洋洋灑灑寫了一欄又一欄的文字。但沒有人曾找到任何一件寶藏。我們也完全不清楚這些寶藏是源自何處，或甚至它們是否為真。如果寶藏真實存在，那它們最有可能是人們每年向耶路撒冷聖殿繳納的什一稅，只是在第一次猶太叛變期間，要把稅款送到那裡並不安全，於是就將它們藏匿起來。儘管如此，有人可能會認為，若這說法屬實，那麼老早就該找到部分寶藏了。這也是為什麼其他學者主張，它們很早就被找到了——不過是遠在古代，就在它們剛被埋藏後不久。這些寶藏至今依舊成謎，偶爾會有不同的業餘考古學家[8]試圖解密，但屢試屢敗。

貝都因人在洞穴十一找到了另一卷卷軸。它也輾轉來到坎都位在伯利恆的店裡，就像第一批的某幾卷古卷。起初它似乎是透過維吉尼亞州的一位教士當仲介來標價出售，但後來在一九六七年的六日戰爭（Six-Day War）後落入伊加爾．雅丁手中。卷軸的主要部分被收藏在一只鞋盒裡，而其他碎片則放在一只較小的雪茄盒。小心翼翼展開並再次組合上不同的碎片後，它成為現今所謂的「聖殿卷」（Temple Scroll）。古卷裡詳述一座未曾落實興建的猶太聖殿的建造和外觀細節，再加上獻祭和各種聖殿儀式的規範。最終雅丁發表了獲取卷軸的整個過程，而古卷本身[9]也是當今熱門的研究主題。

然而，真正讓考古學術界人仰馬翻的是洞穴四，因為在其中找到的古卷全都從它們原先所在的架上掉落，並在地面粉碎成大量的碎片。原來的卷軸現在變成數以萬計的碎片，有些甚至比一片指甲還小。原先旨在將碎片拼湊回去並發表古卷內容而籌組的學術委員會，最終為此耗費了超過四十年，甚至只允許極少數的其他學者看見古卷。這引發了各式各樣的敵意，更別提關於那些學者正煞費苦心拼湊「可能的文本內容」的陰謀論了。

最後，在一九八〇年代晚期和一九九〇年代早期，幾乎是在同時從各個方面突破了瓶頸。其一是與卷軸碎片的照片有關，某個至今仍身分未明的人士把那些相片留在一位學者的大門前。另一方面則是和一位教授和他的研究生有關，他們兩人藉由拿到的一組索引卡，重建了卷軸碎片上的內容；每張索引卡上都有某卷古卷中的一個單字，以及在原始卷軸上那個單字前後的各一個字詞。這以一本手冊的形式廣為人知，卷軸團隊會將其複本交給可靠的學者。這名教授和他的研究生設計出一個電腦程式，來拼湊那些卡片，並重建碎片的原始內容[10]，正確率高達九成。

最重要的揭密是，所有碎片都曾在某個時刻拍下相片，多數人卻毫不知情，並且為了安全起見，照片全都儲藏在洛杉磯漢庭頓博物圖書館（Huntington Museum Library）的保險庫中。這件事情一公諸於世，漢庭頓圖書館就在一九九一年宣告，只要擁有適當的學術文憑，任何人都能取得其微縮膠片副本，研究閘門就此敞開。[11] 一支新的學者團隊被召集來處理這些碎片，自此一卷又一卷的完整古卷便迅速接連出現。部分最有趣的發展之所以發生，要歸功於處理文本的新學者群中的女性和猶太教徒；因為原先的團隊全都是男性基督教徒。新的學者為古卷研究帶來了新的背景和方法。他們對卷軸碎片應用了新的技巧，如拍攝紅外線照片，讓部分的文字能更清楚閱讀。

從完整無缺到完全呈碎片狀的卷軸，研究死海古卷已經成為學術界的家庭小工業。相關的出版品大量出現，從最具學術性的到最大眾化的著述應有盡有。高強度的研究也造就了卓越的觀察——例如，最古老的碎片已定年為公元前三世紀末，而且是《撒母耳記》（*Book of Samuel*）的片段。[12] 還有另一個來自《撒母耳記》的碎片包含了一段我們擁有的聖經版本遺漏的段落。在《撒母耳記上》的第十到十一章，有兩個連續的段落都是以同一個人名開始——拿轄（Nahash），也就是亞捫人（Ammonites）之王。最有可能的情況是，有位在抄錄手稿的抄寫員載錄了第一段後，又再次回頭查找，往下讀時看到第二段開頭的同一人名，便以為他已經抄過那個段落了，於是直接跳到下一段。事實上，他只抄錄了第一段，而非兩個段落。結果在我們現代通行的聖經中，第二段就缺漏了。今天許多聖經版本已經根據死海古卷的這項發現，恢復這個佚失的段落。[13]

※ ※ ※

考古學家在死海地區也找到了其他藏有卷軸和古代文字殘骸的洞穴，裡頭也有其他物品，但他們可能和死海古卷的主體無關，因為那些洞穴裡的遺存是來自其他時期。

最著名的洞穴之一位於米什馬爾河（Nahal Mishmar）河谷，或可說是峽谷或溪谷。那座洞穴現被稱為寶藏洞穴（Cave of the Treasure），考古學家在裡頭找到了大量的密藏物，約有四百件可追溯至公元前三五〇〇年銅石並用時代（Chalcolithic period）的銅製物品。其中有些是權杖頭，比較可能是屬儀式性質，而不具有實際的用途；其他則看似王冠和權杖[14]，雖然並不清楚這是否是它們真正的功能。

另外兩座洞穴甚至更遠近馳名。它們坐落於名為哈弗乾河（Nahal Hever）的河谷，約在昆蘭南方二十五英里（約四〇．二公里）處，被命名為恐怖洞穴（Cave of Horrors）[15]和信件洞穴（Cave of Letters）。其一位於河谷北側峭壁壁面上，另一座則是在南側的相似位置。兩座洞穴正上方的峭壁頂端都曾建有羅馬的圍攻軍營，兩者也都處在極為陡峭的斜坡上，現在要到達那裡最好的方法只能使用搖搖晃晃的繩梯。兩座洞穴首次被人找到的時間都在一九五三年，但一直到一九六〇和一九六一年才真正接受調查和發掘，那是一支四名傑出以色列考古學家（包括雅丁在內）所領導的團隊的部分工作成果。

第一座恐怖洞穴是因為考古學家在那裡的駭人發現而得名。他們在洞穴中找到四十具骸骨，其歷史全都可追溯到對抗羅馬統治的第二次猶太叛變，又稱巴柯巴起義（Bar Kokhba Revolt）。這場叛變從公元一三二年持續到一三五年，以失敗告終。一般認為，在洞穴裡發現的遺體是沒能離開或逃出洞穴的難民或反叛分子，因為羅馬人就在他們的正上方紮營，這無疑是蓄意的作為。他們很可能是飢餓致死的，因為並沒有外傷的跡象，但我們大概永遠都無法知道恐怖洞穴裡真實發生的事情經過。

反之，我們對信件洞穴的了解非常豐富。雅丁是一九六〇和一九六一年洞穴探勘的負責人，儘管一九五三年就已經有考古學家相當徹底地調查過這座洞穴。考察結果收穫頗豐，有來自三個時期的發現。第一個時期是銅石並用時代，約於公元前三五〇〇年，和米什馬爾乾河的寶藏洞穴同期。第二個時期是公元一世紀，可能是在第一次猶太叛變期間，也就是所有卷軸被藏匿在鄰近昆蘭的洞穴中的時期。第三個時期是公元二世紀——亦即第二次猶太叛變期間。

這座洞穴有兩個窄小的入口，兩者都會通往所謂的洞廳A。在此處的洞廳，考古學家找到了一卷卷軸的一個碎片，上頭記載了〈詩篇〉的一部分，寫著「耶和華啊，誰能寄居在你的帳幕？」（〈詩篇〉第十五章第一至二節）運用金屬探測器，他們也找到了一些額外的物品，包括金屬器皿和錢幣。從洞廳A，有一條狹窄的隧道可以通往洞廳B和C。洞廳C裡有著最重要且驚悚的發現，包括在裂縫裡找到的一籃人頭顱骨，還有一具毯子包裹住的骸骨，以及埋葬在一只皮革襯裡箱內的一名孩童。在洞廳最遙遠的那一端，他們找到了巴柯巴（Bar Kokhba）書寫的信件（在信中他被喚作他的真實姓名巴柯西巴（Bar Kosiba））。那裡還有金屬鑰匙和一只棕櫚葉編成的籃子，籃中裝滿了各式物品，諸如一面鏡子、鑰匙、皮革涼鞋、木碗、銅壺，以及一些包裹在一捆破布裡的信箋文件——這大概是籃裡最重要的發現，它們是一位名叫芭芭莎（Babatha）的女子的所有物[16]，也可追溯至巴柯巴和第二次猶太叛變的年代。

結果在洞穴裡的洞廳C至少尋獲三名男子、八名女子和六名孩童的骨骸。巴柯巴信件是寫在木板上的，全都包裹在多張莎草紙裡；其中一封署名「以色列統領（或親王）賽米恩・巴柯西巴（Simeon bar Kosiba）[17]」。有則未經證實的軼聞是這麼說的，當雅丁親自拜訪以色列總統，告訴他這項發現時，他向總統致敬並說：「先生，這是來自您前輩的信息。」

芭芭莎的文件資料中包含了三十五個莎草紙卷[18]，大多數都是關於她繼承父親的財產和對她兒子監護權的法律文件。發掘當天也在現場的攝影師大衛・哈里斯（David Harris）事後寫道：「當雅丁再次檢查確認他沒有遺漏任何事物時，他的手觸碰到一捆破布。他將它取出時，可以看見一堆綑綁在一起的莎草紙卷，我們現今稱之為芭芭莎文件，其中描述著巴柯西巴年代的日常生活。三十五年過後，我仍謹記那次美好而令人興奮的經驗[19]，是我攝影師生涯中最重大的時刻。」

寶藏洞穴、恐怖洞穴和信件洞穴的發現，為聖經考古學領域貢獻了激動人心的嶄新素材。然而，徹底變革聖經研究學界的是死海古卷的發現，根據那些歷史超過兩千年的文本，闡明了希伯來聖經。從它們的意外發掘，到古物市場上交易的密謀，再到它們點燃的學術爭議，這一切都讓死海古卷成為二十世紀最引人入勝的考古發現。[20]

第十五章

馬撒達謎團

在公元七三或七四年，九百六十名的猶太奮銳黨人（zealots）——有男、有女、有小孩——於以色列死海旁的馬撒達山頂自盡身亡，以避免遭受羅馬人的俘虜。這段經過是羅馬歷史學家約瑟夫斯告訴我們的，也是古代最著名的故事之一。但它真的發生過嗎？伊加爾・雅丁的答案是肯定的；他是耶路撒冷希伯來大學（Hebrew University of Jerusalem）的以色列考古學家，並曾在一九六〇年代中期發掘過這座遺址。此外，他也主張他在挖掘期間發現的物品能夠證實這起事件。而他接續出版的著作《馬撒達：希律王的堡壘和奮銳黨人的最後一搏》

馬撒達陶器破片。

（*Masada: Herod's Fortress and the Zealots' Last Stand*）暢銷一時。[1]

眾所皆知，雅丁在以色列不同遺址的挖掘，如一九五〇年代的夏瑣和一九六〇年代的馬撒達，有部分的目標是要強調猶太人對該處土地的所有權，方法便是將這項主張與聖經故事和其他知名事件連結在一起，約瑟夫斯描述的這則故事也包含在內。長久以來，有些人一直認為這項企圖會影響他如何詮釋挖掘期間的發現。在一九九五和二〇〇二年，也任職於耶路撒冷希伯來大學的社會學家納契曼・班耶胡達（Nachman Ben-Yehuda）先後出版了兩本書，闡述他自己對馬撒達發現的詮釋[2]——《馬撒達迷思》（*The Masada Myth*）和《犧牲的真相》（*Sacrificing Truth*）。他斷定雅丁在詮釋上錯誤百出，或許是刻意所為，以利從他在馬撒達發現的遺存創造出國族主義敘事，以考古學為立基，幫助建國不久的以色列形構國家和國民的認同。

接著，在二〇〇九年，亞姆儂・班托爾（Amnon Ben-Tor）出版了一部替雅丁及其發現猛烈辯護[3]的著作，題為《回歸馬撒達》（*Back to Masada*）；這位作者現在是耶路撒冷希伯來大學的伊加爾・雅丁考古學教授（Yigael Yadin Professor of Archaeology），也曾和雅丁一起在馬撒達進行挖掘工作。在這本書中，班托爾再次回到考古學的討論，反駁班耶胡達的每一個論點，並基本上重申了雅丁的詮釋和結論。

這場辯論牽涉到約瑟夫斯敘述的可靠確實、雅丁的優良信譽（他可能是所有以色列考古學家中名聲最響亮的），以及國族主義對考古發現詮釋的影響。我們該相信誰呢？

※ ※ ※

馬撒達是一座頂端為平坦高原的高山，長邊大過寬幅，在周遭一片乾燥不毛的沙漠中巍然矗立。自雅丁在一九六〇年代中期發掘以來，馬撒達便吸引了大量遊客。現在每天都有數百名觀光客在山頂的遺跡間漫步閒逛——每年共有五十萬人次造訪。它是以色列第二熱門的觀光景點[4]，僅落後耶路撒冷，並在二〇〇一年被聯合國教科文組織提名為世界遺產遺址。

馬撒達坐落於死海的南端，遠在昆蘭和多數尋獲死海古卷的洞穴的南方。山頂能夠步行抵達，但只有一條被稱為「蛇行路」（Snake Path）、狹窄又蜿蜒的道路，步道沿著山丘和羅馬人圍攻的斜坡正面，往上延伸四百公尺（約一千

馬撒達。

三百英尺），那道斜坡至今仍在西側原來的位置。這裡的天氣極為炎熱，因此施行了一項規定，要求遊客如果想要爬山只能在早上九點半之前開始。因為在九點半之後，便很有可能在登山過程中脫水。在破曉前上路的民眾將會得到獎賞，那就是能夠欣賞他們此生看過最燦爛壯麗的日出景致之一，但多數的遊客會選擇搭乘已經裝設好的纜車，一路在蛇行路上方滑行，並向腳下的人們揮手。

雅丁曾在馬撒達工作過兩個考古發掘季，一是一九六三年的十月至一九六四年的五月，第二次則是一九六四年的十一月到一九六五年的四月，就許多方面而言，這兩次的調查都立下了考古學的里程碑。舉例來說，雅丁是首位任用國際志工協助挖掘遺址的考古學家。他在以色列和英國的報紙上刊登廣告[5]，藉此招募參與者，最終募集到來自二十八個國家的志工。

現在以色列的考古挖掘若沒有來自世界各地的參與者反而相當罕見，但在當時，這可是一項創舉。而投入的人數也相當驚人——雅丁聲稱在整個發掘期間，在馬撒達開挖的志願者都不曾少於三百名。除了國際參與者外，還有來自以色列國防軍（Israel Defense Forces）、高中學生和集體農場（kibbutz）成員的志願者。[6]

維繫這場挖掘的後勤工作相當驚人。當今活躍的一些考古學家當時仍是研究生，他們曾說過，現場有時會徵用直升機來載運工具和裝備上到山頂，不過更常見的路線是扛著一切所需物品，從土丘西側、經由羅馬人圍攻的斜坡登山，這道斜坡是肩負重擔的志工們最佳的攻頂路徑。如果是更沉重的裝備，則會運用斜坡旁邊的纜索系統運送。為了後勤所需，考察隊成員居住的帳篷紮營在同一道羅馬斜坡下方。雅丁在他的書中證實了這一切。[7]

這場發掘本身也成為傳奇。雅丁表示，他們最初開始規劃挖掘工作時，無法用直觀的方法看見馬撒達山頂上的任何建築。他說整個區域似乎都覆滿了「碎石瓦礫的小丘」。[8]不過事實上，許多建築都清楚外顯，一旦團隊拍攝了航空照片，他們就會在許多狀況下知道該挖掘何處。

他們完成挖掘工作後，發現馬撒達是一個繁複宏偉的聚落，原先是希律王在公元前四〇年成功造訪羅馬後建造的，以防他有天必須逃離耶路撒冷並在其他地方尋求庇護。超過七十年後，在第一次猶太叛變的餘波中，西卡里黨（Sicarii）叛亂分子在對抗羅馬時，接管並占領了馬撒達。

馬撒達實際上擁有兩座宮殿。一座位於岩石高原的北端。它總共有三層樓，嵌入峭壁，建宮於此是為了在猶大沙漠（Judean desert）的酷熱高溫中捕捉夏日微風。另一座宮殿則是在馬撒達的西側。除了這兩座宮殿，雅丁的團隊找到了一些房間和建築，用作製革廠、工坊，甚至還有一座猶太教堂。他們也尋獲幾處保存食物和其他糧食的儲藏區域，其中有些壺罐還裝著最終毀滅時燒焦的穀物，另外也發現許多用來承接雨水的儲水池，因為在馬撒達周遭的荒漠無法取得新鮮的水源。[9]

有些建築的牆面覆蓋著灰泥，上頭有深藍色、鮮紅色、黃色和黑色的圖案，現今只餘碎塊留存。有些地板鑲嵌著馬賽克，帶有圖樣設計精緻的特色，這種類似的裝飾在希臘或羅馬更為常見。據推測，應該是希律大帝僱用工匠打造而成的，或許是要仿效他在羅馬看過的設計。其中只有一部分保存至今。

雅丁用他們找到的墜落石塊，重建了部分的原始建築。在馬撒達重建的最佳案例是座多間儲藏室的龐大複合體，位於遺址的東北部。這裡只留下了較低部分的屋牆，但較高牆面的石塊全都躺在原來掉落的位置。雅丁和他的團隊重建了石牆和房室，運用每一塊所能找到的石塊來重新砌牆，最後高達十一英尺(約三・四公尺)。為了呈現成果和重建的部分，他們在牆上畫出一條黑線[10]，來分隔他們挖掘出來的下半部和他們搭建的上半部。今天有些以色列的遺址仍會這麼做；比方說，當你在米吉多走過青銅器時代晚期的城門、要進入古城時，也會看到類似的做法。

雅丁表示，他們讓「每一把土……都通過一張特殊的篩網」。近五萬五千立方碼(約四二〇五三公秉)的砂土都經過篩濾。這是在以色列境內的發掘首次過篩每一桶廢土。於是，他們找到無數的小物件，若沒有這麼做大概會遺漏這些物品，包括數百枚錢幣、有銘文的陶片，以及戒指和珠子等小首飾。那些硬幣讓他能夠極為精確地為他們在挖掘的遺存定年——特別是那些早幾年在第一次猶太叛變製作的錢幣。他們蒐羅到了猶太起義的五年期間每一年分製作的硬幣[11]，也包含幾枚起義最後一年出產的稀有錢幣。

近年來，雅丁在馬撒達的發掘工作成為許多辯論的焦點，尤其是針對他對遺存的詮釋，以及他使用那些遺存重建古代敘事，來重述遺址經歷過的事件。挖掘結束後不過一年，他就出版了著作，是一本大開本精裝冊，也是首批面向一般大眾的發掘報告之一。[12]而考察結果的官方出版品正好相反，篇幅多出了八大卷，耗費幾十位學者數十載的工夫才完成，最近期的一卷發行於二〇〇七年，距離最初發掘工作結束的時間已經超過四十年。

因此，馬撒達的故事不只是一個考古發掘的故事。這個案例呈現了考古學家如何用歷史資料來補充挖掘期間找到的事物，並且充實考古發現貧乏的細節。雅丁特別運用弗拉維烏斯・約瑟夫斯的文字——他是一名後來成為羅馬歷史學家的猶太軍官，在公元一世紀撰寫了兩本關於猶太人的書，他也是近兩千年前馬撒達山頂可能發生過的事件的主要資料來源。不過，考古學和歷史紀錄之間的關係有利有弊。換句話說，由於我們無法確定約瑟夫斯的討論百分之百正確，因此我們可以用考古學來證實——或挑戰——古代文本。然而，這則故事也帶有警示作用，關於利用（或誤用）考古證據來支持國族主義議題，正如某些學者暗示雅丁在此案例中的所作所為。

＊　＊　＊

羅馬人在馬撒達對一小群猶太反叛分子發動圍攻的時間是公元七三或七四年。[13]關於這場圍攻，約瑟夫斯是我們唯一的歷史資料來源。他描述了猶太捍衛者大規模自盡的故事，長久以來廣為人知……而事實上，雅丁試圖利用考古學來確證約瑟夫斯所提及的細節。

那則故事的敘述十分簡短。一如我們先前在關於羅馬的章節所提到的，第一次猶太叛變始於公元六六年，猶太人在今日的以色列境內起身反抗占領他們土地的羅馬人。這場叛變持續到公元七〇年，當時羅馬人拿下耶路撒冷，並將多數城區焚毀殆盡，包括希律大帝為了取代原先所羅門王興建、在數世紀前被新巴比倫王國人（Neo-Babylonian）摧毀的聖殿，而在那裡建造的那座新聖殿。據說，由所羅門王和希律王建築的第一和第二聖殿分別在一年中的同一天遭到摧毀，到了今天，這個日子是猶太人的哀悼節日，名為聖殿被毀日（Tisha B'Av）。

當叛亂結束時，有一群反叛分子試圖要逃離毀城的耶路撒冷，定居在馬撒達。他們由一位名叫伊利薩爾・班雅伊爾（Eleazar ben Ya'ir）的男子率領，這群人就是西卡里黨人，或稱匕首黨人（Dagger Men）。他們接管了有防禦結構的建築和宮殿，這些建物原先是希律王建於馬撒達山頂，來當作他自己和家人的最後避難處，以備不時之需。

然而，約瑟夫斯在敘述事情經過時弄錯了一些細節，因此我們懷疑他本人可能從未親歷現場，只是採用其他人的紀錄。舉例而言，他說希律王「建造了一座宮殿……位處西邊的上坡……但面朝北方」。[14]而現實情況如前述，考古學家在馬撒達山頂尋獲兩座宮殿——分別在西側和北側——而非只有一座。

不過，約瑟夫斯提供的其他細節中，有些相當正確——比方說，他描寫到那裡興建的幾座浴場、有些建築的地面「鋪有多彩的石頭」[15]，以及他們在原生岩石挖鑿坑洞，用作儲水池。約瑟夫斯一定是在指涉雅丁找到的仍有部分完好無缺的一些地面。至於他提到的儲水池，有些鑿入馬撒達山頂岩石的池子巨大無比。雅丁估計，每座池子都可容納高達十四萬立方英尺（約三九六四公秉）的水量；加總起來，它們共可儲存將近一百四十萬立方英尺，或超過一千萬加侖（約三七八五〇公秉）的雨水。[16]

最後，反叛團體堅守了三年，在鄉村地區為取得糧食包圍劫掠，直到羅馬人決定終結他們和叛亂方最後的殘餘勢力。

約瑟夫斯描述，羅馬人由弗拉維厄斯・席爾瓦（Flavius Silva）將軍率領，以一道在沙漠的地平面上完全環繞山脈的圍牆圍困馬撒達，沿著牆每隔一段距離就會有獨立的要塞或堡壘，防堵任何人逃亡。[17]今天，在馬撒達山頂俯瞰周遭的鄉野時，仍可看見八座弗拉維厄斯的堡壘。

下一步，羅馬人開始利用一條從沙漠地表延伸到馬撒達山頂方圓「三百腕尺」（約一三七・二公尺）內的天然山脊，以土石建造一道長斜坡。斜坡一建成，諸如破城槌、投擲巨石的石弩和發射巨箭的弩炮等圍攻器械，就能沿著坡道長邊推運上山，並朝馬撒達城牆發動攻勢。約瑟夫斯寫道：「那裡有……一座高達六十腕尺（二七・四公尺）的塔，外觀全面鍍鐵，羅馬人由裡頭的武器向外投射鏢箭和石塊[18]，隨即令圍牆內部的抵抗勢力撤退，不允許他們將頭抬起高過圍攻建物。」

今天可以在遺址看見某些圍攻器械原尺寸的複製品。美國廣播公司（ＡＢＣ）拍攝完一系列關於馬撒達的迷你影集（於一九八一年播送）後，就將它們留在那裡。在遺址也可以看到雅丁和其他考古學家於一九六〇年代的發掘期間尋獲的其他物品，包括貌似羅馬人投擲的石弩球，以及大概是猶太防衛方回敬的投石塊。

羅馬的圍攻器械設置好後，圍城正式發動。約瑟夫斯告訴我們，席爾瓦將軍下令將一座破城槌拖上斜坡[19]，對牆擺放。幾名男子攫住繫在破城槌巨型突出木塊上的繩子，一直向後、向後、再向後拉扯。當他們鬆開手，破城槌便重擊防禦牆，發出巨響。要不了多久，他們就攻破城牆了。

然而，如約瑟夫斯所述，猶太防衛者已經在裡面搭建了自己的牆，牆的材質是木頭和土壤，好讓它柔軟且能夠變形。他表示，他們就在牆的內側，沿長邊擺放粗大的梁木，隔了大約十英尺（約三公尺）又如法炮製，於是便得到兩大堆的木梁。他們在兩堆木梁間倒入土壤，所以最終有了一道非常厚的牆面，兩端是木頭，中心是泥土。這第二道牆設在防禦石牆牆邊，有助於緩衝破城槌的衝擊，分散其影響力。因此，羅馬人耗費了比預期還久的時間才在牆上敲出一個坑洞。甚至於當他們確實在外牆撞擊出一個洞後，仍得面對這道木材和土壤搭成的厚牆。

約瑟夫斯寫道，最後他們直接放火燒牆，準備進入城內。到了火焰漸漸熄滅時，夜幕已降臨，而約瑟夫斯敘述，羅馬人當晚暫時回到軍營中，準備隔天一早進犯防衛者。

羅馬攻擊暫息，給予猶太防衛者時間和機會，去決定該自盡還是等著被殺，或遭羅馬人囚禁和奴役。約瑟夫斯表示，他們的領袖伊利薩爾·班雅伊爾要求每一個家庭的男性殺死他自己的妻小，聲稱

「我們仍能盡一己之力勇敢死去，維護自由的身分[20]，其他遭意外征服的人們則無從選擇」。

接著這些男子抽籤選出他們其中的十位，來殺害剩下的人。那十名男子再次抽籤，選出一名來殺害其他九名同伴。最後那名男子再自盡氣絕。因此嚴格來說，他是唯一一位自殺的人；自殺是違反猶太教法的行為。不過，實際上這就是一場大規模的自殺行動，而當翌日早晨羅馬人進入時，迎接他們的城市鴉雀無聲。一直到兩名女子和五名孩童從儲水池的躲藏處現身，羅馬人才知道事情發生的真相，因為那兩名婦女一字不漏向他們複述伊利薩爾的演說。據約瑟夫斯所述，當晚共有九百六十人身亡。[21]

⁂

這則戲劇化的故事已經引發世代的迴響，直至今日。事實上，在雅丁完成遺址的挖掘工作後，以色列軍隊一度時常在馬撒達山頂舉行新兵的入伍典禮，要求他們在一場慷慨激昂的夜間儀式中，在熊熊燃燒的營火前發誓「絕不再犯；絕不再犯」，絕不會允許這樣的事情再次發生。

約瑟夫斯的故事疑點仍存，其中最重大的一項是，如果兩名婦女和五名孩童真的躲在儲水池裡，那他們就不可能聽得到伊利薩爾・班雅伊爾的演說，更別提可以清晰到能夠複述、讓約瑟夫斯一字一句引用的程度。

更大的問題是，如果羅馬人確實在牆上打出一個坑洞，就算夜幕低垂，他們也絕對不會當晚回營。當時的羅馬軍事戰術要求士兵無論在何時何地都要乘勝追擊，無論是白天或黑夜。因此，他們必定會直接穿過攻破焚燒的城牆，不留給對方任何時間討論計畫或投票表決，或讓班雅伊爾發表演說，或接著抽籤，也沒時間讓丈夫們殺死妻子和家人，沒時間讓十名男子殺害其他人，更沒時間讓最後一人殺死其他九人。簡而言之，事情經過不可能如約瑟夫斯所述。

最有可能發生的狀況正如我們預期。當羅馬人攻破城牆，他們便湧入並殘殺猶太防衛者。那並不是一場大規模自盡，而是大規模屠殺。約瑟夫斯是事後在羅馬寫作的，他採用了當時在現場的指揮軍官的筆記和日誌，而那些軍官可能受到命令要粉飾這整起事件。事實上，男人殺害自己的家人，十個男人殺死其他人，接著一人殺害剩餘九人，這個約瑟夫斯描述的故事是取自他自己的經驗。

稍早幾年的公元六七年，正值對抗羅馬的第一場起義，約瑟夫斯曾是在名為尤塔帕塔（Jotapata）的遺址對戰羅馬人的猶太將軍。他們設法抵抗了羅馬人四十七天，但最後他和其他四十人躲到一座洞穴避難，他們在那裡決定讓每個男人都殺害另外一人，寧願自我了斷，也不願屈服。最終，只剩下約瑟夫斯和另一名男子倖存，於是他說服男子一起投降。約瑟夫斯告訴我們在馬撒達發生的故事，似乎是他在尤塔帕塔的親身經歷。[22]

⁂

雅丁正是因為心中帶有這些對約瑟夫斯描述問題的疑惑，包括婦女和小孩在其他人自盡身亡時躲在儲水池裡的故事，才決定前往馬撒達。他想要挖掘，看看他能發現些什麼，來證實或推翻這個故事。

他的部分發現和他對它們的詮釋方式仍有很大的爭議。爭議並不在於建築和物品本身，問題是在該如何詮釋它們。舉例來說，雅丁找到的物品除了許多陶器和無數枚硬幣之外，還有腰帶扣環、門鑰匙、箭頭、湯匙、戒指和其他鐵製的物件。他說明這些都是馬撒達猶太防衛者的物品，確實有此可能，但有些或許是羅馬圍攻者，或甚至是遺址後期居民或占居者的所有物。

他也找到了一些卷軸的碎片，包括來自〈詩篇〉的碎塊，其中之一涵蓋了〈詩篇〉八十一至八十五章的段落，另一片則是書中的最後一個篇章——〈詩篇〉第一百五十章，裡頭寫著：「你們要讚美耶和華……要用號角聲讚美他。」那裡也有其他非常重要但破碎的非聖經文本，比方說，一枚卷軸碎片上的字行和在昆蘭死海洞穴中尋獲的如出一轍，這讓雅丁和自那時起的許多其他學者猜想，馬撒達的防衛者和昆蘭的居民是否有任何關聯。[23]

或許最重要的是，雅丁也在遺址找到了遺體，雖然總共不到三十具（絕對和約瑟夫斯所說九百六十人相距甚遠），但有些還有毛髮留存，身旁放著皮革涼鞋。[24]而正是這部分在近年來引發最多爭議。其中有二十五具是位在靠近南側峭壁頂端的一座洞穴中；一九六九年，以色列為他們舉行了國家葬禮，儘管雅丁是反對的，因為他表示他們無法確定遺體是馬撒達的猶太防衛者、羅馬攻擊者或其他族群的人們，或許全都來自不同的時期。

另外三具遺體則是在北部宮殿較低臺階上的一座小浴場附近找到的。目前在夏瑣發掘的指導亞姆儂·班托爾表示，那三具骸骨是他挖掘的，而那天是他職業生涯中最驚悚的一天。[25]在雅丁出版的著作中，他盡可能針對這三具遺體大書特書，聲稱當他們碰見這遺存時，「連老手和我們之中疑心最重的成員都嚇得動彈不得，目瞪口呆地看著這項發現」。[26]

雅丁表示，其中一具遺體是「一名大約二十歲的青年——可能是馬撒達的指揮官之一」。在他身旁擺放著一些盔甲的鱗片、數十枝箭、一片寫有文字的陶器破片和禮拜用披肩的碎布。不遠處則是一名年輕女子的骸骨，位在一片看似帶有血漬的地面。她的頭髮仍存，「編成美麗的髮辮……宛如剛上美容院打理過」。她的涼鞋也保存了下來，就在她的遺體旁邊。雅丁說，第三具遺體「是一名孩童」。[27]

雅丁認為他們是一個家庭，在家人身邊死去。好幾年來，這一直是許多辯論的焦點，他發現的陶器破片亦然，因為上頭用墨水寫下的人名[28]之一是「班雅伊爾」。對雅丁來說，這些遺體和陶片證實了約瑟夫斯的故事和伊利薩爾．班雅伊爾的存在。

但對雅丁不幸的是，更近期的鑑識分析指出，他描寫的所謂家庭成員其實年齡相距不遠，因此不可能是一個「家庭」。那名男子較可能年約二十二歲，女子十八歲，而那名「孩童」是大約十一歲的少年。[29]

除此之外還有其他問題，包括所發現寫有文字的陶片是十一塊，而非十塊，以及有些葬墓混入了豬骨等問題。班耶胡達撰寫的書中詳細列出了這些問題，接著又遭班托爾反駁。

※　※　※

無論遵循班耶胡達或班托爾的想法痛斥或尊敬雅丁，班托爾在他的著作中為雅丁辯護的總結評論仍稱得上真實可靠。如他所言，「一方面……是科學化探勘馬撒達，另一方面是讓馬撒達成為大眾觀念中的觀光景點，這兩點都適切表達出雅丁這位人物的兩個面貌，也是他這兩個身分實實在在的豐功偉業[30]——那就是學者和公眾人物。」

整體而言，雅丁在馬撒達的發掘是以色列考古學的里程碑，特別是任用多國籍的志工和許多執行後勤的其他層面。當然，部分原因是遺址挖掘至今仍對觀光業十分重要，但也因為他的發掘工作是近期討論考古學家詮釋本質的焦點，特別是那些在單純解讀發現的資料外，或許帶有國族主義目的的學者。[31]

第十六章

沙漠之城

雖然在現今以色列和巴勒斯坦境內的遺址因為和聖經有關，對一般大眾而言可能較為熟悉，但它們不一定是中東規模最大、最令人印象深刻的考古遺址。在更北邊和東邊的敘利亞、約旦和伊拉克，還有大量的荒城和古丘，儘管因其地處偏遠，過去數十年來政治情勢不穩，西方遊客較少拜訪。我們已經簡述過一些遺址，如伊拉克的烏爾、尼姆魯德和尼尼微。在這一章，我們會再簡略談談另外三座——敘利亞的艾布拉（Ebla）和帕米拉（Palmyra），以及約旦佩特拉的沙漠貿易中心。

一九七〇年代，艾布拉〔現今的馬爾迪赫廢丘

帕米拉：遠景。

（Tell Mardikh）」第一次出現在世界各地的報紙頭條。羅馬智慧大學（Sapienze University of Rome）的保羅・馬蒂耶（Paolo Matthiae）及其團隊於一九六四年開始挖掘這座遺址，幾乎持續到現在——總共近五十年。之所以花這麼長的時間去挖掘，是因為這座遺址龐大無比，占地約一百四十英畝（約五六・七公頃）。保護城市的防禦土牆至今仍清晰可見，雖然現在有一條道路穿過土牆，人們可以開車進入遺址的其他部分。遺址的正中央有一座巨大、高度較低的城市，以及一座堡壘——一座較高的土丘。在堡壘之上是王室宮殿和行政建築。[1]

開始挖掘四年後，馬蒂耶的團隊找到近四千年前一位名叫伊比特林（Ibbit-Lim）的當地男子所奉獻的一座雕像。在上頭的銘文中，這名男子表示他是艾布拉國王的兒子。這可是一大發現，因為先前的學者都認為艾布拉位於敘利亞的更北邊，而不是在馬爾迪赫廢丘這裡。進一步挖掘後，他們得以確證自己真的找到了古艾布拉。[2]因日後證實，我們現在已經知道艾布拉是座極度重要的遺址，其歷史十分悠久，可一路追溯至公元前三〇〇〇年，並延續到公元前一六〇〇年左右遭到毀滅。

馬蒂耶和他的團隊前九年都耗費在這部分的土丘，以及可溯及占居期第二階段的建築，約為公元前二〇〇〇至一六〇〇年。他們之所以對這個時期感興趣，有部分是因為這也是亞摩利人（Amorites）的時代，人們從聖經上認識他們，也是巴比倫國王漢摩拉比（Hammurabi）的時代[3]，他的統治始於公元前一八〇〇年後。

一直到一九七三年後，馬蒂耶的團隊才開始考察占居期較早的階段，可追溯至公元前二四〇〇至二二五〇年左右。就在隔年，他們的發現讓艾布拉和他們自己躍入歷史著作。這一年，他們在遺址尋獲第一批陶板。他們在一九七五年找到更多，一九七六年又找到更多。

發現的陶板總共可能多達兩萬片，大多都是在所謂的宮殿G中的兩間小房間內找到的，這些陶板在擺放的架子遭焚毀倒塌後落地，一直到當時都安躺在地面上。它們大多被定年為公元前二三五〇至二二五〇年之間。找到這座源自青銅器時代早期的大型圖書館的消息登上了世界各地的新聞頭版。不久後他們又再次成為頭條新聞，並點燃了一場論戰，因為考察隊上的銘刻學家喬凡尼．佩蒂納托（Giovanni Pettinato）最初的解譯結果顯示，其中提到了所多瑪（Sodom）和蛾摩拉（Gomorrah），以及聖經的人物[4]，如亞伯拉罕、以色列、大衛和以實瑪利。

今天我們已經很難想像當時人們是多麼欣喜若狂，但當其他銘刻學家接續的研究[5]指出刻寫板上完全沒有那些文字時，許多人的興奮之情便一下子煙消雲散了。沒有所多瑪或蛾摩拉，沒有亞伯拉罕、以色列、大衛或以實瑪利。出現這個詮釋錯誤是因為陶板上的文字是先前未知的語言，現稱為艾布拉文（Eblaite），它是利用蘇美文的楔形符號來書寫的。佩蒂納托以為自己讀得懂，因為他懂蘇美文，這是在一千英里（約一六〇九．三公里）外伊拉克南部、已知最早的書寫語言，但結果他完全誤譯那些文字。

接著，佩蒂納托與馬蒂耶切斷連結，也退出馬蒂耶為了翻譯和發表那些陶板內容所指派的國際委員會。不過，他仍持續在幾本書和幾篇文章中發表相關主題，儘管來自羅馬大學的新任首席銘刻學家[6]亞方索．亞契（Alfonso Archi）已經取代他的職位。

即使艾布拉陶板的內容完全和聖經無關，就歷史層面而言，這些刻寫板仍極為重要。它們涵蓋了曾統領艾布拉的國王名單、條約、地名、國際貿易的證據，並且確證了抄寫員學校的存在，也就是學生學習如何讀寫的場所。它們也證明了艾布拉是個主要的中心，統治著一個我們先前完全不知道其存在的王國。這是個非常好的例子，說明考古學家發現的文本證據能夠補充並拓展過去已經揭露的其他考古資料。

而如考古資料所示，艾布拉的一些宮殿和建築是毀於祝融，這起災難對他們來說相當悽慘，但十分有利於考古學家的研究，因為大火能夠保存廢墟和其中的部分人造遺物。較小的物品有黃金和塊滑石（steatite）製成的人頭牛身塑像，以及曾裝飾在木頭家具上的象牙碎塊。家具早已不復存在，而多數的象牙碎塊也被大火燒得焦黑，但確實是留存下來了，且或多或少能夠進行修復。那裡還有一塊石碗的碎片，上頭刻寫著埃及古王國時期的法老佩皮一世（Pepi I，約公元前二三〇〇年）的名諱，暗示著埃及和艾布拉之間即使是間接關係，也存在某種連結。

因為敘利亞內戰，馬蒂耶和他的團隊在二〇一一年停止挖掘。自那時起，這座遺址便遭無情破壞和劫掠。遺址被盜挖出多條地道；充滿遺骸的墓穴被洗劫一空，骸骨遭到丟棄；還造成了無數的傷害。[7]唯有等到目前折磨著這片國土的暴力減退，人們認為可以再次安全回到這個區域時，我們才能知道掠奪和毀壞的程度。

⁂ ⁂ ⁂

不過，艾布拉並非敘利亞境內——或其他中東地區——近期唯一受到區域性破壞的古代遺址。沙漠遺址帕米拉也因為敘利亞內戰期間的迫擊砲轟炸和其他攻擊行動，而受毀壞所苦，尤其是在二〇一二和二〇一三年。二〇一五年五月和六月，它再次上了新聞，伊斯蘭國勢力橫行在遺址區域內時，遭受到更嚴重的侵害；接著在二〇一五年八月又登上版面，伊斯蘭國成員殺害了前帕米拉古物管理負責人哈利德・亞薩德博士（Dr. Khaled al-Asaad）。後來，他們還炸掉兩座最著名的神廟以及遺址其他古蹟，包括矗立近兩千年的凱旋門，激發全世界對抗他們暴力行動的呼籲。到了二〇一六年三月，敘利亞軍隊總算將他們驅逐趕出遺址。[8]

凱旋門位於這座古城的東緣附近，橫跨其主要街道。它是羅馬皇帝塞提米烏斯・塞維魯斯（Septimius Severus）在公元二〇〇年左右建造的，可能是為了歡慶對抗美索不達米亞安息人（Parthians）的勝利；美索不達米亞距離帕米拉並不遙遠。這道拱門遭伊斯蘭國轟炸後僅僅六個月，又利用三維科技和埃及大理石，在倫敦的特拉法加廣場重現，其尺寸為原始大小的三分之二。為期三天的展示後，這件複製品被送往世界各地的其他城市展覽，包括紐約和杜拜。[9]

如多數世人所知，帕米拉古代遺址坐落於敘利亞沙漠深處的綠洲，位處大馬士革的東北方。它也是聯合國教科文組織世界遺產遺址，一九八

凱旋門，於帕米拉。

〇年起便名列其中。[10]這座城市的古名為塔德莫（Tadmor），在公元前二〇〇〇年的青銅器時代就已經十分蓬勃，但羅馬帝國時期才是它真正的全盛期，尤其在公元一至三世紀，它是主要的納巴泰（Nabataean）城市。

雖然納巴泰人本身仍有些神祕，但我們知道在連結羅馬帝國至印度，甚至遠到中國的國際貿易路線上，他們是重要的參與者。帕米拉是他們的城市之一，作為橫跨沙漠的商隊路線上的主要中繼站。它的建築反映出異國的影響，尤其是希臘羅馬和波斯風格。這座城市在公元二七〇年代初反叛對抗羅馬人，史稱潔諾比亞王后叛亂（rebellion of Queen Zenobia）。

潔諾比亞是帕米拉國王的妻子。國王在公元二六七年遭到暗殺，當時他們的小兒子年僅一歲，於是潔諾比亞以攝政者的身分就任王位。不久後，她就發起抵抗羅馬的起義，持續五年多。最初，她和她的軍隊大有斬獲——他們拿下埃及，接管敘利亞、今天的以色列和黎巴嫩的剩餘地區，甚至是現今土耳其的局部區域。

只是到了公元二七三年，羅馬軍隊擊潰帕米拉軍隊，平定她的起義，隨後羅馬皇帝奧勒良（Aurelian）摧毀了這座城市。日後這座城市雖然重建了，卻不再擁有同樣的榮景。根據一些古代文獻，潔諾比亞本人被帶到羅馬，淪為階下囚，隔年遭綁上金鍊遊街展示，成為奧勒良安排慶祝凱旋的戰勝遊行一景。關於她後來的遭遇人們仍各執一詞——和一名羅馬人成婚、遭到處決、自盡身亡全都是由古代作者傳述至今、講述她末年不同的故事。儘管如此，如同在兩世紀前（公元六〇至六一年）於不列顛率領反抗羅馬人的布狄卡，潔諾比亞仍是古代著名的女性軍事領導人之一。

這座遺址第一次的重大挖掘始於一九二九年的法國考古學家之手，特別針對羅馬時期的廢墟。他們找到的遺存令人嘆為觀止，包括貝爾神廟（Temple of Bel）和安哥拉，亦即市集，尤其是那些經局部重建的區塊。瑞士和敘利亞的考古學家也曾在那裡發掘，但考察工作持續最久的是波蘭的考古學家，他們一直挖掘到二〇一一年，在敘利亞內戰開打之際、伊斯蘭國入侵該區前被迫離開。

在較為平靜安全的時期，帕米拉是個美好的景點，特別是在日出和日落時分。無論是在黎明或日暮，攝影師們最喜愛的拍攝場景是四座塔門，它們共同被稱作四塔門（Tetrapylon），建於主要街道中途一帶的十字路口，距離東端約半公里。塞提米烏斯．塞維魯斯在建造凱旋門的同時，設立了這幾座塔門。現在可見的塔門只有一座是原物，另外三座都是敘利亞古物部門在一九六三年建立的水泥複製品。街道本身立有列柱，延伸超過一公里，從東側端的凱旋門和貝爾神廟，途經可以容納數千人的羅馬劇場，再到西端的一座大型的葬祭殿。列柱距離地面三分之二處有小型的臺架或底座，上頭站著人型的雕像。他們是資助興建街道和柱廊的捐贈者。雕像下方的銘文詳述他們的姓名和家族，我們從中增進了不少對帕米拉居民的認識。

至於獻給貝爾〔或稱巴耳神（Ba'al）〕的龐大神廟，內部的聖壇於公元三二年聖化，貝爾原是公元前二〇〇〇年迦南人的神祇，直到相當近期可見的神廟外觀則是在一百年後的公元二世紀完工的。不幸的是，這是伊斯蘭國在二〇一五年八月末轟炸的神廟之一，摧毀了如凱旋門一般矗立近兩千年的美麗古蹟。

帕米拉的廢墟中，還有座軍營是在公元三世紀末、四世紀初羅馬皇帝戴克里先（Diocletian）為他的士兵所興建的，已經成為考古挖掘的焦點。此外，尚有一座公元十七世紀當地的阿拉伯王侯在山坡上建造的堡壘，居高臨下俯瞰古城，至今仍在原地，如果敘利亞情勢允許的話，相當值得一訪。

※ ※ ※

現在帕米拉只是第二有名的納巴泰遺址，這部分的原因是印第安納・瓊斯。雖然他並非一位真實考古學家的正確形象，但系列電影的第三集《聖戰奇兵》（*Indiana Jones and the Last Crusade*）成功讓世界注意到聯合國教科文組織世界遺產遺址佩特拉（Petra）。[11]

佩特拉位於約旦的沙漠，從現代首都安曼開車大約要幾個小時，而在二〇〇七年舉行的網路票選中，它名列世界新七大奇景之一。[12]它是許多人遺願清單的項目之一，尤其是現在那裡已經有附空調的大型五星級飯店可以入住。約旦人十分謹慎保護這座遺址，和現今帕米拉遭受的破壞產生強烈對比，敘利亞的暴力行動讓古代遺址保存成為天方夜譚。

佩特拉的「寶庫」景致。

雖然可能早在公元前五世紀就有人居住在這個區域，但這座城市是在公元前四世紀初和納巴泰人一起變得強盛。它持續蓬勃發展超過五百年，其中自公元二世紀初羅馬人居於此區的時期尤其繁榮。接著，在公元四世紀中，有場地震摧毀了近一半的佩特拉城，公元六世紀又發生了另一場，此後一切止息——不再有建設活動，也不再鑄造錢幣。[13]

佩特拉似乎是納巴泰城市邦聯的中心，這些城市注重在控制乳香*、沒藥†、香料和其他奢侈品的盈利交易，貿易活動橫跨阿拉伯半島，連結亞洲到埃及。他們以水利工程聞名於世[14]，於是他們能夠透過一系列的水壩、運河和儲水池，將偶發暴洪的洪水引入佩特拉。

後來在公元七世紀時，這座城市實質上已遭荒廢，自那時起，它基本上已經消失在歷史的洪流中，只留存在居於鄰近地區的當地人的記憶裡。一直到一八一二年，佩特拉才被西方世界「重新發現」。那年，一位名叫約翰·波克哈特（Johann Burckhardt）的瑞士探險家來到這個區域。他穿著當時的阿拉伯服裝，並自稱謝赫·易卜拉辛·伊本·阿布杜拉（Sheikh Ibrahim Ibn ʿAbd Allah）。他的一身裝束，加上精通阿拉伯語，讓他得以從一八〇九年至因痢疾病亡的一八一七年間，在整個中東地區暢行無阻。他逝世時年僅三十二歲。[15]

其他人跟隨他的腳步，第一位美國考古學家也在其列。他是約翰·洛伊德·史蒂芬斯，在一八三六年仿效波克哈特，打扮成來自開羅的商人，將自己改名為阿布杜·哈希斯（Abdel Hasis），騎馬從瓦迪木沙（Wadi Musa）[16]進入佩特拉。

約翰·伯根（John Burgon）‡在一八四五年的詩歌〈佩特拉〉中，形容那些建築「宛如魔法般自岩石中長出，永恆、寂靜、美麗、孤獨！」他以不朽的詩行結尾：「一座玫瑰嫣紅的城市，走過一半的歲月那樣古老。」事實上，伯根本人從未親眼看過佩特拉。他純粹從他閱讀到的關於這座遺址的敘述寫下這首詩[17]，特別是前幾年史蒂芬斯出版的旅行紀事，那是在他前往猶加敦半島、發現馬雅文明而聞名於世之前的著述。

在一天中的某些時刻，佩特拉遺址許多布滿雕刻的峭壁表面確實會轉變成玫瑰紅色，但它們在陽光的不同角度下也會染上許多其他的色彩。這裡除了是一座精彩的考古遺址，更是名副其實的攝影師天堂。

遺址的首次發掘工作始於一九二九年，持續至今。猶他大學（University of Utah）的菲力普・漢蒙德（Philip Hammond）率領第一支美國考察隊前往佩特拉，於一九六〇年代展開行動。[18] 漢蒙德於二〇〇八年逝世，人們經常說他是個鮮活有趣的人，據說他在挖掘期間經常騎著一匹白馬四處走。[19] 今天，騎馬、驢子或駱駝仍是進入遺址的主要方式之一。沿著西克（Siq，意即峽谷）騎乘半個多小時後，第一眼看到的遺址景象絕對令人嘆為觀止——即使未曾親臨現場，任何看過那部印第安納・瓊斯電影的人都能作證。

西克峽谷的正式名稱是瓦迪木沙（Wadi Musa）。它是多數遊客進入佩特拉取徑的道路，一個半世紀前史蒂芬斯也是這麼做的。這是一道非常狹窄的峽谷，在兩側高聳陡峭的岩石間蜿蜒曲折。這大概不是前往古城的主要入口，而比較像是儀式性的進入。峽谷末端的最後一幅景致美得令人

---

* 譯註：乳香（frankincense），產於乳香木，採集方法是在樹皮上割開傷口，流出乳狀汁液，接觸空氣後變硬，成為黃色微紅的半透明凝塊。古代將乳香用於宗教祭典，也當作熏香料（製造熏香、精油的原料）使用。

† 譯註：沒藥（myrrh），萃取自沙漠邊緣生長的一種耐旱有刺植物沒藥樹，在東方是一種活血、化瘀、止痛、健胃的藥材。早在三千年前，沒藥就是古文明國家經常使用的藥材，多用它來抑菌或作為婦女清潔淨身。

‡ 譯註：約翰・伯根（John Burgon，一八一三～一八八八）為聖公宗教會教士（Anglican divine）。

屏息，總是出現在各處的明信片和照片上，因為狹隘的峽谷岩壁突然拓展開闊，進入一片廣大的寬河谷或開放空間，後方則是我們現在所謂的寶庫（Treasury），較正式的名稱是哈茲納（Khaznah）。如史蒂芬斯在事後所寫：「望見這美不勝收的門面，絕對會在你心中縈繞不散……即使是現在（一年後）……我依舊能夠在眼前看見神廟的外觀；同樣浩大又迷人的古羅馬圓形競技場、雅典衛城遺跡、金字塔、尼羅河畔的宏偉神廟，都不曾如此頻繁出現在我的記憶裡。」[20]

哈茲納寶庫是印第安納·瓊斯電影的重點。納巴泰人從峭壁面的軟砂岩雕刻出寶庫，佩特拉許多其他的房屋和建築也是這麼建造出來的。不過，別相信電影情節；哈茲納寶庫的內部其實十分狹小，沒有太多空間可以一次容納許多人，就算有懺悔的人同行也辦不到。*它可能是建來當作墳墓的，而非用來讓許多人安身。它之所以被稱為寶庫，是因為當地有則民間傳說，相傳在建物正面的一只巨甕中藏有黃金或其他貴重物品，但其實那只甕壺是實心的石塊——儘管因為人們多次嘗試要炸開甕、取出寶藏，導致它滿布彈孔。[21]

立面街（Street of Façades）接近佩特拉的中央位置，實際上是在峭壁上鑿刻出來的墳墓，再往前會看見羅馬劇場遺存，裡面共有三十三排座椅，可以容納超過八千人。稍遠處則是所謂的王室墓穴，同樣也是鑿刻在峭壁上。關於這些墳墓原來埋葬的死者身分仍眾說紛紜——我們尚無法確知是否為王室成員。從名稱來看也幫助不大，因為大多都是現代的命名，如甕墓（Urn Tomb）、絲墓（Silk Tomb）、科林斯墓（Corinthian Tomb）和宮墓（Palace Tomb）。唯一可能確定遺體身分的墳墓是塞克圖斯·弗羅倫提努斯之墓（Tomb of Sextus Florentinus），他是公元二世紀阿拉伯半島羅馬行省的總督。[22]

柱廊街（Colonnaded Street）因為有許多圓柱沿街排列而得名，從這條街往前走會抵達所謂的大神廟（Great Temple）。雖然這座建物可能根本不是神廟，但從一九二一年左右它就一直被稱為大神廟。有些人認為它可能是這座城市主要的行政建築，但沒有人能夠斷言。這棟建築的某些圓柱頂端刻有象頭，但這些雕刻無助於識別建物的用途。

過去數十年來，布朗大學的考古學家持續挖掘大神廟和佩特拉的其他區塊[23]，一開始是由瑪莎・胡科威斯基（Martha Joukowsky）指導，最近期還有蘇珊・阿爾考克（Susan Alcock）和克里斯・圖托（Chris Tuttle）擔任共同指導。一九九八年，莉安・比達爾（Leigh-Ann Bedal）發現並進一步挖掘一座大約長一百五十英尺、寬七十英尺、深八英尺（約長四五・七公尺、寬二一・三公尺、深二・四公尺）的大水池，以及用來注水的精密系統；比達爾當時是一名賓州大學的博士生，現任教於伊利校區（Penn State Erie）的比蘭德學院（Behrend College）。她領導一支跨國的考古學家團隊，但成員多數為美籍。他們也在這乾燥的沙漠地區找到了貌似一座和水池一起建成的精密花園遺存[24]，在古代必定是令人驚嘆連連的景象。

對面的山丘上則有翼獅神廟（Temple of the Winged Lions）——不出所料——裡頭有著帶翅膀的獅子雕像。這座神廟可能是在公元一世紀初建成的，略超過三百年後毀於一場地震。它靠著遙測科技在一九七三年出土，自彼時起則由美國團隊持續發掘。

附近有座教堂建於納巴泰人和羅馬人的遺跡之上，年代可追溯至古典時期尾聲——公元五、六世

＊譯註：在電影《聖戰奇兵》中，瓊斯博士在取得聖杯之前要通過三個考驗，第一個是要通過神殿掛滿蜘蛛網和利刃陷阱的狹窄通道，他得到的提示是「只有懺悔的人才能通過」，也就是要心懷虔誠、彎腰前行才能躲過奪命機關。

紀，考察團隊在裡面發現了馬賽克畫，其中一幅描繪著四季的景致。一九九三年，在建造遮棚保護馬賽克和教堂遺存時，來自美國東方研究中心（American Center for Oriental Research）的考古學家在教堂裡的一間房間尋獲至少一百四十卷碳化的莎草紙卷軸。[25]

這些卷軸被定年為公元六世紀，曾遭大火洗禮，但最後反而因此保存了一部分，儘管現在多數皆已難以辨認。草紙學家，也就是解譯古代文本的專家，已經能夠閱讀其中的幾十卷，並辨別出它們是以希臘文書寫而成的。其中多數和各式各樣的經濟事務有關，例如房地產、婚姻、遺產繼承和財產分配，其中一卷詳述一起和失竊商品有關的案件。

從佩特拉的這個區塊，可以繼續走上一道長長的階梯，通往遺址較高的地帶，有座被稱作修道院（Monastery）的大型寺廟坐落於此。它就像遠遠位於下方的寶庫一樣頗具紀念性，但因為攀爬造訪的路途艱鉅而沒有那麼多遊客。一如寶庫，修道院的正面[26]也是在現存的岩石表面挖鑿而出的。它高約一百三十英尺（約三九・六公尺），和寶庫等高，但整整有六十英尺（約十八・三公尺）寬。

從這裡，整個遺址區一覽無遺。雖然多數的旅行指南建議在傍晚時爬上修道院，但我認為這趟長達一小時的攀行最好在清晨啟程，以免溫度過高。我曾有機會在這些遺跡正中央的舊挖掘房舍過夜，可以在破曉前起床、開始攀登。我在天亮前抵達山頂，確保太陽從地平線升起時能看見令人讚嘆的遠景——我永遠也忘不了那片美景。我得以停下腳步，在完全的寂靜中反思這個區域悠長的歷史，以及這座數百年來未受外界察覺的非凡城市，接著才下山歸返。

※ ※ ※

在約旦和敘利亞發掘的絕妙古城中，帕米拉、佩特拉和艾布拉只不過是其中三座。我同樣也應該描寫約旦傑拉什（Jerash）和佩拉（Pella）的奇景、敘利亞的馬里（Mari）和烏加里特，以及另外十幾座引人注目的遺址。中東仍未止息的衝突所導致的悲慘後果應能提醒我們，這些過去的片段是多麼珍貴——而且脆弱。

挖深一點，之三

這東西有多老，又為什麼能留存至今？

最近有位記者在一次訪問中問我：「你所發掘、研究、書寫的一切都發生在那麼久遠以前，你怎麼能如此確定你定年的年代呢？」我給他的簡短答案是「放射性碳、埃及文本和其他文字紀錄、同時性（synchronism）、樹齡年代學、陶器類型學、誤差因子（plus/minus factor），以及願意承認任何定年皆非定論」。我對他以略為強勢的態度提出這個問題感到有些驚訝，但我後來意識到這可能也是許多人抱持的疑問，但卻不敢提問。

事實上，我在社交場合經常被問到的問題之一，就是這位記者問我的問題的另一種說法：「你怎麼知道你找到的東西有多老？」我也經常被問到：「那麼古老的東西怎麼能留存至今？它們怎麼還沒粉碎成塵土？」於是在這一章，我們就來談談兩個主題[1]：考古學家如何為古代遺物定年，以及什麼樣的條件才能讓這些東西留存。

第一個問題或許比較容易回答——我們怎麼知道某個東西有多老？正如我對那位記者的回答，其方法可能只要閱讀一份埃及文獻，特別是如果上面寫著類似某位法老的「第八年」這樣的文字，而我們又從其他資料來源得知他的統治年代，便能輕鬆解答。其他時候，我們可以參照有彼此互動的文化或文明之間的同時性，舉例來說，我們從埃及的阿瑪納文件（Amarna archive）得知，阿蒙霍特普三世和米坦尼（Mitanni）王國（位於敘利亞北部）的圖什拉塔（Tushratta）生活在同一時期，因為他們有信件往來……而我們又從其他證據得知阿蒙霍特普在世的年代為公元前十四世紀早期，所以圖什拉塔必定也是如此。而藉由這種方式，我們往往能夠彙整出統治者、歷史事件等等的編年表，通常利用的是在巴比倫尼亞、埃及、亞述（Assyria）和其他地方的古代人自己留下來給我們的國王列表或天文觀測。

此外，考古學家現在也有各式各樣的科學定年法可以使用。古代物品常見的定年方法[2]有放射性碳定年法、熱發光和鉀氬分析（potassiumargon analysis）。這些是我們用來判定一項物品「絕對年分」的方法——換句話說，是在曆書裡的年分，如公元二〇一五年或公元前一三五〇年。不過，這樣的方法並非時時可行，於是有時我們得勉強接受相對年代——例如遺址的地層三位在地層二之下，因此地層三較古老。考古學家可能仍不知道每一地層的絕對年分，挖掘初期尤其如此，但他或她已經知道它們彼此的相對關係。

最常用的定年方法大概是放射性碳定年法，也稱作碳十四定年法[3]（簡稱為C－14）。就像所有的化學方法，這也會有「誤差」（加減）因子，如「公元前一四五〇年，加減二十年」，以及實際年分會落在主張範圍內的統計機率。因此，碳十四定年法對於年代上相對接近於我們當代的東西並不特別有效，但對於至少有數百年歷史的物品則效果良好，對幾千年前的物件更是成效優越。

這個概念是一位名叫威拉德．利比的科學家發現的，他後來因此榮獲諾貝爾獎，其基礎原理為所有生物在活著的時候無論是透過呼吸或進食，都會連同一般的碳元素，攝取到低比例的碳放射性同位素。碳十四會在大氣中不斷透過放射產出，並和氧結合成為具有放射性的二氧化碳。植物會在光合作用期間將這種碳十四吸收到體內；動物和人類再食用植物，進而攝取之。因為具有放射性，如同所有放射性物質，碳十四也會衰變。我們已知碳十四的半衰期略超過五千七百年——也就是說，其原始總量的一半會在五千七百多年內衰變、消失。因為要判別某個特定樣本原始的碳含量相當容易[4]，而且碳十四原子與一般碳十二原子的比例又相當恆常，於是便能透過測量樣本內剩餘的碳十四總量，來計算出那個有機體死亡（如人類或動物）或遭砍斷（如已成木材的樹木）或因其他原因不再存活（如短期生長的植物和雜草）的年分。

有機物質，如人類骸骨、獸骨、木塊和燒焦的種子都能使用碳十四定年法。燒焦的種子特別適用，因為其保存期通常很短，接著大致上就不再存活。同理，短命的柴枝也相當適用，烏魯布倫的發掘者正是藉由柴枝來協助定年他們的沉船。[5]而至少和其他的定年程序相比，放射性碳定年法的施作費用相對低廉。

這項技術無法直接使用在石器或陶器上，因為那些物件從未吸收過碳十四。然而，它可以用來定年在與這些石器或陶器同樣的脈絡環境下找到的有機物，藉此連帶辨別出石器和陶器的年分。

這項技術也有些已知的困難和問題，包括採樣時至少必須破壞該物品的一部分，以及大氣中的碳十四含量不總是恆定，也會波動。為了因應含量的波動，學者創造出校正曲線和其他的修正手段，因此放射性碳定年法一直是定年古代遺址的常用方法之一。近期我工作過的遺址卡布里和米吉多都使用了這項技術。[6]

除此之外，如果發現了一大塊木材，如曾用於天花板或牆壁的梁木，或甚至是船隻的一部分，就可以採用樹齡年代學，或稱樹輪定年法[7]，此法牽涉到計算木頭可見的樹輪。曾造訪優勝美地（Yosemite）或紅杉國家公園（Sequoia National Park）等地的人可能對這項技術並不陌生，在這些地方經常都會展示一大塊樹木殘幹，上頭的某些樹輪會標注小記號，寫著「一六二〇年：清教徒於普利茅斯岩（Plymouth Rock）登陸」和「一八六一年：內戰爆發」等字樣。那些樹幹的樹輪被套上科學家們多年來苦心建立的重大事件次序。如果在發掘期間尋獲一塊帶有可見樹輪的木頭，有時便能置入這樣的年代次序，鑑別出可能的年分，但即使是這種主要事件年序也無法回溯到超過一萬或一萬兩千年前。

只要挖掘的遺址年代適用，同樣的基礎原理可以運用在不同的化學方法，來為其他物質定年。舉例來說，在了解人類起源的關鍵遺址奧杜威峽谷*，若要為找到的一項石器定年時，鉀氬定年法就能派上用場。這個方法是在測定岩石中鉀含量和氬含量的差異，因為鉀會隨著時間衰變成氬。可是要發生衰變需要非常長的時間，所以這個方法的最佳使用對象是歷史長達二十萬年至五百萬年間的事物。在這樣的案例不可能使用放射性碳定年法，因其適用於有機遺存而非石器，而且僅適用於定年過去五萬年內的東西。

熱發光定年法可能會用在較「年輕」的遺址所找到的特定物品。熱發光法是藉由測量陶土中殘餘的電磁或游離輻射含量，來測定陶土製品的確切年分。它特別能夠指明從那樣物品被烘乾或在窯中燒

---

* 編按：奧杜威峽谷（Olduvai Gorge），位於東非坦尚尼亞。

製後，經過了多長的時間。研究者已經發現，物品必須曾經加熱超過攝氏四百五十度，否則這項技術就無法奏效。

有另一個方法十分類似，但更為新穎且仍在實驗階段，那就是所謂的再羥基化（rehydroxylation）定年法，測量一件陶器中所含的水分。二〇一〇年，在一場當年我們在米吉多的夏季挖掘期間舉辦的小型會議上，我第一次聽聞這個方法，我認為它是個相當有趣——且發展前景看好——的做法。當一件陶器在窯中燒製時，似乎會在過程中讓所有陶土裡的水分蒸發。某件陶器一從窯中取出並冷卻，無論容器所處的環境為何，都會開始以恆定且緩慢的速率，從大氣中再次吸收水分。[8]因此，測量陶片中的含水量就可能鑑別出它最後一次遭到焚燒的時間點……進而得出可能的年分。

測量再羥基化現象時可能會遇到一些難題——我們曾聽說一則故事，最早的研究者取得一塊坎特伯里（Canterbury）的中世紀磚頭，試圖對其使用這個定年方法，而根據再羥基化分析得出的結果一再顯示磚塊只有六十六年的歷史。然而，他們知道它比那年代要古老得多了。最終證實那塊磚頭原來是位在坎特伯里內一個曾在二次世界大戰期間遭到轟炸的區域，隨後深陷火海。那場大火將磚塊的含水量在一九四〇年代重設為零，因此顯然定年方法是有效的[9]，但已經不再能夠測定到磚頭最初被燒製的中世紀時期。

對一塊黑曜岩也可以採取類似的做法，稱之為黑曜岩水層（obsidian hydration）。黑曜岩是一種火山玻璃，因為十分鋒利，在古代屬高價品，而事實上今天仍有些外科手術刀會用這種材料製成。黑曜岩一旦暴露在空氣中，同樣會以恆定、明確的速率吸收水分，因此測量黑曜岩的含水量這樣的方法可以應用在黑曜岩質工具的定年。

地層學、陶器排隊法和物品關聯也全都能當作相對定年方法來使用，尤其是在用其他方式無法測定出明確的絕對年代的狀況下。這些我們在前面的一個篇章已經探討過了，在這裡只是要提醒各位記住，要替某物定年有個很簡單的方法就是看看和它一起找到的東西是什麼，換句話說，就是和它相關聯或共處同一脈絡環境的物品，比方說伴隨一件可定年的有機物被發掘的石器。

舉個例子，如果一位挖掘者在墳墓中找到一枚羅馬皇帝維斯帕先（Titus Flavius Vespasianus）鑄造的錢幣，這座墳墓的年代顯然不會早於維斯帕先的時期。因此，墳墓中和錢幣在一起的所有物品應該大致都是來自同一時期，除非在埋葬當時它已經是祖傳遺物，確實也會有這樣的狀況。同理，如果正在挖掘的一棟古代房屋或宮殿中，在一間房間的地板上同時找到一只埃及聖甲蟲和阿蒙霍特普三世（Amenhotep III）的象形繭，那麼其他也在地面上的所有物品大概都可追溯至公元前十四世紀，亦即阿蒙霍特普三世統治埃及的時期。

舉例來說，在卡布里廢丘宮殿中的某一間房室地面上，我們發現了某種類型的聖甲蟲，可以明確定年為希克索人的時期，也就是公元前十七至十六世紀。這向我們暗示了那個房間的年代，之後由我們呈交分析的木炭樣本的放射性碳年分證實推論正確。

正如我們在關於烏魯布倫沉船的第十章中討論過的，挖掘者至少能用四種方式來為他們的船骸定年：放射性碳定年法、樹齡年代學、船上米諾安和邁錫尼陶器的種類，以及他們尋獲娜芙蒂蒂的聖甲蟲。這些全都替沉船時間指出一個落在青銅器時代晚期的相對年分，和一個大約在公元前一三〇〇年的絕對年分。[10]每種定年方法都有其限制和不定性，因此當四種不同的方法都指出相同的約略年代，考古學家就能相當肯定地提出這個年分。

整組位處同一相似脈絡環境的物品，或由某個主要核心元素聚集起來的物品，可以用關聯性替它們定年，關於這個方法的最佳範例之一就是中國裝滿兵馬俑的大型葬坑，它們全都和一座帝王陵墓有所關聯。這座葬坑鄰近中國陝西省省會西安市，有群農民在一九七四年掘井時，首次遭遇他們以為是一塊岩石的硬物。結果是赤陶土製成、全副武裝、真人大小的戰士塑像的頭部和身軀。[11]自那時起的數十年，考古學家在遺址發掘了數千尊兵俑，以及馬匹和戰車的赤陶塑像。它們一般被統稱為兵馬俑或兵俑。

組成軍隊的士兵、馬匹和戰車已埋藏地底超過兩千年，於公元前二一〇年下葬，用來陪伴中國第一位皇帝秦始皇前往來世。秦始皇於公元前二二一至二一〇年在位，期間首次統一中國，終結戰國時期。他在率領一支軍隊巡遊時突然身亡。他的陵墓和相連的陪葬坑是對他在中國社會的重要地位的適切紀念，儘管他的王朝在他死後存續不久，四年後的公元前二〇六年即遭漢朝推翻。漢朝皇帝接續統治了四個世紀[12]，直到公元二二〇年。

至今，已經在三座大型陪葬坑裡尋獲秦始皇兵馬俑，還有更多有待發掘。這些葬坑裡估計約有六千至八千名戰士，另有數百匹戰馬，或許還有幾十部戰車，建造於秦始皇的陵墓附近。此外也有第四座陪葬坑，但出土時幾乎空無一物。[13]

這些葬坑距離秦始皇的陵墓本身約一英里（約一．六公里）。陵墓尚未進行考古發掘，儘管其所在位置相當明顯，因為覆蓋葬墓的巨大土塚約高達一百四十英尺（約四二．七公尺）。根據在秦始皇死後約一世紀寫成的《史記》所述，超過七十萬名工人勞動長達三十六年左右才建成這座陵墓。雖然我們或許無法以字面意義取信這些數據，但要打造這座陵墓可能確實需要大量的工人，陪葬坑大概也是如此，就如同兩千多年前埃及金字塔的興建。據稱陵墓的內部富麗堂皇，還有幅模擬的三維地圖包含了多條流淌著水銀的河流。此外，聽說裡面還有各式各樣對付粗心盜墓者的陷阱——有部古代文獻具體寫道：「工匠受命要安裝多把十字弓，以便射擊任何闖入的竊賊。」[14]

有天考古學家會挖掘那座陵墓，但與此同時，周圍的陪葬坑已經夠令人嘆為觀止了。第一座發掘的陪葬坑現在適切地稱作一號坑，裡頭有約六千尊兵俑，全都是真人大小。它們站立成列，宛如正在專注進行列隊操練，手持貨真價實的武器。這些兵俑相當壯觀，即便原來在它們臉龐、鬍鬚和制服上的彩繪現已脫落——可能是因為一場波及葬坑多數區塊的大火，或是由於埋葬它們的土壤種類，但最可能是因為它們被發掘後暴露在空氣之中。

二號坑至少有超過一千名士兵，還有馬匹和戰車。三號坑的戰士則少於一百名，此外有幾

兵馬俑。

匹馬和一部戰車，以及一些完整無缺的武器。有些學者將這最後一座陪葬坑詮釋為軍隊指揮官的總部，部分是因為裡頭的塑像身高較高，而且排列成戰鬥隊形，不過這只是研擬中的假設。[15]

整體而言，這些陪葬坑裡的每尊塑像似乎都是一個個獨特的個人，臉上的鬍鬚、制服或手持的物品皆有所區別，如一支矛、一把劍、一張盾或一把十字弓。不過，事實上似乎大約只有八種不同的長相，但各異的髭鬚和鬍鬚樣式多達二十五種。

現在看來，這些兵俑宛如是在流水線上生產出來的，頭部、雙臂、雙腿和軀幹全都分開製作再組合在一起。在陪葬坑的一些區域可以看到碎塊，甚至還有尚未接上頭部的軀體，這可能表示它們是在遺址現場製作的。必須要有精良的工匠才能夠打造兵俑；根據一篇報導，考察人員在塑像的各個部位總共找到了八十五個雕刻匠的姓名。[16]

二〇一〇年，一號坑又找到了另外一百一十四尊兵俑。其中許多彩繪著明亮的色彩，而自一九七四年以來，我們的科技已經大幅進展，這次考古學家來得及保存這些顏料[17]，讓顏色附著在塑像上而不剝落。

二〇一四年，研究者宣告，關於那些曾在兵俑身上的彩繪，他們有了更多發現，包括幫助色彩附著在真人大小塑像上的黏合媒介。他們證實兵俑上曾有數層塗漆[18]，而在其上的最外層則是一層彩漆（顏料）。彩漆的成分含有動物膠，有助於將外層的顏料和底下的數層塗漆黏合在一起。

對兵馬俑的興趣促使了陝西省的其他發現。事實上，一九九〇年，為了消化開始湧入的大批遊客而建造一座新的機場時，在距離秦始皇陵墓約二十五英里（約四〇．二公里）處找到了更多陪葬坑，裡頭存放著各式各樣的兵馬俑。這些兵俑和後期漢景帝及其妻子的陵墓相連，漢景帝在世的年分約為公元前一八八至前一四一年。這群的兵俑是實心的，不像秦始皇葬坑裡的兵俑是空心的，而且尺寸也小得多——不高過二英尺（約六十一公分）。

此外，它們渾身赤裸，也沒有武裝。它們身上原來可能披掛著衣物，也有嵌入手臂，這些東西或許是以貴重金屬製成的而在日後遭竊，但現在它們看起來極為古怪。保羅．巴恩（Paul Bahn）*描述，和這兩座陵墓相連的陪葬坑中所存放的塑像估計數量[19]落在一萬到一百萬尊之間。

考古人員也挖掘了靠近秦始皇陵墓的其他葬坑。其中包含雜技演員和正在演奏各式樂器的樂師塑像。除此之外，也有廷臣和官員，以及貌似皇帝馬廄的縮小版雕像。[20]

二〇一四年，秦始皇祖母的陵墓被發現和挖掘。裡面有十二具馬匹的真實骸骨[21]，以及兩部牠們原來拉運的馬車。

而如前述，容納秦始皇陵墓本身的土塚尚未經挖掘，部分是因為我們在等待科技變得更加先進。一些已完成的遙距探測結果指出，土塚內含有內室，但有項假設認為皇帝遺體的墓室[22]可能距離土塚頂端深達一百英尺（約三〇．五公尺）。希望我們有天能看看裡面有些什麼東西。

※　※　※

第二個問題的答案比較複雜一些——「那麼古老的東西怎麼能留存至今？它們怎麼還沒粉碎成塵土？」答案是有許多古代物品確實已化為塵土，否則就是遭到破壞。過去存在的物品中只有少少的比

＊譯註：保羅．巴恩（Paul Bahn，一九五三）為英國考古學家。

例留存至今。如石頭和金屬等非有機物質經常得以留存，不過在地底的銀會轉變成紫色，銅會轉變成綠色等等，只有黃金會保持完全相同的顏色。在我的職業生涯中，我只發現過黃金幾次，但我找到了非常多銅，包含我的石化猴爪在內。

其他有機或易腐壞材質製成的物件則沒有那麼耐久，在多數的考古遺址找到紡織品或皮革拖鞋等物品都是相當罕見的情形。不過值得高興的是，有時這樣的物品和人類遺體仍會留存，通常是在溼度和溫度都十分極端的環境條件下——換句話說，要在非常乾燥、非常寒冷、非常潮溼或沒有氧氣的地方。[23]我們可以馬上來討論以上這些環境的幾個十分有趣的例子。

舉例來說，易腐壞的物品可以在埃及圖坦卡門陵墓極度乾燥的條件下倖存，在那裡尋獲的木頭家具、箱子和戰車全都保持完好無缺。埋葬在金字塔裡的木船也都基於同樣的原因留存下來，許多古埃及的木乃伊棺材和莎草紙碎片亦然。

其他在沙漠的乾旱環境保存下來的木乃伊則是來自更遙遠的中國，其中有幾具遺體的歷史長達四千年。首次向世界宣告它們的存在的人是賓州大學的中國研究教授維克多．梅爾（Victor Mair）。他在烏魯木齊市的一座博物館看見它們；烏魯木齊的所在區域位於中國的偏遠地區、西藏的北方，名為塔里木盆地。他著手研究它們，同時加州西方學院（Occidental College）的伊麗莎白．鮑伯爾（Elizabeth Barber）教授也在進行考察。梅爾和鮑伯爾皆發表了關於這些木乃伊的著作，它們保存得極為完好，多虧它們葬身的沙漠環境極端乾燥。[24]

部分木乃伊的奇特之處在於，即使是在中國尋獲，它們卻有著高加索人或歐洲人的長相特徵，如棕髮和長鼻。此外，它們有神似方格布的紡織品和布料陪葬。其基因顯示它們生前可能帶有西方血統，與美索不達米亞、印度河流域、甚至可能還有歐洲相關聯。[25]

這些木乃伊的研究仍在進行中，不過或許我們不該對這些初期的發現感到特別驚訝。從公元前二世紀起連接東方的中國和西方的地中海的絲路已知途經塔里木盆地，而事實上有些木乃伊曾在二〇一〇年被帶到美國，作為以古代絲路為主題的巡迴展覽的一部分。[26]

恰好相反的情況，一九九一年在阿爾卑斯山尋獲的冰人奧茨（Ötzi the Iceman）遺體、一九九三年發現的西伯利亞公主，以及一九九五年在祕魯找到的冰封少女胡安妮塔（Juanita the Ice Maiden），全都是保存在極端寒冷的環境條件。尤其奧茨，自從登山客在奧地利和義大利邊界的阿爾卑斯山意外發現他後，一直是許多分析和討論的主題。[27]他掀起的熱潮席捲全世界，尤其是在他被尋獲的區域，在那裡可以買到奧茨葡萄酒、奧茨巧克力（想像復活節彩蛋兔，但是是奧茨的形狀），以及可能是所有商品中最切題的奧茨冰淇淋。

起初，奧茨被誤認為是一起謀殺的受害者，於是請來了警察調查。不過，這是最名副其實的冷案，因為奧茨不僅僅遭到冰封，結果證實他已經躺在那裡超過五千年。事實上，現在的研究指出奧茨似乎約在公元前三二〇〇年死亡，比埃及金字塔的興建早了超過六百年。[28]

奧茨的遺體擠在一些岩石構成的一個窟窿之中。一條冰川沿著斜坡往下蔓延，橫掃岩石和他的軀體，於是他就被保存在好幾英尺的冰雪之下長達數千年。一九九一年，一波源自遙遠北非的沙塵暴將砂土揚起至大氣中，最終飄落在奧茨身上的冰塊。那些砂土吸收陽光的熱，因而融化了冰川，暴露出奧茨的頭部、雙肩和上身。

警方發現這是一具古老的遺體，劈砍冰塊要將奧茨鑿出，因而破壞了他的軀體和原先散落在他身旁的私人物品。科學家們一意識到這並非一名任性妄為的登山客而是更古老的人類，一九九二年便展開了科學考古發掘。挖掘工作尋回了額外的遺物，包括他的熊皮帽。自那時起，針對奧茨和他的所有物進行了許多詳盡的研究，包含完整檢驗他的DNA。

如後來證實，奧茨確實是因謀殺身亡，正如同被請到現場的警察第一時間所想，只不過事件是發生在數千年前。研究人員花了十年才確證謀殺，最後發現證據其實相當顯而易見。雖然以前從未發覺，但有位機敏的放射學家在二〇〇一年檢視奧茨過去拍攝的X光片和電腦斷層掃描影像時，看見了一個異質的物品嵌入他的背裡，就位在左肩下方。結果那是一枚箭頭，下方有一道長達數英寸、相應的侵入性傷口，這代表射殺奧茨的人是站在他的低處[29]往上射擊。

接著他們鑑別出那枚箭頭割斷了一條動脈，表示奧茨可能是流血致死的。這也表示他是從背後遭到射擊，較可能是謀殺而非意外。此外，他的手上也有一道防守造成的割傷，同樣指出曾發生某種搏鬥，而他遭致命的射擊時可能正在逃離那場打鬥。[30]

奧茨後來變得極為重要。接二連三的科學發現發表在一系列同行評閱且享有聲望的期刊上，如《科學》（*Science*）、《考古科學期刊》（*Journal of Archaeological Science*）和《柳葉刀》（*The Lancet*）等等。

在關於奧茨的發現中，科學家還鑑定出他有著褐色頭髮、深陷的褐色雙眼、鬍鬚和凹陷的臉頰。他在四十至五十歲之間過世時，身高可能大約五英尺二英寸（約一五七．五公分），體重約一百一十磅（約四九．九公斤）。鍶同位素可以用來判別某人在童年時期居住的地區，而他牙齒琺瑯質內的鍶同位素指出他大概一生都居住在他身亡之處的方圓六十公里內，最可能的地點是一個義大利的鄰近村莊。[31]

奧茨的雙肺皆已轉黑，可能是由於吸入了洞穴內或戶外營火的煙霧。他深受蛀牙之苦，死前的幾個月內曾數次染病。科學家和考古學家得以分析他腸管中的內容物，而其中含有花粉，這指出他可能是在春末或夏初身亡的。他的最後一餐吃了紅鹿肉、一粒小麥（einkorn）*製成的麵包和一些李子。除此之外，他的倒數第二餐則包括羱羊（ibex）肉、穀類和各式其他的植物。[32]

二〇一六年，持續研究奧茨胃部內容物的科學家也宣告他們解析出已知最古老病原體的基因組，一種名為幽門螺旋桿菌（H. pylori）的細菌，會導致潰瘍。這些細菌可能可以提供人類遷徙模式的線索，因為在他胃裡的是一種亞洲的菌株，而不是我們今天在歐洲人身上較常見的亞非雜交菌株。這項發現暗示了另外將非洲菌株帶到歐洲的遷徙在奧茨的年代尚未發生。[33]從調查在英格蘭一座停車場地底發現的理查三世國王（King Richard III）遺體，到檢驗圖坦卡門法老的木乃伊，有越來越多這樣的基因研究正在進行。在未來，這些研究對考古學的重要性可能會大大提升。[34]

奧茨還有六十一個刺青，是透過將木炭摩擦到割開的皮膚傷口中來完成的。這些是目前所知最古老的刺青，但大多都是線條和交叉記號，而非設計或圖像。有一則相關的冷知識十分有趣但原因不明，那就是據傳演員布萊德．彼特現在在他的左前臂上刺了奧茨的刺青——好萊塢和考古學碰出火花？就我個人意見，我認為如果是阿基里斯的刺青比較有道理，因為會和他在二〇〇四年主演[35]的電

*譯註：一粒小麥為一種原始品種的小麥，野生種曾在公元前八五〇〇年肥沃月彎的遺址尋獲，後馴化為人類種植的作物。

影《特洛伊：木馬屠城》（*Troy*）有關（彼特呀，你可不是演出名叫《奧茨》的電影）。

奧茨是名穿著相當考究的男子，共有三層衣服。在所有衣服底下，他穿了山羊皮製成的內衣。他著毛皮做成的綁腿、一件皮革外套和外罩的一件草製斗篷，加上棕熊毛皮做成的一頂帽子。在他的雙腳上，有雙外層包裹麥稈的皮革鞋子。二〇〇四年，有位捷克的教授製作了一雙一模一樣的鞋子，穿著它去登山；他說他沒有起任何水泡，而且比他穿正常的登山鞋還更舒適。[36]這些衣物現在已經在許多地方被複製出來，包括在義大利北部的南蒂羅爾考古學博物館（South Tyrol Museum of Archaeology），也就是奧茨目前的保存之地。

他的其他所有物和裝備中有些物品進一步闡明了奧茨及其生活環境和生活方式。他有兩隻頂端為燧石的箭、一組修箭用的套件，外加一只裝滿半成品的箭的箭袋；一張部分完工的長弓；一把燧石刀刃的匕首；以及一把銅刃的斧頭。考古學家也發現了一組生火用的成套工具；裝著營火灰燼的樺樹皮容器；和一根骨針。而奧茨有一個後背包[37]來攜帶許多這些私人物品。

奧茨並非唯一一位在冰上被尋獲的古代人類。一九九三年，在接近中國邊界的西伯利亞南部的烏科克高原（**Ukok Plateau**）上，找到了一具木乃伊化的遺體，名為西伯利亞公主或冰封少女。她生活的年代可追溯至公元前五世紀，死亡年齡約在二十五歲，可能是死於乳癌。她一共有六匹馬陪葬，全都裝有馬鞍和轡頭，或許是用來陪伴她前往來世的。這項詮釋可能相當言之有理，因為這位公主被認為隸屬於巴澤雷克（**Pazyryk**）民族——公元前五世紀希臘歷史學家曾描述過這個游牧族群[38]——而他們一生中多數時間都是在馬背上生活。

冰封少女最著名的是她大量的刺青，令奧茨相形失色，儘管他的刺青老了近三千年。她的刺青主要分布在她的左肩和左臂上，其中有隻神話動物貌似一隻頭部為獅鷲的鹿，每支鹿角的末端也都有獅鷲頭。其他埋葬在四周的遺體有一些被鑑別為戰士的男人，部分在數十年前已經挖出，身上也有類似的刺青；其中一位在雙臂、背部和下腿都刺有這個刺青。[39]

兩年後的一九九五年，人類學家喬漢．萊茵哈德（Johan Reinhard）在祕魯的安帕托峰（Mount Ampato）上，尋獲一具十二至十四歲印加少女的木乃伊。她偶爾也會被稱為冰封少女，但因為會和西伯利亞的木乃伊產生混淆，她較常直接被喚作胡安妮塔。[40]

萊茵哈德在近山頂處找到她，海拔超過六千公尺（約一萬九千六百八十五英尺），而她已葬身此處超過五百年。他登山是為了要拍攝附近的一座火山爆發，他設想可以從那裡拍到好照片。那裡看似不太可能是印加獻祭的地點，但她就這麼出現在那裡，因為火山灰飄落而融化了一些保存她的冰塊，使她暴露在自然環境中。在他的著作《冰封少女》（*The Ice Maiden*）中，萊茵哈德描述將她裝進後背包背下山的過程，因為她只有八十磅（約三六．三公斤）重。[41]

她不是唯一一具這樣的印加木乃伊，還有其他的木乃伊亦遭發掘，包括萊茵哈德事後帶了一支完整的團隊回到安帕托峰上進行系統化探勘，又在低於頂峰一千英尺（約三〇四．八公尺）處找到另外兩具，分別是一名男孩和女孩。美國公共電視播送的一個電視節目估計，還有數百名這樣的印加孩童被封存在安地斯山脈頂峰，現已成為冰凍墳墓，因為在那些山頂尋獲了超過一百一十五處的印加神聖儀式遺址。[42]今天研究該地區的人類學家和考古學家仍投入大量時間，調查這些孩童的身分和他們被留在山頂直至斷氣身亡的原因。

至於發掘被保存在積水環境的物品和遺體的例子，則有曾在伊拉克尼姆魯德遺址找到的一小塊木頭刻寫板，它沉沒在井裡，可追溯至公元前八世紀。如前所述，在烏魯布倫沉船也曾找到另外兩塊刻寫板，它們被保存在地中海海平面下方一百四十至一百七十英尺處，超過三千年。而在丹麥和英國等地尋獲的所謂酸沼屍體（bog bodies），則是有機物質留存在浸水環境最著名的例子之一。

這些酸沼屍體的保存極為良好，甚至能看見每一根鬍鬚和受害者脖子纏繞的多股繩索。在英國和歐洲曾是沼澤區的各個地點，已經找到數百具這樣的遺體，這些地帶稱之為酸沼或泥沼。[43]酸沼中含有泥炭，也就是死亡和腐爛植物物質（通常是苔癬）的堆積沉澱。泥炭可以當作燃料或是村舍屋頂的隔熱材料。挖掘這些酸沼的工人偶爾會尋獲人類遺存，因為沼澤中的酸性環境和缺氧狀態，屍體的軟組織幾乎完全保存了下來，但骨頭本身早已不復存在。

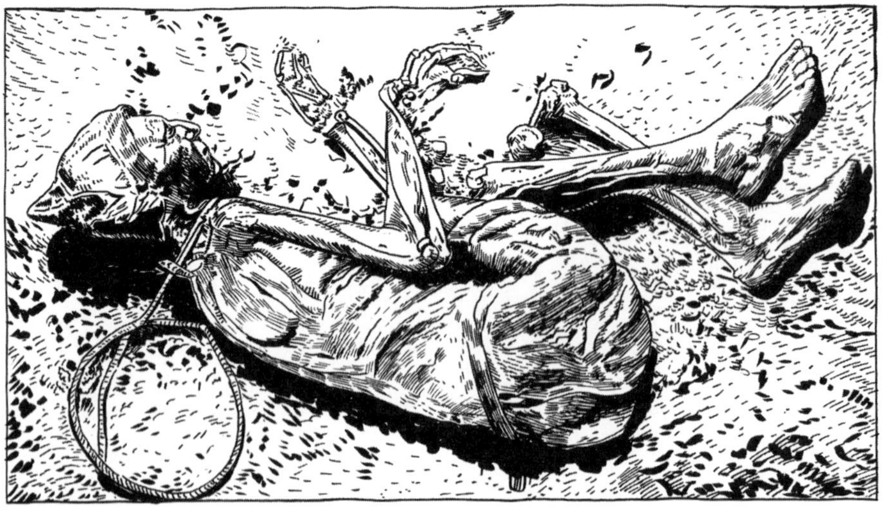

圖倫酸沼男子。

一九八四年，在英格蘭西北部的林道沼地（Lindow Moss）曾出土一具這樣的屍體，名為林道男子（Lindow Man）。[44]驗屍結果顯示他死亡時的年齡約二十五歲。他的頭部被重物重擊兩次，接著又被一條細繩勒住，也折斷了他的脖子，最後還額外被割開了咽喉。我們並不清楚他是遭到謀殺，抑或是儀式性的獻祭。這絕對是我們會認定為冷案的例子，因為他在兩千年前的公元一世紀或二世紀早期便已遭殺害。

由於好幾世紀來他安躺的環境條件，他的皮膚和毛髮（包括他的鬍鬚）保存得十分良好。他的指甲也完好留存，我們可以看得出它們曾被修剪過。他部分的內臟也存留了下來；裡面含有可能是他最後一餐的一部分，包括一塊由小麥和大麥製成、未經發酵的麵包[45]，曾經在火上烹煮過。

一九五〇年，兩名工人在丹麥距離西爾克堡（Silkeborg）不遠處的酸沼挖鑿泥炭時，找到了一具保存狀況類似的遺體。他被稱作圖倫男子（Tollund Man），年代可追溯至公元前四世紀，所以他的歷史大約比林道男子長五百年。就他的情況而言，仍在他頭上的皮革帽子、纏在腰間的腰帶、臉上的短鬚以及繞脖的繩索[46]，我們都可以看得一清二楚。

那兩名找到他的工人以為他是謀殺事件的受害者，而他確實也可能是遭到殺害的，但他的身亡同樣發生在近兩千五百年前，無法釐清他死亡的原因。他的死亡年齡可能約四十歲。因為他的腸胃都留存了下來，因此受邀來檢驗這具屍體的考古學家能夠進行分析，並鑑別出他的最後一餐是某種糊粥。

我們若改為探討保存在缺氧或無氧地區的遺物或遺體案例，會發現世界上這樣的地點相當罕見，不過確實存在在黑海深達兩百公尺（約六百五十英尺）的深海等地，那裡的海水平靜無波，氧氣也不會循環[47]到海底。既然那裡真的完全無氧，東西也就沒有任何崩解的因素，因為那裡即使在顯微鏡的檢視下也沒有任何生物可以破壞遺物。這也是為什麼鮑伯．巴拉德（Bob Ballard）＊先後在一九九九和二〇〇七年將遙控機具[48]送到黑海深海中。

大部分人可能都因為巴拉德是鐵達尼號的發現者而認識他，但在考古學界他最著名的事蹟或許是在黑海的發現。他在遠離目前海平面的深海，找到了一個新石器時代聚落、一條古代海岸線和一座海灘——代表這整個區域可能是在古代的某個時間點才遭到淹沒的；有兩名哥倫比亞大學的教授主張，這起洪水事件可能發生在七千五百年前，約為公元前五五〇〇年。巴拉德還找到了一些羅馬和拜占庭時期的幾艘沉船，可追溯至一千至一千五百多年前。至少在其中一艘，船隻的木材保存得極為良好，甚至連造船時在每一塊木頭上留下的加工痕跡都依舊可見。而其中一只他們打撈上岸的壺罐，原始封住罐口的蜂蠟仍然完好無缺。[49]

不是所有船隻都像巴拉德在黑海找到的沉船或金字塔旁的古埃及船隻保存得那麼良好。其他的船隻只在土壤中留下負面的影響，如英格蘭薩頓胡（Sutton Hoo）尋獲的盎格魯撒克遜船，以及近期在蘇格蘭找到的維京船。他們惡劣的保存狀況更類似於純粹埋藏在地底的遺物，而非位處極端環境條件的情況，不過這些例子也顯示出，即使遺存的保存不佳，精明的考古學家仍可從留存的型態來分析之。

以英格蘭薩弗克（Suffolk）的薩頓胡船為例，它長二十七公尺，是一位名叫貝西．布朗（Basil Brown）的考古學家在一九三九年發現的。地主邀請布朗來到她位於英格蘭東南部的土地，挖掘其上的眾多土丘之一。在那座土丘中，他找到了那艘船的遺存。[50]

關於這艘約略定年為公元六二〇至六五〇年的船，有許多有趣之處。[51]它的年代落在盎格魯撒克遜時期（始於羅馬占領結束後的公元四五〇年左右），當時新移民從歐洲大陸紛沓而來，直到公元一〇六六年諾曼人征服英格蘭（Norman Conquest）。

最有趣的一點或許是那艘船其實已經不在原處了，不過它的遺存卻仍清晰可見。這是因為儘管船隻的木材已完全消失，但其過去所在的位置依舊清清楚楚。木材碎裂崩解之處在泥土上留下汙跡；土壤中有隆起的兩條土脊延展達到船的寬度，並在之間沿著船的全長留下僅僅數英尺的間隔；那裡還有原本用來連接木塊的鏽蝕鐵釘。[52]布朗發掘的是船的影子，而非船本身。

那麼，為什麼要把一艘船埋在地底，而不沉入水中呢？多數的考古學家認為這艘船是和它的主人一起埋葬的；也就是說，它被當作一位戰士、或國王、或任何有此殊榮的人士的最終安息處。然而，或許可說相當古怪的一點是，船內或任何鄰近的地方都沒有遺體的殘骸——至少目前探勘過的區域是如此。這似乎不大尋常：如果這是墓葬，遺體去哪了呢？有一個可能性是，屍骨已經徹底分解腐爛[53]，就這麼消失了，一如船隻木材的狀況。若真如此，便不會留下任何痕跡。這是多數人相信的假設。

另一個可能是，那裡從來沒有遺體。如果是這樣，那麼它便是所謂的衣冠塚——亦即葬於別處的某人的紀念墓。今天許多的戰爭紀念碑基本上皆屬衣冠塚，而薩頓胡船則可能是古代的戰爭紀念碑——或許是為了紀念盎格魯撒克遜人在這個英格蘭地區參戰過的一場戰役。[54]

＊譯註：全名為羅伯・杜安・巴拉德（Robert Duane Ballard，一九四二～），他是美國前海軍軍官，現任教於羅德島大學（University of Rhode Island），專長為水下考古。

不過，就算其中沒有遺體，從其他方面來看，薩頓胡船仍是一座寶庫。船的中央有些物品：一些黃金製成、鑲有搪瓷的肩扣，它們原先可能是與束腰布外衣或恤衫相連，但衣服已經腐爛；一只實心黃金的帶扣，設計繁複，並附有搪瓷鑲飾的金屬蓋子，這可能是一個小包留下的所有遺存，織料或皮革的部分已經消失；以及鑲嵌華麗圖案的飲用角杯。這些遺物再次顯示，這並非一般的墳墓[55]，只會讓人聯想到派對或慶典上使用的物品。

引發甚多關注的物品之一是一頂鐵頭盔[56]，附帶一片金屬面部護板，在雙眼、鼻子和嘴巴處留有孔洞。它的局部有黃金鑲飾，在當時必定價值不菲，它的主人要不是家財萬貫、權力強大，就是有錢有勢。

二〇一一年，在蘇格蘭西岸的阿德納默亨半島（Ardnamurchan peninsula）尋獲類似的幻影船。這裡是一座可追溯至公元十世紀的墳墓，似乎是一名維京戰士葬身在他的船中。[57]當時，這個區域位處愛爾蘭和挪威之間南北向的主要海路旁，鄰近的赫布里底群島（Hebrides Islands）也找到了一些維京人的屋舍。

這座墳墓大約寬五英尺，長十七英尺（約寬一．五公尺、長五．二公尺），恰好能容納整艘船。就像薩頓胡船，這艘船的木材也已經腐敗，現已完全消失，只留下一些零星殘骸。考古學家再次找到固定結構的鐵鉚釘——大約有兩百枚——而因為在土壤中留下的輪廓，他們也十分容易就可以看出船的形狀。[58]

在這個例子裡，我們確知這裡曾有一具遺體，因為考古學家尋獲了一些牙齒和手臂碎骨。他們也找到死者鐵劍的遺存，以及部分的盾牌——就放置在他的胸前。這艘船裡還有這位維京人的矛、一枚銅胸針和可能是飲用角杯的一枚銅塊。59

※　※　※

在本章中，我針對那位記者問我的問題——為何我們考古學家能如此確定定年的年代——詳細說明我的答案。我希望各位已經比較了解我們為物品定年的方法，但也必須明白，我們不總是能夠精確鑑定出某物的確切年分，以及經常存在修正空間的原因，特別是採用放射性碳定年法時，測定的年分總會附帶一個誤差因子和統計機率。研究人員經常發明並應用新技術，因此我猜想我們為過去物品定年的能力會在未來越來越準確。

我也簡述了物品是如何被保存下來、供我們發掘的，尤其是關於有機物質可能需要極端條件才能留存這一點。也幾乎可以肯定，我們有可能改進挖掘有機物品或物質的方法，其中包括那些經過數世紀或數千年掩埋、以惡劣狀況暴露在考古學家眼前的物質。我們已經可以預見技術的改善，比方說，最近期在中國發掘兵馬俑時，它們身上裝飾的鮮明色彩依舊可見，而考古學家也成功保存並檢驗那些彩繪。

第六部 新大陸考古學

Part 6.

New World Archaeology

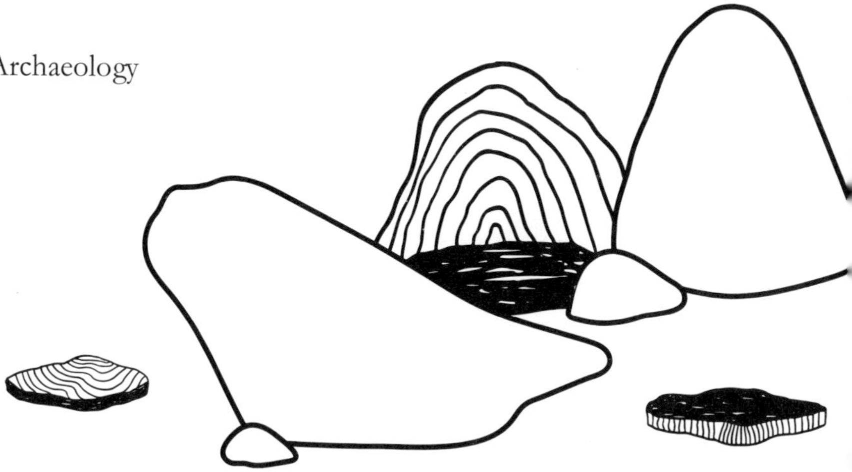

第十七章

沙中的線條，空中的城市

一九二〇年代，當飛行員首次開始飛越祕魯內陸高海拔的沙漠區域，他們注意到在乾燥的荒漠砂土中繪有長直線條和巨大圖形，這些圖形現在以納斯卡線（Nazca Lines）之名聞名全世界。這些圖形嚴格來說是地畫（geoglyphs），圖案包含一隻蜘蛛、一條狗、幾隻鳥、幾隻猴子、一棵樹和一個貌似古代太空人的奇怪人物。

近半世紀後的一九六八年，艾利希・馮・丹尼肯（Erich von Däniken）出版了一本著作，書名為《諸神的戰車？》（*Chariots of the Gods?*）。[1]他在書中主張，納斯卡線要不是為了古代太空人所創造的，就必

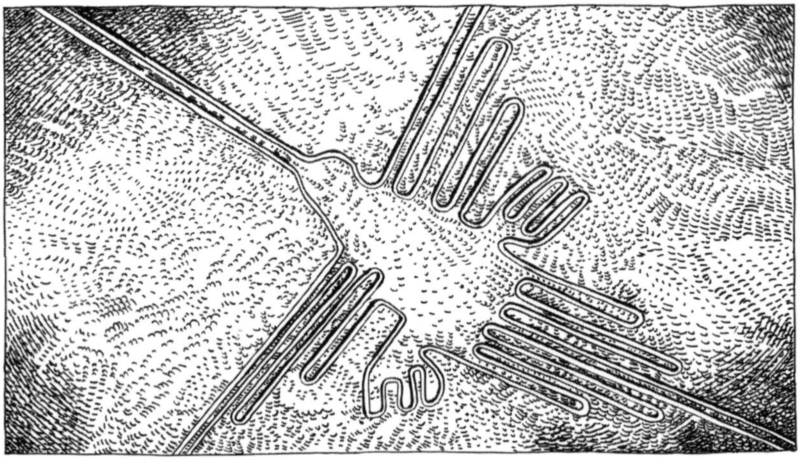

納斯卡線：蜂鳥。

定是出自古代太空人之手。他論稱只有能從空中看見這些圖案的人才能繪製它們，因為從地平面無法真正識別出那些圖形。他也提到，那些筆直的長線是古代飛行器或太空船的簡易降落場。據他所述：「認為那些線條是設置來告訴『諸神』：『請在這裡降落！[2]一切皆已按祢要求準備萬全！』這個觀念有什麼問題？」

他問有什麼問題？嗯，幾乎全盤皆錯。首先，訴諸古代外星人來解釋納斯卡線是幾近所有考古學家都徹底反對的結論。然而，有一定比例的一般大眾卻對馮・丹尼肯的理論信以為真——人數多到他的著作在這幾年來已經銷售數百萬冊（根據他網頁的數據是賣出六千五百萬本）。[3]

二〇〇三年，馮・丹尼肯甚至在瑞士開設了一座主題公園，名叫神祕樂園（Mystery Park）。樂園的七座展示館之一就專門用來展覽並討論納斯卡線。對馮・丹尼肯相當不幸的是，即使剛開園時引發熱潮，主題公園的參訪人數卻迅速一落千丈。雖然在二〇〇六年十月入園人次累積達到一百萬，但一個月後遊樂園便關門大吉了。[4]

無論如何，就算納斯卡線並非古代太空人所造，仍舊是貨真價實的遺跡，相當值得一訪。它們現在已成為一座保護遺址，多數的觀光客都無法徒步穿越那個區域。最好的方式是安排一架低飛飛機、直升機或熱氣球，因為觀看那些線條的最佳視野還是要從空中俯瞰。

二〇一四年八月，納斯卡線又登上新聞版面，因為沙塵暴和狂風[5]襲擊當地後，新的圖案顯露了出來。同年稍晚，也就是二〇一四年十二月，它們又成為世界各地的媒體頭條，因為綠色和平組織的志工在圖形區域內鋪設巨大標語，寫著「改變的時刻已至。再生能源才是未來。」綠色和平組織的工作人員遭受猛烈的批評，他們本持保護未來的熱忱破壞了古代遺址，坦白說實在相當諷刺。[6]

＊ ＊ ＊

納斯卡線位於祕魯南部的高原沙漠，距離馬丘比丘（我們在本章後段會討論這座遺址）約兩百英里（約三二一．九公里）。如前所述，它們並非出自古代太空人之手。反之，它們是名為納斯卡的當地原住民族所創造的，他們在公元前二〇〇年至公元六〇〇年居住於此，其墳墓和其他古代聚落遺存[7]就位在線條地畫的不遠處。

我們之所以知道這一點，部分是因為在納斯卡族的陶器上曾找到類似的圖案設計，如容器上以紅、白、黑色顏料繪製而成的鳥獸和人類。除此之外，對一些線條末端找到的幾塊木樁進行碳十四定年分析，結果指出約可追溯至公元五二五年，加減八十年——也就是介於公元四四五至六〇五年之間，和已知納斯卡族在這個區域活動的年代相符。

一般考古學同行以外的人們並不清楚，但納斯卡族其實不是第一個在這個區域創造地畫的文明。一個名叫帕拉卡斯更古老的文明也在沙漠的北邊稍遠處創作了地畫，鄰近現代城鎮帕爾帕（Palpa），納斯卡族可能就是由帕拉卡斯文明發展而來。這個文明的部分地畫其年代早了納斯卡線數百年之久。它們大多位於山丘的側面，而非沙漠地表上，包含了謎樣的人形圖案，以及更多馮．丹尼肯指涉的「簡易降落場」。帕拉卡斯文明和納斯卡族的地畫圖案群[8]都在一九九四年名列聯合國教科文組織世界遺產遺址。

畫在沙漠中的納斯卡線巨大無比——而且共有數百幅圖案，從延伸數英里的基本線條，到極為繁複且頗具風格的生物描繪，應有盡有。只要移開這裡組成沙漠最上層的氧化岩石，露出下方顏色較淺的砂土，便能創造出這些線條和圖形；藉此畫出一系列筆直和彎曲的細線，就可以構成從上方能明顯識別的圖案[9]，儘管要看出繪畫的內容並不總是那麼容易。

事實上，有時候完全看不出來他們在畫些什麼。比方說，有一隻動物看起來有點像一隻驚恐的貓和某種怪異犬獸的混種。牠看起來很像卡通人物，有著完全伸直的腿，每隻腳只有三或四根足趾。

另外一隻動物很可能是一隻猴子，卻沒有任何眼睛或鼻子，牠一隻手有四根手指，另一隻卻有五根。說到手，有幅納茲卡圖案就直接被稱作「雙手」（The Hands），儘管實際上看起來比較像另一隻沒有畫完的猴子。牠同樣沒有眼鼻，也同樣一手四根手指，另一手五根。

那裡還有一隻相當明顯——但不特別嚇人——的蜘蛛，長達一百五十英尺（約四五・七公尺）。牠的一隻後腿遠遠延伸到圖案的邊界之外，符不符合現實就不必談了。那可能是代表連接蜘蛛本身的絲線，但他們卻將它畫成一隻腿的延伸，相當古怪。

此外，那裡有一棵巨大的風格化樹木，以及一幅同樣龐大、風格獨具、似鳥的圖案，稱之為「鷺鳥」（the Heron），另外還有一隻長達三百英尺（約九一・四四公尺）的蜂鳥，牠的鳥喙幾乎和身軀等長。另一隻鳥名叫「兀鷲」（the Condor），第四隻鳥則名為「鸚鵡」（the Parrot），儘管在我看來實在不太像隻鸚鵡。

最後是一幅有時被稱作「太空人」（the Astronaut）的圖案[10]，它繪製在山丘的側面，和較早期、位於較北邊的帕拉卡斯圖畫比較相似。這幅圖案幾近一百英尺（約三〇・四八公尺）高，有著泡泡般的頭部和貓頭鷹般的大眼。考古學家較常稱他為「貓頭鷹人」（the Owl-Man）[11]，這是在一九四九年命名的綽號。他的一隻手臂向上指，另一隻向下指，長得不大像一名太空人，而且已經出現許多合理解釋來說明他可能在做些什麼，例如或許是手持捕魚網，並身穿南美傳統的縫式斗篷（poncho）。[12]

從一九二〇年代曝光以來，從自力研究的偽考古學家，到國家地理學會和其他機構贊助的科學家，許多人都已經對納斯卡線提出詮釋。針對納斯卡線最初期的考古研究和系統化描述是出自一九二六年的柏克萊大學人類學家阿爾弗雷德・克魯伯（Alfred Kroeber）[13]，但又經過了七十年他的發現才被公布。解釋線條和其他圖案為何出現的理論有憑・丹尼肯主張的古代外星人將此區當簡易降落場；有保羅・柯索（Paul Kosok）和瑪麗亞・賴歇（Maria Reiche）認為的這些圖案代表著以天文曆形式呈現的星宿；有些人類學的假設認為和在這片乾燥沙漠中識別並追蹤地下水源有關；另外還有些詮釋則認為它們是帕拉卡斯和納斯卡文明執行宗教儀式的祭儀道路。[14]

最近，有一支德國和祕魯合作的考察隊在納斯卡地區和北邊的帕爾帕區域，都記錄並研究了那些地畫。他們找到了許多納斯卡族村莊的遺跡，而且幾乎每個聚落附近都會有圖畫。這項發現暗示了這類圖畫在此區的長遠歷史，有些甚至彼此重疊。現在也已確知最早的圖畫是畫在山坡上，從下方的平原就能一眼望見，而不必從空中俯瞰。即使是比較複雜的圖案，如那隻蜂鳥，現在看來也都是一筆完成的圖畫——也就是說，可以從一個特定的點沿線行走，而永遠不會與另一條線相交。因此，正如某些人的主張，這些圖案很有可能是用來當作儀式的行進道路。[15]

無論如何，要解釋壯觀的納斯卡線實在沒必要訴諸外星訪客。在地面上打造這些地畫圖案的現象是好幾世紀以來祕魯許多地方的久遠傳統，這些圖畫是為了特定的人群所創造的，而多數都可以被他們清楚看見。這似乎是一種藝術、宗教和文化表達的地域性形式，而不是外星生物的簡易降落場。這些圖畫也並未超出我們地球上前人的技術範圍之外，他們的先進程度足以不靠外界協助[16]，就能完成這樣的建造計畫。

＊ ＊ ＊

在另一處的祕魯北部，王室陵墓的驚人發掘在一九八七年登上世界各地的新聞頭條。這座陵墓可追溯至公元二五〇年，被名叫華特・艾爾瓦（Walter Alva）的祕魯考古學家發現坐落於西潘（Sipan）地區。這個區域正是公元一〇〇至八〇〇年，莫切文明[17]繁盛發展的所在地。

就安地斯山區的標準而言，莫切王國的幅員十分龐大，位處岸邊的南北向狹長地帶。這個區域長約三百五十英里，寬約五十英里（長約五六三・三公里，寬約八〇・五公里），含括十幾處從安地斯山下斜，朝向太平洋岸的狹窄山谷，兩兩間皆以沙漠區隔。莫切文明廣泛地與沿岸和亞馬遜雨林的整個安地斯山區（位於現今的智利和厄瓜多境內）進行交易，商品包括青金石和海菊蛤（spondylus）貝殼，以及大蟒蛇、鸚鵡和猿猴。他們自力更生，利用灌溉渠種植作物，如玉米、酪梨、馬鈴薯和花生；他們也會從海上捕捉魚、蝦、蟹等其他海鮮。[18]

儘管他們沒有文字系統，顯然也不以我們已知的方式使用金錢，但他們的社會似乎階層嚴明，還有布料紡織、令人難忘的陶瓷工藝、和以貴重金屬手工製作物品等藝術表現。他們也致力於建設工程——不只有灌溉渠，還有金字塔、神廟和精細繁複的墳塚。有一座金字塔鄰近莫切河岸的首都，就位在現今的楚希約城（Trujillo）旁邊，名叫太陽金字塔（Pyramid of the Sun），以超過一億三千萬塊泥磚打造而成。它涵蓋的範圍超過五公頃，也就是大約十二英畝。它是一座行政用建築，被視為南美洲曾興建的建物中最巨大的一座。[19]首都的另一側則有面積稍小的月亮金字塔（Pyramid of the Moon），裝飾繁多並作為儀式之用。

莫切文明驟然在公元八〇〇年左右瓦解。我們並不知道確切的事情經過；關於覆滅的理論從一場毀滅性的地震，到一次聖嬰氣候體系導致的嚴重乾旱皆有。數世紀後，當西班牙人抵達這個區域時，他們所找到的莫切人留下的泥磚金字塔[20]和其他建築遺跡全已受日晒雨淋而融化。

時值一九八七年，華特·艾爾瓦接到一通鄰近西潘的地方警局來電。幾位盜墓者在尋獲一座價值連城的墳墓後起了內訌，為他們找到的物品爭奪不休。頗諷刺的是，其中一名竊賊竟報警求助。警方沒收那些物品並聯繫艾爾瓦。他抵達警局時，其中一位警官把手伸進一個紙袋，接著從中拿出了一只小巧的黃金面具，艾爾瓦大為驚喜。

他率領一隊考古學家回到盜墓者聲稱他們找到墳墓的地點，結果竟位於一座碩大無比的泥磚金字塔內。這座金字塔是遺址多座金字塔的其中之一，尋獲時，侵蝕作用和其他大自然的力量已經將它破壞得面目全非，使它看似近乎一座天然的山脈，而非人類的建物。

艾爾瓦寄望還有其他盜墓者錯過的墳墓，於是和他的團隊正式開始發掘工作。他們的確很快就找到其他幾座墳墓，其中一座後來被《國家地理雜誌》稱為「新大陸最奢華的未盜墓」[21]——這是一號墓，也就是人稱西潘王（Lord of Sipan）的陵墓。

這座墳墓基本上是一間大約五平方公尺的房間，他們最先在其中找到一具腳掌遭砍去的男性遺體。這可能是為了避免他走離來世，要讓他留在原地，保護其他居民。他被埋葬在墓室的右上角，位於其他遺體的上方幾英尺處。

西潘王本身則是在墓室中央尋獲的，他的四周還有其他掩埋的遺體。除了西潘王本人，加上那名被砍斷腳掌的男性，墳墓中埋葬的人數可能多達十一人[22]——包括另外三名成年男子、一名成年女子、三名青少年、三名青少女和一名孩童。

單單這一座墳墓就有四百五十件陪葬品，其中有許多貴重金屬，如金和銀，以及其他現已氧化成美麗綠色的銅或青銅。在這之中，有一些形狀貌似花生的串珠項鍊，其一的一側串有銀花生，另一側則是金花生。我們知道莫切文明種植花生，因此看到花生的形象出現在珠寶中也就不會太意外了。

此外，那裡還有三對耳環或耳飾，其中一對有著一隻動物的鑲飾，有些神似紅鼻子馴鹿魯道夫。另一對則是一隻長得像鴨子和鵜鶘混種的鳥類。第三對則似乎是西潘王本人的三維圖像，他盛裝打扮、蓄勢待發，附加一支矛或權杖、一張盾、一對耳飾，以及一條貌似骷髏頭、橫跨雙肩的項鍊。如果他在盛裝時會戴上這第三對耳環，作為他裝扮的一部分，那麼他就是佩戴著自己的小型畫像，十分有趣。

數百顆小珠子仍在他胸前原處，組成綠、棕、白三色的華麗胸飾領。這些古物必須要小心謹慎地保護和保存。通常維持這些遺物完好無缺的方式，是將某種可以輕鬆移除的黏膠塗抹在布料、厚紙板或其他材料上，將之在串珠保持原位的狀態下覆於其上，並等待這整組裝置乾燥。接著拿起膠水片時，串珠就會附著在上面，位置仍然原封不動，原始的圖案設計也保持完整，不過已經變成左右相反的鏡像了。接著就能將它安然無恙地送往保存室或其他地方，在那裡溶解膠水，讓原始的胸飾領可以被安全研究或做進一步的處理，而且所有的串珠都仍在原位。

那裡還有一頂黃金製成、巨大的新月形頭盔或頭飾，和原來可能是連接在上面的羽毛；也有貌似黃金材質的面部護板，用來遮蓋君王臉龐的下半部；以及可能是黃金製成的權杖或高腳酒杯。此外還有一些銀、金、青銅或銅製成的背蓋片。正如其名，這些蓋片是衣服後側的一部分，最可能是覆蓋在君王的臀部上。其中有些蓋片上畫有所謂的斬首神（Decapitator God），站在看來像是一排骷髏的東西上。在墓中的其他物品上也可以找到這位神祇的身影。雖然祂身形嬌小，但可不是那種你會想在暗巷遇見的神祇。

其他圖像也同樣長相凶惡，推測應該是其他神祇，包括有些張開血盆大口，露出許多尖利的牙齒，但也有些鑲嵌著藍眼睛的臉形小金珠看上去沒那麼嚇人。

至於墓中這位重要人士的身分，除了華特．艾爾瓦之外，還有克里斯多福．唐南（Christopher Donnan）等莫切文明研究專家主張他可能是那名戰士祭司（Warrior Priest）；我們從莫切壺罐和壁畫上找到的繪圖場景認識了這號人物，其最著名的繪畫主題之一是所謂的獻祭儀式（Sacrifice Ceremony）。

在這場儀式中，獻祭犧牲者的咽喉會遭割開，他們的鮮血被倒進或排入無柄酒杯中，接著再由祭司和其他參與者一飲而盡。戰士祭司在畫中的形象總是穿戴頭盔和頭飾、背蓋片和耳飾等服飾，手持大酒杯或權杖，就像西潘王在他墓中的模樣。若真如此，那麼陶器和壁畫上描繪的場景[23]顯然是在重現真實事件和人物。

在過去數十年內，有無數其他的莫切遺址接受調查，它們都提供了重要的遺物和資訊。然而，西潘王之墓依舊是最著名的遺址之一，但卻不幸遭到大規模洗劫行動侵害，這些險些得逞的盜墓者又接著在附近尋找另一座富麗堂皇的葬墓。至少有一張航空照片顯示，西潘區域現已宛如月球表面，四處都有挖鑿開的坑洞。這裡顯然是世界上某些我們必須在未來採取積極作為，以避免洗劫活動的地區之一。

＊ ＊ ＊

現在來到離我們更近的年代，大約公元一五〇〇年，再回到祕魯南部、納斯卡線地區的正東方，我們抵達了一九八三年列入聯合國教科文組織世界遺產遺址的馬丘比丘。[24]

馬丘比丘遺址蔚為壯觀，在世界上近乎無與倫比。它坐落於海平面以上海拔七千九百七十二英尺（約二四三〇公尺）處。其景觀幾乎真正令人屏息，部分是因為在如此高的海拔，真的有些呼吸困難。事實上，有許多遊客到達那裡時，都深受高山症所苦，影響了接下來的旅程。兩相比較，丹佛（Denver）官方的海拔高度為海平面以上五千兩百八十英尺（約一六〇九公尺），因此可以理所當然暱稱馬丘比丘為「一里半高城」（the Mile-and-a Half-High City）。＊

這座遺址的歷史可回溯到五百多年前。它最初建造於十五世紀，大約是公元一四五〇年，而後遭逢西班牙征服美洲（Spanish Conquest），不到一世紀後的公元一五三二年即遭荒廢。[25]它是在一位印加帝王的主導下興建而成的，作為他的避暑勝地和次要宮殿，與印加帝國首都庫斯科（Cuzco）相隔徒步五天的距離。它被設置在一座大山山頂，草木蔥鬱，海拔落差二千英尺（約六〇九・六公尺）處有條河流。在遺址的一端聳立著瓦納比丘山（Wayna Picchu），更具冒險精神的遊客熱愛攀登這座山峰。新的學術計畫仍在這座遺址進行，其中之一是要檢驗在那裡尋獲的骸骨的ＤＮＡ。[26]

一般會將馬丘比丘的發現歸功於耶魯大學教授海拉姆・賓漢，讓遺址首次在一九一一年受到世

＊譯註：美國科羅拉多州的丹佛市因為海拔高度正好為一英里，因此得到「里高城」的別名。

界性的關注。近期由馬克·亞當斯（Mark Adams）撰寫的一本好書《在馬丘比丘右轉》（*Turn Right at Machu Picchu*）[27] 指出，賓漢並未真正發掘這座城市，因為他基本上只是跟隨當地人的腳步，而他們一直都知道遺址的存在。他甚至可能不是第一位發現遺址的西方探險家，可是他獨攬功勞，而這絕對不是什麼新鮮事。早在四十年前左右，海因里希·施里曼就曾在希臘的邁錫尼這麼做過，當地人帶領他去看古城的獅子門廢墟，而他在特洛伊又故技重施，也就是他接手法蘭克·卡爾福特的考察工作時。

賓漢接受國家地理學會和耶魯大學的贊助，在一九一二年回到遺址，展開約四個月的發掘工作，儘管他並未真正受過考古學家的正式訓練。一九一三年，《國家地理雜誌》用了整本四月號刊來討論馬丘比丘。有些人看到了當期的雜誌以及國家地理學會與賓漢的合作，這是這座遺址在全球聲名大噪的濫觴，至今依舊享譽國際。在那篇文章中，賓漢

馬丘比丘。

試圖表達最初發現遺址時部分的驚奇之情，他寫道：「我們發現自己身處熱帶森林之中，在林蔭之下可以辨認出古牆組成的迷宮，以及花崗石磚砌成的建物廢墟，有些岩磚以最精緻的印加建築風格美妙地密合在一起。往前走幾桿（一桿〔rod〕約為五．〇三公尺）的距離，我們來到了一個小型的開放空間，上頭有兩座富麗堂皇的神廟或宮殿。岩石工藝的上等品質、宏偉建物的存在、以及數量多得出奇又建築精良的石造屋舍，讓我深信馬丘比丘可能是自西班牙征服以來，在南美洲發現的最龐大且重要的遺跡。」[28]

一九一四和一九一五年又進行了額外的挖掘工作，接著賓漢開始將他的發現寫成著作和文章，其中最著名的一本大概是《印加人的失落之城》（*Lost City of the Incas*）。[29]他以為馬丘比丘可能是印加失落古城比卡班巴（Vilcabamba），不過現在一般認為比卡班巴是在其他地方。

向外俯瞰遺址本身，可以看出它分成上城區和下城區。有一個區塊是住宅區，推測應該是一般平民居住的地方。此外似乎也有王室區，大概是專為貴族或王室所設，若說這整個遺址都被當作王室的休憩處所——就像印加統治者的大衛營（Camp David）——這點無疑可能屬實。接著還有神廟、倉庫、水渠道和許許多多的農業梯田。在所謂的太陽神廟（Temple of the Sun）內部，也有一座名叫托雷翁（Torreon）的巨塔，可能是當作觀象臺來使用（但這項主張仍有爭議）。有顆名為拴日石（Intihuatana）的巨石可能是儀式用的岩石，用來標誌冬至和夏至，但它的用途也尚未確證。

所有這些建築都是以標準——或說傳統——印加技術建造而成。這些石塊被精確切割並能完美契合，不需要任何黏合物來將它們連接或密封在一起。多數的門窗既不是方形，也不是長方形，而比較偏向梯形。這顯然是刻意為之的建築特色，有些人認為這麼做有助於避免建物在地震期間倒塌，這個想法相當有趣。

賓漢結束一九一二和一九一四到一九一五年在遺址的挖掘後，將許多遺物從馬丘比丘帶回耶魯大學。原先他應該只能留住那些遺物十八個月，好讓美國的專家也能研究他們。但事實上，它們接下來的九十年都留存在耶魯大學。一直到祕魯總統本身也是人類學家的妻子開始催促他們歸還遺物，他們才有所作為。最初在二〇〇六年只歸還了幾樣物品，到了二〇一二年幾乎所有遺物都已經送回祕魯，除了那些雙方皆同意可以留在耶魯大學作進一步研究的文物。[30]

歸還的物品現在在庫斯科的一座博物館和研究中心展示，當地和外國的考古學家和學生都能研究它們。其中包括裝飾設計精細繁複的陶瓶，這些瓶子有些是用來裝盛油或香水。其一的長瓶頸上有一張人臉，瓶身則有貌似鑲著荷葉邊的裙子；另一只則是一隻手拿著一個拉長杯子的形狀。其中尚有由獸骨製成的披肩別針，圖案是兩隻面對面的小鳥，還有各式各樣的珠寶首飾和其他金屬物品，包括儀式用刀。[31]

※　※　※

我們對祕魯考古學的簡短概述要在這裡告一段落，我們提及了一些驚奇連連的文化——納斯卡、莫切和印加——並且涵蓋了數千年的歷史和數百平方英里的版圖，從沙漠跨越到高山。我們可以清楚看到在新大陸獨樹一格的文明興衰，一如舊大陸，每個政權接連占據著大致相同的區域。然而，就某些角度而言，在祕魯的文明發展可謂更令人欽佩，因為他們所處的環境風貌是宏偉大山和孤立山谷、沙漠分隔開來的海岸溪流、以及鄰近的亞馬遜盆地，綜合這些地貌，讓這個地方變得更難發展出大型複雜的社會、積累剩餘的農產作物、維持政體間不同地區的溝通交流等等。話雖如此，歷史的循環似乎大同小異，無論我們是在研究莫切文明或美索不達米亞、印加或印度河流域、納斯卡族或新王國時期的埃及皆是如此。

第十八章

巨頭、羽蛇神與金雕

二〇〇三年，在特奧蒂瓦坎遺址（Pre-Hispanic City of Teotihuacan）發現了一條祕密地道；這座遺址大約在公元前一〇〇年至公元六五〇年有人聚居，位處墨西哥市的東北方五十公里左右。從城市邊緣的一座廣場可以通往羽蛇神廟（Temple of the Feathered Serpent）；一場大雨在距離神廟八十英尺（約二四．四公尺）處沖刷出一個小洞後，讓人們發現了它。考古學家把遙測裝置——特別是雷達——帶到現場，接著繪製出神廟的地圖。墨西哥考古學家塞吉歐．戈梅茲（Sergio Gómez）主導的挖掘工作從那時起就延續至今，他們在某些區塊運用遙控機器人，其他則純粹憑藉人工勞動。[1]

月亮金字塔，於特奧蒂瓦坎。

這條隧道總長超過三百三十英尺（約一〇〇・六公尺），而至少有四十、甚至長達六十英尺（約十二・二至十八・三公尺）直接隱沒在神廟下方。一千八百年前，隧道遭到封閉，至少沿著隧道在不同位置部署了六道牆來封住它。考古學家一絲不苟地挖掘隧道期間，找到了超過七萬件古代物品，種類極為多樣，諸如珠寶、種子、獸骨、海貝、陶器、黑曜岩刀刃、有獸頭圖案的容器、類似過去中部美洲球賽使用的橡膠球、數百枚來自加勒比地區的大海螺貝殼，以及四千件木製品。

隧道的天花板和牆壁都塗抹著一層閃爍的粉末，可能是磨成粉的黃鐵礦（pyrite）或是其他相似的材料，使之會在火炬的照耀下閃閃發光。隧道的底部有三間內室，以及包含四具巨大的綠色砥石（green stone）塑像、美洲豹的遺骸和玉石雕像等祭品。那裡也有分量可觀的液態水銀，可能是用來代表地下河流或湖泊。比這裡再更遠的區域仍未經調查，有可能存放著該城更早期統治者的遺體。[2]

※ ※ ※

我們已經探討過中美洲找到的幾座遺址，亦即帕倫克和契琴伊薩。除此之外，新大陸考古學界最近期、最振奮人心的發現是發生在特諾奇提特蘭（Tenochtitlán）的阿茲特克遺址，以及我們剛提及的特奧蒂瓦坎遺址；前者的歷史可追溯至公元一三五〇年，坐落於墨西哥市市中心的地底下。自從十六世紀西班牙入侵墨西哥以來，歐洲人便已知曉這些遺址。不過，那些早期的西班牙入侵者對奧爾梅克人（Olmecs）一無所知。

那麼，就讓我們回到一九三〇和一九四〇年代，從奧爾梅克文明的發現開始談起。奧爾梅克人在現今的墨西哥境內創造出已知最早的文明[3]，繁盛期至少從公元前一一五〇年（也可能早至公元前一五〇〇年），延續到公元前四〇〇年左右。諷刺的是，奧爾梅克竟是現代考古學家最後一個發掘的中部美洲文明。一般大眾之所以會記得奧爾梅克人，主要是因為他們留下的十七個巨大岩石頭像和其他雕塑。讓世界注意到奧爾梅克人的功臣是史密森尼學會的考古學家馬修和瑪里恩・史特靈夫婦（Matthew and Marion Stirling）[4]，以及一位《國家地理雜誌》的攝影師李察德・史都華（Richard Stewart）。

不過，這些考古學家並不是偶然發現這個文明證據的首批西方人。已知第一座可以歸屬於奧爾梅克文明的塑像早在一八六九年便已公開發表。幾年前，一位當地工人在墨西哥加勒比海岸維拉克魯斯（Veracruz）的農場上發現了這座雕像，這個地方鄰近村莊特雷斯薩波特斯（Tres Zapotes）〔名字的意思是「三棵人心果樹（sapodilla）」，該區發現了這種樹木後得名〕。這座村莊的名稱現在也用來指涉附近那名農夫發現雕像的奧爾梅克遺址。[5]

據說，那位農民最初以為它是一個反轉的大鐵鍋，結果竟是火山岩製成的巨大頭像，令他驚喜不已。頭像的臉矮矮胖胖，有著碩大的雙眼、鼻子和嘴唇。一頂頭盔——神似早期皮革材質的美式足球頭盔——蓋住頭頂，直至眉毛處。下巴以下空無一物：沒有脖子，沒有軀幹，沒有手臂，沒有雙腿。就只有這麼一顆頭。因為它的寬幅看起來幾乎和高度等長，基本上很像一顆雕刻過的巨大撞球，只是沒那麼圓。後來，馬修・史特靈又在一九三九年再度發掘它，現稱之為特雷斯薩波特斯紀念物A（Tres Zapotes Monument A）。[6]

一如往常，關於這些巨大頭像和普遍關於奧爾梅克人的初期討論，總會將他們連結到埃及、腓尼基（Phoenicia）、亞特蘭提斯人、古代太空人，乃至中國和日本——甚至連較近期的討論也是如此。

想當然耳，他們和任何以上這些指涉都毫無關聯，而是這個區域在地的產物。[7]

「奧爾梅克」這個名字——或稱「奧爾梅卡」（Olmeca）——意即「橡膠國度的民族」。這並非他們自稱的名字，而是阿茲特克人在一五二一年西班牙征服美洲時期，對他們仍居住在大致相同地區的古代後裔的稱呼。考古學家沿用該名而稱這個區域為奧爾曼（Olman），意思是「橡膠國度」——主要是指從現今維拉克魯斯南部，延伸至塔巴斯科（Tabasco）西部、炎熱潮溼的低地地區。直至今日，我們依然不清楚他們真正的名稱為何，因為奧爾梅克人少數留存雕刻在石頭上的文字紀錄仍未經翻譯。[8]

史特靈夫婦和史都華也不是首批探勘該地區的考古學家。這項光榮事蹟屬於紐奧良杜蘭大學（Tulane University）的雙人考察隊法蘭斯・布洛姆（Frans Blom）和奧利佛・拉法格（Oliver La Farge）。他們在一九二五年出發尋找更多的馬雅文明遺跡，結果他們反而找到了奧爾梅克人的遺存，包括在現今最著名的遺址之一文塔（La Venta），他們發掘了另一座巨大岩石頭像、聖壇、石柱和一座金字塔的遺跡，徹底為叢林所覆蓋。他們的發現集結成一部雙卷套書，於一九二六至一九二七年出版，書名為《部落與神廟》（*Tribes and Temples*）。[9]

※　※　※

目前為止已經發掘的三座最重要的奧爾梅克遺址[10]分別是聖羅倫索（San Lorenzo）、特雷斯薩波特斯和文塔。幾乎無一例外，首批到現場的考古學家都是在當地人的帶領下抵達遺跡，這些在地居民在務農時發現了岩石頭像、聖壇和其他遺存，有時連日後重新跟隨他們足跡的學者也是如此。

特雷斯薩波特斯是遺址中第一座接受專業挖掘的遺址，發掘者是史特靈夫婦領導的一支小型團隊，再加上一位名叫菲力普・杜拉克（Philip Drucker）的考古學家，時值一九三八至一九四〇年。他們重新挖掘並徹底記錄大約在八十年前那名農工找到的原始奧爾梅克頭像。結果顯示那座頭像接近五英尺（約一・五公尺）高，大約重八公噸。他們也找到其他幾座雕刻過的石柱和紀念碑，其中一座（石柱C）刻有日期，就像在科班和帕倫克等不同遺址找到的馬雅石柱，都採用相似的紀年系統。因此史特靈得以快速鑑別出石柱C的年代[11]大約等同於公元前三一年。

一九四〇年，史特靈夫婦在特雷斯薩波特斯的第二個挖掘季時，前往探訪第二座奧爾梅克遺址文塔，他們從布洛姆和拉法格出版的著作得知這座遺址。一九二五年時，這兩位早期考古學家在當地人引領下見到八座紀念物，並在一天內記錄下它們；而史特靈夫婦前去的目的正是要尋找那些紀念物。他們成功尋獲，包括那座巨大頭像〔結果其實高八英尺半，圓周為二十二英尺（高二・六公尺，圓周為六・七公尺）〕，再加上兩根石柱和三個「聖壇寶座」，後者大致上是一個人安坐在聖壇前方壁龕內的雕像。[12]

奧爾梅克巨石頭像，於聖羅倫索。

史特靈夫婦找到了先前的探險家沒有發現的其他遺存，如另外三座巨大岩石頭像，另一個聖壇寶座，而且上頭坐著的男子還在他大腿上抱著一個嬰兒。在同一座紀念物上還有另外四組成人和嬰孩，這也是為什麼它經常被稱作「五胞胎聖壇」（Quintuplet Altar），不過它的正式名稱是聖壇五（Altar 5）。[13]

僅僅一趟造訪遺址的行程就有這麼豐富的發現，史特靈夫婦和杜拉克決定在一九四二至一九四三年再次歸返並進行發掘。雖然當時二次世界大戰正如火如荼開打，但他們仍成功安排了兩次簡短的田野調查季，期間挖掘了在遺址可見的幾座土丘。有些土丘裡埋藏著帶有一些陪葬品的墳墓；其他則覆蓋著馬賽克鋪面。其他學者接續的發掘也產出許多額外的素材；文塔至少有三十座土丘，歷史可追溯至公元前一〇〇〇和四〇〇〇年之間，而考古學家理察德・迪埃爾（Richard Diehl）估計，目前在遺址已經尋獲大約九十座石造紀念物。[14]

一九四五年，史特靈夫婦動身前往維拉克魯斯南部的聖羅倫索。在那裡，當地人立即帶他們前往兩座巨大岩石頭像的所在地。有一座近九英尺（約二・七公尺）高，另一座甚至更高大——高達九點四英尺（約二・九公尺）。兩者皆重達四十噸左右，而且比史特靈夫婦先前在特雷斯薩波特斯或文塔看過或找到的都要來得大。他們也看見了另外十幾座石造紀念物，現已全數鑑別為屬於奧爾梅克文明。除此之外，當地人也在附近的特諾齊提特蘭村（village of Tenochtitlán）（別和我們待會要討論的墨西哥市地底更大的那座古城搞混了）*向他們展示了兩座石造美洲獅像。考古學家經常將這兩座相

*譯註：兩者同名，中譯將遺址名譯為特諾「奇」提特蘭，村莊名則為特諾「齊」提特蘭村，以利讀者區分。

鄰的遺址視為一體，共同稱之為聖羅倫索．特諾齊提特蘭（San Lorenzo Tenochtitlán）。[15]

史特靈和杜拉克接續在一九四六年的田野調查季又找到了更多石像，但沒有令人驚奇的發現，他們也從未完整發表考察結果。一直等到耶魯大學的麥可．柯（Michael Coe）在一九六〇年代中期回到聖羅倫索並重啟挖掘，才將結果公諸於世。最近期的考察隊則是由墨西哥國立自治大學（National Autonomous University of Mexico）的安．塞弗斯（Ann Cyphers）所率領[16]，自一九九〇至二〇一二年在遺址工作。

馬修．史特靈經過在三處遺址的研究工作後，提出奧爾梅克文明比馬雅文明更為古老的主張，起初受到了部分守舊馬雅學家的激烈駁斥，如艾瑞克．湯普森等人。然而，經過一連串的辯論，又運用了放射性碳定年法，學界總算公認史特靈的主張是正確的，而將奧爾梅克人放置在中部美洲文明中屬於他們適當且公正的位置，儘管要闡明其中細節仍是一大工程。[17]

＊　＊　＊

相較之下，在墨西哥市市中心的考古發現比阿茲特克人的時期要晚得多了。這些發現揭露了先前未知的阿茲特克首都——特諾奇提特蘭——的遺存。阿茲特克人是由幾個族群所組成。定居在特諾奇提特蘭的居民自稱為墨西卡人（Mexica，發音為 meh-SHEE-ka）。[18]這座城市自公元一三二五年左右便繁榮昌盛，直到一五二一年遭西班牙征服者消滅。當然，人們一直以來都知道阿茲特克首都就安躺在墨西哥市下方，因為西班牙人先毀壞了大部分城區，才在其廢墟上興建他們自己的城市。[19]

幸虧西班牙征服者繪製了地圖，其中一幅據稱是由埃爾南・科爾特斯（Hernán Cortés）＊本人所繪，呈現出城市遭摧毀前的模樣。因此，我們得知該城原來是建造在特斯科科湖（Lake Texcoco）中央的一座島嶼上，並有多條堤道與本土相連。他們靠著搭建奇南帕（chinampas），也就是漂浮在水上的園地，來拓展可供居住的空間，這些浮田最終都會固定得足夠堅穩，並鋪上足量的土壤，好讓房屋和其他建築能夠建於其上。當時這座城市似乎分割為四個區塊[20]，可能有多達二十五萬名居民。

因為現代城市覆蓋在古城之上，所在各式各樣的建設工程期間會不斷發現建物和遺物。舉例來說，經常被稱作太陽石（Sun Stone）的大日曆石（Calendar Stone）是在一七九〇年十二月尋獲的，當時正在整修墨西哥市主教座堂（Mexico City Cathedral）。這塊巨石的寬幅幾乎長達十二英尺（約三・七公尺），重約二十四公噸。我們並不太清楚它的用途，但可能是祭儀用的盆子或聖壇。上頭描述著阿茲特克人認為在自己的時代之前的四個時期，總共延續了兩千零二十八年。在中央的那張臉可能是阿茲特克的太陽神[21]，這也是為什麼有些人稱之為太陽石。

這塊巨石原來可能是在大神廟〔通常被稱作主神廟（Templo Mayor）〕的建築上或內部。主神廟本身的某些部分最初是在一九〇〇年代中期尋獲的，而一九七八年在該區架設電纜線時又意外發現了更多部分。如英國考古學家保羅・巴恩所述，接續進行的發掘計畫規模龐大——就在市中心，有幾個城區的房屋和商店全數遭到拆毀，只為讓考古學家調查遺存。一位姓名完美適切的考古學家埃杜亞爾

＊譯註：埃爾南・科爾特斯（Hernán Cortés，一四八五～一五四七）為首批抵達中南美洲的殖民者，以摧毀阿茲特克文明聞名。

多・馬托斯・莫克泰祖馬（Eduardo Matos Moctezuma）[22]是團隊的領導人。

主神廟其實是一座雙峰金字塔，用來祭祀兩個神祇：太陽、戰爭與人祭之神維齊洛波奇特利（Huitzilopochtli），以及雨水之神特拉洛克（Tlaloc）。除了神廟金字塔的遺跡，考古學家還找到了黃金和玉石製成的遺物、許多獸骨殘骸與一排刻入岩石內的人類顱骨。他們也發現阿茲特克人埋藏了以前中部美洲文明的物品。[23]

二〇〇六年，考古學家尋獲一座刻有雨神特拉洛克的岩石聖壇，可追溯至公元一四五〇年。還有一塊淺粉色的安山岩磐石也出土——也就是一塊厚石板。這塊磐石上頭描繪了大地女神特拉爾特庫特利（Tlaltecuhtli），原先是以赭色、紅色、藍色、白色和黑色彩繪而成。它被發現時是平躺在地，但若垂直立起將會高達十一英尺（約三・四公尺）。它重達十二公噸，年代可追溯至最後一個阿茲特克時期，亦即一四八七至一五二〇年。發掘這塊磐石的考古團隊認為它仍在原初的位置，可能是位於一間

阿茲特克月亮女神，於特諾奇提特蘭。

內室或甚至一座墳墓的入口，儘管它已經破裂成四大塊。[24]

兩年後，就位在磐石旁、內側鋪有岩石的井狀通道內，考古學家開始發現更多阿茲特克人的宗教祭品，包括白色火石製成的祭刀、美洲豹骨製成的物品、以及硬樹脂或燻香料條。在祭品之下有個石箱，裡頭裝著兩隻金雕的骸骨，周遭圍繞著二十七把祭刀，多數的刀身都有套上服飾，宛如它們是神祇或女神的化身。在這之下還有更多祭品；截至二〇〇九年一月，在這個深至街道平面以下二十四英尺（約七・三公尺）的深坑中，考古學家共發現六組不同的祭品。[25]

再往上回到深八英尺（約二・四公尺）處，考古學家在這裡找到了第二個石箱。裡面放著一隻狗或狼的骸骨，牠被埋葬時還帶著玉珠串成的項圈。在牠的雙耳上還有綠松石耳塞——就像耳飾一樣，在腳踝則有小巧的黃金鈴鐺。考古學家暫時暱稱之為「貴族之犬」（Aristo-Canine）。[26]

這具犬科動物的骸骨蓋滿了海貝等其他海洋生物的遺骸，如蛤或蟹。挖掘工作的主導學者雷奧納多・洛佩茲・魯漢（Leonardo López Luján）認為，這六組祭品標誌著阿茲特克人的宇宙論或信仰體系——比方說，那隻覆蓋著海貝的狗或狼可能是代表陰間的第一層，如羅伯特・德萊普（Robert Draper）*在二〇一〇年的《國家地理雜誌》記錄這項驚豔發現的故事所述，牠是「旨在引導牠主人的靈魂跨越一條危險的河流」。洛佩茲・魯漢相信他可能將要發掘極具威勢的阿茲特克皇帝之一阿維特索特爾（Ahuitzotl，發音為ah-WEE-tzohtl）的墳墓[27]，他亡於一五〇二或一五〇三年。

※ ※ ※

＊譯註：羅伯特・德萊普（Robert Draper，一九五九～）為美國記者。

往特諾奇提特蘭的東北方五十公里，就會來到特奧蒂瓦坎。這座遺址的歷史在阿茲特克文明之前，不過為這座城市命名的是阿茲特克人，可能的意思是「神祇的誕生地」。它在一九八七年名列聯合國教科文組織世界遺產遺址，現在是墨西哥絡繹不絕的觀光景點之一。[28]關於是誰住在那裡、他們又如何稱呼自己的城市都仍有爭議。如前所述，這座遺址大約在公元前一〇〇至公元六五〇年有人居，在人口最多的時期可能多達十五萬人。[29]在二〇一五年十月發表的一次訪談中，哈佛大學教授大衛・卡拉斯科（David Carrasco）將之形容為「中部美洲的帝國羅馬」。卡拉斯科藉此想說的是，特奧蒂瓦坎在繁盛時期影響了數百個其他的中部美洲社群，並成為後代文明的標竿。[30]大規模的特奧蒂瓦坎存在證據也可見於墨西哥南部以及往南數百英里的瓜地馬拉，而許多學者相信特奧蒂瓦坎曾掌控這個區域好幾世紀。

過去一般認為托爾特克人是這座遺址的建造者，這顯然是晚期的阿茲特克人在西班牙人抵達時告訴他們的，但似乎與事實不符，因為這座遺址的歷史比托爾特克人的年代更早，托爾特克人是在公元十至十二世紀蓬勃發展。目前為止，我們僅僅稱遺址居民為特奧蒂瓦坎人（Teotihuacanos）。一條長長的中央大道貫穿遺址，名為亡靈大道（Avenue of the Dead），長達一英里半（約二・四公里）。金字塔和神廟沿著道路而建，其中包括太陽金字塔和月亮金字塔，以及羽蛇神廟。

太陽金字塔是遺址最大的建築——底部寬幅超過七百英尺（約二一三・四公尺），高度超過二百英尺（約六一公尺）——金字塔正下方有座儀式用洞穴[31]，於一九七一年出土。月亮金字塔大小相近；於一九九八年重啟的發掘期間，在那裡找到了人類遺骸，揭露一間陪葬品豐富的墓室，其中包括黃鐵鏡子和黑曜岩刀刃。[32]

羽蛇神廟是遺址第三大建築。它因建築正面突出的羽蛇神頭像而得名，每個都重達四公噸。這棟建築本身可能可以追溯至公元二〇〇年左右。始於一九八〇年代，神廟前方找到了一連串的坑洞，容納近兩百名有男有女的戰士遺體，以及他們的隨從。他們的雙手全都遭捆綁在背，顯然是獻祭的受害者，可能是在建築落成或不同場合的儀式上犧牲的。[33]

二〇〇三年偵測到的祕密地道就位於此處，從城市邊緣的一座廣場通往羽蛇神廟。如前所述，這條地道的調查工作持續至今；有些人主張它可能會通達一座王室陵墓，而其中可能埋葬著該城最早期統治者的遺體。[34]

遺址及其周邊區域也進行了大規模調查。以赫內・米雍（René Millon）為首的特奧蒂瓦坎地圖繪製計畫（Teotihuacán Mapping Project）記錄了該城擁有廣大的工業區和住宅區、有意識的城市規劃，以及來自墨西哥不同地區的種族社群。這項一九七三年的計畫產出的地圖和其他資料，提供了考古學家關於這座城市大小、規模、富裕程度更寬廣的想像，而不只是描述金字塔和其他主要建築。[35]

※　※　※

雖然原因不明，但特奧蒂瓦坎最終遭到荒廢，時間可能落在公元七或八世紀。即便如此，它的所在位置未曾為人遺忘，甚至在那之後，廢墟也就安躺在那裡好幾世紀。比方說，我們知道阿茲特克人會造訪特奧蒂瓦坎，而且非常清楚曾有一個民族居住在那裡。[36]

當然，即使是這些特奧蒂瓦坎人也不是我們現在所稱墨西哥區域最古老的居民。如我們所見，這個榮銜應該歸奧爾梅克人所有，他們建造了聖羅倫索、文塔和特雷斯薩波特斯等遺址；更別提瓦哈卡

（Oaxaca）的薩波特克人（Zapotecs）了，從公元前四〇〇年到公元七〇〇年，他們都居住在阿爾班山（Monte Albán）等地。我們也絕對不能忘記在另外一章討論過的馬雅文明，其年代應該落在奧爾梅克人和阿茲特克人之間。這個區域的歷史豐富多彩，我們現在才剛要開始完整理解並進一步探索它。

第十九章

潛艇與殖民者；金幣與鉛彈

一九九五年，一艘名叫漢利號（H. L. Hunley）的南方邦聯（Confederate）潛艇在南卡羅萊納州的查爾斯頓（Charleston）海外尋獲。一百三十年前，一八六四年二月的南北戰爭（Civil War）期間，漢利號成為全世界第一艘在戰役中擊沉敵船的潛艇。它的目標船艦是北方聯邦戰艦豪薩通尼克號（USS Housatonic）。漢利號不是靠發射魚雷攻擊，而是直接衝撞豪薩通尼克號，以潛艇前方魚雷長達十六英尺（約四．九公尺）的金屬圓杆——像根長魚叉——刺穿其側邊。[1]

如設計，魚雷是固定在潛艇內部的。有很長的一段時間，人們都以為當時的船員是先將潛艇倒退一百五十

南方邦聯潛艇漢利號。

英尺左右，再用一條繩子拉動與艇身相連的魚雷啟動裝置，來引爆魚雷。然而，近期的證據指出，他們在遠離豪薩通尼克號時可能遭遇了一些困難，而且魚雷爆炸時與潛艇的距離僅僅二十英尺，漢利號可能也在同一次爆炸中遭到摧毀。南方邦聯可能也沒有料想到爆炸導致的衝擊震波，否則就是爆炸把朝前的司令塔上的彈簧鎖撞鬆了，因為它被發現時並不穩固。無論如何，當魚雷爆炸時，豪薩通尼克號迅速沉沒在查爾斯頓港（Charleston Harbor）薩姆特堡（Fort Sumter）附近的沙利文島（Sullivan's Island）邊，但位處水底三十英尺的漢利號也同歸於盡，船上仍有八名男子。這艘潛艇在攻擊演習時已經二度沉沒，兩批船員皆全數喪身，但這次它永遠失去蹤影[2]，至少在一九九五年之前如此。

※　※　※

漢利號的發掘是一個很好的歷史考古學案例；與公元一五〇〇年以降的現代世界事件有關的考古工作，考古學家稱之為歷史考古學。多數情況下，同樣的這些事件都存在歷史紀錄。考古學家則是提供觀看事件的不同角度，讓書面紀錄更加豐富，也時常與之牴觸。以漢利號為例，當潛艇的保存和發掘工作完成後，考古學可能有助於解密漢利號沉沒的原因，也能提供關於其建造和操作的更多資訊，大大增進對於船上成員的認識，這在書面紀錄中鮮少提及。

一九八八年美國簽署通過《一九八七年廢棄沉船法》（*Abandoned Shipwreck Act of 1987*）法案，並進行發掘工作，漢利號也是其中一個很好的例子。這項法案旨在遏止位於州或聯邦水域的沉船遭到洗劫，無論是在密西根湖（Lake Michigan）、波多馬克河（Potomac River）或佛羅里達州外海皆然。它授權聯邦政府和沉船所在的州政府進行處置。[3]漢利號屬於南卡羅萊納州的管轄權範圍，因為潛艇是在法案通過後的第七年發現的，又經過五年，在二〇〇〇年才打撈上岸。尋獲潛艇的功勞[4]通常會歸給小說家克萊夫・卡斯勒（Clive Cussler）和他的團隊。

南卡羅萊納州成立了漢利號委員會[5]作為保管機構，代表它必須針對潛艇的修復、策展和展覽的細節進行協調。現在，原始的潛艇在北查爾斯頓展出，它被保存在一個九萬加侖（約三四〇・七公秉）的淡水槽中，來協助移除那些滲透進船艦金屬零件間小縫隙的鹽分，以避免進一步的腐蝕。[6]

這艘長四十英尺的潛艇被找到時傾斜了四十五度角，沉入海床的淤泥中，低於水平面三十英尺。根據考古田野指導戴夫・肯林（Dave Conlin）所述，覆蓋在漢利號船身的沉積物分析顯示，自然過程可能在潛艇沉沒後三十年內完全掩埋了它。打撈這艘沉船需要大量人力和一次非凡熟練的工程，工作人員在潛艇下方放置一張連接起重機的束帶吊網，才將它提起至水面。潛艇一安全抵達實驗室的淡水槽，船內的發掘工作幾乎就即刻展開。不久後便找到了第一批人類遺骸——三根肋骨——以及一些紡織品的碎塊、一截腰帶和一只塞著瓶塞的玻璃瓶。淤泥的環境保護遺存不受海流和海水的侵害，而相對缺氧的條件也有助於保存遺體骸骨和其他人工遺物。[7]

漢利號的發掘和調查工作自那時起一直持續至今。截至目前，八名男性的完整骸骨和顱骨皆已尋獲。他們被發現時，每個人都仍在其崗位上，這代表死亡可能來得相當突然，或是他們動彈不得而在原地溺斃。

二〇〇四年，其中一名船員透過ＤＮＡ配對鑑定[8]直接判別出他的身分——來自馬里蘭州（Maryland）塔爾博特郡（Talbot County）的約瑟・李奇威（Joseph Ridgaway）。另一位鑑別出身分的船員是指揮官海軍上尉喬治・Ｅ・迪森（George E. Dixon），但他的判定過程較為間接。迪森以一個習慣聞名，那就是他會隨時隨身攜帶一枚經雕刻的二十美元金幣，當作他的幸運物。這枚金幣是一名年輕女子送給他的——有些傳聞說那是他的未婚妻。它在過去曾救過他一命，因為迪森曾在田納西州的夏羅之役（Battle of Shiloh）中遭到射擊，但子彈擊中了錢幣，而沒有奪走他的性命。

發掘漢利號的考古學家在一名船員的遺骸附近找到了這樣的一枚硬幣，有著子彈留下的深刻凹痕，上頭刻寫著如下字樣：「夏羅；一八六二年四月六日；我的保命物。G.E.D.」。接著，他們在同一位船員的左大腿上半部骸骨發現一道痊癒的槍擊傷口，仍有鉛塊和黃金微粒嵌在他的大腿骨中。這些金屬最有可能分別來自子彈和金幣，而很顯然這就是迪森的遺體。他們也找到了他的懷錶[9]，以及一只皮夾、一條手帕、一些火柴和菸斗。二〇〇四年，李奇威、迪森和其他船員的遺骸被隆重下葬至查爾斯頓的馬格諾利亞公墓（Magnolia Cemetery）。據肯林所述，漢利號的修復工程「代表著聯邦、州政府和私人部門合作的典範，共同為至關重要的考古資源效勞」。[10]

現今，聯合國教科文組織也已經開始為保護世界各地的水下發現盡一份心力，在二〇〇九年通過了《水下文化遺產保護公約》（*Convention on the Protection of the Underwater Cultural Heritage*）。兩年後，這項公約以一種有趣的方式派上用場，當時史密森尼學會正在規劃一場展覽，展示來自一艘公元九世紀沉沒在爪哇海（Java Sea）的阿拉伯沉船上尋獲的物品。

這艘沉船裝載著來自中國唐朝價值連城的遺物，卻不是由專業的考古學家進行發掘。反之，一間私人公司發現了這些遺物，事後據傳以三千兩百萬美金出售給另一間公司。三個不同的考古協會，連同史密森尼學會本身內部研究單位的幾位成員，共同反對這場展覽的提議，主張這些遺物發現的過程更像是洗劫，而非正式的考古發掘。結果面對抗議，這場展覽先是延期，最後直接撤展，自始至終從未開展。[11]

※ ※ ※

如果我們現在從南卡羅萊納州沿著東岸往北移，就會來到維吉尼亞州詹姆斯鎮（Jamestown）的考古發掘現場。這些發掘現場自一九九〇年代起便是由威廉・凱爾索（William Kelso）*指導。它們是絕佳的例子，呈現出現今先進科技改善傳統發掘方法的情形。

詹姆斯鎮是英國拓殖者首次建立的永久殖民地，日後將成為維吉尼亞聯邦（Commonwealth of Virginia）。大約有一百名男子在一六〇七年開始殖民，頭幾年的歲月相當艱辛。援軍在數年後抵達，其中包括一些女性。多虧寶嘉康蒂（Pocahontas），人們今天才最為熟知這段歷史；她是一名美國原住民女性，據說曾經拯救了約翰・史密斯上校（Captain John Smith）的性命，後來又和一位名叫約翰・羅爾夫（John Rolfe）的殖民者成婚。這些事件經常被描寫成面對排山倒海的逆境，難以終成眷屬的愛情故事，同名的迪士尼電影†就是一例。後來羅爾夫短暫歸返英格蘭，帶回他開發的新品種菸草時，也讓寶嘉康蒂同行。這趟旅程有個傷心的結局，因為她在他們仍停留英格蘭期間離開人世。[12]

數世紀以來，詹姆斯鎮遺址幾乎已經徹底消失。[13]凱爾索開始發掘工作以前，僅有少量資訊可供參考，大多是從一座圖書館的資料庫零星蒐集而來。凱爾索憑藉著史密斯上校等人的文字——亦即親眼目擊者的敘述——還有一名西班牙間諜所繪的小幅遺址速寫，以及一座年代稍晚、磚造的獨棟教堂

---

* 譯註：威廉・凱爾索（William Kelso，一九四一～）為美國考古學家。

† 譯註：這部電影的臺灣譯名是《風中奇緣》。

鐘樓，才決定要在哪些地方挖鑿頭幾條探溝。他的考古直覺相當準確，他們開始挖掘的幾小時內，團隊就發現了第一批遺物和建築遺存。

他們找到了什麼？他們立馬就挖掘到武器和盔甲，以及陶器、玻璃、錢幣和其他定年為十七世紀的遺物。他們也發現了一排插杆坑洞，這是原始堡壘一道防禦木柵欄唯一僅存的遺跡。木質的部分早已崩解，但在地面上為插杆所掘的坑洞仍清晰可見。

數年來隨著挖掘工作持續，他們找到了整座堡壘剩餘部分的輪廓，以及另外五座建築的遺存，包括教堂、總督宅邸、兵營和一座工坊或商站（凱爾索也稱之為工廠）。到了二〇〇七年，凱爾索簡短發表了他們的發現[14]，他們還在不同的地點尋獲無數座墳墓和遺骸、一座公墓內超過七十處埋葬地，以及教堂地底的一些單人墳墓。這些遺骸指出，大多數的男性都在二十五歲前身亡，而女性也沒有長命太多。

不過，有四具骸骨特別吸引凱爾索的注意。凱爾索團隊在二〇一三年十一月找到這四具遺體，地點是他們先前發掘的教堂區內，寶嘉康蒂和約翰．羅爾夫就是在這裡結婚的。遺骸的保存狀況不佳，因此要辨別其身分就得使用化學試驗和高解析度的微型電腦斷層掃描。二〇一五年七月末，媒體報導那些遺骸已明確鑑別為殖民地幾位早期的領導者——敘述的語氣相當激動。[15]

據部分媒體報導所述[16]，那些骸骨被運送到美國國立自然史博物館，供生物人類學家道格．奧斯利（Doug Owsley）進行研究。奧斯利也為我們喬治華盛頓大學部分的學生授課，他是世界知名的學者，也曾經手過許多類似的案件，包括我們剛提及的漢利號的遺骸。奧斯利和他的團隊結合鑑識分析和歷史紀錄，得以推斷出詹姆斯鎮骸骨的身分。

歷史紀錄讓他們能夠判定在一六〇八年一月至一六一七年間逝世的人士，也就是教堂建成到年久失修[17]而遷移期間的死者。這縮小了可能的名單範圍。鑑識分析則是提供他們那四具遺骸約略的死亡年齡和性別。

他們也進行了化學試驗，來檢驗他們生前的飲食狀況，以及骨頭內的鉛濃度等物質。結果指出死者很有可能是擁有高社經地位的英格蘭人，因為他們飲食的蛋白質成分高，又經常接觸含鉛的白蠟碗和上釉陶器。他們的墳墓位於教堂高壇——也就是教堂東側的聖壇周邊——正下方，而不是別處的無名公墓，這一點也指出他們的地位甚高，或至少在殖民地頗具重要性。[18]

這四人都是男性。其中兩名是一六〇七年抵達的首批移民團成員。他們是蓋布瑞爾・亞契上校（Captain Gabriel Archer）和雷弗倫・羅伯特・杭特（Reverend Robert Hunt）；前者死於一六〇九或一六一〇年，年約三十五歲，他生前曾前往殖民地內陸尋找金礦和銀礦；後者是殖民地第一位牧師，僅待在詹姆斯鎮不到一年便逝世，時年三十九歲。[19]另外兩人則是一六一〇年來到的援兵團成員，分別是費迪南多・威因曼（Ferdinando Wainman）和威廉・維斯特上校（Captain William West）；前者的死亡年齡大約是三十四歲，據說甫抵達僅僅數月[20]便因病身亡，後者則是他的親戚，也是抵美不到幾個月，就在一六一〇年遭美國原住民殺害，年僅二十五歲左右。

凱爾索和他的團隊在二〇一二年又發現了一些人類骸骨，他們認為這些骨頭不太尋常，而應該進一步調查。尋獲的骨骸包括殘缺不全的顱骨碎片、牙齒和下顎、以及切斷的腿骨——精確來說是脛骨。凱爾索在一棟詹姆斯鎮房屋的地窖找到它們，同一個脈絡環境中還有遭屠宰的馬和狗的丟棄骨頭，這個位置至少可說是相當異於尋常且出乎意料。他請來奧斯利一同檢視這些遺存。[21]

奧斯利根據第三顆臼齒的生長狀況和脛骨的發育階段，鑑定出這些骸骨屬於一名年輕女性，具體而言是一名十四歲的英格蘭少女。他們暱稱她為珍（Jane）。雖然因為骨頭數量過少，奧斯利和他的同事無法判斷她的身分或死因，但他們注意到骨頭上有奇特的刻痕。她的額頭上有四道淺淺的傷口，根據史密森尼學會會員線上電子報的描述，法醫人類學家認為那是最初嘗試要敲開她的顱骨所留下的痕跡。接著她的頭部後方被一把小斧頭或剁刀連續重擊。最後一下將她的頭砍成兩半，大概是為了取出她的大腦。[22]

他們也注意到下顎（或稱下頜骨）的底部和側邊有些扎孔和銳利物造成的傷口。他們說，這些是「用刀試圖從臉部和喉嚨移除組織」所致。[23]

奧斯利和凱爾索等人由這項證據推斷，珍死於所謂的「飢餓時期」（Starving Time）——在一六○九至一六一○年寒冷刺骨的冬月，饑荒與疾病肆虐殖民地，幾乎在援軍抵達前便已彈盡糧絕。他們也認為其他拓殖者在她斷氣後吃了她。[24]證據顯示當時殖民者已經絕望至極，而不得不同類相殘。

鑑識科學家也利用電腦斷層掃描和其他科技，重建了她的頭部樣貌。重建的模型曾在華盛頓特區的美國國立自然史博物館展出過一段時間，而原始的遺骸則展示於詹姆斯鎮歷史博物館（Historic Jamestowne），這是詹姆斯鎮島（Jamestown Island）上詹姆斯鎮再發現基金會（Jamestown Rediscovery）計畫所營運的教育觀光中心。[25]

※　※　※

道格・奧斯利提供了一座良好的橋梁，帶我們從美國東岸橫跨北美洲，來到華盛頓州。這是因為奧斯利也負責檢驗一具近九千年的骸骨，考古學家稱之為肯納威克人（Kennewick Man），而美國原住民部落則稱之為上古遺者（the Ancient One）。這具骸骨於一九九六年在華盛頓州肯納威克附近的哥倫比亞河（Columbia River）河岸旁遭到發掘，自那時起，它便成為大量爭辯討論的主題。[26]尤其是肯納威克人的發現激化了圍繞在《一九九〇年美國原住民墓葬保護與歸還法案》（*Native American Graves Protection and Repatriation Act of 1990*，簡稱為NAGPRA）通過後所導致的爭議，這項法案可能是過去數十年來牽涉到考古學最著名的美國法規。

NAGPRA法案要求每一座聯邦政府資助的美國博物館和類似機構，提供他們藏品中所有美國原住民遺物的詳細目錄，包括人類遺骸、殉葬品、陪葬品等等。每一個持有這類遺物或遺存的機構都必須判定，是否有任何現存的美國原住民部落會主張和這些編制物品有所關聯。如果有，那麼無論是什麼樣的物品，機構都得將之送回部落。[27]

其中涵蓋的物品包括艾希（Ishi）的腦，他是已知最後一位仍生活在加州偏遠地區的美國原住民。艾希是亞西部落（Yahi tribe）的一位成員，一九一一年現身後，立即引發媒體爭相報導。柏克萊大學的人類學家阿爾弗雷德・克魯伯最為人所知的大概就是他對艾希的研究，而他同為人類學家的妻子希奧朵拉（Theodora）還曾出版一部關於他的暢銷著作——《身處兩個世界的艾希》（*Ishi in Two Worlds*）。[28]

艾希也和一位駐加州大學舊金山分校、名叫薩克斯頓・波普（Saxton Pope）的醫師多有互動。波普是一位熱中狩獵的弓獵手。他和艾希成為朋友，艾希則教導波普他自己製作弓箭的方法。波普接著在一九二三年撰寫並出版了一本書，書名為《用弓箭狩獵》（*Hunting with the Bow and Arrow*），至今仍備受推崇。[29]

一九一六年艾希逝世以後，他的腦被送到史密森尼學會在馬里蘭州休特蘭（Suitland）的倉庫，保存在一個密封罐中。當一九九〇年NAGPRA法案通過後，艾希的腦也送回到加州，與他的骨灰重聚。[30]

在哥倫比亞河尋獲肯納威克人時，NAGPRA法案也成為關注焦點；據傳在一九九六年七月末，兩名大學生在觀看賽船比賽時涉水而過，發掘了肯納威克人。最初發現的是他顱骨的一部分，位在距離岸邊約十英尺（約三公尺）處。起初他被誤以為是謀殺案的受害人，因此驗屍官和一位當地的考古學家詹姆斯·查特斯（James Chatters）著手搜索更多的遺體部位，很快就找到他近乎完整的骸骨。[31]最後發現他在八千五百年前便已身亡。

肯納威克人一經尋獲，幾乎立即成為訴訟主體，美國原民團體主張他是原住民，應該歸還給部落，但許多著名學者則論稱他並非美國原住民，因為他的遺骸過於古老，不可能和任何現存的部落共享親緣關係，而既然是在聯邦國土上找到的，就應該交由聯邦政府保管。這起訴訟在二〇〇二年和解，上訴法院二〇〇四年宣告維持原判，判決有利於學者方。在這場牽涉到八名考古學家所組成的團體、五個美國原住民部落和聯邦政府長達十年的法律爭端期間，那些骸骨都被保存在華盛頓州西雅圖的伯克自然歷史文化博物館（Burke Museum of Natural History and Culture）。法院判決出爐後，那些骨骸仍未公開展示，但可供學者們研究。[32]

這起案件至今依舊爭議不休。最近期的發展是在二〇一五年，哥本哈根大學（University of

Copenhagen）等機構的遺傳學家在期刊《自然》（*Nature*）上發表了一篇文章，他們比對肯納威克人和科爾維爾保留區（Colville Reservation）內聯合部落（Confederated Tribes）成員的DNA，推論出相較於任何其他民族，他的血統最接近於美國原住民。基於那份刊物以及接續芝加哥大學科學家對那些發現獨立進行的驗證，在二〇一六年四月底決議肯納威克人應當送回部落，最終五個美國原住民部落群（包括科爾維爾聯合部落）組成的聯盟共同埋葬了他。[33]

※　※　※

如果我們從太平洋西北地區（Pacific Northwest）*移動到美國的西南部，就會找到令人屏息的美國原住民遺址，如新墨西哥州的查科峽谷（Chaco Canyon）。這座峽谷是靠近阿布奎基的國家歷史公園（National Historical Park），在一九八七年名列聯合國教科文組織遺產遺址。那裡有座古普韋布洛族（Ancestral Pueblo people）興建的宏偉遺跡[34]，可定年為公元八五〇至一一五〇年。

查科峽谷有一些所謂的「大房子」——有著多個房間和多層樓的巨大建築。最好的例子之一是普韋布洛波尼托（Pueblo Bonito），共有六百到八百個房間，五層樓高。它是在公元八五〇到一一五〇年間的時期建成的，涵蓋面積三英畝（約一二一四〇・六平方公尺），但學者們不確定曾有多少居民住在那裡——估計範圍從八百到數千人。我們也不甚清楚它是一座儀式中心或是欣欣向榮的村莊。[35]

現今所謂的查科文化含括了新墨西哥州、科羅拉多州、猶他州和亞利桑那州。在那裡找到的進口

＊譯註：太平洋西北地區指美國西北部和加拿大西南部。

商品，如海貝或銅鈴等物，經證實是和其他區域交易而來的，最遠可達墨西哥。然而，查科文化在公元一二〇〇年左右消失的原因不明，儘管曾有人提出是肇因於乾旱和可能由移民帶來的瘟疫。[36]

在科羅拉多州西南部的梅莎維德國家公園（Mesa Verde National Park）可以看見其他遺跡。[37]在公園內就有近五千座獨立的遺址，歷史可追溯至公元六至十三世紀。那裡總共有六百處懸崖住所，範圍從小型儲藏室到多達一百五十間房間的偌大村莊，應有盡有。在梅莎維德的遺跡[38]有著名的懸崖宮（Cliff Palace）、長屋（Long House）、雲杉樹屋（Spruce Tree House）和露臺屋（Balcony House），全都在一九七八年名列為聯合國教科文組織遺產遺址。

另外一地，美國中西部密蘇里州聖路易（St. Louis）的東北方約十英里（約一六・一公里）處，則是另一個一九八二年受提名的

梅莎維德國家公園，於科羅拉多州。

聯合國教科文組織遺產遺址卡霍基亞土丘（Cahokia Mounds）。[39]密西西比文化（Mississippian culture）的群體在公元八〇〇至一四〇〇年興建了卡霍基亞遺址，人口在公元一一〇〇年到達高峰，居民多達兩萬人，並且是由約一百二十座獨立的土丘所組成，所以在口語上會稱呼居住在這裡的人們為土丘建造者（the Mound Builders）。其涵蓋範圍至少兩千英畝（約八〇九・四公頃），據稱比當時的倫敦還大，因此被認為是美國最大的前哥倫布時期（pre-Columbian）考古遺址。[40]

土丘中最大的一座幾乎高達一百英尺（約三〇・五公尺），名為僧侶土丘（Monks Mound）。建造它估計耗費了兩千兩百萬立方英尺（約六十二萬三千立方公尺）的土壤。其覆蓋範圍為六英畝（約二・四公頃），比祕魯莫切文明首都的太陽金字塔稍大一些，因此在相關的聯合國教科文組織網頁得到「新大陸最大的史前泥土建築」[41]的稱號。大部分的土丘都比這座小上許多，原先是用來當作公共建築和墳墓的平臺和地基，儘管如此，早期的歐洲探險家和殖民者並不相信它們是出自當地居民之手。亨利・布雷肯里奇（Henry Brackenridge）*在一八一一年首次發表的記敘就拿這些土丘和埃及的金字塔相比，認為它們一定是外來者所建，如果不是埃及人或失落的以色列人，可能就是腓尼基人或維京人，一如馬雅文明在約翰・洛伊德・史蒂芬斯著作出版前遭受到的誤解。[42]

想像建築這些土丘所投入的心力，以及它們所代表的複雜社會，確實令人欽佩不已。這些大小形狀各異的土丘長久提醒著世人，一個橫跨密西西比河谷（Mississippi Valley）和美國東南部的文明曾經

＊譯註：亨利・布雷肯里奇（Henry Brackenridge，一四七八～一八一六）為美國作家、律師，生於蘇格蘭，五歲時舉家遷移至邊疆的美國賓州。

存在。如果我們仍握有這個文明社會成員所留下的詳盡書面紀錄（就像馬雅和其他新大陸文明），無疑會更加被創造出這些遺存的美國原住民居民深深打動。

※　※　※

當然，除此之外還有許多其他值得一訪的北美洲考古遺址，包括殖民地威廉斯堡和喬治・華盛頓（George Washington）的故居維農山莊（Mount Vernon），兩地皆以重製場景重現歷史時期，旨在提供有興趣的訪客豐富知識。不過，它們偶爾也歡迎志工協助挖掘遺址。[43]

若你想要在美國實際參與一場正式的發掘工作，其實機會良多。[44]要得知考古工作的進展並找到可以志願投入的計畫是相對容易的。近梅莎維德國家公園的克羅峽谷考古中心（Crow Canyon Archaeological Center）就是一例。[45]無論你是獨自前往或全家人同行，都有機會在那裡參與許多考古計畫。伊利諾州坎普斯維（Kampsville）的美國考古學中心也有一項信譽卓越的類似計畫。[46]各式各樣的其他發掘也歡迎志工參與；美國考古學會每年都會在官方網站上的「考古實地考察機會公告」列出大部分開放民眾參與的計畫。[47]

無論如何，北美洲考古地景的豐富多元是無庸置疑的，即使只從本章簡略的概述也可以看出這一點，我們探討的範圍包括南卡羅萊納州的一艘沉沒潛艇和維吉尼亞州的一處失落殖民地，並簡單提及美國西南部的遺跡、太平洋西北地區的發現和美國中西部的土丘。無論你身在北美大陸的何方，地底總是埋藏著有趣的東西。

挖深一點，之四

找到的東西你可以自己留著嗎？

在這最後的「挖深一點」章節，我想要以回答另一個我總是被問到的問題作為開始，我的答案很簡單，但其相關涵義卻不簡單。這個問題相當直白：「找到的東西你可以自己留著嗎？」而答案十分簡短：「不行。」無論你是在自己的國家或異國工作，該國的古物部門都會有一系列的規定。最重要的發現可能會進到國家或區域博物館，整個考古學的歷史都大致如此，不過多數的素材會裝袋和裝箱，儲藏在地方大學、博物館或其他地方，讓研究生和其他學者可以在發掘後的幾個月（甚至是幾年）內前往研究那些素材。一次六或七週的田野調查季所產出的素材，可能足以耗費兩年或更長的時間來做研究和發表相關的發現。

不只我不能留下我發現的東西，我也不認為其他人應該收藏那些物品。學者們都有一項共識，那就是私人收藏和世界各地洗劫古代遺址的行為是息息相關的。因為劫掠者如果無處販售，就不會大費周章從考古遺址竊取文物。

博物館藏品的議題則更為複雜：大英博物館、羅浮宮、大都會博物館等其他博物館是否應當將他們在十九和二十世紀歐洲殖民時期獲得的物品，歸還給它們原來所屬的國家——如埃爾金大理石浮雕、娜芙蒂蒂半身像和羅塞塔石。在過去的數十年內，博物館已經越來越謹慎確認他們所購買的物品的明確來源，但是幾十年前這些規範尚不嚴謹時所獲取的許多贓物都仍在博物館內展示。這是個難以解決的道德、倫理、經濟和法律問題。按照個別情況來決定[1]可能是最好的方式，但即使如此也仍有待商榷。

然而，現今我們正目睹世界各地考古遺址的洗劫犯罪猖獗橫行，到達前所未見的程度，幾乎可以肯定是私人收藏家的需求所刺激的現象。掠奪文物的最佳機會就是從那些因為政治情勢不穩而難以維持治安的古代遺址下手，如當前的敘利亞和伊拉克。當然，劫掠並非新鮮事；有些埃及法老的陵墓在古代就曾遭洗劫，甚至可能在法老下葬後立即遭竊。然而，現在我們正眼見洗劫行動在全世界都越發高漲，在阿富汗、埃及、伊拉克、約旦、敘利亞，甚或是祕魯和美國皆然。古代遺址現因為打劫者的挖鑿而變得坑坑疤疤。[2]

以小尺度觀之，非法挖掘古物一直是某些地區或文化的生活方式，通常是窮困的民眾所為，期望可以或多或少補充他們貧乏的收入。在商店倒閉、焦土四布又無能離去的狀態下，我們很難去怪罪一個敘利亞村民為了家人的溫飽，挖掘滾筒古章來販售給中間商。可是，大規模的洗劫行動似乎已迅速開展，敘利亞也不例外，據傳伊斯蘭國在那裡資助並積極參與古物交易，劫掠所有的遺址，又摧毀部分的古蹟，如尼姆魯德和摩蘇爾博物館。[3]

在二〇一一年一月的革命結束後，我在當年五月以觀察代表團成員的身分造訪埃及。我們去進行一些「地面實況調查」，以便判斷我的同事莎拉．帕卡克似乎在衛星影像中看到的新出現坑洞是否為盜挖坑。結果就是。我非常清楚，因為我人就在現場，而且有照片為證。我們的研究結果發表在《古物》期刊[4]，供其他人參考使用。

事實上，偷來的埃及古物曾經出現在倫敦和紐約的拍賣行，遭竊的伊拉克古物亦然。當巴格達的伊拉克博物館遭到洗劫，館內一些最著名的物品[5]被偷了。許多已經歸還或完成修復，但有些仍下落不明。有些登上 eBay 拍賣網站，我和任何人都能看見那些頁面，直到輿論壓力漸增，網站才禁止了這類的拍賣。可是儘管發布禁令，依然可以找到一些遭竊物品在 eBay 上販售。

我最喜歡的故事之一，是關於某人試圖要賣出某樣竊盜而來的伊拉克文物。經過仔細鑑驗，卻發現它是在博物館禮品店販售的複製品。美軍的馬修．博格丹諾斯上校（Colonel Matthew Bogdanos）曾受命負責修復從伊拉克博物館偷來的物品，他在二〇〇五年出版的暢銷書《巴格達竊賊》（*Thieves of Baghdad*）中記錄了許多這樣的故事。[6]

洗劫活動已經跨出博物館之外，遍及伊拉克全境的考古遺址，報導指出竊賊同時配備鐵鍬和機關槍，在全國各地的遺址非法開挖。[7]至少有一座

伊拉克的洗劫。

名為烏瑪（Umma）的古城遺址被徹底洗劫一空，照片中所見之處全是盜挖坑，沒有古代建築或任何其他東西。

獨一無二的遭竊物品一旦出現，會讓決心限縮非法古物交易的考古學家陷入兩難。二〇一一年似乎就有個這樣的例子，一名英國的亞述學者建議伊拉克庫德斯坦（Kurdistan）地區的蘇萊曼尼亞博物館（Sulaymaniyah Museum）買下一位古物商人向他展示的一組刻有楔形文字的陶板。[8]在這個例子裡，其中的一塊陶板經證實記載著《吉爾伽美什史詩》先前未知的一個片段。它填補了第五塊刻寫板上史詩缺漏的部分，也就是吉爾伽美什和他的夥伴恩奇杜（Enkidu）正要前往雪松林拿取木材的段落；一般認為聖經中提及著名的黎巴嫩雪松（Cedars of Lebanon）也位在大致相同的區域。這些新的詩行形容他們在進入森林時聽到的聲響[9]，包括鳥叫、蟲鳴和猿啼。

這塊刻寫板佚失了三千年，現在填補了世界文學的一部經典作品。考古學家之所以感到兩難，當然是因為我們不願意鼓勵劫掠行為，但也無法不試圖保存它或讓學者研究它，任憑這麼一塊記載珍貴資訊的刻寫板流入藝術收藏市場，不再為一般大眾所見。死海古卷的歷史也激起了這個議題的討論，許多卷軸是從在昆蘭附近的洞穴非法取得的貝都因人手中購入的；經常有人會問，若是這些卷軸出現在今天的古物交易市場會發生什麼事？

事實上，某批超過一百片——或可能多達兩百片——的陶板就曾發生過類似的事情，它們似乎是源自一個記載猶太人日常生活的檔案庫，這群猶太人在公元前六世紀的巴比倫流放（Babylonian Exile）期間被迫遷移至美索不達米亞，並在那裡居留至公元前五世紀。這些刻寫板在某個時刻出現在古物市場上，據傳是一九七〇年代之後，但確切的時間點仍眾說紛紜。最終至少有一半被一位私人收藏家買走，並由一對學者公開發表這項發現，後來這些陶板於二〇一五年二月初在耶路撒冷聖經地博物館（Bible Lands Museum）的一場展覽中展出，接續又有另一組學者出版了第二部相關著作。[10]

雖然我們並不清楚刻寫板來自哪一座遺址，但其中的文字提到了一個古代的地名「雅胡都」（al-yahudu），可大略意譯為「猶太鎮」。它們是第一個來自美索不達米亞的文本證據，證實聖經等處提及的巴比倫流放確有其事，並描述那些遭流放之囚的經歷。這些刻寫板極度重要，但它們的脈絡關係不明，而且顯然是贓物——據某些報導所述，可能是來自伊拉克南部。那麼應該將它們公諸於世嗎？應該公開展覽嗎？就這個例子而言，文本的重要性說服了至少部分的學者，主張應該公開發表並展示，儘管它們顯然是非法取得而來，正如死海古卷的案例，以發現的情況來看這兩者頗能相提並論。可是並非所有學者都贊同這種做法；事實上，美國考古學會的政策就是拒絕對無法確證為非竊取的物品發表任何文章或進行闡述。

※ ※ ※

一九七〇年，聯合國教科文組織通過了《禁止暨防範文化資產非法進出口及轉讓公約》（*Convention on the Means of Prohibiting and Preventing the Illicit Import, Export, and Transfer of Ownership of Cultural Property*），於一九七二年四月實施。[11] 於是，今天任何出售的古文物都必須要具備有效證據，證明它是在一九七〇年（有時是一九七三年，也就是公約實行之後）前尋獲的，若是在那之後才發現，就得證明它是從母國合法出口的——換句話說，必須確認它不是贓物。這個方法顯然並非萬無一失，而自從公約生效後，藝術市場上越來越多號稱在一九七〇年以前找到的物件，不過整體而言是個好的開始（儘管這份公約的歷史已經接近五十年，可能需要與時俱進）。

洗劫文物絕對不是新的問題，尤其是在衝突期間或餘波時發生的竊盜犯行，但有時獨特的情況仍需要新的法律來因應。[12]因此，額外的法律已經開始訂定通過，而且不僅僅規範在美國境內找到的遺物，也包括在其他地方尋獲但走私進入美國的遺物。

至今，美國的立法者已經持續訂立旨在保護古代遺址和古物的法規超過一世紀。事實上，第一個關於古文物的法案是在西奧多．羅斯福總統任內通過的，試圖控制從美國西南部古普韋布洛遺址的墳墓盜挖而來的彩繪壺罐等其他古物的大規模交易。這項法律名為《一九〇六年美國古物法案》（*American Antiquities Act of 1906*），目標是要遏止或至少控制在新墨西哥州、亞利桑那州和其他地方的洗劫犯罪，因為在如亞利桑那州的卡沙格蘭德（Casa Grande）（定年為公元一三五〇年左右）等遺址，正有許多梁木和其他古代遺存遭竊。[13]

其他法規也接續出現，包括《一九三五年歷史遺址法案》（*Historic Sites Act of 1935*），賦予美國國家公園管理局（National Park Service）權利去判定、保護和保存文化資產，如美國原住民遺址或來自殖民時期的遺址。[14]美國國家公園管理局的這項職責也正是為什麼他們是在美國僱用最多專業考古學家的機構。

自一九七九年起，美國通過了許多重要的考古學法規。這也包括我們在前一章討論過的NAGPRA法案，以及《考古資源保護法案》（*Archaeological Resources Protection Act*，簡稱為ARPA），來保護聯邦國土的考古遺址。任何人只要從這類遺址取走遺物，就可能被處以高達兩萬美元的罰金、監禁一年，並留下一筆永久的重罪犯罪紀錄。[15]在某個二〇〇九年的案例，聯邦探員在猶他州的布蘭丁

（Blanding）逮捕了十六人，因為他們在附近的聯邦國土挖掘美國原住民遺物[16]，後來在訴訟中共起訴了二十四人。

這樣的立法影響了從考古遺址的發現、發掘到維護、保存和推廣的一切事務。這些法律是設計來幫助考古學家，而非妨礙他們——事實上——它們在過程中為考古學界創造了無數的工作機會，受僱於國家、城市和（如前述的）美國國家公園管理局，而作為文化資源管理考古學家，經常會在建設工程的推土機抵達前詳細調查。

最近考慮到當前的世界性問題，美國眾議院在二〇一五年通過立法，禁止在美國銷售從敘利亞洗劫而來的遺物。二〇一六年四月，參議院認可了這條法規——現稱之為《保護暨保存國際文化資產法案》（*Protect and Preserve International Cultural Property Act*），並在二〇一六年五月九號由總統簽署入法。[17]二〇一六年十一月三十日，美國和埃及政府共同簽署了一份類似的備忘錄。這會禁止來自埃及的古物輸入美國，以協助抑制在該國不斷發生的洗劫犯罪。[18]

對我而言，同時我也相信我能代表許多考古學家同行這麼說，古代遺物是我們集體遺產的一部分，因此我們只能期望新的法律和協定將能減少世界各地的劫掠行動。我們還可以也應該做更多，從通過法律到守衛已發掘的遺址，以及保護已知但未發掘的遺存。[19]非專業人士也幫得上忙：不要屈服於誘惑，而購買在中東市場上販售或在 eBay 拍賣網站上瀏覽到的古代遺物。因為我們所發掘、研究和敘寫的一切都發生在許久以前，我們所有人都應該關心，如何能夠及早阻止我們所共享的過去知識繼續流失。

未來的遺物。

結語

回到未來

過去的概念——文明層層相疊，每個文化都確確實實建立在更早的文化之上——是考古學家工作的核心。當我們一路往下掘穿層層泥土，我們並不只是在發掘物品，更是在揭露我們與過去的深刻連結。

當然，總有一天我們終將成為過去。我們的文明、我們的文化將遠遠不復存在，而未來的考古學家將會揭開他們與我們的連結。我們的 iPhone、芭比娃娃、沃爾瑪百貨商店和麥當勞的金色拱門全都會成為未來考古學家的研究對象。因此，我想藉此機會來看向未來。我想提出的一個問題是考古學家在未來實際上會如何進行考古學研究——也就是說，他們會使用什麼樣的新工具和技術。另一個問題是考古學家在未來會如何詮釋我們——亦即我們的社會和文明；讓我們先談談這一點。

自從我看了兩部在艾倫．韋斯曼（Alan Weisman）的暢銷著作《沒有我們的世界》（*The World without Us*）[1]出版後所製作的電視節目，我便開始談論我所謂的「未來考古學」。一部是在國家地理頻道播送，名為《巨變之後：人口歸零》（*Aftermath: Population Zero*）。另一部則是在歷史頻道

（History Channel）播映，題為《人類消失後的世界》（*Life without People*）。兩部影片都在檢視如果人類不再存續，未來我們的城市和紀念性建築會發生什麼事；正如韋斯曼原書的設定，片中包含了巴黎鐵塔粉碎、西雅圖的太空針塔（Space Needle）坍塌、獅子漫步在白宮地面等影像。

從今兩百年後的一隊考古學家，若在全人類（除了考古學家自己）都消失的狀況下，會找到些什麼？又如果是兩千年後呢？他們會如何詮釋他們的發現，並重建我們的社會？

暫時除卻一切大型的行政大樓、學校、住宅、高速公路、橋梁、道路、機場等，如美國國家動物園（Washington Zoo）或史密森尼博物館，或甚至是星巴克和麥當勞這類的建築會是什麼模樣？在它們的廢墟中能找到什麼？考古學家能正確識別出它們的用途嗎？也就是說，是否一目了然就能看出其中之一曾是座動物園，而另一棟建物是間咖啡廳？而如果它們被誤判了，考古學家會認為它們是什麼建築呢？

動物園可能會在判別時造成一點麻煩，除非他們可以看得懂曾張貼四處的告示牌。此外也取決於是否全部的動物都成功逃脫，若是如此，所有的籠子都將空空如也；或是牠們受困其中，那麼我們就會找到牠們的骸骨。如果他們找到獸骨又能讀懂標語，那動物園的原始用途便呼之欲出，反之則可能不然。

在考古學家頓悟他們正在挖掘一座博物館之前，史密森尼博物館，或可說如紐約市的大都會博物館或波士頓美術館等任何大型博物館，絕對會令人百思不解。如果有一棟建築同時容納希望鑽石（Hope Diamond）、恐龍和一頭大鯨魚必定會引發困惑和討論，直到他們意識到自己正在發掘美國國立自然史博物館。

不過，我個人認為像星巴克和麥當勞這樣的地方可能最容易讓人一頭霧水。具體來說，我相信星巴克很有可能會被誤認為一個宗教，畢竟它有戴著王冠、髮絲飄揚的女神，而且幾乎每個街區或街角都有祂的聖壇或神廟。麥當勞也可能得到同樣的詮釋，只不過崇拜的神祇將會有個已知的名字——麥當勞叔叔，祂頂著一頭紅髮並穿著俗豔的衣服。又或許我們會斷定這兩者是某座萬神殿的代表神祇，就像希臘人的宙斯和赫拉、羅馬人的朱庇特和朱諾（Juno）？

我常打趣說，如果沒有足夠的相關紀錄留存，這就可能是未來考古學家的詮釋。現在我們在挖掘過程找到某些無法立即理解的東西時，就已經會半開玩笑稱之為信仰或宗教事物。

自由女神像頭部。

想像未來的考古學實在相當有趣，尤其是我們耗費了這麼多時間研究先前消失的文化，卻不常思考在未來的考古學家眼中我們的文化會是什麼模樣。比方說，想想我們現在許多的互動都在網路上進行。那些互動的絕大部分都會消失得無影無蹤，或無法為未來的考古學家所取得，那麼他們會如何推斷關於我們的識字率這類的事情？還有，如果他們找到驟然凝結的事物，就像在公元七九年的龐貝城，看到每具骸骨幾乎都和無所不在的金屬、塑膠、玻璃和線路製成的方形物件有所連結，還發現許多這樣的物品都緊握在人們手中，他們會怎麼想？他們會明白這些曾是通訊器材嗎？

大衛・麥考利（David Macaulay）在一九七九年出版一本名叫《神祕旅社》（*Motel of the Mysteries*）的精彩短篇圖文書時，已經進行過類似的思想實驗。這本書的前情提要是：北美洲的生活在一九八五年的短短一天內完全絕跡。接著，在公元四〇二二年，一名業餘的考古學家霍華德・卡森（Howard Carson）偶然碰見一座古代遺址，也就是那棟神祕旅社。於是他請來一支團隊協助，包括一位名叫哈麗雅特・伯頓（Harriet Burton）的助手。[2]

「霍華德・卡森」顯然是以霍華德・卡特為原型，而他的助手「哈麗雅特・伯頓」則是根據真有其人的哈利・伯頓（Harry Burton）創造出來的，後者是一位埃及學家，曾在卡特實際挖掘圖坦卡門陵墓期間擔任攝影師。麥考利饒富趣味地提及許多發現圖坦卡門陵墓時的事蹟，包括卡特（或在這本書中的卡森）遠近馳名的那句話[3]——亦即他看見「美妙的東西」。結果，雖然他確實尋獲兩具骸骨，但他並非發掘了一座墳墓，儘管他對此渾然未覺。他反而是找到了我們——知情的讀者——可以辨識出的一間旅社客房。

他們對發現的誤解荒誕可笑，其中還包含了許多考古學行內的笑話，不過這本書也描繪了我剛提及的——如果我們不知道某物的作用，便經常會認為它和宗教有關。因此，在所謂的「外室」中，麥考利筆下的霍華德．卡森發現一切都面對著「大聖壇」，包括仍安躺在「儀式平臺」上的遺體，其手中還握著「神聖通訊器」。當然，我們認得出這些東西：「大聖壇」正是一臺電視機；「儀式平臺」只是一張床；而「神聖通訊器」則是電視遙控器。[4]然而，在這個劇情設定下，距離實情長達兩千年又別無他法，霍華德．卡森將這一切都詮釋為具有宗教性質。

在結尾，麥考利讓哈麗雅特．伯頓驕傲地穿戴上「神聖頭帶」和「神聖衣領」，他們發現這些東西時仍置於「神聖壺甕」上方的原位。附帶的插圖清楚呈現，事實上她的頸部正套著被當作「神聖衣領」的馬桶座，而纏繞在她頭部的「神聖頭帶」則是寫有「為了您的安全已完成消毒」的紙條。作為「塑膠耳飾」的兩支牙刷垂掛在她的雙耳上，她還戴著浴缸排水孔的橡膠栓塞，視之為「精美的銀鍊和墜飾」。更令人拍案叫絕的是，那幅圖畫和海因里希．施里曼為他的妻子蘇菲亞拍下的那張著名相片極為相似，照片中她佩戴著他在特洛伊尋獲的所有普里阿摩斯的寶藏。[5]

這就是未來的某人發掘我們時代的星巴克、麥當勞、博物館、動物園，甚至可能是旅社時會發生的事情。把幽默擺到一旁，未來考古學家可能會瘋狂誤解我們當前文化的事實值得你我思考，這也代表我們或許偶爾會誤解過去，甚或可能相當頻繁。這是這個職業的隱患，但通常——只要找到足夠資料——我們會對於某建築、遺址或甚至是文明的詮釋達成某種學術共識。

※ ※ ※

至於考古學家實際上會如何進行考古學研究——也就是說，他們會使用什麼樣的新工具和技術呢？當然，我們絕對無法得知解答，正如海因里希・施里曼和霍華德・卡特無法預測到遙測技術會被應用在特洛伊古城和圖坦卡門陵墓。

我猜想科技還會持續進步，讓我們在開挖前能夠更容易窺探地底或中部美洲和柬埔寨樹冠之下的景象。比如說，我絕對相信一定有更好的遙測方法，多年來也如此主張。除了光達以外，多數我們正在使用的技術，如磁強計、電阻等等，都已經有數十年的歷史，是時候出現嶄新的進展了。事實上，在某些案例中進步正在發生；例如在某些考察計畫中，磁門傾度計（fluxgate gradiometer）和銫蒸氣磁強計已經取代了質子磁力計（proton magnetometer）。[6]正如我們先前所述，使用遙測技術可以減低挖掘的必要性；既然考古學是一種摧毀行為，那將可能讓我們減少破壞，並在開挖前做得更多。

比如說，我會猜想未來是否可能隔著土壤層也可以偵測到灰泥或其他特定的物質，就像我們現在可以偵測埋於地底的牆面和溝渠。又比方說，部分機場的運輸安全管理局（Transportation Security Administration）用來讓運毒犯和爆裂物落網的技術，可否應用在偵測埋藏地底的遺物的化學物質。若與天然氣和石油開採公司合作，來運用可能可以讓我們深入窺探土丘內部某個特定地層的新技術，或透過一系列的地層切片來達成目的，這個方法行不行得通？我確實認為出現另一波技術性突破的時機已經成熟，但我也相信這取決於能否與對的工程人才商談，才可能從他們口中聽到「等等，你說你想做什麼？噢，沒問題，這我們辦得到」。

我也認為我們將會看到源自化學、生物學和尤其是DNA研究領域的新分析技術，一如現正發生的情形。保存技術也應該繼續改進，好讓我們能夠保護更多我們發現的物事。最重要的是，我們應該要更敏銳感受社群對考古學的需求和目標，增加考古學家和當地社群的合作計畫，如此一來，擁有那些正在被探勘的遺產的人們才能對當地尋獲的遺物有更大的決定權。[7]

我也認為可以很有把握地主張，實質挖掘的實際程序——亦即使用十字鎬、鏟子、平鏟和牙科工具進行發掘——將會如考古學伊始的第一天那般持續至未來。這是因為可以謹慎且快速挖掘、又不破壞遺存的方式數量有限。不過，也可能在我意料之外，人們將會發明出我現下完全無法想像的某些新挖掘技術。唯一不變的會是那條考古學定理：總會在發掘季的最後一天才找到挖掘現場最棒的東西……而且通常都位在地埂之中。

＊　＊　＊

我在喬治・華盛頓大學的辦公室裡，除了有我母親兩次贈送給我的那本關於施里曼的書，牆上還貼著兩張汽車保險桿貼紙。第一張簡短寫道：「考古學——我寧願埋頭苦挖。」第二張則寫著：「考古學家。地表上最酷的工作。我可是在拯救過去，你呢？」正如汽車保險桿貼紙應有的功能，它們一言道盡我對考古學的感受——我真的甘願埋首挖掘。不過，它們也向世界提出了一項挑戰。考古學不只是找到過去的文明所留下的遺存，更要為未來世代保存並照料那些遺存。即使只是小小一步，我也希望這本書能為這個目標盡一份心力。

致謝

如果沒有在我之前所有考古學家的努力，以及我在這裡描述他們所完成的研究工作，這本書就不可能誕生。我很驕傲能夠成為這個歷史悠久且非凡卓越的學科的一份子，投身許多人深感興趣的領域。

我同樣想感謝所有曾在喬治・華盛頓大學修習過我考古學入門課的學生——過去的十五年內，每個秋季學期都有近一百四十人修課——以及過去曾和我一起在米吉多和卡布里廢丘挖掘的學生。我特別想把這本書獻給所有我指導過、主修考古學的研究生——至今已超過一百五十人。

我也想感謝幾位特定人士，首先其中最重要的是 Rob Tempio，他是我在普林斯頓大學出版社的編輯，他建議我撰寫這本書，並在創作過程中提供深思熟慮的指引。Rob 不只是我的編輯，我很自豪他也是我的朋友。接著，我想感謝 Glynnis Fawkes，他是一位精湛的藝術家和優秀的考古插畫家，他的插畫貫穿全書；以及繪製精美地圖的 Michele Angel。我也想感謝 Shaquona Crews、Scot Kuehm、Ryan Mulligan 以及所有協助本書問世的普林斯頓大學出版社同仁。我要特別感謝 Mitchell Allen 和 Jill

Rubalcaba，他們分別詳盡梳理本書文稿的最終定稿，提供建議和學識淵博的編修，以及 Peter Cooper、William Dardis、Randy Helm、Daniel Reynoso、Dan Rubalcaba、Jim West、Cassandra Wiseman 和幾位匿名的同行評閱人，他們全都閱讀過全部或部分較初期的草稿，並給予建言，對本書的改善難以盡數。

最後但同等重要的是，我要感謝我的家人——我的父母 Martin 和 Evelyn，他們允許我在成長過程中投入所愛；我的兒女 Hannah 和 Joshua，他們允許我在他們的成長過程也投身其中；並特別感謝我的妻子 Diane，她長久以來包容我和我事業的一切。

國家圖書館出版品預行編目(CIP)資料

三顆石頭就是一堵牆：從圖坦卡門到納斯卡線,考古學的故事/艾瑞克.克萊恩(Eric H. Cline)著；黃楷君譯. -- 再版. -- 新北市：臺灣商務印書館股份有限公司, 2025.03
面； 公分. -- (人文)
譯自：Three stones make a wall : the story of archaeology
ISBN 978-957-05-3612-6(平裝)
1.CST: 考古學史
790.9 114002238

人文

三顆石頭就是一堵牆

從圖坦卡門到納斯卡線，考古學的故事

Three Stones Make a Wall: The Story of Archaeology

作　　者—艾瑞克・克萊恩（Eric H. Cline）
譯　　者—黃楷君
內頁插畫—格林尼斯・福克斯（Glynnis Fawkes）
發 行 人—王春申
選書顧問—陳建守、黃國珍
總 編 輯—林碧琪
主　　編—何珮琪
封面設計—康學恩
內頁排版—張靜怡、陳冠霖
業　　務—王建棠、黃永桑
資訊行銷—劉艾琳、孫若屏

出版發行—臺灣商務印書館股份有限公司
23141 新北市新店區民權路 108-3 號 5 樓（同門市地址）
電話：(02) 8667-3712　傳真：(02) 8667-3709
讀者服務專線：0800-056196　郵撥：0000165-1
E-mail：ecptw@cptw.com.tw　網路書店網址：www.cptw.com.tw
Facebook：facebook.com.tw/ecptw

局版北市業字第 993 號
初　　版：2019 年 5 月
二版一刷：2025 年 3 月
印 刷 廠：鴻霖印刷傳媒股份有限公司
定　　價：新台幣 620 元

法律顧問：何一芃律師事務所

註釋

引言　一隻石化猴爪

1 Braymer 1960.

2 Ceram 1951, 1967; Stephens 1962; 亦見 Ceram 1958, 1966.

3 海法大學的阿薩夫・雅蘇爾－蘭道和我是這個挖掘現場的共同指導，布蘭戴斯大學（Brandeis University）的安德魯・柯則是副指導。

4 見 Jaggard 2014; Lemonick 2014b; Levitan 2013; McIntyre 2014; Naik 2013; Netburn 2013; Wilford 2013. 關於我們的發現（Koh, Yasur-Landau, and Cline 2014）的那篇實際文章發表在期刊《公共科學圖書館：綜合》（*PLoS ONE*），可在線上閱讀：http://journals.plos.org/plosone/article?id=10.1371/journal .pone.0106406.。

5 出現在 2016 年 6 月 2 日的媒體報導：Hatem 2016; Moye 2016; Rabinovitch 2016; Romey 2016; Smith 2016; Steinbuch 2016; Weber 2016; 以及 http://www.archaeology.org/news/4507–160602-archaeologists-return-to-the-judean-desert; http://www.inquisitr.com/3161047/new-archaeology-discovery-2000-year-old-roman-military-barracks-will-be-viewed-by-subway-riders-video/; http://www.archaeology.org/news/4503–160601-london-writing-tablet; https://www.washingtonian.com/2016/06/02/things-to-do-in-dc-this-weekend-june-2–5/。關於圖坦卡門匕首的學術分析發表時的原標題較為收斂：〈圖坦卡門鐵匕首刀刃的隕星學起源〉（The Meteoritic Origin of Tutankhamun's Iron Dagger Blade）──見 Comelli, D'Orazio, Folco, El-Halwagy, Frizzi, Alberti, Capogrosso et al. 2016.

6 Dunston 2016.

7 Cline 2007b.

8 我先前在 Cline 2015: 620–21 就曾說過類似的話；亦見 Killgrove 2015b。揭穿這類偽考古學的精彩討論，可見 Fagan 2006; Feder 2010, 2013; Stiebing 1984。

9 Curry 2015; Dubrow 2014; Mueller 2016; Romano 2015; Romey 2015; Vance 2015.

10 Lange 2008.

11 Neuendorf 2015.

12 Binkovitz 2013; Blumenthal and Mashberg 2015.

13 當然，其他作者也曾討論過許多相同的主題、遺址和考古學家；我認為其中最實用且容易取得的是布萊恩．法根和保羅．巴恩編輯或撰寫的著作。相關著作有 Bahn 1995, 1996a, b, c, 1999, 2000, 2001, 2003, 2007, 2008, 2009, 2014; Bahn and Cunliffe 2000; Bahn and Renfrew 1996; Catling and Bahn 2010; Fagan 1994, 1996, 2001, 2003, 2004a, b, 2007a, b, 2014; Fagan and Durrani 2014, 2016; Renfrew and Bahn 2012, 2015; 亦見 Hunt 2007; Pollard 2007。

序言 「美妙的東西」：圖坦卡門與他的陵墓

1 Carter and Mace 1977: 95–96. 亦見 Carter 2010; Pollard 2007: 134–41; Snape in Bahn 1995: 32–35.

2 Shaer 2014; http://www.nbcnews.com/science/science-news/tut-tut-new-view-king-tutankhamun-sparks-debate-n239166.

3 關於哈姬蘇，見 Cooney 2015; Tyldesley 1998。關於圖特摩斯三世，見 Cline and O'Connor 2006; Gabriel 2009。關於阿肯那頓，見 Aldred 1991; Redford 1987。關於娜芙蒂蒂，見 Tyldesley 2005。亦見 Dodson 2009 and 2014，關於緊接圖坦卡門前後的時期。

4 Reeves 1990: 44–46. 以下許多關於陵墓及其內容物的細節是根據里維斯的佳作寫出來的。亦見 Allen 2006; Reeves and Wilkinson 1996: 122–27。最近期關於兩人及其發現的討論是 2015 年法根所著。

5 引自卡特的日記：http://www.griffith.ox .ac.uk/gri/4sea1not.html。

6 引自卡特的日記：http://www.griffith.ox .ac.uk/gri/4sea1not.html。

7 見卡特日記裡的詞條：http://www.griffith.ox.ac.uk/gri/4sea1not.html；亦見 Reeves 1990: 44–46; Reeves and Wilkinson 1996: 122–27。

8 同前註，亦見卡特的日記：http://www.griffith.ox .ac.uk/gri/4sea1not.html。

9 Carter and Mace 1977: 95–96. 亦見 Carter 2010。

10 見卡特的日記：http://www.griffith.ox .ac.uk/gri/4sea1not.html。

11 見卡特的日記：http://www.griffith.ox .ac.uk/gri/4sea1not.html。

12 Reeves and Wilkinson 1996: 122–27.

13 http://www.griffith.ox.ac.uk/gri/4sea1no2.html.

14 http://www.nytimes.com/learning/general/onthisday/big/0216.html#article.

15 http://www.griffith.ox.ac.uk/discoveringTut/journals-and-diaries/season-4/journal.html.

16 http://www.griffith.ox.ac.uk/discoveringTut/journals-and-diaries/season-4/journal.html.

17 Hawass 2005: 263–72; http://press.nationalgeographic.com/2005/03/07/tutankhamun-

ct-scan-results-issued-march-7–2005-by-the-egyptian-supreme-council-of-antiquities/; http://news.bbc.co.uk/2/hi/science /nature/4328903.stm.

18 King and Cooper 2006.

19 Handwerk 2005.

20 Shaer 2014; http://www.nbcnews.com/science/science-news/tut-tut-new-view-king-tutankhamun-sparks-debate-n239166.

21 Hawass 2010: 34–59; see also Hawass et al. 2010: 638–47.

22 見 Keys 2015; Martin 2015; Reeves 2014。

23 Reeves 2015b: 1; see http://www.highres.factum-arte.org/Tutankhamun/

24 Del Giudice 2014; Neild 2014.

25 Reeves 2015a, b.

26 見 Borger 2016; Ghose 2015; Hessler 2015, 2016a, b; Jarus 2016; Strauss 2015; 以及 http://www.archaeology.org/news/4269–160317-tutankhamun-tomb-scan。

第一章　在古義大利歸於塵土

1 Wade 2015b.

2 Mocella et al. 2015.

3 Wade 2015b.

4 Van Gilder Cooke 2016; 亦見 http://popular-archaeology.com/issue/winter-2015–2016/article/metallic-ink-used-in-the-herculaneum-scrolls。

5 Jaggard 2015; Seabrook 2015; Urbanus 2015; Wade 2015b. 相似的技術現在也應用在其他地方找到的碳化卷軸，如埃及的象島（Elephantine）和以色列的隱基底（En Gedi）。 見 Estrin 2016; Gannon 2016; Seales, Parker, Segal, Tov, Shor, and Porath 2016。

6 Bahn 1995: 122–25; Bahn 1996b: 154–59; Fagan and Durrani 2014: 27; Pollard 2007: 16–21.

7 關於溫克爾曼的詞條見 Fagan 2003: 22–25 and Fagan 2014: 42–45。亦見 Fagan and Durrani 2014: 10–14 關於考古學類型的精彩討論和定義，包括史前、古典、聖經、水下、法醫、歷史和工業考古學，以及埃及學、亞述學（Assyriology）和生物考古學（bioarchaeology）。

8 有非常非常多關於龐貝和赫庫蘭尼姆的著作，其中最好的幾本是 Beard 2010; Berry 2007; Cooley and Cooley 2013; Ellis 2011; Grant 1980, 2005。

9 翻譯可見 http://www.gutenberg.org/files/2811/2811-h/2811-h.htm。

10 採用脫蠟法時，雕塑家用蠟製成雕像，再用較硬的材質將蠟像封住並加熱，讓蠟融化、從底部的洞流出。如此便會在較硬的材質內留下和蠟像形狀一模一樣的

空洞，接著可以往內倒入熔解的銅，就可以創造出和最初蠟像相同形狀的金屬雕像。

11 Stewart 2006.

12 Clinton 2013; Glover 2013; Griffiths 2015b; Sheldon 2014.

13 Povoledo 2015; Woollaston 2015.

14 http://volcanoes.usgs.gov/hazards/lahar/ruiz.php; http://pubs.usgs.gov/of/2001/ofr-01–0276/.

15 http://www.herculaneum.ox.ac.uk/files/newsletters/harchissue1.pdf.

16 Mastrolorenzo et al. 2001.

17 Jashemski 1979, 2014.

18 見 e.g., Gates 2011: 356–67; MacKendrick 1960: 196–223.

19 Fuller 2014.

20 Ibid.

21 見 http://classics.uc.edu/pompeii/index.php/news/1-latest/142-ipads2010.html, http://www.macworld.com/article/1154717/ipad_archeology_pompeii.html, and https://www.macstories.net/ipad/apple-profiles-researchers-using-ipads-in-pompeii/.

22 Gates 2011: 365–67; 亦見 http://www.stoa.org/diotima/essays/seaford.shtml。

23 以下的舉例引自 Lewis and Reinhold 1990: 236–38, 276–78。

24 Kumar 2013.

第二章　掘出特洛伊

1 施里曼在他著作 *Troy and Its Remains* (Schliemann 1875) 中的描述，Traill 1995: 111 引用。我過去也曾在 Cline 2013: 76–80 寫過相關的過程。

2 Schliemann 1881: 453–54 在後幾頁尚有插畫和更進一步的討論。亦見 Traill 1995: 111–12 的物品清單，附有引自原始筆記本、信件和其他相關紀錄的引文；以及 Cline 2013: 76–80。

3 Ceram 1967: 41–45; 亦見 Mee in Bahn 1995: 98–99; Pollard 2007: 78–83。

4 《伊利亞德》的譯本相當多，比如 Fagles 1991。史詩集成的翻譯則可見 Evelyn-White 1914。Cline 2013 也有簡單概述。

5 見 Cline 2013, 2014 的討論。

6 Schliemann 1881: 3. 見 e.g., Traill 1985, 1995: 4–5; 以及 Cline 2013: 72–73。

7 Allen 1999.

8 關於施里曼尋獲寶藏的相關文章可見 Traill 1993 等其他討論，包括 Traill 1983 and 1984，尤其是 Fitton 2012。亦見 Cline 2013: 76–80; Rose 1993。

9 關於施里曼尋獲寶藏的相關文章可見 Traill 1983, 1984, 1993，以及 Easton 1981,

1984a, b, 1994, and 1995 和 Traill 1999, 2000 的討論。

10 見 Meyer, Rose 和 Hoffman 在 *Archaeology 46/6* (1993) 的討論；以及 Easton 1995; Goldmann, Agar, and Urice 1999; Meyer 1995; and Traill 1995: 300–01。

11 見 Sayce 1890，以及先前在 Cline 2013: 30–33, 2014: 33–35 的簡單討論。

12 Hrozný 1917.

13 關於西臺人的討論特別可以參考 Bryce 2002, 2005, 2012; Collins 2007 的概述，亦見 Ceram 1955。

14 完整討論見 Cline 2013: 54–68。

15 Wilford 1993a.

16 Cline 2013: 98; Jablonka 1994; Korfmann 2004: 38; Latacz 2004: 22–37; Wilford 1993b. 請注意本章有些素材和我在 Cline 2013 and 2014 發表的相似。關於特洛伊和特洛伊戰爭的著作沒有數百本也有數十本，其中最佳的是 Bryce 2006; Latacz 2004; Strauss 2006; Thomas and Conant 2005; Wood 1996，以及適合青少年閱讀的 Rubalcaba and Cline 2011。

17 Becker and Jansen 1994: 105–14; Bryce 2006: 62; Bryce 2010: 478; Easton et al. 2002: 82; Korfmann 2004: 38; Korfmann 2007: 24; Latacz 2004: 22–24, 73; Shanks 2002: 29.

18 Cline 2013: 99–10; Korfmann 2004.

19 Easton 2010; Schachermeyr 1950.

20 Kunnen-Jones 2002; Reilly 2004; Rose 2014: 226, 249–50.

第三章　從埃及到永恆

1 關於這類主張或觀念的近期文章有 Kaufman 2016; Killgrove 2015a。

2 以下的出版品也能提供關於古埃及考古學清楚且正確的資訊，包括本章所討論主題的更多細節：Bard 2008; Kemp 2005; Lehner and Wilkinson 1997; Robins 2008; Silverman 2003; Wilkinson 2013。

3 Fagan 2004b: 65–128. 關於 1881 年前的埃及學歷史，可見 Thompson 2015。

4 Fagan 2004b: 98–104. 見 Garry J. Shaw 在 Fagan 2014: 46–50 關於貝爾佐尼的詞條，亦見 Pollard 2007: 40–43。

5 Fagan 2004b: 177–81; Reid 2002: 44–46; Thompson 2015: 198–207; 亦見 Garry J. Shaw 在 Fagan 2014: 51–55 關於萊普修斯的詞條。

6 Fagan 2004b: 181–91; Thompson 2015: 223–82; 亦見 Garry J. Shaw 在 Fagan 2014: 56–61 關於馬里耶的詞條。

7 Fagan 2004b: 47–56; Reid 2002: 31–36; Thompson 2015: 97–103.

8 Fagan 2004b: 157–70; Reid 2002: 40–44; Robinson 2012; 亦見 Pollard 2007: 44–47; Snape in Bahn 1995: 40–41。

9 Bard 2008: 25–33.

10 關於埃及的編年表和年代，見 e.g., Bard 2008: 36–55。

11 見 e.g., Weiss 2012。

12 Cline 2014.

13 關於在接下來的段落討論的木乃伊製作和具體細節，可見 e.g., Andrews 1984; Hamilton-Paterson and Andrews 1978。

14 Jarus 2012.

15 Andrews 1984: 29.

16 e.g., Carrington 2014; Griffiths 2015a; Hawass and Saleem 2015; 以及 http://www.historyextra.com/feature/secret-lives-ancient-egyptians-revealed-ct-scans-mummies.

17 Griffiths 2015a.

18 Anyangwe 2015; Morelle 2015; Robinson and Millner 2015.

19 關於在接下來的段落討論的金字塔和具體細節，尤其可見 Lehner and Wilkinson 1997。

20 Stiebing 2009: 136–37.

21 Brier and Houdin 2009.

22 見 http://www.universetoday.com/93398/can-you-see-the-pyramids-from-space/。

23 見 e.g., http://www.pbs.org/wgbh/nova/ancient/who-built-the-pyramids.html。

24 亦見 http://www.pbs.org/wgbh/nova/ancient/who-built-the-pyramids.html，雷諾（Lehner）在其中是說三班，而非四班。

25 見 e.g., Lehner and Wilkinson 1997。

26 關於其他資訊，見 Lehner and Wilkinson 1997 等著作，包括 Bard 2008: 137–40。

27 Bard 2008: 141–42.

28 見 Lorenzi 2016a, b。

29 見 Hatem 2016; Lorenzi 2016c。關於德州大學物理學家在貝里斯馬雅金字塔的研究，見羅伊·施韋特斯（Roy Schwitters）教授主導的馬雅緲子研究小組（Maya Muon Research Group）的官方網頁 http://www.hep.utexas .edu/mayamuon/。

30 見第 67 屆年度會議（2016 年）的概要手冊：http://www.arce.org/files/user/page157/ARCE_2016_Abstract_Booklet.pdf

第四章　美索不達米亞的謎團

1 見《時代雜誌》1976 年 1 月 26 日的文章〈書介：阿嘉莎女士：謎團之后〉（Books: Dame Agatha: Queen of the Maze）。文中提及她在 25 週年結婚紀念日的場合說過這段話，《時代雜誌》的訂閱者可在網路上瀏覽 http://content.time.com/time/subscriber/article/0,33009,913961–2,00.html。大英博物館展覽的著作，則可見

Trümpler 2001。

2 Christie 2011; 亦見 http://bjrichards.blogspot.com/2013/01/more-deadly-than-male-life-of-katharine_4954.html。她也在考古發掘期間記錄他們的生活，以便回答他們返家後會接到的親友的提問，可見 Mallowan 2012。亦見 Trümpler 2001。

3 Lloyd 1980b: 43–56; Moorey 1982. 亦見 Larsen 1996; Roux 1992。

4 Zettler and Horne 1998: 14–19, 21–23.

5 Zettler and Horne 1998: 22–25; 亦 見 Edens in Bahn 1995: 142–43; Edens in Bahn 1996c: 68–71; Pollard 2007: 128–33。

6 Zettler and Horne 1998: 22–25; 亦見 Edens in Bahn 1996c: 68–71; Pollard 2007: 128–33。

7 精彩的概述可見 Lloyd 1980a，關於美索不達米亞早期考古學家的詳盡、容易取得的討論也可見 Fagan 2007b and Larsen 1996，因為我在接下來的敘述省略許多；亦見 http://www.britishmuseum.org/explore/highlights /highlight objects/me/c/colossal_winged_bull.aspx 和 http://www. british museum.org/explore/highlights/highlight_objects/me/c/colossal_statue_of winged_lion.aspx。

8 Bahn 2008: 26; Fagan 2003: 55–57; Fagan 2007b: 79–93; Larsen 1996: 79–87, 178–88, 215–27, 293–305, 333–37; Lloyd 1980a: 14, 75–78; 以及 Andrew Robinson 在 Fagan 2014: 183–85 關於羅林森的詞條。

9 Fagan 2003: 55–57; Fagan 2007b: 90–92; Lloyd 1980a: 14, 75–78.

10 Bahn 2008: 26; Fagan 2003: 55–57; Fagan 2007b: 79–93; Larsen 1996: 79–87, 178–88, 215–27, 293–305, 333–37; Lloyd 1980a: 14, 75–78; 以及 Andrew Robinson 在 Fagan 2014: 183–85 關於羅林森的詞條。

11 Lloyd 1980a: 94–98; Lloyd 1980b: 35. 亦見 Edens in Bahn 1995: 150–51; Fagan 2007b: 97–107; Larsen 1996: 3–33。

12 Ibid.

13 Fagan 2003: 45–46, 51–54; Fagan 2007b: 109–15; Larsen 1996: 34–69; Lloyd 1980a: 15–16, 87–94; Oates and Oates 2001: 2–6; 以及 Joan Oates 在 Fagan 2014: 68–71 關於萊亞德的詞條，亦見 Edens in Bahn 1995: 150–51; Pollard 2007: 48–53。

14 Fagan 2007b: 109–23. 亦見 Larsen 1996: 70–78, 88–98, 115–24。

15 引用於 Lloyd 1980a: 101。

16 Fagan 2007b: 115–23; Larsen 1996: 88–124; Lloyd 1980a: 101–3.

17 El-Ghobashy 2015.

18 Fagan 2007b: 131, 134–36; Layard 1849; Oates and Oates 2001: 6.

19 Fagan 2007b: 136–44; Larsen 1996: 196–235, 255–74.

20 Fagan 2007b: 136–44; Larsen 1996: 196–235, 255–74; Lloyd 1980a: 125–29; Russell

1991: 1.

21 Byron 1815, http://www.poetryfoundation.org/poem/173083.

22 Ussishkin 1984, 1987, 1988. 亦見 Ussishkin 2014。

23 Bleibtreu 1990, 1991.

24 引用於 Lloyd 1980b: 33；亦見於 Fagan 2014: 71 和 Lloyd 1980a: 125。

25 Fagan 2007b: xi.

26 Fagan 2007b: 106–7; Larsen 1996: 32; Lloyd 1980b: 36; Parrot 1955: 40–41.

27 Fagan 2007b: 123–31; Larsen 1996: 125–32.

28 Fagan 2007b: 183–85; Larsen 1996: 344–49; Lloyd 1980a: 98, 130–31, 134, 140; Lloyd 1980b: 32–33, 36; Parrot 1955: 42.

29 Lloyd 1980b: 32–33, 36.

30 Fagan 2007b: 173–83; Larsen 1996: 315–32; Lloyd 1980a: 138–39.

31 Fagan 2007b: 181; Lloyd 1980a: 126.

32 Lloyd 1980a: 98, 135–39; Lloyd 1980b: 31.

33 2003 年 George 出版了《吉爾伽美什史詩》的優秀譯本。

34 Lloyd 1980a: 146–47; Oates and Oates 2001: 8–9; Russell 1991: 4.

35 Finkel 2014a, b; Moss 2014.

36 見 e.g., Kramer 1988; Roux 1992。

37 關於相關參考書目的概述和列表可見 Moro-Abadía 2006: 4–17。尤其也可參考 Gosden 2001, 2004; Meskell 1998; Silberman 1989; and Trigger 1984。

38 Hussein 2016; Luhnow 2003; Oates in Fagan 2007a: 66–69. 亦見 http://news.nationalgeographic.com/news/2003/06/photogalleries/nimrud/photo3.html。

第五章　探索中美洲叢林

1 見 Chase et al. 2010, 2011, 2012, 2014。

2 Fagan and Durrani 2014: 136.

3 見 Wilford 2010; 以及 http://www.archaeology.org/news/2443–140818-mexico-yucatan-maya-cities-rediscovered (quote); http://news.nationalgeographic.com/news/2010/05/photogalleries/100520-ancient-maya-city-belize-science-pictures/。

4 Stephens 1949, 2: 245–46. 亦見 Stuart and Stuart 2008: 35–63 的討論。

5 Stephens 1949, 2: 247.

6 Stephens 1949, 1962.

7 見 Koch 2013: 1–8 的導論。亦見 Victor Wolfgang von Hagen 撰寫的導論，載於由奧克拉荷馬大學出版社（University of Oklahoma Press）出版的 Stephens 的著作再版 (1962; 1970)，以及 Glassman 2003; Koch 2013; von Hagen 1947。亦見 Carlsen

2016 近期的著作。

8 Koch 2013: 1.

9 見 Michael D. Coe 在 Fagan 2014: 63–67 關於史蒂芬斯和凱瑟伍德的詞條；以及 Pollard 2007: 54–57。

10 以 Stephens 1970 重新出版。

11 關於這些各式疾病的評論和描述亦可見 Carlsen 2016: 158–59, 257–61, 325–26。

12 Stephens 1949, 2: 368–74; 引用自 2: 373–74。關於史蒂芬斯贊同當地居民是這裡和其他馬雅遺址建造者的評論，亦可見 Carlsen 2016: x–xi, 231–33, 284–88, 358–62；以及 Koch 2013: 98–99 關於在這之前的科班探勘者的簡短討論。

13 Stephens 1949, 1: 123–25.

14 Stephens 1949, 2: 386. 也引用於 Koch 2013: 6。

15 Coe 2012.

16 見 Michael D. Coe 在 Fagan 2014: 191–95 關於這三位學者——湯普森、普斯柯里亞柯夫和諾羅索夫——的詞條；亦見 Stone in Bahn 1995: 218–19。

17 見 http://www.unc.edu/news/archives/jan07/maya010907.htm; Stuart and Stuart 1977; Stuart and Stuart 1993。

18 見 https://www.macfound.org /fellows/214/. 亦見 Coe 2012 和片名相似的紀錄片《馬雅解密》（*Breaking the Maya Code*），有部分片段可以在 YouTube 上觀賞；David Stuart 在 Fagan 2007a: 242–43 關於馬雅文字的詞條；以及 Stone in Bahn 1995: 218–19。也可以在 Houston, Mazariegos, and Stuart 2001 留意關於史都華的參考書目。

19 Lyon-House 2012; Stuart 2011.

20 Fash 2001; Koch 2013: 129; Stuart 2011: 275–78 and Appendix 5; http://whc.unesco.org/en/list/129.

21 Carlsen 2016: 122–24; Koch 2013: 123–25; Stephens 1949, 1: 98–99.

22 Stephens 1949, 1: 110–11.

23 Coe 2005: 115; Fash 2001: 129, 139–50; and Carlsen 57–65（關於他們在科班完整時期的長篇敘述和討論）。

24 見 http://www.socialstudiesforkids.com/articles/worldhistory/mayanballgame.htm。較近期的學術論述則可見 Blomster 2012: 8020–25。

25 Hammond 1982: 46–48; Koch 2013: 130; 亦見 Norman Hammond 在 Fagan 2014: 78–82 關於亞弗雷德·莫德斯雷的詞條。

26 Koch 2013: 154; Stephens 1949, 2: 163–66.

27 http://whc.unesco.org/en/list/64; http://www.tikalnationalpark.org; Bahn 2009: 136–37; Coe 2005: 122–25; Stuart and Stuart 1977: 52. 亦見 Harrison 1999。

28 Coe 2005: 124–25; http://www.tikalnationalpark.org; http://www.mayan-traveler.com/tikal-elmirador-flores-copan.php; http://www.utexas.edu/cofa/art/347/maya_tikal.html; http://mesoweb.com/encyc/index.asp?passcall=rightframeexact&rightframeexact=http%3A//mesoweb.com/encyc/view.asp%3Fact%3Dviewexact%26view%3Dnormal%26word%3DI%26wordAND%3DJasaw+Chan+Kawiil.

29 Koch 2013: 82–84, 91–95; Stuart and Stuart 2008: 35–63.

30 見 Carlsen 2016: x–xi, 231–33, 284–88, 358–62（關於史帝芬斯論述，反對來自亞特蘭提斯人、埃及人、腓尼基人等民族的影響）。

31 Carlsen 2016: 245–60; Koch 2013: 162–70; Stephens 1949, 2: 288–90.

32 Stephens 1949, 2: 288; Stone in Bahn 1995: 216–17.

33 Koch 2013: 167–68; 以及 Cortez in Bahn 1996c: 126–29; Fagan and Durrani 2014: 333; Stone in Bahn 1995: 216–17。

34 Stuart and Stuart 2008: 6–7; also Cortez in Bahn 1996c: 126–29; Fagan and Durrani 2014: 333; Stone in Bahn 1995: 216–17.

35 這部分是電視節目《遠古外星人》（*Ancient Aliens*）其中一集的主題，探討這是否是巴加爾駕駛太空船的場景，見 2012 年第 4 季第 1 集。

36 Stone in Bahn 1995: 216–17; Stuart and Stuart 2008: 11–12, 92–98.

37 http://whc.unesco.org/en/list/411.

38 Stuart and Stuart 2008: 12, 22, 74–105, 182–84.

39 Stuart in Fagan 2007a: 94–97.

40 Koch 2013: 178–81; Stephens 1949, vols. 1–2.

41 Carlsen 2016: 331–39; Koch 2013: 188–244; Stephens 1962, vols. 1–2.

42 Coe 2005: 188–89，及參考文獻。

43 Bahn 2009: 144–45; Coe 2005: 179–90; Koch 2013: 225–30.

44 Bahn 2009: 144–45; http://whc.unesco.org/en/list/483.

45 Stephens 1962: 第 16 和 17 章（也可在網路上閱讀 http://www.gutenberg.org/files/33130/33130-h/33130-h.htm#div1_17）。

46 Coe 2005: 188–89，及參考文獻。

47 Coe 2005: 161; 亦見（對某些例子要抱持高度懷疑）Ghose 2014; Mott 2012; Moyer 2014; Stromberg 2012; http://popular-archaeology.com/issue/summer-2015/article/classic-ancient-maya-collapse-not-caused-by-overpopulation-and-deforestation-say-researchers; http://science.nasa .gov/science-news/science-at-nasa/2009/06oct_maya/。

挖深一點，之一　你怎麼知道要挖哪裡？

1 本章涵蓋的多數素材也可以在 Fagan and Durrani 2014: 120–49（第八章）找到更簡潔的討論。以下書目則提供給有興趣在本章之外尋求更多資訊的人：Banning 2002; Collins and Molyneaux 2003; Conyers 2013; Howard 2007; Leach 1992; White and King 2007。

2 Fagan and Durrani 2014: 92.

3 關於更多遺物和遺跡的定義，以及建物（structures）和自然遺物（ecofacts）的定義，可見 Fagan and Durrani 2014: 87。

4 接下來關於調查和調查方法的段落是根據並受惠於 Fagan and Durrani 2014: 126–36 的討論。

5 Fagan and Durrani 2014: 126–29, 144–45, 157.

6 Casana 2015; Vergano 2014; 亦見 http://www.nro.gov/history/csnr/corona/; http://www.nro.gov/history/csnr/corona/factsheet.html.

7 Bradford 1957.

8 Fagan and Durrani 2014: 145; Lerici 1959, 1962. 雷里奇的團隊在後面幾年加入了賓州大學的考古學家，也應用了極早期版本的質子磁力計和電阻計（在這本書的後半會探討這兩種儀器），來協助他們偵測出額外的墳塚。

9 Fagan and Durrani 2014: 135, fig. 8.10.

10 Blumenthal and Mashberg 2015; Cronin 2011; Parcak 2009; Said-Moorhouse 2013. 莎拉・帕卡克 2016 年 1 月 8 日上史蒂芬・柯貝爾（Stephen Colbert）《晚間秀（*The Late Show*）》的節目片段可見 https://youtu.be/vK2t27FNJmU。

11 Maugh 1992.

12 Fagan and Durrani 2014: 133–34.

13 Ibid.

14 Tepper 2002, 2003a, b, 2007.

15 Adams, David, and Tepper 2014; Ben Zion 2015b; Pincus, DeSmet, Tepper, and Adams 2013. 亦見 http://mfa.gov.il/MFA/IsraelExperience/History/Pages/Roman-legion-camp-uncovered-at-Megiddo-9-Jul-2015 .aspx。

16 Dunston 2016.

17 Fagan and Durrani 2014: 136. 關於光達和英國的羅馬道路，見 Calderwood 2016; Nagesh 2016; Webster 2015。關於耶斯列，見 http://www.biblicalarchaeology.org/daily/archaeology-today/biblical-archaeology-topics/jezreel-expedition-sheds-new-light-on-ahab-and-jezebel's-city/。

18 McNeil 2015.

19 Fagan and Durrani 2014: 141–42.

20 Cline and Yasur-Landau 2006.

21 Fagan and Durrani 2014.

22 Ibid.

23 見 e.g., Dvorsky 2014a。

24 Fagan and Durrani 2014: 130–31; Keys 2014. 亦見 Dvorsky 2014b。

25 Keys 2014; Dvorsky 2014b; Moss 2015. 更多可見 http://www.usatoday.com/story/news/nation-now/2015/09/07/superhenge-discovery-at-stonehenge/71846436/; http://www.bbc.com/news/uk-england-wiltshire-34156673?ocid=socialflow_twitter%3FSThisFB%3FSThisFB。

26 Keys 2016; Knapton 2016.

27 Fagan and Durrani 2014: 126.

28 Fagan and Durrani 2014: 125–26.

29 Fagan and Durrani 2014: 129–30.

30 Yasur-Landau, Cline, and Pierce 2008.

第六章　發掘我們最古老的祖先

1 Shreeve 2015; 亦見 McKenzie 2016; Wilford 2015; and Williams 2016。關於原始的科學出版品，見 Berger et al. 2015。

2 注意「人族」這個用語現已用來代替「人科」（*hominid*）一詞，來指涉「由現代人、絕種人類物種和我們所有的直接祖先（包括人屬〔*Homo*〕、南方古猿〔*Australopithecus*〕、傍人〔*Paranthropus*〕和地猿〔*Ardipithecus*〕）組成的群體」。見 http://australianmuseum.net.au/hominid-and-hominin-whats-the-difference#sthash.bYSSx6yE.dpuf; 以及 http://www.smithsonianmag.com/science-nature/whats-in-a-name-hominid-versus -hominin-216054/?no-ist。

3 McKenzie 2016; Shreeve 2015; Wilford 2015; Williams 2016.

4 見 e.g., Lents 2016; McKie 2015; Pyne 2016; Williams 2016。伯格先前曾在南非約翰尼斯堡附近也發現過一次早期人族化石，關於他考察結果的公告可見 Berger et al. 2010, Wilford 2015, Williams 2016 和 http://www.sciencemag.org/site/extra/sediba/。這些特殊的化石是在 2008 年 8 月出土的，因為伯格的 9 歲兒子意外發現了頭兩塊化石。他們在 2010 年正式被命名為南方古猿源泉種（*Australopithecus sediba*），伯格將之定年為 178 萬至 195 萬年前左右。

5 http://www.nationalgeographic.com/explorers/bios/leakeys/. 有許多著作曾描述過李奇家族，或是由李奇家族出版，如 Bowman-Kruh 2005; Cole 1975; M. D. Leakey 1979, 1986; R. E. Leakey 1984; Morell 1996。

6 Pearson 2003; http://www.nationalgeographic.com/explorers/bios/leakeys/.

7 http://www.nationalgeographic.com/explorers/bios/leakeys/; http://www.leakey.com/bios/meave-leakey.

8 見 e.g., Leakey and Lewin 1979。

9 Thackery in Bahn 1996c: 18–19; Wong 2011; http://www.leakey.com/bios/richard-leakey.

10 Cole 1975.

11 Fagan 2003: 148–52; 亦見 Brian Fagan 在 Fagan 2014: 215–19 關於李奇家族的詞條。篇幅較長的故事版本也可見於 Fagan 1994: 57–78。

12 Bahn 2008: 76–78; Fagan 2003: 148–52; Fagan 2014: 215–19. 亦見 http://www.leakey.com/bios/louis-seymour-bazett-leakey; http://www.leakey.com/bios/mary-leakey; http://www.pbs.org/wgbh/aso/databank /entries/do59le.html。

13 http://www.leakey.com/bios/mary-leakey; http://humanorigins.si.edu/evidence/behavior/footprints/laetoli-footprint-trails; http://www.getty.edu/conservation/publications_resources/newsletters/10_1/laetoli.html; http://www.pbs.org/wgbh/evolution/educators/course/session5/engage_a.html.

14 Thackeray in Bahn 1995: 18–19.

15 Fagan and Durrani 2014: 42; Raichlen et al. 2010; Thackeray in Bahn 1995: 18–19.

16 http://humanorigins.si.edu/evidence/behavior/footprints/footprints-koobi-fora-kenya.

17 McKie 2012; Millar 1972; Spencer 1990; Walsh 1996.

18 “Science: End as a Man,” Time, November 30, 1953; 可在線上閱讀 http://content.time.com/time/subscriber/article/0,33009,823171,00.html。

19 https://iho.asu.edu/about/lucys-story. 亦見 Johanson and Edey 1981; Johanson and Wong 2010; Pollard 2007: 192–97; Thackeray in Bahn 1995: 17–18; Thackeray in Bahn 1996c: 14–17。

20 https://iho.asu.edu/about/lucys-story. 亦見 Johanson and Edey 1981; Johanson and Wong 2010; Pollard 2007: 192–97; Thackeray in Bahn 1995: 17–18; Thackeray in Bahn 1996c: 14–17。

21 https://iho.asu.edu/about/lucys-story; Johanson and Edey 1981.

22 http://whc.unesco.org/en/list/1393.

23 見 William Davies 在 Fagan 2014: 202–5 關於加洛德的詞條；以及 Bar-Yosef and Callander 2006: 380–424; Davies and Charles 1999; Fagan 2003: 136–39。

24 Bahn 2008: 44–45; 亦見 William Davies 在 Fagan 2014: 202–5 關於加洛德的詞條。

25 http://www.timesofisrael.com/finding-man-israels-prehistoric-caves/.

26 Bahn 2008: 44–45.

27 Choi 2014; Lemonick 2014a.

28 Bahn 2009: 38–39; Bar-Yosef, Vandermeersch, Arensburg, Belfer-Cohen, Goldberg, Laville, and Meignen 1992: 497–550.

29 Edwards 2010; Solecki 1954, 1971, 1975; Solecki, Solecki, and Agelarakis 2004; Trinkaus 1983.

30 Edwards 2010; Solecki 1954, 1971, 1975; Sommer 1999; Trinkaus 1983.

31 關於所有這些壁畫的精彩概要，可見 Curtis 2006。

32 Bahn 1995: 58–59; Fagan and Durrani 2014: 32; Pollard 2007: 74–77; Spivey 2005: 17–20. 亦見 Saura Ramos, Pérez-Seoane, and Martínez 1999。

33 除了參考前一註腳，亦見 http://whc.unesco.org/en/list/310; http://www.visual-arts-cork.com/prehistoric/altamira-cave-paintings.htm。

34 http://www.visual-arts-cork.com/prehistoric/altamira-cave-paintings.htm.

35 http://whc.unesco.org/en/list/310.

36 Altares 2015a, b; Rubin 2015. 亦見 http://www.bradshawfoundation.com/news/cave_art_paintings.php?id=The-Spanish-Cave-of-Altamira-opens-with-politics。

37 Cosgrove 2014. 亦見 Bahn 1995: 60–61; Bahn 2009: 84–85; Bataille 1955。

38 http://whc.unesco.org/en/list/85.

39 Bahn 1995: 60–61; Bahn 2009: 84–85; Hammer 2015; Thurman 2008. 亦見 http://whc.unesco.org/en/list/85; http://www.bradshawfoundation.com/lascaux/index.php。

40 Bahn 1995: 60–61; Bahn 2009: 84–85. 亦見 http://www.bradshawfoundation.com/lascaux/index.php。

41 Cosgrove 2014; Hammer 2015; Rubin 2015. 亦見http://www.bradshawfoundation.com/chauvet/chauvet_cave_paintings.php。

42 Dargis 2011; http://www.bradshawfoundation.com/chauvet/chauvet_cave_paintings.php; http://www.bradshawfoundation.com /chauvet/chauvet_cave_UNESCO_world_heritage_site.php; http://whc.unesco.org /en/list/1426; http://www.metmuseum.org/toah/hd/chav/hd_chav.htm.

43 Callaway 2016; Chauvet, Deschamps, and Hillaire 1996: 35–70; Clottes 2003; Fagan and Durrani 2014: 16; Lichfield 2016; Nomade et al. 2016.

44 Hammer 2015; Morelle and Denman 2015. 亦見 http://www.metmuseum.org/toah/hd/chav/hd_chav.htm; http://www.new world encyclopedia.org/entry/Chauvet_Cave。

45 Daley 2016; Netburn 2016; Quiles et al. 2016.

46 Thurman 2008; http://www.newworldencyclopedia.org/entry/Chauvet_Cave.

47 Dargis 2011; Thurman 2008. 亦見 http://www.newworldencyclopedia.org/entry/Chauvet_Cave。

48 Hammer 2015; 根據 Chauvet, Deschamps, and Hillaire 1996: 41。

49 Hammer 2015; 以及 http://www.newworldencyclopedia.org/entry/Chauvet_Cave。

50 Hammer 2015; Thurman 2008; http://www.bradshawfoundation.com/chauvet/chauvet_cave_paintings.php.

51 一幅實用且詳盡的地圖可見 http://www.donsmaps.com/images9/chauvetmap.gif，最初載於 Clottes 2003，再由 Don Hitchcock 重繪，接下來的段落是根據這幅地圖所述。

52 Dargis 2011; Rubin 2015.

53 http://www.prehistoric-wildlife.com/species/m/megaloceros.html.

54 Callaway 2016; Lichfield 2016; Nomade et al. 2016.

55 Thurman 2008.

56 Hammer 2015; Morelle and Denman 2015; Rubin 2015.

57 Minder 2014.

58 在這本書的原稿定稿完成之際，Williams 2016 在一篇載於《紐約客》雜誌上的文章也使用了同樣的適切比喻——家族樹圖像成為樹叢，他寫道：「隨著越來越多化石出土，更精良的研究工具可以進行更細微的比較，這棵樹變成了有許多分枝的樹叢，描繪著時間重疊的多元物種。」

第七章　肥沃月彎最早的農夫

1 http://occupytheory.org/gobekli-tepe-hoax-debunked/; http://www.history.com/shows/ancient-aliens/episodes/season-2. Curry 2008; Fagan and Durrani 2014: 236–37; Mann 2011; Schmidt in Fagan 2007a: 180–83; Spivey 2005: 44–49.

2 http://www.al-monitor.com/pulse/originals/2015/07/turkey-worlds-oldest-temple-discovered-in-south.html#; http://www.hurriyetdailynews .com/ancient-gobeklitepe-pioneer-schmidt-passes-away.aspx?pageID=238&nID= 69418&NewsCatID=375.

3 Redman 1978 簡潔呈現出這些理論，雖然已經過時但仍有其價值。亦見 e.g., Simmons 2007 等其他無數的參考資料。

4 Curry 2008; Mann 2011; Spivey 2005: 44–49.

5 Gray 2015; Osborne 2015; http://www.hurriyetdailynews.com/signs-of-worlds-first-pictograph-found-in-gobeklitepe-.aspx?pageID=238&nID=85438&NewsCatID=375

6 Curry 2008; Mann 2011; Spivey 2005: 44–49.

7 Mann 2011.

8 Curry 2008; Mann 2011; Spivey 2005: 44–49.

9 Curry 2008.

10 見 Cline 2012: 42–44。

11 見 Cline 2015: 620–21。

12 Garstang and Garstang 1940; 亦見 Edens in Bahn 1995: 140–41。

13 Kenyon 1957.

14 Fagan and Durrani 2014: 88, 98–100, 103; 亦見Bahn 2008: 56–57; Fagan 2014: 15（Garry J. Shaw 所寫關於皮特里的詞條）; Hallote 2006: 154–55, 181。至於將地層學觀念引入北美洲考古學，新大陸考古學家公認Max Uhle和Nels Nelson同樣貢獻良多。

15 見 Cline 2007a: 93–120 裡的討論。

16 見 e.g., Barkai and Liran 2008。

17 見 e.g., Edens in Bahn 1996c: 42–45。

18 http://www.damienhirst.com/for-the-love-of-god; http://www.theguardian.com/artanddesign/video/2012/apr/18/damien-hirst-tate-modern-skull-video; http://www.tate.org.uk/context-comment/video/tateshots-damien-hirst-love-god.

19 Nigro 2006: 1–40. 亦見在 https://uniroma1.academia.edu/LorenzoNigro 發表的文章。

20 http://www.catalhoyuk.com; 亦見 Edens in Bahn 1995: 68–69; Pollard 2007: 172–75。

21 Fagan and Durrani 2014: 53; Hodder 2006.

22 Hodder 2006.

23 分析加泰土丘找到的黑曜岩的著作列表可見 http://maxlab.mcmaster.ca/research-projects-1/catalhoeyuk-turkey。

24 http://www.sci-news.com/archaeology/science-catalhoyuk-map-mural-volcanic-eruption-01681.html; Schmitt et al. 2014.

25 5-1 Balter 2009; Hodder 2011. 亦見http://www.catalhoyuk.com/newsletters/04/introduction.html; http://photocollage.topicshow.com/PhotoCollage.aspx?Category=events&Title=turkish-catalhoyuk-fashion -show-at-shanghai-world-expo&Mode=Public。

26 Phillips 1955: 246–47; Willey and Phillips 1958: 2.

27 Fagan and Durrani 2014: 46–49; Kelly and Thomas 2013: 13–14, 35–38.

28 Kelly and Thomas 2013: 35–38. 亦見 Fagan and Durrani 2014: 46–49。

29 見 e.g., Hodder 1986, 1987, 1999; 以及 Fagan and Durrani 2014: 46–49; Kelly and Thomas 2013: 35–38。

30 http://www.catalhoyuk.com/library/goddess.html; http://www.musetours.com/explore-the-land-of-mother-goddess/.

31 例子可見 Gimbutas 1974, 1991。近期的發現則見 Kark 2016。

第八章　揭露最初的希臘人

1 Schliemann 1880. 亦見 Castledon 2005; French 2002; Schofield 2007。

2 Pausanias, *Description of Greece* 2.16.6–7; 譯本可見於 http://www.theoi.com/Text/Pausanias2B.html。

3 Schliemann 1880: 60–61.

4 Ibid., 61.

5 Ibid., 61–62.

6 Ibid., 80–99.

7 Harrington 1999; Riley 2015. 亦見 Ceram 1966: 59–60，其中所載的電報用字有些微不同，以「我欣喜若狂」開頭。

8 Schliemann 1880: 86, 99.

9 Musgrave et al. 1995: 107–36. 亦見 Brown et al. 2000: 115–19。墓圈 A 的部分骸骨也接受了類似的做法；見 Papazoglou-Manioudaki et al. 2009: 233–77; Papazoglou-Manioudaki et al. 2010: 157–224。

10 http://whc.unesco.org/en/list/941.

11 Robinson 2002.

12 Cline 1987, 1998.

13 更進一步的討論見 Cline 2014。

14 Blakemore 2015; Lawler 2015; Wade 2015a, 2016; 以及 http://magazine.uc.edu/issues/0316/pay_dirt.html。今可見 Davis and Stocker2016。

15 Castledon 1993; Evans 1921–23; Fitton 2002; 亦見 Mee in Bahn 1995: 92–93; Pollard 2007: 108–13。

16 Eisler 1988.

17 Ceram 1966: 31–33; Lapatin 2002.

18 Koehl 1986: 407–17.

19 Niemeier 1988; Shaw 2004.

20 Bietak 1992: 26–28.

第九章　發現亞特蘭提斯？

1 Owen 2011; 亦見 Adams 2015 的相關篇章。

2 見 Adams 2015 調查的一系列主張。

3 Herodotus, *Histories*, IV.147; http://www.perseus.tufts.edu/hopper/text?doc=Perseus%3Atext%3A1999.01.0126%3Abook%3D4%3Achapter%3D147%3Asection%3D1.

4 Herodotus, *Histories*, IV.147; 亦見 Apollonios Rhodius, *Argonautica*, 4.173, 175。

5 Marinatos 1939: 425–39.

6 Doumas 1983.

7 Doumas 1993; Marinatos 1984.

8 Cline 1991.

9 Davis 1986.

10 Doumas 1993.

11 Morris 1989.

12 Friedrich et al. 2006; Manning et al. 2006; Manning 2014; 亦見 Warburton 2009 的討論。

13 進一步的討論和可供額外閱讀的特定參考書目，可見 Cline 2007a: 85–86, 210。

14 見 Cline 1994 的討論。

15 見 Luce 1969。

16 Benjamin Jowett 所譯 ; http://classics.mit.edu/Plato/timaeus.html。

17 見 Adams 2015 有趣的描述。

18 Ritner and Moeller 2014.

第十章　海底的魔力

1 見 Cline 2014: 73–79 的討論，附有更進一步的參考資料；亦見 Fagan and Durrani 2014: 328–29; Mee in Bahn 1995: 102–3。

2 http://www.penn.museum/sites/expedition/nautical-archaeology/.

3 Bass 1967.

4 http://nauticalarch.org/about/history/.

5 https://www.archaeological.org/awards/goldmedal.

6 截至目前結果發表的樣本包括 Bass 1986, 1987; 以及 Pulak 1998, 1999, 2010。可以在 http://nauticalarch.org/projects/all/southern_europe_mediterranean_aegean/uluburun_turkey/introduction/ 找到簡要的結論。

7 見 Bass 1986, 1987; Pulak 1998, 1999, 2010。

8 曾有各式各樣的學術出版品提及這些引證，但最實用的總結可見於航海考古學院自己的網站上：http://nauticalarch.org/projects/all/southern_europe_mediterranean_aegean/uluburun_turkey/continuing_study/dendro chronological_dating/。

9 Pulak 1998.

10 Stern et al. 2008.

11 Jackson and Nicholson 2010; Walton et al. 2009.

12 Cucchi 2008.

13 圖片和更多描述尤其可見 Bass 1987。

14 Manning et al. 2009.

15 Cline and Yasur-Landau 2007.

第十一章　從擲鐵餅到民主制度

1 https://www.rio2016.com/en/sports; http://ancientolympics.arts.kuleuven.be/eng/

TC002cEN.html; http://www.bullshido.org /Pankration.

2 Andronicos 1992: 18; D. H. Cline 2016: 97; Gates 2011: 245; Pollard 2007: 26; Swaddling 1999: 7; Yalouris and Yalouris 1987: 27.

3 Andronicos 1992: 18; Clayton and Price 1989: 76–77; Gates 2011: 245; Swaddling 1999: 13, 16; Yalouris and Yalouris 1987: 27.

4 Gates 2011: 245; Kyrieleis 2007: 102; Pausanias, *Description of Greece*, 5.7.1–6.21.7; Pollard 2007: 26–27; Swaddling 1999: 13, 16; 可在網路上取得譯本：http://www.theoi.com/Text/Pausanias5A.html#7; http://www .theoi .com/Text/Pausanias5B.html; http://www.theoi.com/Text/Pausanias6A.html; http:// www.theoi.com/Text/Pausanias6B.html。

5 D. H. Cline 2016: 99.

6 Andronicos 1992: 18–23, 27; Clayton and Price 1989: 61, 65–67, 76–77; D. H. Cline 2016: 97; Gates 2011: 246–49; Kyrieleis 2007: 108–11; MacKendrick 1979: 165, 220–23; Swaddling 1999: 16–20; Yalouris and Yalouris 1987: 16–17.

7 Andronicos 1992: 23–27; Kyrieleis 2007: 104–5; MacKendrick 1979: 287–89; Pollard 2007: 29; Swaddling 1999: 8.

8 Kyrieleis 2007: 102–3; MacKendrick 1979: 218, 220; Pollard 2007: 27; Swaddling 1999: 16.

9 Ceram 1966: 34–37; Dyson 2006: 82–85; Kyrieleis 2007: 102–3; MacKendrick 1979: 218–20; Pollard 2007: 27–28; Swaddling 1999: 16.

10 Schaar 2012: 328, 引用自 Evans 1931: 19。亦見 MacKendrick 1979: 4。

11 Dyson 2006: 198; Kyrieleis 2007: 106; MacKendrick 1979: 224; Swaddling 1999: 16.

12 Andronicos 1992: 14–18; Gates 2011: 245–46, 249–50; Kyrieleis 2007: 104, 106, 112–13; MacKendrick 1979: 163–64, 223–26, 287–89; Swaddling 1999: 14–36; Yalouris and Yalouris 1987: 10–29; http://whc.unesco.org/en /list/517.

13 Andronicos 1992: 30–32; Kyrieleis 2007: 113–14, figs. 28–32; MacKendrick 1979: 164, 225; Swaddling 1999: 30–31.

14 Andronicos 1992: 31; Kyrieleis 2007: 113, figs. 29–30; MacKendrick 1979: 225.

15 Gates 2011: 245–46; MacKendrick 1979: 164–65; Swaddling 1999: 27–29; Yalouris and Yalouris 1987: 11.

16 Andronicos 1992: 27–28; Clayton and Price 1989: 66–67, 70; Kyrieleis 2007: 110–11; MacKendrick 1979: 223; Swaddling 1999: 20.

17 關於接下來段落的更多細節可見 Swaddling 1999: 53–54, 57–89。

18 D. H. Cline 2016: 96–97, 100; Gates 2011: 250–51; Swaddling 1999: 53–54, 57–89.

19 Suetonius, Nero, 23–24; http://www.perseus.tufts.edu/hopper/text?doc=Perseus%3Atext

%3A1999.02.0132%3Alife%3Dnero%3Achapter%3D23; and http://www.perseus.tufts.edu/hopper/text?doc=Perseus:abo:phi, 1348,016:24.

20 Andronicos 1993: 10–12, 17–19; D. H. Cline 2016: 190; Gates 2011: 239–40; MacKendrick 1979: 292–93; Scott 2014: 12–24; Zeilinga de Boer and Hale 2002.

21 Andronicos 1993: 7; Scott 2014: 52–63.

22 Gates 2011: 240; Herodotus 1.75.2, 1.91.4; Scott 2014: 83–85; Zeilinga de Boer and Hale 2002; http://www.perseus.tufts.edu/hopper/text?doc=Perseus%3Atex t%3A1999.01.0126%3Abook%3D1%3Achapter%3D75%3Asection%3D2; and http://www.perseus.tufts.edu/hopper/text?doc=Perseus%3Atext%3A1999.01.0126%3Abook%3D1%3Achapter%3D91%3Asection%3D4.

23 見 MacKendrick 1979: 293; Scott 2014: 23–24; Zeilinga de Boer and Hale 2002。

24 Andronicos 1993: 19–20; Dyson 2006: 120–21; MacKendrick 1979: 165; Mulliez 2007: 141; Scott 2014: 267–68; Sheftel 2002; Vogelkoff-Brogan 2014 (引用自 Amandry 1992)。幣值換算是根據 http://www .davemanuel.com/inflation-calculator.php 所做。

25 http://whc.unesco.org/en/list/393.

26 Dyson 2006: 119; MacKendrick 1979: 166; Mulliez 2007: 134–40, 142–44, 153; Scott 2014: 42, 252–67, 269–73.

27 MacKendrick 1979: 167–68; Mulliez 2007: 153–56; Scott 2014: 274–84.

28 Mulliez 2007: 151.

29 Andronicos 1993: 20; Herodotus 1.31 (翻譯可見 http://www.perseus.tufts.edu/hopper/text?doc=Perseus:text:1999.01.0126:book=1:chapter=31); MacKendrick 1979: 166–67, fig. 4.6; Mulliez 2007: 144–46, figs. 23–25; Scott 2014: 67, fig. 3.1.

30 Andronicos 1993: 24–27; Gates 2011: 244, fig. 15.5; MacKendrick 1979: 268–70, fig. 5.18; Mulliez 2007: 147–49, figs. 28–31; Scott 2014: 123.

31 Andronicos 1993: 8–9, 20–21; MacKendrick 1979: 168–69; Mulliez 2007: 144, 147, 150–51; Scott 2014: 158–59, 197–98, 209–11.

32 Mulliez 2007: 144, 147, 151, fig. 21.

33 接下來的段落是根據在數本著作中的地圖所寫，包括 Andronicos 1993: 30–31（亦見 15–19 的討論）以及 Gates 2011: 239。亦見 Scott 2014: 233–35, 291–301, 的描述，以及原始出處 Pausanias 10.8.6–10.17.1 和 10.18.1–10.24.7；後者可見於 http://www.theoi.com/Text/Pausanias10A.html#5。

34 Andronicos 1993: 16; Gates 2011: 243; Scott 2014: 112–13, 128–29, 136–37, 291–92, fig. 6.2; MacKendrick 1979: 172–73.

35 Andronicos 1993: 16–17, 20–24; Gates 2011: 241–42; MacKendrick 1979: 168–70, fig. 4.7; Mulliez 2007: 144; Scott 2014: 105–8, 112–13, figs. 5.2–5.4.

36 Gates 2011: 243; MacKendrick 1979: 170–71; Scott 2014: 128.

37 Andronicos 1993: 8; D. H. Cline 2016: 137; Gates 2011: 243; MacKendrick 1979: 172–73; Scott 2014: 121–22, 240–41, fig. 11.4.

38 Andronicos 1993: 17–19; Gates 2011: 238–39; MacKendrick 1979: 171–72, 290–92; Pausanias 10.5.9–13, http://www.theoi.com /Text/Pausanias10A.html#5; Scott 2014: 93–97, 153–57.

39 Gates 2011: 244; Mulliez 2007: 147; Pausanias 10.7.2–8, http://www.theoi.com/Text/Pausanias10A.html#5; Scott 2014: 73, 124–25, 244.

40 見 Camp 2001; Hurwit 1999; 以及 http://whc.unesco.org/en/list/404。

41 相關描述和討論尤其可見 Camp 1986, 2010。完整的結果發表可以在 Thompson and Wycherley 1972 找到，但只有涵蓋 1970 年代前的發現。

42 Camp 1986, 2010; Dyson 2006: 188–90; Thompson 1983.

43 http://www.ascsa.edu.gr/index.php/news/newsDetails/bruce-on-idig. 關於在龐貝城使用的 iPad，見 http://classics.uc.edu/pompeii/index.php/news/1-latest/142-ipads2010.html, http://www.macworld.com/article/1154717/ipad_archeology_pompeii.html, and https://www.macstories.net/ipad/apple-profiles-researchers-using-ipads-in-pompeii/。

44 Camp 1986: 13; Camp 2010: 30–33; Dyson 2006: 78, 188.

45 Camp 1986: 40–41, 48–57, 77–107, 113–16, 122–50, 156–211. 亦見 Camp 2010: 48–49, 53–61, 66–67, 89–91, 123–28, 176–78; Gawlinski 2014: 13–15, 66–67, 142–43.

46 Camp 1986: 57–59, 107–12; D. H. Cline 2016: 142–43, 185; Gawlinski 2014: 134–42; Thompson 1983.

47 Camp 1986: 66–72; Camp 2010: 95–101; Shear 1984.

48 Shear 1984.

第十二章　羅馬人曾為我們做了什麼？

1 http://www.imdb.com/title/tt0079470/quotes; http://www.epicure.demon.co.uk/whattheromans.html.

2 見 Stanley Price 1991，在各個註腳中有更進一步的參考資料。

3 Stanley Price 1991, esp. 8–9.

4 見 e.g., Gates 2011: 329。

5 Coulston and Dodge 2000: 5; Gates 2011: 329; Laurence 2012: 28–29, 31; McGeough 2004: 54–55; Smith 2000: 18–19.

6 見 e.g., Gates 2011: 329。

7 Packer 1989: 138.

8 Coulston and Dodge 2000: 7–8; Gates 2011: 339; Hopkins and Beard 2005: 171–73;

McFeaters 2007: 51; Packer 1989: 138–39; Perrottet 2005; Petter 2000.

9 Aicher 2000: 119, 134; Connolly and Dodge 1998: 110; Coulston and Dodge 2000: 8; Falasca-Zamponi 1997: 90–99; Fugate Brangers 2013: 125–27; Gates 2011: 340, 349; Guidi 1996: 113–14; MacKendrick 1960: 140, 145–46; McFeaters 2007: 53–54; McGeough 2004: 43–44; Nolan 2005; Olariu 2012; Packer 1989: 139; Painter 2005: xv, 3, 9, 19; Patric 1937; Perrottet 2005.

10 Aicher 2000: 120–21; Fugate Brangers 2013; Guidi 1996: 113–14; Hopkins and Beard 2005: 173–77; MacKendrick 1960: 140, 145–50; McFeaters 2007: 55–57; McGeough 2004: 43–44; Nolan 2005; Olariu 2012; Packer 1989: 139; Packer 1997: 307; Patric 1937; Painter 2005: xvi, 2–12; Perrottet 2005.

11 見 e.g., Hopkins and Beard 2005: 174, ill. 28; MacKendrick 1960: 141, fig. 5.12; Painter 2005: 11–13, 15–16, figs. 1.2–1.8.

12 Claridge 2010: 207–12; Connolly and Dodge 1998: 112; Gates 2011: 352–55; MacKendrick 1960: 160–70; Olariu 2012: 360.

13 Claridge 2010: 207–8, 213; Fugate Brangers 2013: 130–31; Gates 2011: 352; MacKendrick 1960: 156, 160; Nolan 2005; Olariu 2012: 360.

14 Aicher 2000: 124; Claridge 2010: 207–8, 213; Coulston and Dodge 2000: 9; Fugate Brangers 2013: 130–31; MacKendrick 1960: 158–60, 162; Nolan 2005; Olariu 2012: 360, 364; Perrottet 2005.

15 尤其可見 Andersen 2003; Conlin 1997a and b; and Nolan 2005; 也可見 Aicher 2000: 124; Claridge 2010: 207–8, 213; Coulston and Dodge 2000: 9; Fugate Brangers 2013: 130–31; MacKendrick 1960: 158–60, 162; Olariu 2012: 360, 364; Perrottet 2005.

16 Claridge 2010: 171–74, fig. 64; Hopkins and Beard 2005: 26–28; Kingsley 2006: 203, 205, 216–17.

17 Claridge 2010: 173, fig. 65; Coulston and Dodge 2000: 355–57, with further references; Kingsley 2006: 205, 207–208; MacKendrick 1960: 138, 226–30.

18 Josephus, *Jewish War*, 6.6.317.

19 Claridge 2010: 171–72; Gates 2011: 383–84; Hopkins and Beard 2005: 26–29; Kingsley 2006: xiii, 95, 203, 217–19, 267–69; MacKendrick 1960: 235–36.

20 Claridge 2010: 121–23; MacKendrick 1960: 235–36.

21 http://yu.edu/cis/activities/arch-of-titus/; Fine 2013; Povoledo 2012. 關於古代的彩繪，見 e.g., Fine 2013; Gurewitsch 2008; Pazanelli, Schmidt, and Lapatin 2008。

22 見 http://yu.edu/cis/activities/arch-of-titus/; Fine 2013; Povoledo 2012; http://romereborn.frischerconsulting.com。

23 Piening 2013. 亦見 Fine 2013; Povoledo 2012; http://yu.edu/cis/activities/arch-of-titus/。

24 Coleman 2000: 231; Connolly and Dodge 1998: 192–93; Dunkle 2008: 256–58; Hopkins and Beard 2005: 2–3, 21, 34–35, 163; MacKendrick 1960: 194, 224, 231–35.

25 Bahn 2009: 71; Connolly and Dodge 1998: 117–18; Gates 2011: 375–77, 386; Hopkins and Beard 2005: 28–31; MacKendrick 1960: 189–94, 224, 230; McGeough 2004: 218, 220.

26 Bahn 2009: 71; Binnie 2014; Connolly and Dodge 1998: 117–18; Kington 2009; MacKendrick 1960: 189–94, 224, 230; McGeough 2004: 35–36.

27 Feldman 2001: 23–24.

28 後續段落的討論見 Alföldy 1995 以及 Feldman 2001。亦見 Coleman 2000: 229–30; Dunkle 2008: 259; Hopkins and Beard 2005: 32–34; Johnston 2001。

29 Coleman 2000: 231–35, 238–39; Connolly and Dodge 1998: 190–208; Dunkle 2008: 260–63; Futrell 2006: 62, 65–66, 79–80, 113–14, 221; Gates 2011: 385–87; Hopkins and Beard 2005: 2, 12–13, 122–35; MacKendrick 1960: 194, 224, 231–35; McGeough 2004: 218.

30 引用自拜倫的《曼弗雷德》，載於 Hopkins and Beard 2005: 3–5 和 Dunkle 2008: 285。其他作者的額外參考資料亦見 Hopkins and Beard 2005: 7–12 和 Dunkle 2008: 285–87。

31 Coleman 2000: 234; Connolly and Dodge 1998: 199–202, 207–8; Dunkle 2008: 278–79; Hopkins and Beard 2005: 94, 100, 136–38; MacKendrick 1960: 233–35.

32 Coleman 2000: 238; Hopkins and Beard 2005: 42–43, 51; McGeough 2004: 218.

33 Coleman 2000: 239; Connolly and Dodge 1998: 190, 192; Dunkle 2008: 279–85; Hopkins and Beard 2005: 2–3, 103–5, 160–62, 164–71; MacKendrick 1960: 230.

34 Bomgardner 2001; Chase 2002; Welch 2007.

35 Packer 1989: 140. See also Painter 2005: xv.

36 Packer 1989: 141; Packer 1997: 307. 不同的討論亦見 Connolly and Dodge 1998; Hopkins and Beard 2005; and MacKendrick 1960。

37 Guidi 1996: 113; McFeaters 2007: 57–58; Packer 1989: 141; Packer 1997: 307.

38 Díaz-Andreu and Champion 1996: 3. 關於更多的案例，可見他們編纂的著作中的各個篇章，以及每一章的參考書目。

39 Díaz-Andreu and Champion 1996: 3.

40 Díaz-Andreu and Champion 1996: 2–4, 7–9, 21; Guidi 1996: 109–10, 113–14; McFeaters 2007: 50–51, 58–59; Painter 2005: 4–5. 亦見 McGeough 2004: 43。

41 相關討論可見 Díaz-Andreu and Champion 1996: 10–11, 14–15; Guidi 1996; McFeaters 2007; and Painter 2005。

42 見 Cline 2004 我在每章開頭和結尾的討論。

挖深一點，之二　你怎麼知道要怎麼挖？

1 亦見 Fagan and Durrani 2014: 160–61 的討論，附有工具的詳細清單。

2 Fagan and Durrani 2014: 88.

3 Ibid., 89.

4 Ibid., 158–60.

5 Ibid., 156–58.

6 Bahn 2008: 57; Fagan 2014: 139（Garry J. Shaw 所寫關於皮特里的詞條）。

7 Fagan and Durrani 2014: 88, 98–100, 103; 亦見 Bahn 2008: 56–57; Fagan 2014: 139（Garry J. Shaw 所寫關於皮特里的詞條）; Hallote 2006: 154–55, 181。

8 Fagan and Durrani 2014: 88, 102–3; 亦見 Bahn 2008: 56–57; Fagan 2014: 139; Hallote 2006: 154–55, 181。

9 見 e.g., Fagan 2014: 139（Garry J. Shaw 所寫關於皮特里的詞條）。

10 Bahn 2008: 61; Fagan 2003: 144–47; Fagan and Durrani 2014: 90; 亦見 Martin Carver 在 Fagan 2014: 152–56 關於威勒的詞條。

11 見 http://www.harrismatrix.com/。

12 Bahn 2008: 74–75; Fagan 2003: 140–43; 亦見 Miriam C. Davis 在 Fagan 2014: 220–23 關於肯揚的詞條。

第十三章　發掘哈米吉多頓

1 Davies 1986; Kempinski 1989.

2 這所有戰役的完整討論見 Cline 2000，其中包括在《啟示錄》中描述的這場戰役的更完整探討。

3 見 Cline 2000 的討論。

4 見 Cline 2009 的全面討論。

5 關於雅丁，見 Silberman 1993。

6 相關的討論亦可見 Cline 2009。

7 Finkelstein and Ussishkin 1994; Silberman, Finkelstein, Ussishkin, and Halpern 1999.

8 Cline 2006; Cline and Samet 2013.

9 Gadot and Yasur-Landau 2006.

10 見 e.g., Harrison 2003。

11 見 Cline 2011，有更進一步的討論並額外提及其他理論和假設。

12 Cline and Sutter 2011: 159–90.

13 見 e.g., Fox 1993; Schofield, Johnson, and Beck 2002; Scott, Babits, and Haecker 2007; 以及 Pollard 2007: 218–22。

14 Cline and Sutter 2011: 159–90.

15 Hasson 2012; https://english.tau.ac.il/news/tel_megido.

16 Adams, David, and Tepper 2014; Ben Zion 2015b; Pincus, DeSmet, Tepper, and Adams 2013. 亦見 http://mfa.gov.il/MFA/IsraelExperience/History/Pages/Roman-legion-camp-uncovered-at-Megiddo-9-Jul-2015.aspx。

第十四章　聖經出土

1 關於古卷見 Cline 2009: 91–97; Davies, Brooke, and Callaway 2002; Fields 2006; Lim 2006; Magness 2002; Pollard 2007: 158–61; Shanks 1992, 1998。

2 關於昆蘭本身，見 e.g., Cargill 2009; Cline 2009: 93–94; Magness 2002。

3 Magness 2002: 25–26.

4 見 http://www.deadseascrolls.org.il/learn-about-the-scrolls/discovery-and-publication?locale=en_US.; http://gnosis.org/library/dss/dss timeline.htm。亦見 Fields 2006 的詳盡敘述，以及 Lim 2006 的描述。

5 見 http://www.deadseascrolls.org.il/learn-about-the-scrolls/discovery-and-publication?locale=en_US。

6 見 e.g., Allegro 1960; McCarter 1992; Wolters 1996。

7 接續的翻譯可見 García Martínez 1996: 461。

8 見 e.g., Neese 2009。

9 Yadin 1985; 亦見 White Crawford 2000; Wise 1990。

10 見 e.g., Shanks 2010 以及過去幾期《聖經考古學評論》（*Biblical Archaeology Review*）的無數篇文章。

11 Chandler 1991.

12 Abegg, Flint, and Ulrich 1999: 213–14.

13 見 Vanderkam and Flint 2002: 115–16。亦見 Abegg, Flint, and Ulrich 1999: 214。

14 Bahn 2000: 58–59; Moorey 1988.

15 Aharoni 1962; Harris 1998; Yadin 1971.

16 Freund and Arav 2001; Harris 1998; Saldarini 1998; Yadin 1971, esp. chapters 5–10; 亦見 Freund 2004。

17 Freund and Arav 2001; Yadin 1971: 124–39.

18 Freund and Arav 2001; Harris 1998; Saldarini 1998; Yadin 1971, chapter 16.

19 Harris 1998.

20 若有興趣的讀者，*The Dead Sea Scrolls Bible* 記錄了死海古卷中找到的額外內容，並用附註在希伯來聖經傳統文本的註腳形式呈現；見 Abegg, Flint, and Ulrich 1999。至於到了 2012 年，也有個網站囊括了幾乎所有卷軸和碎片的數位影像，詳見 http://www .deadseascrolls.org.il/?locale=en_US。若無法使用網路，或想閱讀

實體書的讀者，多數古卷的譯本可見於 García Martinez 1996 或 Vermes 1998。

第十五章　馬撒達謎團

1 Yadin 1966. 亦見 Snapes 在 Bahn 1995: 158–59 的摘要。
2 Ben-Yehuda 1995, 2002.
3 Ben-Tor 2009.
4 Ben-Tor 2009: 309; http://whc.unesco.org/en/list/1040.
5 Yadin 1966: 13–14.
6 Ibid.
7 Ibid., 19–29.
8 Ibid., 37.
9 Ibid., *passim*.
10 Ibid., 88.
11 Ibid., 54, 64, 98, 108–9, 168–71.
12 Yadin 1966.
13 Magness 2012: 215.
14 Josephus, *The Jewish War*, 7.8; 接續的翻譯可見 Whiston 1999: 927。
15 Ibid.
16 Yadin 1966: 126.
17 Josephus, *The Jewish War*, 7.8; 接續的翻譯可見 Whiston 1999: 926。
18 Ibid., 928.
19 Ibid., 928–29.
20 Ibid., 929.
21 Josephus, *The Jewish War*, 7.9; 接續的翻譯可見 Whiston 1999: 933。
22 Josephus, *The Jewish War*, 3.7.3–3.8.9; 接續的翻譯可見 Whiston 1999: 784–97。
23 Yadin 1966: 171–79.
24 Yadin 1966: 54, 193, 197; Ben-Tor 2009: 299–307.
25 Ben-Tor 2009: 305.
26 Yadin 1966: 54.
27 Ibid.
28 Yadin 1966: 197, 201.
29 Ben-Tor 2009: 304.
30 Ben-Tor 2009: 309.
31 見 e.g., Kohl and Fawcett 1995; Meskell 1998。

第十六章　沙漠之城

1 Eigeland 1978; Matthiae 1981, 2013; 亦見 Edens in Bahn 1995: 148–49.

2 Eigeland 1978.

3 Eigeland 1978.

4 Plaut 1978; also Vicker 1979: 1; Bermant and Weitzman 1979: 1–13.

5 O'Toole 1979: A18.

6 Pettinato 1981, 1991; Shanks 1980.

7 Chivers 2013.

8 Barnard 2015; Hutcherson 2015; Melvin, Elwazer, and Berlinger 2015; Smith-Spark 2015; 亦見 http://www.reuters.com/article/2015/08/18 /us-mideast-crisis-archaeology-idUSKCN0QN24K20150818; http://www.huffington post.com/entry/isis-beheads-archeologist-palmyra_55d3a125e4b055a6dab1da13? kvcommref=mostpopular。

9 Turner 2016.

10 http://whc.unesco.org/en/list/23. 主要關於帕米拉的著作有 Browning 1979 和 Stoneman 1992，以及近期的 Smith 2013。

11 http://whc.unesco.org/en/list/326; 該遺址在 1985 年列入聯合國教科文組織世界遺產遺址。關於該遺址的入門著作有 Amadasi and Schneider 2002; Browning 1973; and Taylor 2002。

12 http://world.new7wonders.com/?n7w-page=new7wonders-of-the-world.

13 Lawler 2007; Pollard 2007: 36.

14 Pollard 2007: 36.

15 Pollard 2007: 34–39.

16 Carlsen 2016: 94–106; Stephens 1970: xxxii–xxxiii.

17 *Petra*, by John Burgon (1813–1888); Stephens 1970: xl.

18 http://www.deseretnews.com/article/25740/U-PROFESSOR-WILL-LEAD-EXPEDITION-TO-PETRA.html?pg=all.

19 http://www.biblicalarchaeology.org/daily/archaeology-today/archaeologists-biblical-scholars-works/philip-c-hammond-1924–2008/; http://www.biblicalarchaeology.org/daily/archaeology-today/biblical-archaeology-topics/scholarship-winners-speak-up/.

20 Stephens 1970: xxxiii, 254–56.

21 Browning 1973: 118–19.

22 Browning 1973: 90–97.

23 http://proteus.brown.edu/483/Home.

24 Bohstrom 2016; Lawler 2007; https://petragardenexcavation.wordpress.com/project-history-2/.

25 https://acorjordan.wordpress.com/2015/08/01/petra-papyri/.

26 Browning 1973: 118–19, 188–89.

挖深一點，之三　這東西有多老，又為什麼能留存至今？

1 關於本章涵蓋的許多素材的簡要討論，見 Fagan and Durrani 2014: 96–118（第七章）。

2 見 e.g., Aitken 1990; Fagan and Durrani 2014: 111–17; Taylor and Aitken 1997。

3 Fagan and Durrani 2014: 111–12.

4 見 e.g., http://www.physlink.com/Education/AskExperts/ae403.cfm 的解釋，網站上寫著「要判斷一個樣本中總共含有多少碳原子相當容易，只要考慮它的重量和化學組成」。

5 Manning et al. 2009.

6 關於放射性碳定年法用於學術討論的一個例子，可見e.g., Levy and Higham 2014。

7 見 Fagan and Durrani 2014: 108–111; 以及 e.g., Baillie 2014，附有更早期的參考資料。

8 http://news.bbc.co.uk/2/hi/uk_news/scotland/edinburgh_and_east/8058185.stm.

9 Ibid.

10 Manning et al. 2009.

11 Bahn 1995: 178–79; Pollard 2007: 199–203.

12 Portal 2007: 15, 18, 21.

13 Bahn 1995: 178–79; Portal 2007: 15, 18, and *passim*. 亦見 http://science.nationalgeographic.com/science/archaeology/emperor-qin/。

14 引用自 http://www.britishmuseum.org/PDF/Teachers_resource_pack_30_8a.pdf.

15 Bahn 1995: 178–79.

16 Bahn 1995: 178.

17 http://news.bbc.co.uk/2/hi/asia-pacific/8676886.stm; http://news.nationalgeographic.com/news/2012/06/pictures/120620-terra-cotta-warriors -china-new-army-shield-armor-science/.

18 Yan et al. 2014; http://www.eurekalert.org/pub_releases/2014–08/scp-ss2080114.php.

19 Bahn 1995: 179.

20 http://www.britishmuseum.org/PDF/Teachers_resource_pack_30_8a.pdf; http://science.nationalgeographic.com/science/archaeology/emperor-qin/.

21 Russon 2014; http://www.chinadaily.com.cn/china/2006–07/31/content_653375.htm.

22 Moskowitz 2012; http://www.britishmuseum.org/PDF/Teachers_resource_pack_30_8a.pdf.

23 見 Fagan and Durrani 2014: 62–69。

24 她後續又出版了一本相關著作（Barber 1999），梅爾亦然（Mallory and Mair 2000）。亦見 Hudson in Bahn 1996c: 152–53。

25 Demick 2010; Wade 2010; 亦見 Hudson in Bahn 1996c: 152–53; http://factsanddetails.com/asian/cat62/sub406/item2567.html。

26 Demick 2010; Wade 2010; 亦見 Hudson in Bahn 1996c: 152–53; http://factsanddetails.com/asian/cat62/sub406/item2567.html。

27 Bahn 1995: 84–85, 1996c: 140–45; Fagan and Durrani 2014: 68, 302–3; Pollard 2007: 232–35; Scarre in Fagan 2007a: 40–41; and http://www .iceman.it/en/oetzi-the-iceman; 亦見 http://factsanddetails.com/world /cat56/sub 362/item1496.html#chapter-0。

28 Bahn 1996c: 140–45. 關於最初發現後數年內的故事，見 Spindler 1995，由負責初期科學研究的考古學家所著。

29 見 http://www.iceman.it/en/oetzi-the-iceman，附有更多參考資料；以及 http://factsanddetails.com/world/cat56/sub362/item1496 .html#chapter-0。

30 見 http://www.iceman.it/en/oetzi-the-iceman，附有更多參考資料；以及 http://factsanddetails.com/world/cat56/sub362/item1496 .html#chapter-0。

31 Bahn 1996c: 140–45. 見 http://www.iceman.it/en/oetzi-the-iceman，附有更多參考資料；http://factsanddetails.com/world/cat56/sub362/item1496.html#chapter-0。關於鍶同位素分析精湛而簡要的解釋，可見 http://archive.archaeology.org/0705/abstracts/isotopes.html。

32 亦見 http://www.iceman.it/en/oetzi-the-iceman，附有更多參考資料；以及 http://factsanddetails.com/world/cat56/sub362/item1496.html#chapter-0。

33 Barzilay 2016，就 Maixner et al. 2016 在《科學》期刊上發表的一篇文章提出報告。亦見 Rosen 2016; http://www.pbs.org /wgbh/nova /next/body/ancient-icemans-h-pylori-genome-hints-at-ancient -migrations -to-europe/; and http://www.eurekalert.org/pub_releases/2016–01/eaob-pfi122915.php。

34 關於歐洲人的遷徙，見 e.g., Cooper and Haak 2015，附有在《科學》和《自然》上發表的原始文章的參考出處；關於理查三世，見 e.g., Kennedy 2014 and Sample 2015，對 King et al. 2014 最初的著作提出報告。

35 Samadelli et al. 2015; Scallan 2015; 以及 http://www.iceman.it/en/tattoos; http://www.celebritytattoodesign.com/brad-pitt-tattoos。

36 http://factsanddetails.com/world/cat56/sub362/item1496.html#chapter-0.

37 見 http://www.iceman.it/en/oetzi-the-iceman，附有更多參考資料；以及 http://factsanddetails.com/world/cat56/sub362/item1496.html#chapter-0。

38 Bogucki in Bahn 1995: 156–57; Bogucki in Bahn 1996c: 146–51; Liesowska 2014;

Pollard 2007: 236–39; Polosmak 1994; 以及 http://siberian times.com/culture/others/features/siberian-princess-reveals-her-2500-year -old-tattoos/。亦見 Hall 2015; Mayor 2014 的討論。

39 Bogucki in Bahn 1995: 156–57; Bogucki in Bahn 1996c: 146–51; Liesowska 2014; Pollard 2007: 236–39; Polosmak 1994. 亦見 http://siberiantimes.com/culture/others/features/siberian-princess-reveals-her-2500-year-old-tattoos/.

40 http://www.nationalgeographic.com/explorers/bios/johan-reinhard/; Schreiber in Bahn 1996c: 160–61.

41 Reinhard 2005.

42 Clark 1998; Reinhard in Fagan 2007a: 100–5; Schreiber in Bahn 1996c: 160–61.

43 Fagan and Durrani 2014: 63–64; Kaner in Bahn 1996c: 164–69; Tarlow in Bahn 1995: 114–15; see, e.g., Aldhouse-Green 2015 and Glob 2004.

44 Kaner in Bahn 1996c: 164–69; Pollard 2007: 212–17; Tarlow in Bahn 1995: 114–15; http://www.britishmuseum.org/explore/highlights/highlight_objects/pe_prb/l/lindow_man.aspx.

45 Kaner in Bahn 1996c: 164–69; Tarlow in Bahn 1995: 114–15; http://www.britishmuseum.org/explore/highlights/highlight_objects /pe_prb/l/lindow_man.aspx.

46 Fagan and Durrani 2014: 63–64; Kaner in Bahn 1996c: 164–69; Tarlow in Bahn 1995: 114–15; http://www.tollundman.dk.

47 http://abcnews.go.com/Technology/story?id=119824.

48 Ballard 2008; Krause 2000; Søreide 2011. 亦見 http://www.nationalgeographic.com/blacksea/index.html。

49 見 Ballard 2008; Krause 2000; Ryan and Pittman 1998; Søreide 2011。亦見 http://www.nationalgeographic.com/blacksea/index.html。

50 Pollard 2007: 154–57; Tarlow in Bahn 1995: 128–31. 長達一部書的描述可見 e.g., Bruce-Mitford 1979 和 Williams 2011。

51 Pollard 2007: 154–57; Tarlow in Bahn 1995: 128–31.

52 Ibid.

53 Ibid.

54 Ibid.

55 Ibid.

56 Ibid.

57 Cohen 2011; Kennedy 2011; Ravilous 2012.

58 Ibid.

59 Ibid.

第十七章　沙中的線條，空中的城市

1 Von Däniken 1968.

2 Ibid., 17.

3 http://www.daniken.com/e/index.html.

4 http://www.swissinfo.ch/eng/closure-of-mystery-park-is-no-enigma/5576928.

5 Dearden 2014.

6 Ruble 2014.

7 見 Feder 2013; Hall 2010; Pollard 2007: 158–61; Reinhard 1988; Schreiber in Bahn 1995: 208–9。

8 Hall 2010; http://whc.unesco.org/en/list/700.

9 http://science.nationalgeographic.com/science/archaeology/nasca-lines/.

10 見 e.g., Moran 1998，附有 von Däniken 所寫的前言，引用於 http://www.jasoncolavito.com/blog/the-nazca-astronaut-a-fishy-story。

11 見 http://www.jasoncolavito.com/blog/the-nazca-astronaut-a-fishy-story，引用了 Reiche 1949。

12 http://ancientaliensdebunked.com/the-nazca-astronautowlman-or-fisherman/.

13 Kroeber and Collier 1998.

14 Hall 2010; Reiche 1949; http://old.dainst.org/en/nasca?ft=all.

15 Hall 2010.

16 過去在肯塔基大學（University of Kentucky）任職的 Joe Nickell 創造了一幅真實大小、實驗性的納斯卡線複製畫，僅用繩索、木樁和一點數學運算就辦到了；見 http://www.joenickell.com/NascaGeoglyphRecreator/NascaGeoglyphRec1.html。亦見 Feder 2013，引用於 Hamilton 2008: 23–26。

17 Alva and Donnan 1993; Schreiber in Bahn 1995: 226–27; Schreiber in Bahn 1996c: 118–21.

18 Alva and Donnan 1993: 13.

19 Alva and Donnan 1993: 13–14, 24.

20 Alva and Donnan 1993: 23–24.

21 Alva 1988: 510–48; 亦見 Alva 1990: 2–15; Alva and Donnan 1993; and http://archaeology.about.com/od/moche culture/ig/New-Elite-Moche-Burial/Tomb-of-Lord-of-Sipan-.htm。此外，關於較晚期的發現可見 Wilford 2006; http://www.nytimes.com/2001/02/16/science /16reuters -archaeo.html。

22 不過，要留意的是據傳的埋葬人數眾說紛紜；見 e.g., http://www.world-archaeology.com/features/tombs-of-the-lords-of-sipan.htm，裡頭描述除了主要埋葬的遺體之外，共有8人陪葬。

23 http://archaeology.about.com/od/mocheculture/ig/New-Elite-Moche-Burial/Moche-Sacrifice-Ceremony.htm#step-heading，引用自 Alva and Donnan 1993 等資料。關於莫切文明及其藝術，亦見 Donnan 1978, 1990; Donnan and McClelland 1999; Long 1990。

24 http://whc.unesco.org/en/list/274.

25 見 e.g., Burger and Salazar 2004; Reinhard 2007; 亦見 Pollard 2007: 122–27; Schreiber in Bahn 1995: 238–39。

26 見 http://www.archaeology.org/news/3730–151001-machu-picchu-dna。

27 Adams 2011.

28 Bingham 1913.

29 Bingham 1922, 1979, 2003.

30 http://www.npr.org/2010/12/15/132083890/yale-returns-machu-picchu-artifacts-to-peru; http://www.carnegiemuseums.org/cmag/bk_issue/2003 /sepoct/feature1.html; http://www.pirwahostelscusco.com/blog/hostels/new-machu-picchu-exhibit-opens-in-cusco-showcasing-yale-artifacts/; http://www.cultureindevelopment.nl/News/Heritage_the_Americas/654/Machu_Picchu,_Yale,_and_the_world_stage.

31 Ibid.

第十八章　巨頭、羽蛇神與金雕

1 Cooper-White 2015; Mejia 2015; Shaer 2016; Sullivan 2014; 以及 http://www.thedailybeast.com/articles/2015/05/09/the-mysteries-of-teotihuacan.html。

2 Cooper-White 2015; Mejia 2015; Shaer 2016; Sullivan 2014; 以及 http://www.bbc.com/news/world-latin-america-29828309; http://www.thedailybeast.com/articles/2015/05/09/the-mysteries-of-teotihuacan .html; http://hds.harvard.edu/news/2015/10/02/exploring-ancient-city-teotihuacan#; http://phys.org/news/2013–04-robot-chambers-ancient-mexico-temple.html。亦見以下影片：https://www.youtube.com/watch?v=iCJM_5dOMSE&feature=youtu.be; https://www.youtube.com/watch?v=C8ZEKp85dwk&feature=youtu.be; https://www.youtube.com/watch?v=kksFtR9dEF4&feature=youtu.be。

3 Diehl 2004: 9, 11; Grove 2014: 183; Pool 2007: 7, fig. 1.4; Stone in Bahn 1995: 206–7.

4 尤其可見 Stirling 1939, 1940, 1941, 1947。亦見 Michael D. Coe 在 Fagan 2014: 115–18 關於史特靈的詞條；以及 Stone in Bahn 1995: 206–7。

5 Grove 2014: 1–2, 6; Pool 2007: 1, 35.

6 Grove 2014: 1–2, 6, 21; Pool 2007: 1–3, 250–51, fig. 1.1.

7 Diehl 2004: 13–15.

8 Diehl 2004: 14; Grove 2014: 2–3, fig. 1.1; Pool 2007: 5, fig. 1.3.

9 Blom and La Farge 1926–27; Grove 2014: 5–16; Pool 2007: 36–38; Stone in Bahn 1995: 206–7.

10 地圖可見 Diehl 2004: 1; Grove 2014: 3, fig. 1.1; Pool 2007: 5, fig. 1.3。

11 Grove 2014: 17–30; Pool 2007: 40–44; Stone in Bahn 1995: 206–7.

12 Grove 2014: 13–16, 31–36; Pool 2007: 44.

13 Grove 2014: 33–36 and figs. 4.1–4.2. 見 Stirling 1940。電視節目《遠古外星人》的其中一集是以奧爾梅克頭像為主題，在其中討論它們所戴的是否為飛行頭盔；見 2012 年第 4 季第 1 集。

14 Diehl 2004: 60–82; Grove 2014: 37–49; Pool 2007: 1.

15 Grove 2014: 50–55. 關於在不同的奧爾梅克遺址找到的 17 座頭像，見 Pool 2007: 106–7 and fig. 4.3。

16 Diehl 2004: 16, 27–28; Grove 2014: 80–89, 104–15, 151–60; Pool 2007: 50–52.

17 Stone in Bahn 1995: 206–7.

18 De Rojas 2012: 5–6; Draper 2010: 110–35; Smith 2003: 4, 36.

19 Bahn 2009: 154–55; Smith 2003: 43–55; Stone in Bahn 1995: 236–37.

20 Bahn 2009: 154–55.

21 De Rojas 2012: 56.

22 Atwood 2014; Bahn 2009: 154–55; de Rojas 2012: 56–62; Stone in Bahn 1995: 236–37.

23 Bahn 2009: 154–55; Stone in Bahn 1995: 236–37.

24 Draper 2010: 110–35; Lovgren 2006.

25 Draper 2010: 110–35.

26 Ibid.

27 Ibid.

28 http://whc.unesco.org/en/list/414.

29 http://science.nationalgeographic.com/science/archaeology/teotihuacan-/. 注意有些版本的年代不同：http://whc.unesco.org/en/list/414。

30 Naughton 2015; see also Bahn 2009: 138–39; Fagan and Durrani 2014: 290–92; Meyer 1973b; http://whc.unesco.org/en/list/414.

31 http://whc.unesco.org/en/list/414.

32 Bahn 2009: 138–39; http://www.utexas.edu/cofa/art/347/teotihuacan.htm.

33 Stone in Bahn 1995: 228–29; Bahn 2009: 138–39; http://www.utexas.edu/cofa/art/347/teotihuacan.htm.

34 Cooper-White 2015; Mejia 2015; Sullivan 2014; http://www.bbc.com/news/world-latin-america-29828309; http://www .thedailybeast.com/articles/2015/05/09/the-mysteries-

of-teotihuacan.html; http://hds.harvard.edu /news/2015/10/02/exploring-ancient-city-teotihuacan#; http://phys.org/news/2013–04-robot-chambers-ancient-mexico-temple.html. 亦見以下影片：https://www.youtube.com/watch?v=iCJM_5dOMSE&feature=youtu.be; https://www.youtube.com/watch?v=C8ZEKp85dwk&feature=youtu.be; https://www.youtube.com/watch?v=kksFtR9dEF4&feature=youtu.be。

35 Millon 1964, 1973; Millon, Drewitt, and Cowgill, 1973; 可見 http://humanitieslab.stanford.edu/teotihuacan/1497。

36 Bahn 2009: 138–39; Fagan and Durrani 2014: 27, 290–92.

第十九章　潛艇與殖民者；金幣與鉛彈

1 Amer 2002: 137–39; Cussler 2011; http://www.hunley.org; http://news.nationalgeographic.com/news/2001/03/0321_hunleyfind.html. 有許多關於漢利號的描述，包括 Chaffin 2008; Hicks 2015; Hicks and Kropf 2002; Neyland in Fagan 2007a: 220–23; Ragan 1999, 2006; and Walker 2005。

2 Gast 2014; http://www.hunley.org; http://futureforce.navylive.dodlive.mil/2014/10/how-did-hunleys-crew-die/.

3 Fagan and Durrani 2014: 358; http://www.nps.gov/history/local-law/FHPL_AbndShipwreck.pdf.

4 Gast 2014. 注意在 Amer 2002: 138 指出漢利號失而復得的日期是 2001 年 8 月 8 日。

5 Amer 2002: 138; http://www.scstatehouse.gov/code/t54c007.php.

6 Gast 2014.

7 David L. Conlin (personal communication, July 18, 2016) ; Conlin and Russell 2006; Gast 2014; http://www.achp.gov/docs/Section106SuccessStory_HLHunley.pdf; http://news.nationalgeographic.com/news/2001/03/0321_hunleyfind.html; http://usatoday30.usatoday.com/news/nation/2001–03–21-hunley.htm.

8 http://hunley.org/main_index.asp?CONTENT=press&ID=126; http://www.navy.mil/submit/display.asp?story_id=15458.

9 Amer 2002: 138; Gast 2014; http://www.civilwarnews.com/archive/articles/hunley_study.htm; http://hunley.org/main_index.asp?CONTENT= press&ID=114.

10 見 Conlin and Russell 2006; http://www.achp.gov/docs/Section106SuccessStory_HLHunley.pdf。

11 Pringle 2011; Taylor 2011.

12 http://www.nps.gov/jame/learn/historyculture/pocahontas-her-life-and-legend.htm.

13 接下來的資訊是根據凱爾索 2007 年關於他在詹姆斯鎮發掘的文章所寫，發表於 Fagan 2007a: 172–75。亦見 Fagan and Durrani 2014: 8; Kelso 2008; Kelso and

Straube 2004。

14 見 Kelso in Fagan 2007a: 172–75。

15 見 Epstein 2015 and O'Brien 2015，以下的資訊是取自於此。

16 見 Epstein 2015 and O'Brien 2015。

17 http://historicjamestowne.org/july-2015/.

18 見 Epstein 2015 and O'Brien 2015。

19 http://historicjamestowne.org/archaeology/chancel-burials/founders/gabriel-archer/; http://historicjamestowne.org/archaeology/chancel -burials/founders/robert-hunt/.

20 http://historicjamestowne.org/archaeology/chancel-burials/founders/william-west/; http://historicjamestowne.org/archaeology/chancel-burials/founders/ferdinando-wainman/.

21 http://smithsonianscience.si.edu/2013/05/forensic-analysis-of-17th-century-human-remains-at-jamestown-va-reveal-evidence-of-cannibalism/; https://www.youtube.com/watch?v=FGcN9_Gd5zQ.

22 http://smithsonianscience.si.edu/2013/05/forensic-analysis-of-17th-century-human-remains-at-jamestown-va-reveal-evidence-of-cannibalism/; https://www.youtube.com/watch?v=FGcN9_Gd5zQ.

23 http://smithsonianscience.si.edu/2013/05/forensic-analysis-of-17th-century-human-remains-at-jamestown-va-reveal-evidence-of-cannibalism/.

24 https://www.youtube.com/watch?v=FGcN9_Gd5zQ.

25 http://smithsonianscience.si.edu/2013/05/forensic-analysis-of-17th-century-human-remains-at-jamestown-va-reveal-evidence-of-cannibalism/; http://historicjamestowne.org; http://anthropology.si.edu/writteninbone/about_exhibit.html.

26 Pollard 2007: 240–43; http://nmnh.typepad.com/100years/2012/10/the-9000-year-old-kennewick-man.html.

27 Fagan and Durrani 2014: 358; http://www.nps.gov/nagpra/MANDATES/INDEX.HTM.

28 Kroeber 2011.

29 Pope 1923.

30 Bower 2002; 這個故事後來成為一本書的主題：Starn 2004。

31 Preston 2014; http://www.burkemuseum.org/kman/. 關於這則傳說故事最初部分的概述，可見 Chatters 2002 和 Thomas 2001。

32 Callaway 2015; http://www.burkemuseum.org /kman/; http://nmnh.typepad.com/100years/2012/10/the-9000-year-old-kennewick-man.html.

33 關於後續的爭議，見 Callaway 2015; Gerianos 2016; Mapes 2016a, b; Owsley and Jantz 2014; Preston 2014; Rasmussen et al. 2015; Zimmer 2016。 亦 見 http://www.

burkemuseum.org/kman/。

34 http://whc.unesco.org/en/list/353; http://www .nps.gov/chcu/index.htm; http://www.learner.org/interactives/collapse/chacocanyon.html. 亦見 Fagan 2005; Fagan and Durrani 2014: 348–50; Lekson 2006, 2007; Vivian and Hilpert 2012。

35 Fagan and Durrani 2014: 348–50; http://www.nps.gov/chcu/planyourvisit/pueblo-bonito.htm; http://www.nps.gov/chcu/index.htm; https://www.crowcanyon.org/EducationProducts/peoples_mesa_verde/pueblo_II_bonito escalante.asp; https://www.crowcanyon.org/EducationProducts/peoples_mesa_verde /pueblo_II_overview.asp.

36 http://www.nps.gov/chcu/faqs.htm; http://www.nps.gov/chcu/planyourvisit/pueblo-bonito.htm. See also Fagan 2005; Fagan and Durrani 2014: 348–50; Lekson 2006, 2007; Monastersky 2015; and Vivian and Hilpert 2012.

37 http://www.nps.gov/meve/index.htm.

38 http://whc.unesco.org/en/list/27; http://www.nps .gov/meve/index.htm; http://www.nps.gov/meve/learn/historyculture/cliff_palace_preservation.htm; http://www.nps.gov/meve/learn/historyculture/places.htm.

39 http://whc.unesco.org/en/list/198.

40 Hodges 2011; http://whc.unesco.org/en/list/198; http://cahokiamounds.org/explore/.

41 http://whc.unesco.org/en/list/198; 亦見 Hodges 2011。

42 Hodges 2011; http://whc.unesco.org/en/list/198.

43 http://www.history.org; http://www.mountvernon.org/resear ch-collections/archaeology/.

44 見 Fagan and Durrani 2014: 392–93。

45 http://www.crowcanyon.org.

46 http://www.caa-archeology.org.

47 https://www.archaeological.org/fieldwork/afob.

挖深一點，之四　找到的東西你可以自己留著嗎？

1 見 e.g., Anderson 2016, Atwood 2006; Cuno 2010, 2012; Felch and Frammolino 2011; Meyer 1973a; Roehrenbeck 2010; Watson and Todeschini 2006; Waxman 2009。亦見 Bering 2016，和 http://content.time.com/time/specials/packages/completelist/0,29569,1883142,00.html，可見《時代雜誌》的「十大遭竊遺物」清單；以及 http://www.theguardian.com /artanddesign/2016/may /08/greece-international-justice-regain-parthenon-marbles-uk，一篇近期關於埃爾金大理石浮雕的文章。

2 Fagan and Durrani 2014: 20–22. 亦見 Curry 2015; Dubrow 2014; Mueller 2016; Romano 2015; Romey 2015; Vance 2015.

3 Casana 2015; http://www.cnn.com/2015/03/09/world/iraq-isis-heritage/.

4 Parcak et al. 2016.

5 Bogdanos 2005. 亦見 Emberling and Hanson 2008; Rothfield 2008a。

6 Ibid.

7 見 e.g., Andrews 2003; Emberling and Hanson 2008。

8 George 2016.

9 Al-Rawi and George 2014; George 2016.

10 Horowitz, Greenberg, and Zilberg 2015; Pearce and Wunsch 2014; 亦見 Abraham 2011。新聞報導、評論和討論可見 Baker 2015; Ben Zion 2015a; Hasson 2015; 以及 http://lawrenceschiffman .com/wp-content/uploads/2015/03/jews-of-babylon.pdf; http://www.reuters.com/article/us-israel-archaeology-babylon-idUSKBN0L71EK20150203; http://paul-barford.blogspot.com/2015/02/babylonian-cunies-from-private.html; http://news.cornell.edu/stories/2015/01/new-archive-jewish-babylonian-exile-released; http://www.ancientjewreview.com/articles/2015/2/18/pearce-and-wunsch-documents-of-judean -exiles-and-west-semites-in-babylonia-1。

11 http://www.unesco.org/new/en/culture/themes/illicit-traffic-of-cultural-property/1970-convention/; http://portal.unesco.org/en/ev.php-URL_ID= 13039&URL_DO=DO_TOPIC&URL_SECTION=201.html.

12 Atwood 2006; Brodie and Tubb 2011; Rothfield 2008b; Rush 2012.

13 Fagan and Durrani 2014: 355–58; Harmon and McManamon 2006; http://www.nps.gov/archeology/sites/antiquities/about.htm; http://www.georgewright.org/313mcmanamon.pdf.

14 http://www.nps.gov/history/local-law/fhpl_histsites.pdf.

15 Fagan and Durrani 2014: 358; http://www.nps.gov/archeology/tools/Laws/arpa.htm.

16 見 http://www.npr.org/templates/story/story.php?storyId=106091937; http://articles.latimes.com/2009/jun/17/nation/na-artifacts-back lash17; http://www.nytimes.com/2009/06/21/us/21blanding.html?_r=0。

17 https://democrats-foreignaffairs.house.gov/news/press-releases/president-signs-engel-bill-stop-isis-looting-antiquities; http://www.al-monitor.com /pulse/originals/2015/06/congress-illegal-isis-looting-syria-artifacts.html; https://www .congress.gov/bill/114th-congress/house-bill/1493/text.

18 http://www.theantiquitiescoalition.org/state-department-hearing-on-egypt-antiquities-import-mou/; http://www.state.gov/r/pa/prs/ps/2016/11/264632.htm.

19 致力於這類措施的組織包括 US Committee of the Blue Shield (www.uscbs.org), SAFE: Saving Antiquities for Everyone (http://savingantiquities.org), the Antiquities

Coalition (https://theantiquitiescoalition.org), and the American Schools of Oriental Research Cultural Heritage Initiatives (http://www.asor-syrianheritage.org/about/mission/) 等。

結語 回到未來

1 Weisman 2007.

2 Macaulay 1979.

3 Macaulay 1979: 26.

4 Macaulay 1979: 30, 52–65.

5 Macaulay 1979: 32–33, 36–37, 68–81.

6 見 e.g., https://archeosciences.revues.org/1781。

7 見 e.g., http://www.sfu.ca/ipinch/project-components/community-based-initiatives。

參考書目

Abegg, Martin Jr., Peter Flint, and Eugene Ulrich. 1999. *The Dead Sea Scrolls Bible: The Oldest Known Bible Translated for the First Time into English.* New York: HarperCollins.

Abraham, Kathleen. 2011. "The Reconstruction of Jewish Communities inthe Persian Empire: The Āl-Yahūdu Clay Tablets." *In Light and Shadows:The Story of Iran and the Jews,* edited by Hagai Segev and Asaf Schor,261–62. Tel Aviv, Israel: Beit Hatfutsot.

Adams, Mark. 2011. *Turn Right at Machu Picchu: Rediscovering the Lost City One Step at a Time.* New York: Dutton.

—. 2015. *Meet Me in Atlantis: My Obsessive Quest to Find the Sunken City.* New York: Dutton.

Adams, Matthew J., Jonathan David, and Yotam Tepper. 2014. "Excavations at the Camp of the Roman Sixth Ferrata Legion in Israel." *Bible History Daily*, May 1 (originally published October 17, 2013). http://www.biblicalarchaeology.org/daily/biblical-sites-places/biblical-archaeology-sites/legio/.

Aharoni, Yohanan. 1962. "Expedition B—The Cave of Horror." *Israel Exploration Journal* 12, nos. 3–4: 186–99.

Aicher, Peter. 2000. "Mussolini's Forum and the Myth of Augustan Rome." *Classical Bulletin* 76: 117–39.

Aitken, Martin J. 1990. *Science-Based Dating in Archaeology.* Boston: Routledge.

Aldhouse-Green, Miranda. 2015. *Bog Bodies Uncovered: Solving Europe's Ancient Mystery.* London: Thames and Hudson.

Aldred, Cyril. 1991. *Akhenaten: King of Egypt.* London: Thames and Hudson.

Alföldy, Géza. 1995. "Eine Bauinschrift aus dem Colosseum." *Zeitschrift für Papyrologie und Epigraphik* 109: 195–226.

Allegro, John M. 1960. *The Treasure of the Copper Scroll.* Garden City, NY: Doubleday.

Allen, Susan Heuck Allen. 1999. *Finding the Walls of Troy: Frank Calvert and Heinrich*

Schliemann at Hisarlik. Berkeley: University of California Press.
Allen, Susan J. 2006. *Tutankhamun's Tomb: The Thrill of Discovery.* New York: Metropolitan Museum of Art.
Al-Rawi, Farouk N. H., and Andrew George. 2014. "Back to the Cedar Forest: The Beginning and End of Tablet V of the Standard Babylonian Epic of Gilgameš." *Journal of Cuneiform Studies* 66: 69–90.
Altares, Guillermo. 2015a. "Altamira Cave Will Open to Visitors." *El País,* March 27. http://elpais.com/elpais/2015/03/27/inenglish/1427469981_303108.html.
—. 2015b. "Altamira Must Be Closed to Visitors, Spanish Scientists Tell UNESCO." *El País,* March 26. http://elpais.com/m/elpais/2015/03/23/inenglish/1427122533_376325.html.
Alva, Walter. 1988. "Discovering the New World's Richest Unlooted Tomb." *National Geographic* (October), 510–48.
—. 1990. "New Tomb of Royal Splendor." *National Geographic* (June): 2–15.
Alva, Walter, and Christopher B. Donnan. 1993. *Royal Tombs of Sipán.* Los Angeles: UCLA Fowler Museum of Cultural History.
Amadasi, Maria G., and Eugenia E. Schneider. 2002. *Petra.* Translated by Lydia G. Cochrane. Chicago: University of Chicago Press.
Amandry, Pierre. 1992. *La redécouverte de Delphes.* Paris: De Boccard.
Amer, Christopher F. 2002. "South Carolina: A Drop in the Bucket." In *International Handbook of Underwater Archaeology,* edited by Carol V. Ruppé and Janet F. Barstad, 127–42. New York: Kluwer Academic– Plenum.
Andersen, Wayne V. 2003. *The Ara Pacis of Augustus and Mussolini: An Archaeological Mystery. Geneva, Switz.*: Fabriart.
Anderson, Maxwell L. 2016. *Antiquities: What Everyone Needs to Know.* New York: Oxford University Press.
Andrews, Carol. 1984. *Egyptian Mummies.* Cambridge, MA: Harvard University Press.
Andrews, Edmund L. 2003. "Iraqi Looters Tearing Up Archaeological Sites." *New York Times*, May 23. http://www.nytimes.com/2003/05/23/international/worldspecial/23LOOT.html.
Andronicos, Manolis. 1992. Olympia. Athens, Greece: Ekdotike Athenon.
—. 1993. *Delphi.* Athens, Greece: Ekdotike Athenon.
Anyangwe, Eliza. 2015. "Could Egypt's Empty Animal Mummies Reveal an Ancient Scam?" *CNN*, May 22. http://www.cnn.com/2015/05/22/africa/ancient-egypt-animal-

mummies-empty/.

Atwood, Roger. 2006. *Stealing History: Tomb Raiders, Smugglers, and the Looting of the Ancient World.* Repr. New York: St. Martins Griffin.

—. 2014. "Beneath the Capital's Busy Streets, Archaeologists Are Discovering the Buried World of the Aztecs." *Archaeology* 67, no. 4 (June 9): 26–33. http://www.archaeology.org/issues/138–1407/features/2173-mexico-city-aztec-buried-world.

Bahn, Paul G. 1995. *100 Great Archaeological Discoveries.* New York: Facts on File.

—. 1996a. *Archaeology: A Very Short Introduction.* Oxford, UK: Oxford University Press.

—. 1996b. *Bluff Your Way in Archaeology.* West Sussex, UK: Ravette.

—. 1996c. *Tombs Graves and Mummies: 50 Discoveries in World Archaeology.* New York: Barnes and Noble.

—. 1999. Wonderful Things: Uncovering the World's Great Archaeological Treasures. London: Seven Dials.

—. 2000. *Lost Treasures: Great Discoveries in World Archaeology.* New York: Barnes and Noble. [NB: This is the US publication of *Wonderful Things*.]

—. 2001. *The Penguin Archaeology Guide.* New York: Penguin.

—. 2003. *Archaeology: The Definitive Guide.* New York: Barnes and Noble.

—. 2007. *The Bluffer's Guide to Archaeology,* rev. ed. London: Oval.

—. 2008. *The Great Archaeologists: The Lives and Legacy of the People Who Discovered the World's Most Famous and Important Archaeological Sites.* London: Anness.

—. 2009. *Legendary Sites of the Ancient World: An Illustrated Guide to Over 80 Major Archaeological Discoveries.* London: Anness.

—. 2014. *The History of Archaeology: An Introduction.* New York: Routledge.

Bahn, Paul G., and Barry Cunliffe. 2000. *The Atlas of World Archaeology.* New York: Checkmark–Facts on File.

Bahn, Paul G., and Colin Renfrew. 1996. *The Cambridge Illustrated History of Archaeology.* Cambridge: Cambridge University Press.

Baillie, Michael G. L. 2014. *Tree-Ring Dating and Archaeology.* Boston:Routledge.

Baker, Luke. 2015. "Ancient Tablets Reveal Life of Jews in Nebuchadnezzar's Babylon." *Reuters*, February 3. http://www.reuters.com/article/us-israel-archaeology-babylon-idUSKBN0L71EK20150203.

Ballard, Robert D., ed. 2008. *Archaeological Oceanography.* Princeton, NJ: Princeton University Press.

Balter, Michael. 2009. *The Goddess and the Bull: Çatalhöyük—An Archaeological Journey to*

the Dawn of Civilization. Walnut Creek, CA: Left Coast Press.

Banning, Edward B. 2002. *Archaeological Survey (Manuals in Archaeological Method, Theory and Technique).* New York: Springer.

Barber, Elizabeth W. 1999. *The Mummies of Ürümchi.* New York: W. W. Norton.

Bard, Kathryn A. 2008. *An Introduction to the Archaeology of Ancient Egypt.* New York: Wiley-Blackwell.

Barkai, Ran, and Roy Liran. 2008. "Midsummer Sunset at Neolithic Jericho." *Time and Mind* 1, no. 3 (November): 273–84.

Barnard, Anne. 2015. "ISIS Destroys Triumphal Arches in Palymyra, Syria." *New York Times*, October 5. http://www.nytimes.com/2015/10/06/world/middleeast/isis-syria-arch-triumph-palmyra.html?_r=0.Bar-Yosef, Ofer, and Jane Callander. 2006. "Dorothy Annie Elizabeth Garrod." In Breaking Ground: Pioneering Women Archaeologists, edited by Getzel M. Cohen and Martha Sharp Joukowsky, 380–424. Ann Arbor:University of Michigan Press.

Bar-Yosef, Ofer, B. Vandermeersch, B. Arensburg, A. Belfer-Cohen, P. Goldberg, H. Laville, L. Meignen, et al. 1992. "The Excavations in Kebara Cave, Mt. Carmel." *Current Anthropology* 33, no. 5: 497–550.

Barzilay, Julie. 2016. "Secrets of 'Iceman': How a 5,300-Year-Old Mummy Sheds Light on Evolution, Migration." *ABC News*, January 7. http://abcnews.go.com/Health/secrets-iceman-5300-year-mummy-sheds-light-evolution/story?id=36146634.

Bass, George F. 1967. *Cape Gelidonya: A Bronze Age Shipwreck.* Philadelphia: American Philosophical Society.

—. 1986. "A Bronze Age Shipwreck at Ulu Burun (Kas): 1984 Campaign." *American Journal of Archaeology* 90: 269–96.

—. 1987. "Oldest Known Shipwreck Reveals Splendors of the Bronze Age." *National Geographic* (December): 692–733.

Bataille, Georges. 1955. *Lascaux: or, The Birth of Art: Prehistoric Painting.* Translated by Austryn Wainhouse. Lausanne, Switz.: Skira.

Beard, Mary. 2010. *The Fires of Vesuvius: Pompeii Lost and Found.* Cambridge, MA: Belknap Press.

Becker, Helmut, and Hans Günter Jansen. 1994. "Magnetic Prospektion 1993 der Unterstadt von Troia und Ilion." *Studia Troica* 4: 105–14.

Ben-Tor, Amnon. 2009. *Back to Masada.* Jerusalem: Israel Exploration Society.

Ben-Yehuda, Nachman. 1995. *The Masada Myth: Collective Memory and Mythmaking in*

Israel. Madison: University of Wisconsin Press.

—. 2002. *Sacrificing Truth: Archaeology and the Myth of Masada.* Amherst, NY: Humanity.

Ben Zion, Ilan. 2015a. "'By the Rivers of Babylon' Exhibit Breathes Life into Judean Exile." *Times of Israel,* February 1. http://www.timesofisrael.com/by-the-rivers-of-babylon-exhibit-breathes-life-into-judean-exile/#ixzz3Qq8033Hh.

—. 2015b. "In First, Imperial Roman Legionary Camp Uncovered near Megiddo." *Times of Israel,* July 7. http://www.timesofisrael.com/in-first-imperial-roman-legionary-camp-uncovered-near-megiddo/.

Berger, Lee R., Darryl J. de Ruiter, Steven E. Churchill, Peter Schmid, Kristian J. Carlson, Paul H. G. M. Dirks, and Job M. Kibii. 2010. "*Australopithecussediba:* A New Species of Homo-Like Australopith from South Africa." *Science* 328, no. 5975 (April 9): 195–204. doi: 10.1126/science.1184944.

Berger, Lee R., John Hawks, Darryl J. de Ruiter, Steven E. Churchill, Peter Schmid, Lucas K. Delezene, Tracy L Kivell, et al. 2015. "*Homo naledi,* a New Species of the Genus Homo from the Dinaledi Chamber, South Africa." *eLife*, September 10 (eLife 2015;4:e09560). https://elifesciences.org/content/4/e09560 or http://dx.doi.org/10.7554/eLife.09560.

Bering, Henrik. 2016. "Holding On to the Past." *Wall Street Journal*, May 6. http://www.wsj.com/articles/holding-on-to-the-past-1462563965.

Bermant, Chaim, and Michael Weitzman. 1979. *Ebla: A Revelation in Archeology.* New York: Times Books.

Berry, Joanne. 2007. *The Complete Pompeii.* Repr. London: Thames and Hudson.

Bietak, Manfred. 1992. "Minoan Wall-Paintings Unearthed at Ancient Avaris." *Egyptian Archaeology* 2: 26–28.

Bingham, Hiram. 1913. "In the Wonderland of Peru." *National Geographic* (April): 387–584. Reproduced as "Rediscovering Machu Picchu," http://ngm.nationalgeographic.com/1913/04/machu-picchu/bingham-text.

—. 1922. *Inca Land: Explorations in the Highlands of Peru.* Boston: Houghton Mifflin.

—. 1979. *Machu Picchu, a Citadel of the Incas.* Repr. New York: Hacker Art Books.

—. 2003. *Lost City of the Incas.* Repr. New Haven, CT: Phoenix Press.

Binkovitz, Leah. 2013. "Q+A: How to Save the Arts in Times of War." *Smithsonian,* January 24. http://www.smithsonianmag.com/smithsonian-institution/qa-how-to-save-the-arts-in-times-of-war-5506188/?no-ist.

Binnie, Isla. 2014. "Nero's Buried Golden Palace to Open to the Public—in Hard

Hats." *Reuters,* October 24. http://www.reuters.com/article/us-italy-palace-idUSKCN0ID1WJ20141024.

Blakemore, Erin. 2015. "The Incredible Treasures Found inside the 'Griffin Warrior' Tomb." *Smithsonian.com,* October 28. http://www.smithsonianmag.com/smart-news/heres-what-was-inside-griffin-warriors-grave-180957063/?no-ist.

Bleibtreu, Erika. 1990. "Five Ways to Conquer a City." *Biblical Archaeology Review* 16, no. 3: 37–44.

—. 1991. "Grisly Assyrian Record of Torture and Death." *Biblical Archaeology Review* 17, no. 1: 52–61, 75.

Blom, Frans, and Oliver La Farge. 1926–27. *Tribes and Temples.* New Orleans, LA: Tulane University, Middle American Research Institute.

Blomster, Jeffrey P. 2012. "Early Evidence of the Ballgame in Oaxaca, Mexico." *Proceedings of the National Academy of Sciences* 109, 21: 8020–25.

Blumenthal, Ralph, and Tom Mashberg. 2015. "TED Prize Goes to Archaeologist Who Combats Looting with Satellite Technology." *New York Times*, November 8. http://www.nytimes.com/2015/11/09/arts/international /ted-grant-goes-to-archaeologist-who-combats-looting-with-satellite-technology.html?_r=0.

Bogdanos, Matthew. 2005. *Thieves of Baghdad.* New York: Bloomsbury.

Bohstrom, Phillipe. 2016. "Monumental Forgotten Gardens of Petra Rediscovered After 2,000 Years." *Haaretz,* September 25. http://www.haaretz.com/jewish/archaeology/1.744119.

Bomgardner, David L. 2001. *The Story of the Roman Amphitheatre.* London: Routledge.

Borger, Julian. 2016. "Egypt 'Suppressing Truth' over Hidden Chambers in Tutankhamun's Tomb." *Guardian*, May 13. http://www.theguardian.com/world/2016/may/12/egypt-hidden-chambers-tutankhamun-tomb-nefertiti.

Bower, Bruce. 2002. "Ishi's Long Road Home." *Science News*, June 4. https://www.sciencenews.org/article/ishis-long-road-home?mode=magazine&context=229.

Bowman-Kruhm, Mary. 2005. *The Leakeys: A Biography.* Westport, CT: Greenwood Press.

Bradford, John. 1957. "New Techniques and the Archaeologist." New Scientist (May 2): 17–19.

Braymer, Marjorie. 1960. *The Walls of Windy Troy: A Biography of Heinrich Schliemann.* New York: Harcourt Brace.

Brier, Bob, and Jean-Pierre Houdin. 2009. *The Secret of the Great Pyramid: How One Man's Obsession Led to the Solution of Ancient Egypt's Greatest Mystery.* New York: Harper

Perennial.

Brodie, Neil, and Kathryn Walker Tubb, eds. 2011. *Illicit Antiquities: The Theft of Culture and the Extinction of Archaeology.* Repr. Boston:Routledge.

Brown, Terence A., Keri A. Brown, Christine E. Flaherty, Lisa M. Little, and A. John N. W. Prag. 2000. "DNA Analysis of Bones from Grave Circle B at Mycenae: A First Report." *Annual of the British School at Athens* 95: 115–19.

Browning, Iain. 1973. *Petra.* Park Ridge, NJ: Noyes Press.

—. 1979. *Palmyra.* Park Ridge, NJ: Noyes Press.

Bruce-Mitford, Rupert. 1979. *Sutton Hoo Ship Burial: A Handbook.* London: British Museum Press.

Bryce, Trevor R. 2002. *Life and Society in the Hittite World.* Oxford. UK: Oxford University Press.

—. 2005. *The Kingdom of the Hittites,* new ed. Oxford, UK: Oxford, University Press.

—. 2006. *The Trojans and Their Neighbors.* London: Routledge.

—. 2010. "The Trojan War." In *The Oxford Handbook of the Bronze Age Aegean,* edited by Eric H. Cline, 475–82. New York: Oxford University Press.

—. 2012. *The World of the Neo-Hittite Kingdoms.* Oxford, UK: Oxford University Press.

Burger, Richard, and Lucy Salazar, eds. 2004. *Machu Picchu: Unveiling the Mystery of the Incas.* New Haven, CT: Yale University Press.

Burgon, John William. 1846. *Petra, a Poem: To Which a Few Short Poems Are Now Added,* 2nd ed. Oxford: F. MacPherson.

Byron, George Gordon. 1815. *Hebrew Melodies.* London: John Murray.

Calderwood, Imogen. 2016. "Long-lost Roman Roads Discovered on Flood Maps: Hi-tech Lidar Data Reveals the Route of 2,000-Year-Old Highways across Britain." *DailyMail.com,* January 1. http://www.dailymail.co.uk/news/article-3381432/Long-lost-Roman-roads-discovered-flood-maps-Hi-tech-Lidar-data-reveals-route-2--000-year-old-highways-Britain.html?ITO=applenews.

Callaway, Ewen. 2015. "Ancient American Genome Rekindles Legal Row." *Nature,* June 18. http://www.nature.com/news/ancient-american-genome-rekindles-legal-row-1.17797.

—. 2016. "'Cave of Forgotten Dreams' May Hold Earliest Painting of Volcanic Eruption." *Nature,* January 15. http://www.nature.com/news/cave-of-forgotten-dreams-may-hold-earliest-painting-of-volcanic-eruption-1.19177.

Camp, John M. II. 1986. *The Athenian Agora: Excavations in the Heart of Classical Athens.*

London: Thames and Hudson.
—. 2001. *The Archaeology of Athens.* New Haven, CT: Yale University Press.
—. 2010. *The Athenian Agora: Site Guide,* 5th ed. Athens, Greece: American School of Classical Studies at Athens.
Cargill, Robert. 2009. *Qumran through (Real) Time: A Virtual Reconstruction of Qumran and the Dead Sea Scrolls.* Chicago: Gorgias Press.
Carlsen, William. 2016. *Jungle of Stone: The True Story of Two Men, Their Extraordinary Journey, and the Discovery of the Lost Civilization of the Maya.* New York: William Morrow.
Carrington, Daisy. 2014. "Egypt's Mummies Get Virtually Naked with CT Scans." *CNN,* May 1. http://www.cnn.com/2014/05/01/world/meast/mummies-get-virtually-naked-with-ct-scans/.
Carter, Howard. 2010. *The Tomb of Tut-Ankh-Amen: Discovered by the Late Earl of Carnarvon and Howard Carter,* 2 vols. Repr. Cambridge: Cambridge University Press.
Carter, Howard, and Arthur C. Mace. 1977. *The Discovery of the Tomb of Tutankhamen (Egypt).* Repr. New York: Dover.
Casana, Jesse. 2015. "Satellite Imagery-Based Analysis of Archaeological Looting in Syria." *Near Eastern Archaeology* 78, no. 3: 142–52.
Castledon, Rodney. 1993. *Minoan Life in Bronze Age Crete.* London: Routledge.
—. 2005. *The Mycenaeans.* London: Routledge.
Catling, Christopher. 2012. *Discovering the Past through Archaeology: The Science and Practice of Studying Excavation Materials and Ancient Sites.* London: Southwater.
—. 2013. *A Practical Handbook of Archaeology: A Beginner's Guide to Unearthing the Past.* London: Lorenz.
Catling, Christopher, and Paul G. Bahn. 2010. *The Illustrated Practical Encyclopedia of Archaeology: The Key Sites, Those Who Discovered Them, and How to Become an Archaeologist.* London: Lorenz.
Ceram, C. W. 1951. *Gods, Graves, and Scholars: The Story of Archaeology.* New York: Random House.
—. 1955. *The Secret of the Hittites.* New York: Alfred A. Knopf.
—. 1958. *The March of Archaeology.* New York: Alfred A. Knopf.
—. 1967. *Gods, Graves, and Scholars: The Story of Archaeology,* 2nd rev. ed. New York: Random House.
—, ed. 1966. *Hands on the Past: Pioneer Archaeologists Tell Their Own Story.* New York:

Alfred A. Knopf.

Chaffin, Tom. 2008. *The* H. L. Hunley*: The Secret Hope of the Confederacy.* New York: Hill and Wang.

Chandler, Russell. 1991. "Library Lifts Veil on Dead Sea Scrolls." *Los Angeles Times,* September 22. http://articles.latimes.com/1991–09–22/news/mn-4145_1_dead-sea-scrolls.

Chase, Arlen F., Diane Z. Chase, Jaime J. Awe, John F. Weishampel, Gyles Iannone, Holley Moyes, Jason Yaeger, et al. 2014. "The Use of LiDAR in Understanding the Ancient Maya Landscape." *Advances in Archaeological Practice* 2, no. 3 (August): 208–21.

Chase, Arlen F., Diane Z. Chase, Christopher T. Fisher, Stephen J. Leisz, and John F. Weishampel. 2012. "Geospatial Revolution and Remote Sensing LiDAR in Mesoamerican Archaeology." *Proceedings of the National Academy of Sciences* 109, no. 32: 12916–21.

Chase, Arlen F., Diane Z. Chase, and John F. Weishampel. 2010. "Lasers in the Jungle." *Archaeology 63*, no. 4: 27–29. http://archive.archaeology.org/1007/.

Chase, Arlen F., Diane Z. Chase, John F. Weishampel, Jason B. Drake, Ramesh L. Shrestha, K. Clint Slatton, Jaime J. Awe, et al. 2011. "Airborne LiDAR, Archaeology, and the Ancient Maya Landscape at Caracol, Belize." *Journal of Archaeological Science 38,* no. 2: 387–98.

Chase, Raymond G. 2002. *Ancient Hellenistic and Roman Amphitheatres, Stadiums, and Theatres: The Way They Look Now.* Portsmouth, NH: P. E. Randall.

Chatters, James C. 2002. *Ancient Encounters: Kennewick Man and the First Americans.* New York: Simon and Schuster.

Chauvet, Jean-Marie, Eliette Brunel Deschamps, and Christian Hillaire. 1996. *Dawn of Art: The Chauvet Cave; The Oldest Known Paintings in the World.* Translated by Paul G. Bahn. New York: Harry N. Abrams.

Chivers, C. J. 2013. "Grave Robbers and War Steal Syria's History." *New York Times,* April 6. http://www.nytimes.com/2013/04/07/world/middleeast/syrian-war-devastates-ancient-sites.html?pagewanted=all&_r=1.

Choi, Charles Q. 2014. "Humans Did Not Wipe Out the Neanderthals, New Research Suggests." *Livescience,* August 20. http://www.livescience.com/47460-neanderthal-extinction-revealed.html.

Christie, Agatha. 2011. *Murder in Mesopotamia: A Hercule Poirot Mystery. Repr.* New York:

William Morrow.

Claridge, Amanda. 2010. *Rome: An Oxford Archaeological Guide,* 2nd ed. Oxford, UK: Oxford University Press.

Clark, Liesl. 1998. "Ice Mummies of the Inca." *Nova,* November 14. http://www.pbs.org/wgbh/nova/ancient/ice-mummies-inca.html.

Clayton, Peter, and Martin Price. 1989. *The Seven Wonders of the Ancient World.* London: Routledge.

Cline, Diane Harris. 2016. *The Greeks: An Illustrated History.* Washington, DC: National Geographic Books.

Cline, Eric H. 1987. "Amenhotep III and the Aegean: A Reassessment of Egypto–Aegean Relations in the 14th Century BCE." *Orientalia 56,* no. 1: 1–36.

—. 1991. "Monkey Business in the Late Bronze Age Aegean: The Amenhotep II Figurines at Mycenae and Tiryns." *Bulletin of the British School at Athens 86*: 29–42.

—. 1994. *Sailing the Wine-Dark Sea: International Trade and the Late Bronze Age Aegean.* Oxford, UK: Tempus Reparatum.

—. 1998. "Amenhotep III, the Aegean and Anatolia." In *Amenhotep III: Perspectives on his Reign,* edited by David B. O'Connor and Eric H. Cline, 236–50. Ann Arbor: University of Michigan Press.

—. 2000. *The Battles of Armageddon: Megiddo and the Jezreel Valley from the Bronze Age to the Nuclear Age.* Ann Arbor: University of Michigan Press.

—. 2004. *Jerusalem Besieged: From Ancient Canaan to Modern Israel.* Ann Arbor: University of Michigan Press.

—. 2006. "Area L (The 1998–2000 Seasons)." In *Megiddo IV: The 1998–2002 Seasons* (2 vols.), edited by Israel Finkelstein, David Ussishkin, and Baruch Halpern, 1: 104–23. Tel Aviv, Israel: Tel Aviv University.

—. 2007a. *From Eden to Exile: Unraveling Mysteries of the Bible.* Washington, DC: National Geographic Books.

—. 2007b. "Raiders of the Faux Ark." *Boston Globe,* September 30, Opinion section, E1–2. http://www.boston.com/news/globe/ideas/articles/2007/09/30/raiders_of_the_faux_ark/.

—. 2009. *Biblical Archaeology: A Very Short Introduction.* New York: Oxford University Press.

—. 2011. "Whole Lotta Shakin' Going On: The Possible Destruction by Earthquake of Megiddo Stratum VIA." In *The Fire Signals ofLachish: Studies in the Archaeology and*

History of Israel in the Late Bronze Age, Iron Age, and Persian Period in Honor of David Ussishkin, edited by Israel Finkelstein and Nadav Na'aman, 55–70. Tel Aviv, Israel: Tel Aviv University.

—. 2012. "Fabulous Finds or Fantastic Forgeries? The Distortion of Archaeology by the Media and Pseudo-Archaeologists, and What We Can Do about It." In *Archaeology, Bible, Politics, and the Media: Proceedings of the Duke University Conference,* April 23–24, 2009, edited by Eric Meyers and Carol Meyers, 39–50. Winona Lake, IN: Eisenbrauns.

—. 2013. *The Trojan War: A Very Short Introduction.* New York: Oxford University Press.

—. 2014. *1177 BCE: The Year Civilization Collapsed.* Princeton, NJ: Princeton University Press.

—. 2015. Review of Andrew Collins, *Göbekli Tepe: Genesis of the Gods; The Temple of the Watchers and the Discovery of Eden* (Bear, Rochester, VT, 2014). *American Antiquity 80,* no. 3: 620–21.

Cline, Eric H., and David B. O'Connor, eds. 2006. *Thutmose III: A New Biography.* Ann Arbor: University of Michigan Press.

Cline, Eric H., and Inbal Samet. 2013. "Area L: The 2006 and 2007 Seasons." In *Megiddo V: The 2004–2008 Seasons* (3 vols.), edited by Israel Finkelstein, David Ussishkin, and Eric H. Cline, 1: 275–91. Tel Aviv, Israel: Tel Aviv University.

Cline, Eric H., and Anthony Sutter. 2011. "Battlefield Archaeology at Armageddon: Cartridge Cases and the 1948 Battle for Megiddo, Israel." *Journal of Military History 75,* no. 1: 159–90.

Cline, Eric H., and Assaf Yasur-Landau. 2006. "Your Career Is in Ruins: How to Start an Excavation in Five Not-So-Easy Steps." *Biblical Archaeology Review 32*, no. 1: 34–37, 71.

—. 2007. "Musings from a Distant Shore: The Nature and Destination of the Uluburun Ship and Its Cargo." *Tel Aviv 34,* no. 2: 125–41.

Clinton, Jane. 2013. "Major Show Reveals Life in Pompeii and Herculaneum." *Express,* March 3. http://www.express.co.uk/news/uk/381414/Major-show-reveals-life-in-Pompeii-and-Herculaneum.

Clottes, Jean. 2003. *Chauvet Cave: The Art of Earliest Times.* Translated by Paul G. Bahn. Provo: University of Utah Press.

Coe, Michael D. 2005. *The Maya,* 7th ed. London: Thames and Hudson.

—. 2012. *Breaking the Maya Code,* 3rd ed. London: Thames and Hudson.

Cohen, Jennie. 2011. "Viking Chief Buried in His Boat Found in Scotland." *History.com,* October 19. http://www.history.com/news/viking-chief-buried-in-his-boat-found-in-scotland.

Cole, Sonia. 1975. *Leakey's Luck: The Life of Louis Seymour Bazett Leakey, 1903–1972.* New York: Harcourt Brace Jovanovich.

Coleman, Kathleen. 2000. "Entertaining Rome." In *Ancient Rome: The Archaeology of the Eternal City,* edited by Jon Coulston and Hazel Dodge, 210–58. Monograph 54. Oxford, UK: Oxford University School of Archaeology.

Collins, Billie Jean. 2007. *The Hittites and Their World. Atlanta,* GA: Society of Biblical Literature.

Collins, James M., and Brian Leigh Molyneaux. 2003. *Archaeological Survey (Archaeologist's Toolkit).* Walnut Creek, CA: AltaMira Press.

Comelli, Daniela, Massimo D'Orazio, Luigi Folco, Mahmud El-Halwagy, Tommaso Frizzi, Roberto Alberti, Valentina Capogrosso, et al. 2016."The Meteoritic Origin of Tutankhamun's Iron Dagger Blade."*Meteoritics and Planetary Science 51:* 1301–9. http://dx.doi.org/10.1111/maps.12664.

Conlin, David L., and Matthew A. Russell. 2006. "Archaeology of a Naval Battlefield: *H. L. Hunley and USS Housatonic." International Journal of Nautical Archaeology 35,* no. 1: 20–40.

Conlin, Diane A. 1997a. *The Artists of the Ara Pacis: The Process of Hellenization in Roman Relief Sculpture.* Chapel Hill: University of North Carolina Press.

—. 1997b. "The Reconstruction of Antonia Minor on the Ara Pacis." *Journal of Roman Archaeology 5:* 209–15.

Connolly, Peter, and Hazel Dodge. 1998. *The Ancient City: Life in Classical Athens and Rome.* Oxford, UK: Oxford University Press.

Conyers, Lawrence B. 2013. *Ground-Penetrating Radar for Archaeology (Geophysical Methods for Archaeology),* 3rd ed. Walnut Creek, CA: AltaMira Press.

Cooley, Alison E., and M. G. L. Cooley. 2013. *Pompeii and Herculaneum: A Sourcebook,* 2nd ed. Boston: Routledge.

Cooney, Kara. 2015. *The Woman Who Would Be King: Hatshepsut's Rise to Power in Ancient Egypt.* New York: Broadway Books.

Cooper, Alan, and Wolfgang Haak. 2015. "DNA Reveals the Origins of Modern Europeans." *Phys.org,* March 23. http://phys.org/news/2015–03-dna-reveals-modern-europeans.html.

Cooper-White, Macrina. 2015. "Liquid Mercury Discovered under Ancient Temple May Shed New Light on Teotihuacan." *Huffington Post,* March 28. http://www.huffingtonpost.com/2015/04/28/mercury-royal-tomb_n_7152990.html.

Cosgrove, Ben. 2014. "LIFE at Lascaux: First Color Photos from Another World." *Life,* May 21. http://time.com/3879943/lascaux-early-color-photos-of-the-famous-cave-paintings-france-1947/.

Coulston, Jon, and Hazel Dodge. 2000. *Ancient Rome: The Archaeology of the Eternal City.* Oxford University School of Archaeology Monograph 54. Oxford, UK: Oxford University School of Archaeology.

Cronin, Frances. 2011. "Egyptian Pyramids Found by Infra-red Satellite Images." *BBC News,* May 25. http://www.bbc.com/news/world -13522957.

Cucchi, Thomas. 2008. "Uluburun Shipwreck Stowaway House Mouse: Molar Shape Analysis and Indirect Clues about the Vessel's Last Journey." *Journal of Archaeological Science 35,* no. 11 (November): 2953–59. http://www.sciencedirect.com/science/article/pii/S0305440308001362.

Cuno, James. 2010. *Who Owns Antiquity? Museums and the Battle over Our Ancient Heritage.* Princeton, NJ: Princeton University Press.

—. 2012. *Whose Culture? The Promise of Museums and the Debate over Antiquities.* Princeton, NJ: Princeton University Press.

Curry, Andrew. 2008. "Gobekli Tepe: The World's First Temple?" *Smithsonian,* November. http://www.smithsonianmag.com/history/gobekli-tepe-the-worlds-first-temple-83613665/?no-ist.

—. 2015. "Here Are the Ancient Sites ISIS Has Damaged and Destroyed." National Geographic, September 1. http://news.nationalgeographic.com/2015/09/150901-isis-destruction-looting-ancient-sites-iraq -syria-archaeology/.

Curtis, Gregory B. 2006. *The Cave Painters: Probing the Mysteries of the World's First Artists.* New York: Alfred A. Knopf.

Cussler, Clive. 2011. *The Sea Hunters.* New York: Pocket Books.

Daley, Jason. 2016. "New Timeline Zeros in on the Creation of the Chauvet Cave Paintings; Radiocarbon Dates Help Reconstruct the Cave's Long History." *Smithsonian.com,* April 13. http://www.smithsonianmag.com/smart-news/new-timeline-zeroes-creation-chauvet-cave-paintings-180958754/?utm_source=facebook.com&no-ist.

Dargis, Manohla. 2011. "Herzog Finds His Inner Cave Man." *New York Times,* April 28. http://www.nytimes.com/2011/04/29/movies/werner-herzogs-cave-of-forgotten-

dreams-review.html?_r=2.

Davies, Graham I. 1986. *Megiddo.* Cambridge, UK: Lutterworth Press.

Davies, Philip R., George J. Brooke, and Phillip R. Callaway. 2002. *The Complete World of the Dead Sea Scrolls.* London: Thames and Hudson.

Davies, William, and Ruth Charles. 1999. *Dorothy Garrod and the Progress of the Palaeolithic.* Oxford, UK: Oxbow Books.

Davis, Ellen N. 1986. "Youth and Age in the Thera Frescoes." *American Journal of Archaeology 90:* 399–406.

Davis, Jack L., and Sharon R. Stocker. 2016. "The Lord of the Gold Rings: The Griffin Warrior of Pylos." *Hesperia 85,* no. 4: 627–55.

Dearden, Lizzie. 2014. "New Nazca Lines Geoglyphs Uncovered by Gales and Sandstorms in Peru." *Independent,* August 4. http://www.independent.co.uk/news/science/archaeology/news/new-nazca-lines-geoglyphs-uncovered-by-gales-and-sandstorms-in-peru-9645983.html.

Del Giudice, Marguerite. 2014. "Tut's Tomb: A Replica Fit for a King." *National Geographic News,* May 20. http://news.nationalgeographic.com/news/2014/05/140520-tutankhamun-egypt-archaeology-cyber-printing -3d/.

Demick, Barbara. 2010. "Cultural Exchange: China's Surprising Bronze Age Mummies." *Los Angeles Times,* October 24. http://articles.latimes .com/2010/oct/24/entertainment/la-ca-cultural-exchange-mummies -20101024.

De Rojas, José Luis. 2012. *Tenochtitlan: Capital of the Aztec Empire.* Gainesville: University Press of Florida.

Díaz-Andreu, Margarita, and Timothy Champion. 1996. "Nationalism and Archaeology in Europe: An Introduction." In *Nationalism and Archaeology in Europe,* edited by Margarita Díaz-Andreu and Timothy Champion, 1–23. Boulder, CO: Westview Press.

Diehl, Richard A. 2004. *The Olmecs: America's First Civilization.* London: Thames and Hudson.

Dodson, Aidan. 2009. *Amarna Sunset: Nefertiti, Tutankhamun, Ay, Horemheb, and the Egyptian Counter-Reformation.* Cairo, Egypt: American University in Cairo Press.

—. 2014. *Amarna Sunrise: Egypt from Golden Age to Age of Heresy.* Cairo, Egypt: American University in Cairo Press.

Donnan, Christopher B. 1978. *Moche Art of Peru: Pre-Columbian Symbolic Communication.* Los Angeles: UCLA Fowler Museum of Cultural History.

—. 1990. "Masterworks of Art Reveal a Remarkable Pre-Inca World." *National*

Geographic (June): 17–33.

Donnan, Christopher B., and Donna McClelland. 1999. *Moche Fineline Painting: Its Evolution and Its Artists.* Los Angeles: UCLA Fowler Museum of Cultural History.

Doumas, Christos G. 1983. *Thera: Pompeii of the Ancient Aegean: Excavations at Akrotiri 1967–1979.* London: Thames and Hudson.

—. 1993. *The Wall Paintings of Thera.* London: Thera Foundation—Petros M. Nomikos.

Draper, Robert. 2010. "Unburying the Aztec." *National Geographic* (November): 110–35. http://ngm.nationalgeographic.com/2010/11/greatest-aztec/draper-text.

Dubrow, Marsha. 2014. "Looting of Peru's Ancient Treasures Is Worse Now Than in Spanish Colonial Era." *Examiner.com,* April 12. http://www.examiner.com/article/looting-of-peru-s-ancient-treasures-is-worse-now-than-spanish-colonial-times.

Dunkle, Roger. 2008. *Gladiators: Violence and Spectacle in Ancient Rome.* Harlow, UK: Pearson Longman.

Dunston, Lara. 2016. "Revealed: Cambodia's Vast Medieval Cities Hidden beneath the Jungle." *Guardian,* June 10. https://www.theguardian.com/world/2016/jun/11/lost-city-medieval-discovered-hidden-beneath-cambodian-jungle.

Dvorsky, George. 2014a. "Archaeologists Confirm That Stonehenge Was a Complete Circle." http://io9.com/archaeologists-confirm-that-stonehenge-was-once-a-compl-1629226053.

—. 2014b. "Archaeologists Have Made an Incredible Discovery at Stonehenge." http://io9.com/archaeologists-have-made-an-incredible-discovery-at-sto-1632927903?utm_campaign=socialflow_io9_facebook&utm_source=io9_facebook&utm_medium=socialflow.

Dyson, Stephen L. 2006. *In Pursuit of Ancient Pasts: A History of Classical Archaeology in the Nineteenth and Twentieth Centuries.* New Haven, CT: Yale University Press.

Easton, Donald F. 1981. "Schliemann's Discovery of 'Priam's Treasure': Two Enigmas." *Antiquity 55:* 179–83.

—. 1984a. "Priam's Treasure." *Anatolian Studies 34:* 141–69.

—. 1984b. "Schliemann's Mendacity—A False Trail?" *Antiquity 58:* 197–204.

—. 1994. "Priam's Gold: The Full Story." *Anatolian Studies 44:* 221–43.

—. 1995. "The Troy Treasures in Russia." *Antiquity 69,* no. 262: 11–14.

—. 2010. "The Wooden Horse: Some Possible Bronze Age Origins." In *Ipamati Kistamati Pari Tumatimis: Luwian and Hittite Studies Presented to J. David Hawkins on the Occasion of His 70th Birthday,* edited by Itamar Singer 50–63. Tel Aviv, Israel: Tel Aviv

Institute of Archaeology.

Easton, Donald F., J. D. Hawkins, Andrew G. Sherratt, and E. Susan Sherratt.2002. "Troy in Recent Perspective." *Anatolian Studies 52:* 75–109.

Edwards, Owen. 2010. "The Skeletons of Shanidar Cave." *Smithsonian,* March. http://www.smithsonianmag.com/arts-culture/the-skeletons-of-shanidar-cave-7028477/?no-ist.

Eigeland, Tor. 1978. "Ebla: City of the White Stones." *Aramco World 29,* no. 2 (March–April): 10–19.

Eisler, Riane. 1988. *The Chalice and the Blade: Our History, Our Future.* New York: HarperCollins.

El-Ghobashy, Tamer. 2015. "Iraq Officials Denounce Islamic State's Destruction of Ancient Site." *Wall Street Journal,* March 7. http://www.wsj.com/articles/nimrud-iraq-officials-denounce-islamic-states-destruction-of-ancient-site-1425653551.

Ellis, Steven. 2011. *The Making of Pompeii: Studies in the History and Urban Development of an Ancient Town.* Portsmouth, RI: Journal of Roman Archaeology Supplemental Series.

Emberling, Geoff, and Katharyn Hanson. 2008. *Catastrophe! The Looting and Destruction of Iraq's Past.* Oriental Institute Museum Publications. Chicago: University of Chicago Press. https://oi.uchicago.edu/sites/oi.uchicago.edu/files/uploads/shared/docs/oimp28.pdf.

Epstein, Marilyn S. 2015. "Jamestown Skeletons Identified as Colony Leaders." *Smithsonian Science News,* July 28. http://smithsonianscience.si.edu/2015/07/jamestown-skeletons-identified-as-colony-leaders/.

Estrin, Daniel. 2016. "Scanning Software Deciphers Ancient Biblical Scroll." *Associated Press,* September 21. http://bigstory.ap.org/article/60785bb2031a478cb71ce9278782c320/.

Evans, Arthur J. 1921–23. *The Palace of Minos: A Comparative Account of the Successive Stages of the Early Cretan Civilization as Illustrated by the Discoveries,* 4 vols. New York: Macmillan.

—. 1931. Introduction to Emil Ludwig's *Schliemann of Troy. The Story of a Goldseeker,* 9–21. London: G. P. Putnam's and Sons.

Evelyn-White, H. G. 1914. *Hesiod, the Homeric Hymns and Homerica.* Loeb Classical Library no. 57. London: W. Heinemann.

Fagan, Brian. 1994. *Quest for the Past,* 2nd ed. Long Grove, IL: Waveland Press.

—. 2001. *The Seventy Great Mysteries of the Ancient World: Unlocking the Secrets of Past*

Civilizations. London: Thames and Hudson.
—. 2003. *Archaeologists: Explorers of the Human Past.* Oxford, UK: Oxford University Press.
—. 2004a. *A Brief History of Archaeology: Classical Times to the Twenty-First Century.* Boston: Routledge.
—. 2004b. *The Rape of the Nile: Tomb Robbers, Tourists, and Archaeologists in Egypt,* rev. ed. Boulder, CO: Westview Press.
—. 2005. *Chaco Canyon: Archaeologists Explore the Lives of an Ancient Society.* Oxford, UK: Oxford University Press.
—. 2007a. *Discovery! Unearthing the New Treasures of Archaeology.* London: Thames and Hudson.
—. 2007b. *Return to Babylon: Travelers, Archaeologists, and Monuments in Mesopotamia,* rev. ed. Boulder, CO: University of Colorado Press.
—. 2015. *Lord and Pharaoh: Carnarvon and the Search for Tutankhamun.* Walnut Creek, CA: Left Coast Press.
—, ed. 1996. *Eyewitness to Discovery: First-Person Accounts of More Than Fifty of the World's Greatest Archaeological Discoveries.* Oxford, UK: Oxford University Press.
—, ed. 2014. *The Great Archaeologists.* London: Thames and Hudson. Fagan, Brian M., and Nadia Durrani. 2014. *In the Beginning: An Introduction to Archaeology,* 13th ed. Boston: Pearson.
—. 2016. *A Brief History of Archaeology: Classical Times to the Twenty-First Century,* 2nd ed. New York: Routledge.
Fagan, Garrett G., ed. 2006. *Archaeological Fantasies: How Pseudoarchaeology Misrepresents the Past and Misleads the Public,* new ed. Boston: Routledge.
Fagles, Robert. 1991. *Homer: The Iliad.* New York: Penguin Books.
Falasca-Zamponi, Simonetta. 1997. *Fascist Spectacle: The Aesthetics of Power in Mussolini's Italy.* Berkeley: University of California Press.
Fash, William L. 2001. *Scribes, Warriors, and Kings: The City of Copán and the Ancient Maya,* rev. ed. London: Thames and Hudson.
Feder, Kenneth. 2010. *Encyclopedia of Dubious Archaeology: From Atlantis to the Walam Olum.* Westport, CT: Greenwood Press.
—. 2013. *Frauds, Myths, and Mysteries: Science and Pseudoscience in Archaeology,* 8th ed. New York: McGraw-Hill.
Felch, Jason, and Ralph Fammolino. 2011. *Chasing Aphrodite: The Hunt for Looted*

Antiquities at the World's Richest Museum. New York: Houghton Mifflin Harcout.

Feldman, Louis H. 2001. "Financing the Colosseum." *Biblical Archaeology Review* 27, no. 4: 20–31, 60–61.

Fields, Weston W. 2006. *The Dead Sea Scrolls: A Short History.* Leiden: E. J.Brill.

Fine, Steven. 2013. "Menorahs in Color: Polychromy in Jewish Visual Culture of Roman Antiquity." *Images 6:* 3–25. doi: 10.1163/18718000–123400001 .https://www.academia.edu/5102874/_Menorahs_in_Color_Polychromy_in_Jewish_Visual_Culture_of_Roman_Antiquity_Images 6_2013_.

Finkel, Irving. 2014a. *The Ark before Noah: Decoding the Story of the Flood.* New York: Hodder and Stoughton.

—. 2014b. "Noah's Ark: The Facts behind the Flood." *Telegraph,* January 19. http://www.telegraph.co.uk/culture/books/10574119/Noahs-Ark-the-facts-behind-the-Flood.html.

Finkelstein, Israel, and David Ussishkin. 1994. "Back to Megiddo." *Biblical Archaeology Review 20,* no. 1: 26–43.

Fitton, J. Leslie. 2002. *Minoans.* London: British Museum Press.

—. 2012. "'The Help of My Dear Wife': Sophia Schliemann and the discovery of Priam's Treasure." In *Archaeology and Heinrich Schliemann.A Century after His Death. Assessments and Prospects. Myth—History—Science,* edited by George Korres, Nektarios Karadimas, and Georgia Flouda, 421–24. Athens, Greece: Society for Aegean Prehistory.

Fox, Richard A. Jr. 1993. *Archaeology, History, and Custer's Last Battle: The Little Big Horn Reexamined.* Norman, OK: University of Oklahoma Press.

French, Elizabeth. 2002. *Mycenae: Agamemnon's Capital.* Oxford, UK: Tempus.

Freund, Richard A. 2004. *Secrets of the Cave of Letters: Rediscovering a Dead Sea Mystery.* Leiden, The Netherlands: E. J. Brill.

Freund, Richard A., and Rami Arav. 2001. "Return to the Cave of Letters: What Still Lies Buried?" *Biblical Archaeology Review 27*, no. 1: 24–39.

Friedrich, Walter L., Bernd Kromer, Michael Friedrich, Jan Heinemeier, Tom Pfeiffer, and Sahra Talamo. 2006. "Santorini Eruption Radiocarbon Dated to 1627–1600 B.C." *Science* 312, no. 5773 (April 28): 548. doi: 10.1126/science.1125087.

Fugate Brangers, Susan L. 2013. "Political Propaganda and Archaeology: The Mausoleum of Augustus in the Fascist Era." *International Journal of Humanities and Social Science* 3, no. 16: 125–35.

Fuller, Dawn. 2014. "No Scrounging for Scraps: UC Research Uncovers the Diets of the Middle and Lower Class in Pompeii." *University of CincinnatiNews,* January 2. http://www.uc.edu/news/NR.aspx?id=19029.

Futrell, Alison. 2006. *The Roman Games: A Sourcebook.* Historical Sources in Translation. Oxford, UK: Blackwell.

Gabriel, Richard A. 2009. *Thutmose III: The Military Biography of Egypt's Greatest Warrior King.* Sterling, VA: Potomac Books.

Gadot, Yuval, and Assaf Yasur-Landau. 2006. "Beyond the Finds: Reconstructing Life in the Courtyard Building of Level K-4." In *Megiddo IV: The 1998–2002 Seasons* (2 vols.), edited by Israel Finkelstein, David Ussishkin, and Baruch Halpern, II: 583–600. Tel Aviv, Israel: Tel Aviv University.

Gannon, Megan. 2016. "X-Rays Reveal the Secrets of Egyptian Scrolls." *Newsweek,* January 17. http://www.newsweek.com/x-rays-reveal-secrets-egyptian-scrolls-papyrus-416719?rx=us.

García Martínez, Florentino. 1996. *The Dead Sea Scrolls Translated: The Qumran Texts in English,* 2nd ed. Grand Rapids, MI: William B. Eerdmans.

Garstang, John, and J. B. E. Garstang. 1940. *The Story of Jericho.* London: Hodder and Stoughton.

Gast, Phil. 2014. "The Hunley: Zeroing In on What Caused Civil War Submarine's Sinking." *CNN.com,* February 15. http://www.cnn.com/2014/02/14/travel/civil-war-submarine-hunley/.

Gates, Charles. 2011. *Ancient Cities: The Archaeology of Urban Life in the Ancient Near East and Egypt, Greece, and Rome,* 2nd ed. London:Routledge.

Gawlinski, Laura. 2014. *The Athenian Agora: Museum Guide,* 5th ed. Athens, Greece: American School of Classical Studies at Athens.

George, Andrew. 2003. *The Epic of Gilgamesh.* New York: Penguin.

—. 2016. "How Looting in Iraq Unearthed the Treasures of Gilgamesh." *Aeon,* February 5. https://aeon.co/opinions/how-looting-in-iraq -unearthed-the-treasures-of-gilgamesh.

Gerianos, Nicholas K. 2016. "Kennewick Man Was a Native American." *U.S. News and World Report,* April 27. http://www.usnews.com/news/science/articles/2016–04–27/corps-determines-kennewick-man-is-native-american.

Ghose, Tia. 2014. "Belize's Famous 'Blue Hole' Reveals Clues to the Maya's Demise." *Livescience,* December 24. http://www.livescience.com/49255-drought-caused-maya-collapse.html.

——. 2015. "King Tut's Tomb May Hide Nefertiti's Secret Grave." *Livescience,* August 12. http://www.livescience.com/51837-king-tut-tomb-holds-nefertiti.html.

Gimbutas, Marija. 1974. *The Gods and Goddesses of Old Europe, 7000 to 3500 BCE: Myths, Legends, and Cult Images.* London: Thames and Hudson.

——. 1991. *The Civilization of the Goddess: The World of Old Europe.* New York: HarperCollins.

Glassman, Steve. 2003. *On the Trail of the Maya Explorer: Tracing the Epic Journey of John Lloyd Stephens.* Tuscaloosa, AL: The University of Alabama Press.

Glob, P. V. 2004. *The Bog People: Iron Age Man Preserved.* New York: NYRB Classics.

Glover, Michael. 2013. "Pompeii and Herculaneum—British Museum Exhibition Review: Buried Treasure." *Independent,* April 1. http://www.independent.co.uk/arts-entertainment/art/features/pompeii-and-herculaneum—british-museum-exhibition-review-buried-treasure-8548946.html.

Goldmann, Klaus, Özgen Agar, and Stephen K. Urice. 1999. "Who Owns Priam's Treasure?" *Archaeology Odyssey* July–August: 22–23.

Gosden, Chris. 2001. "Postcolonial Archaeology. Issues of Culture, Identity,and Knowledge." In *Archaeological Theory Today,* edited by Ian Hodder,241–61. Oxford, UK: Polity Press.

——. 2004. *Archaeology and Colonialism. Cultural Contact from 5000 BC to the Present.* Cambridge: Cambridge University Press.

Grant, Michael. 1980. *Art and Life of Pompeii and Herculaneum.* Colchester, UK: TBS Book Service.

——. 2005. *Cities of Vesuvius: Pompeii and Herculaneum.* New Haven, CT: Phoenix Press.

Gray, Richard. 2015. "Is This the Oldest Evidence of Written Language? Pictograms Found in Ancient Turkish City Could Be 12,000-Years-Old." *Daily Mail*, July 21. http://www.dailymail.co.uk/sciencetech/article-3169595/Is-oldest-evidence-written-language-Pictograms-ancient-Turkish-city-12–000-years-old.html.

Griffiths, Sarah. 2015a. "A Glimpse beneath the Bandages: Egyptian Child Mummy Gets a CT Scan in a Bid to Uncover Its Secrets." *Daily Mail,* July 15. http://www.dailymail.co.uk/sciencetech/article-3162711/A-glimpse-beneath-bandages-Egyptian-child-mummy-gets-CT-scan-bid-uncover-secrets.html.

——. 2015b. "Restoration Work Begins on Bodies of Those Who Died When Vesuvius Engulfed Pompeii." *Daily Mail,* May 20. http://www.dailymail.co.uk/sciencetech/article-3089659/Who-petrified-child-Pompeii-Restoration-work-begins-body-boy-

House-Golden-Bracelet.html.
Grove, David C. 2014. *Discovering the Olmecs: An Unconventional History.* Austin: University of Texas Press.
Guidi, Alessandro. 1996. "Nationalism without a Nation: The Italian Case." In *Nationalism and Archaeology in Europe,* edited by Margarita Díaz-Andreu and Timothy Champion, 108–18. Boulder, CO: Westview Press.
Gurewitsch, Matthew. 2008. "True Colors." *Smithsonian,* July. http://www.smithsonianmag.com/arts-culture/true-colors-17888/?no-ist.
Hall, Edith. 2015. "Pale Riders: Adrienne Mayor's 'The Amazons' Shows How a Myth Developed." *New Statesman,* January 22. http://www .newstatesman.com/culture/2015/01/pale-riders-adrienne-mayors-amazons -shows-how-myth-developed.
Hall, Stephen S. 2010. "Spirits in the Sand: The Ancient Nasca Lines of Peru Shed Their Secrets." *National Geographic* (March): 56–79.
Hallote, Rachel. 2006. *Bible, Map, and Spade: The American Palestine Exploration Society, Frederick Jones Bliss, and the Forgotten Story of Early American Biblical Archaeology.* Chicago: Gorgias Press.
Hamilton, Sue. 1998. *Ancient Astronauts: Unsolved Mysteries.* Edina, MN: ABDO.
Hamilton-Paterson, James, and Carol Andrews. 1978. *Mummies: Death and Life in Ancient Egypt.* New York: Penguin Books.
Hammer, Joshua. 2015. "Finally, the Beauty of France's Chauvet Cave Makes Its Grand Public Debut." *Smithsonian,* April. http://www.smithsonianmag.com/history/france-chauvet-cave-makes-grand-debut-180954582 /?no-ist.
Hammond, Norman. 1982. *Ancient Maya Civilization.* New Brunswick, NJ: Rutgers University Press.
Handwerk, Brian. 2005. "King Tut's New Face: Behind the Forensic Reconstruction." *National Geographic News,* May 11. http://news.nationalgeographic.com/news/2005/05/0511_050511_kingtutface.html.
Harmon, David, and Francis P. McManamon. 2006. *The Antiquities Act: A Century of American Archaeology, Historic Preservation, and Nature Conservation.* Tucson: University of Arizona Press.
Harrington, Spencer P. M. 1999. "Behind the Mask of Agamemnon." *Archaeology 52,* no. 4: 51. http://archive.archaeology.org/9907/etc/mask.html.
Harris, David. 1998. "I Was There!" *Biblical Archaeology Review* 24, no. 2: 34–35.
Harrison, Peter D. 1999. *The Lords of Tikal: Rulers of an Ancient Maya City.* London:

Thames and Hudson.

Harrison, Timothy P. 2003. "The Battleground: Who Destroyed Megiddo? Was It David or Shishak?" *Biblical Archaeology Review* 29, no. 6: 28–35,60–64.

Hasson, Nir. 2012. "Megiddo Dig Unearths Cache of Buried Canaanite Treasure." *Haaretz,* May 22. http://www.haaretz.com/israel-news/megiddo-dig-unearths-cache-of-buried-canaanite-treasure-1.431797.

—. 2015. "Ancient Tablets Disclose Jewish Exiles' Life in Babylonia." *Haaretz,* January 29. http://www.haaretz.com/jewish/archaeology/.premium-1.639822.

Hatem, Ahmed. 2016. "Team Testing New Scanner on Egypt's Great Pyramid." *Associated Press,* June 2. http://bigstory.ap.org/8527da72451e472ca3925c7e42d7de52#.

Hawass, Zahi. 2005. *Tutankhamun and the Golden Age of the Pharaohs.* Washington, DC: National Geographic Books.

—. 2010. "King Tut's Family Secrets." *National Geographic* (September): 34–59. http://ngm.nationalgeographic.com/2010/09/tut-dna/hawass-text/1.

Hawass, Zahi, Yehia Z. Gad, Somaia Ismail, Rabab Khairat, Dina Fathalla, Naglaa Hasan, Amal Ahmed et al. 2010. "Ancestry and Pathology in King Tutankhamun's Family." *Journal of the American Medical Association* 303, no. 7: 638–47. http://jama.jamanetwork.com/article.aspx?articleid=185393.

Hawass, Zahi, and Sahar Saleem. 2015. *Scanning the Pharaohs: CT Imaging of the New Kingdom Royal Mummies.* Cairo, Egypt: American University in Cairo Press.

Hessler, Peter. 2015. "Radar Scans in King Tut's Tomb Suggest Hidden Chambers." *National Geographic News,* November 28. http://news.nationalgeographic.com/2015/11/151128-tut-tomb-scans-hidden-chambers/.

—. 2016a. "In Egypt, Debate Rages over Scans of King Tut's Tomb." *National Geographic News,* May 9. http://news.nationalgeographic.com/2016/05/160509-king-tut-tomb-chambers-radar-archaeology/.

—. 2016b. "Scans of King Tut's Tomb Reveal New Evidence of Hidden Rooms." *National Geographic News,* March 17. http://news.nationalgeographic.com/2016/03/160317-king-tut-tomb-hidden-chambers-radar -egypt-archaeology/.

Hicks, Brian. 2015. *Sea of Darkness: Unraveling the Mysteries of the* H. L. Hunley. Ann Arbor, MI: Spry.

Hicks, Brian, and Schuyler Kropf. 2002. *Raising the Hunley: The Remarkable History and Recovery of the Lost Confederate Submarine.* New York: Ballantine Books.

Hodder, Ian. 1986. *Reading the Past.* Cambridge: Cambridge University Press.

—. 1987. *Archaeology as Long-Term History.* Cambridge: Cambridge University Press.

—. 1999. *The Archaeological Process: An Introduction.* Oxford, UK: Blackwell.

—. 2006. "This Old House." *Natural History,* June. http://www.naturalhistorymag.com/htmlsite/master.html?http://www.naturalhistorymag.com/htmlsite/0606/0606_feature.html.

—. 2011. *The Leopard's Tale: Revealing the Mysteries of Çatalhöyük.* London: Thames and Hudson.

Hodges, Glenn. 2011. "Cahokia: America's Forgotten City." *National Geographic* (January): 126–45. http://ngm.nationalgeographic.com/2011/01/cahokia/hodges-text.

Hoffman, Barbara. 1993. The Spoils of War. *Archaeology* 46, no. 6: 37–40.

Hopkins, Keith, and Mary Beard. 2005. *The Colosseum. Cambridge,* MA: Harvard University Press.

Horowitz, Wayne, Yehoshua Greenberg, and Peter Zilberg, eds. 2015. *By the Rivers of Babylon: Cuneiform Documents from the Beginning of the Babylonian Diaspora.* Jerusalem: Bible Lands Museum and Israel Exploration Society (Hebrew).

Houston, Stephen, Oswaldo C. Mazariegos, and David Stuart, eds. 2001. *The Decipherment of Ancient Maya Writing.* Norman, OK: University of Oklahoma Press.

Howard, Philip. 2007. *Archaeological Surveying and Mapping: Recording and Depicting the Landscape,* new ed. Boston: Routledge.

Hrozný, Bedřich. 1917. *Die Sprache der Hethiter: ihr Bau und ihre Zugehörigkeit zum indogermanischen Sprachstamm.* Leipzig, Ger.: Hinrichs.

Hunt, Patrick. 2007. *Ten Discoveries That Rewrote History.* New York: Penguin Group.

Hurwit, Jeffrey M. 1999. *The Athenian Acropolis: History, Mythology, and Archaeology from the Neolithic Era to the Present.* Cambridge: Cambridge University Press.

Hussein, Muzahim Mahmoud. 2016. *Nimrud: The Queens' Tombs.* Chicago: Oriental Institute.

Hutcherson, Kimberly. 2015. "ISIS Video Shows Execution of 25 Men in Ruins of Syria Amphitheater." *CNN,* July 4. http://www.cnn.com/2015/07/04/middleeast/isis-execution-palmyra-syria/.

Jablonka, Peter. 1994. "Ein Verteidigungsgraben in der Unterstadt von Troia VI. Grabungsbericht 1993." *Studia Troica* 4: 51–74.

Jackson, Caroline M., and Paul T. Nicholson. 2010. "The Provenance of Some Glass Ingots from the Uluburun Shipwreck." *Journal of Archaeological Science* 37, no. 2 (February): 295–301. http://www.sciencedirect.com/science/article/pii/

S030544030900346X.

Jaggard, Victoria. 2014. "Huge Wine Cellar Unearthed at a Biblical-Era Palace in Israel." *Smithsonian,* August 27. http://www.smithsonianmag.com/science-nature/huge-wine-cellar-unearthed-biblical-era-palace-israel-180952495/#igcefjsJmQpfE6vO.99.

—. 2015. "Ancient Scrolls Blackened by Vesuvius Are Readable at Last." *Smithsonian,* January 20. http://www.smithsonianmag.com/history/ancient-scrolls-blackened-vesuvius-are-readable-last-herculaneum-papyri-180953950/#jMhdSfpte7syYFeI.99.

Jarus, Owen. 2012. "Oops! Brain-Removal Tool Left in Mummy's Skull." *Livescience,* December 14. http://www.livescience.com/25536-mummy-brain-removal-tool.html.

—. 2016. "Nefertiti Still Missing: King Tut's Tomb Shows No Hidden Chambers." *Livescience,* May 11. http://www.livescience.com/54708-nefertiti-missing-no-chambers-in-king-tut-tomb.html.

Jashemski, Wilhelmina F. 1979. *The Gardens of Pompeii, Herculaneum and the Villas Destroyed by Vesuvius* (2 vols.). Athens, Greece: Aristide D. Caratzas.

—. 2014. *Discovering the Gardens of Pompeii: Memoirs of a Garden Archaeologist.* Seattle, WA: CreateSpace Independent Publishing Platform.

Johanson, Donald, and Maitland Edey. 1981. *Lucy: the Beginnings of Humankind.* New York: Simon and Schuster.

Johanson, Donald, and Kate Wong. 2010. *Lucy's Legacy: The Quest for Human Origins.* New York: Broadway Books.

Johnston, Bruce. 2001. "Colosseum 'Built with Loot from Sack of Jerusalem Temple.'" *Telegraph,* June 15. http://www.telegraph.co.uk/news/worldnews/1311985/Colosseum-built-with-loot-from-sack-of-Jerusalem-temple.html.

Kark, Chris. 2016. "Archaeologists from Stanford Find an 8,000-Year-Old'Goddess Figurine' in Central Turkey." *Stanford News,* September 29. http://news.stanford.edu/2016/09/29/archaeologists-find-8000-year-old-goddess-figurine-central-turkey/.

Kaufman, Amy. 2016. "Megan Fox Tackles String Theory, the Truth behind the Pyramids, and the 'Brainwashed' Public." *Los Angeles Times,* June 3. http://www.latimes.com/entertainment/movies/la-ca-mn-megan-fox-ninja-turtles-20160526-snap-story.html.

Kelly, Robert L., and David Hurst Thomas. 2013. *Archaeology,* 6th ed. New York: Wadsworth.

Kelso, William M. 2007. "Jamestown: The Fort That Was the Birthplace of the United States of America." In *Discovery! Unearthing the New Treasures of Archaeology,* edited by Brian Fagan, 172–75. London: Thames andHudson.

—. 2008. *Jamestown, the Buried Truth.* Charlottesville: University of Virginia Press.

Kelso, William M., and Beverly Straube. 2004. *Jamestown Rediscovery: 1994–2004.* Richmond, VA: APVA Preservation Virginia.

Kemp, Barry J. 2005. *Ancient Egypt: Anatomy of a Civilization,* 2nd ed. Boston: Routledge.

Kempinski, Aharon. 1989. *Megiddo. A City State and Royal Centre in North Israel.* Munich: C. H. Beck.

Kennedy, Maev. 2011. "Viking Chieftain's Burial Ship Excavated in Scotland after 1,000 Years." *Guardian,* October 18. http://www.theguardian.com/science/2011/oct/19/viking-burial-ship-found-scotland.

—. 2014. "Questions Raised over Queen's Ancestry after DNA Test on Richard III's Cousins." *Guardian,* December 2. http://www.theguardian.com/uk-news/2014/dec/02/king-richard-iii-dna-cousins-queen-ancestry.

Kenyon, Kathleen M. 1957. *Digging Up Jericho.* London: Ernest Benn.

Keys, David. 2014. "Hidden Henge: Archaeologists Discover Huge Stonehenge'Sibling' Nearby." *Independent,* UK, September 9. http://www.sott.net/article/285448-Hidden-henge-Archaeologists-discover-huge-Stonehenge-sibling-nearby.

—. 2015. "Tutankhamun: Great Golden Face Mask Was Actually Made for His Mother Nefertiti, Research Reveals." *Independent,* UK, November 28. http://www.independent.co.uk/news/uk/home-news/tutankhamun-great-golden-face-mask-was-actually-made-for-his-mother-nefertiti-research-reveals-a6753156.html.

—. 2016. "Remarkable Ancient Structure Found Just Two Miles from Stonehenge." *Independent, UK,* August 15. http://www.independent.co.uk/news/science/archaeology/revealed-remarkable-ancient-structure-found-just-two-miles-from-stonehenge-a7190476.html.

Killgrove, Kristina. 2015a. "Archaeologists to Ben Carson: Ancient Egyptians Wrote Down Why the Pyramids Were Built." *Forbes,* November 5. http://www.forbes.com/sites/kristinakillgrove/2015/11/05/archaeologists-to-ben-carson-ancient-egyptians-wrote-down-why-the-pyramids-were-built/#3339f99613e2.

—. 2015b. "What Archaeologists Really Think about Ancient Aliens, Lost Colonies, and Fingerprints of The Gods." *Forbes,* September 3. http://www.forbes.com/sites/kristinakillgrove/2015/09/03/what-archaeologists-really-think-about-ancient-aliens-lost-colonies-and-fingerprints-of-the-gods/.

King, Michael R., and Gregory M. Cooper. 2006. *Who Killed King Tut? Using Modern Forensics to Solve a 3,300-Year-Old Mystery.* New York: Prometheus Books.

King, Turi E., Gloria Gonzalez Fortes, Patricia Balaresque, Mark G. Thomas, David Balding, Pierpaolo Maisano Delser, Rita Neumann et al. 2014. "Identification of the Remains of King Richard III." *Nature Communications,* December 2. http://www.nature.com/ncomms/2014/141202/ncomms6631/full/ncomms6631.html.

Kingsley, Sean. 2006. *God's Gold: The Quest for the Lost Temple Treasure of Jerusalem.* London: John Murray.

Kington, Tom. 2009. "Rome Archaeologists Find 'Nero's Party Piece' in Dig." *Guardian,* September 29. https://www.theguardian.com/world/2009/sep/29/nero-rome-archaeologists-dining-room.

Knapton, Sarah. 2016. "Huge Ritual Monument Thought to be Buried near Stonehenge Doesn't Exist, Admit Archaeologists." *Telegraph,* August 12. http://www.telegraph.co.uk/news/2016/08/12/huge-ritual-monument-thought-to-be-buried-near-stonehenge-doesnt/.

Koch, Peter O. 2013. *John Lloyd Stephens and Frederick Catherwood: Pioneers of Mayan Archaeology.* Jefferson, NC: McFarland.

Koehl, Robert B. 1986. "A Marinescape Floor from the Palace at Knossos." *American Journal of Archaeology 90,* no. 4: 407–17.

Koh, Andrew J., Assaf Yasur-Landau, and Eric H. Cline. 2014. "Characterizing a Middle Bronze Palatial Wine Cellar from Tel Kabri, Israel." *PLoS ONE 9,* no 8: e106406. doi:10.1371/ journal.pone.0106406.

Kohl, Philip L., and Claire Fawcett, eds. 1995. *Nationalism, Politics, and the Practice of Archaeology.* Cambridge: Cambridge University Press.

Korfmann, Manfred. 2004. "Was There a Trojan War?" *Archaeology 57,* no. 3: 36–41.

—. 2007. "Was There a Trojan War? Troy between Fiction and Archaeological Evidence." In *Troy: From Homer's Iliad to Hollywood Epic,* edited by Martin M. Winkler, 20–26. Oxford, UK: Blackwell.

Kramer, Samuel Noah. 1988. *History Begins at Sumer: Thirty-Nine Firsts in Recorded History,* 3rd ed. Philadelphia: University of Pennsylvania Press.

Krause, Lisa. 2000. "Ballard Finds Traces of Ancient Habitation beneath Black Sea." *National Geographic News,* September 13. http://news.nationalgeographic.com/news/2000/12/122800blacksea.html.

Kroeber, Alfred, and Donald Collier. 1998. *The Archaeology and Pottery of Nazca, Peru: Alfred Kroeber's 1926 Expedition,* edited by Patrick Carmichael. Walnut Creek, CA: AltaMira Press.

Kroeber, Theodora. 2011. *Ishi in Two Worlds: A Biography of the Last Wild Indian in North America.* 50th anniv. ed. Berkeley: University of California Press.

Kumar, Mohi. 2013. "From Gunpowder to Teeth Whitener: The Science behind Historic Uses of Urine." *Smithsonian,* August 20. http://www.smithsonianmag.com/science-nature/from-gunpowder-to-teeth-whitener-the-science-behind-historic-uses-of-urine-442390/?no-ist.

Kunnen-Jones, Marianne. 2002. "Archaeologist Brian Rose Makes His Troy Finale." *University of Cincinnati News,* October 14. http://www.uc.edu/profiles/rose.htm.

Kyrieleis, Helmut. 2007. "Olympia: Excavations and Discoveries at the Great Sanctuary." In *Great Moments in Greek Archaeology,* edited by Panos Valavanis, 100–117. Translated by David Hardy. Los Angeles: J. Paul Getty Museum.

Lange, Karen. 2008. "The Stolen Past." *National Geographic* (December): 60–65. http://ngm.nationalgeographic.com/2008/12/palestine-antiquities/lange-text.

Lapatin, Kenneth D. S. 2002. *Mysteries of the Snake Goddess: Art, Desire, and the Forging of History.* New York: Houghton Mifflin Harcourt.

Larsen, Mogans Trolle. 1996. *The Conquest of Assyria: Excavations in an Antique Land, 1840–1860.* New York: Routledge.

Latacz, Joachim. 2004. *Troy and Homer.* Oxford, UK: Oxford University Press.

Laurence, Ray. 2012. *Roman Archaeology for Historians.* London: Routledge.

Lawler, Andrew. 2007. "Reconstructing Petra." *Smithsonian,* June. http://www.smithsonianmag.com/history/reconstructing-petra-155444564/?no-ist=&page=1.

—. 2015. "Rare Unlooted Grave of Wealthy Warrior Uncovered in Greece." *National Geographic News,* October 27. http://news.nationalgeographic.com/2015/10/151027-pylos-greece-warrior-grave-mycenaean-archaeology/.

Layard, Austen Henry. 1849. *Nineveh and Its Remains.* London: John Murray.

Leach, Peter E. 1992. *The Surveying of Archaeological Sites.* London: Archetype.

Leakey, Mary D. 1979. *Olduvai Gorge: My Search for Early Man.* London: Collins.

—. 1986. *Disclosing the Past: An Autobiography.* New York: McGraw-Hill.

Leakey, Richard E. 1984. *One Life: An Autobiography.* Englewood Cliffs, NJ: Salem House.

Leakey, Richard E., and Roger Lewin. 1979. *Origins.* New York: Dutton.

Lehner, Mark, and Richard H. Wilkinson. 1997. *The Complete Pyramids: Solving the Ancient Mysteries.* London: Thames and Hudson.

Lekson, Stephen H. 2007. *The Architecture of Chaco Canyon, New Mexico.* Provo:

University of Utah Press.

—, ed. 2006. *The Archaeology of Chaco Canyon: An Eleventh-Century Pueblo Regional Center.* Santa Fe, NM: School of American Research Press.

Lemonick, Michael D. 2014a. "Humans and Neanderthals Were Actually Neighbors." *Time,* August 20. http://time.com/3148351/humans-and-neanderthals-were-actually-neighbors/.

—. 2014b. "What Bronze Age Wine Snobs Drank." *Time,* August 27. http://time.com/3178786/wine-bronze-age-archaeology/.

Lents, Nathan H. 2016. "Paleoanthropology Wars: The Discovery of *Homo Naledi* Has Generated Considerable Controversy in This Scientific Discipline." *Skeptic,* January 6. http://www.skeptic.com/reading_room/paleoanthropology-wars-the-discovery-of-homo-naledi/.

Lerici, Carlo M. 1959. "Periscope on the Etruscan Past." *National Geographic* (September): 337–50.

—. 1962. "New Archaeological Techniques and International Cooperation in Italy." *Expedition,* Spring: 4–10.

Levitan, Dave. 2013. "Archaeologists Uncover 3,700-Year-Old Wine Cellar." *Wine Spectator,* November 25. http://www.winespectator.com/webfeature/show/id/49325.

Levy, Thomas, and Thomas Higham. 2014. *The Bible and Radiocarbon Dating: Archaeology, Text, and Science.* Boston: Routledge.

Lewis, Naphtali, and Meyer Reinhold. 1990. *Roman Civilization: Selected Readings* (2 vols.), 3rd ed. New York: Columbia University Press.

Lichfield, John. 2016. "Chauvet Cave Paintings: A Volcanic Eruption from 36,000 Years Ago—As Captured by Prehistoric Man." *Independent,* January10. http://www.independent.co.uk/news/world/europe/chauvet-cave-paintings-a-volcanic-eruption-from-36000-years-ago-as-captured-by-prehistoric-man-a6805001.html.

Liesowska, Anna. 2014. "Iconic 2,500 Year Old Siberian Princess 'Died from Breast Cancer,' Reveals MRI Scan." *Siberian Times,* October 14. http://siberiantimes.com/science/casestudy/features/iconic-2500-year-old-siberian-princess-died-from-breast-cancer-reveals-unique-mri-scan/.

Lim, Timothy H. 2006. *The Dead Sea Scrolls: A Very Short Introduction.* Oxford, UK: Oxford University Press.

Lloyd, Seton. 1980a. *Foundations in the Dust: The Story of Mesopotamian Exploration.* London: Thames and Hudson.

—. 1980b. *The Ruined Cities of Iraq.* Chicago: Ares. Long, Michael E. 1990. “Enduring Echoes of Peru’s Past.” *National Geographic* (June): 34–49.

Lorenzi, Rossella. 2016a. “Cosmic Ray Tech May Unlock Pyramids’ Secrets.” *Discovery News,* April 15. http://news.discovery.com/history/ancient-egypt/cosmic-ray-tech-may-unlock-pyramids-secrets-160415.htm.

—. 2016b. “Egyptian Pyramid Scans Reveal New Anomalies.” *Discovery News,* January 19. http://news.discovery.com/history/archaeology/egyptian-pyramid-scans-reveal-new-anomalies-160119.htm.

—. 2016c. “Pyramid Interior Revealed Using Cosmic Rays.” *Live-Science,* April 28. http://www.livescience.com/54596-pyramid-interior-revealed-using-cosmic-rays.html.

Lovgren, Stefan. 2006. “Aztec Temple Found in Mexico City ‘Exceptional,’ Experts Say.” *National Geographic News,* October 5. http://news.nationalgeographic.com/news/2006/10/061005-aztecs.html.

Luce, J. V. 1969. *End of Atlantis.* London: Thames and Hudson.

Luhnow, David. 2003. “Treasure of Nimrud Is Found in Iraq, and It’s Spectacular.”*Wall Street Journal,* June 6. http://www.wsj.com/articles/SB105485037080424400.

Lyon-House, Leslie. 2012. “Maya Scholar Debunks World-Ending Myth.” *UT News,* December 17. http://news.utexas.edu/2012/12/17/maya-scholar-debunks-world-ending-myth.

Macaulay, David. 1979. *Motel of the Mysteries.* Boston: Houghton Mifflin.

MacKendrick, Paul. 1960. *The Mute Stones Speak: The Story of Archaeology in Italy.* New York: W. W. Norton.

—. 1979. *The Greek Stones Speak: The Story of Archaeology in Greek Lands.* New York: W. W. Norton.

Magness, Jodi. 2002. *The Archaeology of Qumran and the Dead Sea Scrolls.* Grand Rapids, MI: William B. Eerdmans.

—. 2012. *The Archaeology of the Holy Land: From the Destruction of Solomon’s Temple to the Muslim Conquest.* Cambridge: Cambridge University Press.

Maixner, Frank, Ben Krause-Kyora, Dmitrij Turaev, Alexander Herbig, Michael R. Hoopmann, Janice L. Hallows, Ulrike Kusebauch et al.2016. “The 5300-Year-Old *Helicobacter pylori* Genome of the Iceman.” *Science* 351, no. 6269: 162–65. http://science.sciencemag.org/content/351/6269/162.

Mallory, James P., and Victor H. Mair. 2000. *The Tarim Mummies: Ancient China and the Mystery of the Earliest Peoples from the West.* London:Thames and Hudson.

Mallowan, Agatha Christie. 2012. *Come, Tell Me How You Live: An Archaeological Memoir.* Repr. New York: William Morrow.

Mann, Charles C. 2011. "The Birth of Religion." *National Geographic* (June): 34–59. http://ngm.nationalgeographic.com/2011/06/gobekli-tepe/mann-text.

Manning, Sturt. 2014. *A Test of Time and A Test of Time Revisited: The Volcano of Thera and the Chronology and History of the Aegean and East Mediterranean in the mid Second Millennium BCE,* 2nd ed. Oxford, UK:Oxbow Books.

Manning, Sturt W., Cemal Pulak, Bernd Kromer, Sahra Talamo, Christopher Bronk Ramsey, and Michael Dee. 2009. "Absolute Age of the Uluburun Shipwreck: A Key Late Bronze Age Time-Capsule for the East Mediterranean." In *Tree-Rings, Kings and Old World Archaeology and Environment: Papers Presented in Honor of Peter Ian Kuniholm,* edited by Sturt W. Manning and Mary Jaye Bruce, 163–87. Oxford, UK: Oxbow Books.

Manning, Sturt W., Christopher Bronk Ramsey, Walter Kutschera, Thomas Higham, Bernd Kromer, Peter Steier, and Eva M. Wild. 2006. "Chronology for the Aegean Late Bronze Age 1700–1400 B.C." *Science* 312, no. 5773 (April 28): 565–69. doi: 10.1126/science.1125682.

Mapes, Lynda V. 2016a. "Five Tribes Will Work Together to Rebury Kennewick Man." *YakimaHerald.com,* April 28. http://www.yakimaherald.com/news/local/corps-of-engineers-says-kennewick-man-is-native-american-will/article_21eba658–0c9b-11e6–9790-b3f1fa7c682f.html?utm_medium=social&utm_source=twitter&utm_campaign=user -share.

—. 2016b. "It's Official: Kennewick Man Is Native American." *Seattle Times,* April 27. http://www.seattletimes.com/seattle-news/science/its-official-kennewick-man-is-native-american/.

Marinatos, Nanno. 1984. *Art and Religion in Thera: Reconstructing a Bronze Age Society.* Athens, Greece: D. and I. Mathioulakis.

Marinatos, Spyridon. 1939. "The Volcanic Destruction of Minoan Crete." *Antiquity* 13: 425–39.

Martin, Sean. 2015. "Was King Tutankhamun's Famous Burial Mask Originally Intended for His Stepmother Nefertiti?" *International Business Times,* November 26. http://www.ibtimes.co.uk/was-king-tutankhamuns-famous-burial-mask-originally-intended-his-stepmother-nefertiti-1530646.

Mastrolorenzo, Giuseppe, Pier P. Petrone, Mario Pagano, Alberto Incoronato, Peter J.

Baxter, Antonio Canzanella, and Luciano Fattore. 2001."Herculaneum Victims of Vesuvius in CE 79." *Nature* 410 (April 12): 79–70. http://www.nature.com/nature/journal/v410/n6830/abs/410769a0.html.

Matthiae, Paolo. 1981. *Ebla: An Empire Rediscovered.* Translated by Christopher Holme. Garden City, NY: Doubleday.

—. 2013. *Studies on the Archaeology of Ebla 1980–2010.* Wiesbaden, Ger.: Harrassowitz.

Maugh, Thomas H. II. 1992. "Ubar, Fabled Lost City, Found by L.A. Team: Archeology: NASA Aided in Finding the Ancient Arab Town, Once the Center of Frankincense Trade." *Los Angeles Times,* February 5. http://articles.latimes.com/1992–02–05/news/mn-1192_1_lost-city.

Mayor, Adrienne. 2014. *The Amazons: Lives and Legends of Warrior Women across the Ancient World.* Princeton, NJ: Princeton University Press.

McCarter, P. Kyle. 1992. "The Mysterious Copper Scroll: Clues to Hidden Temple Treasure?" *Bible Review* 8: 34–41, 63–64.

McFeaters, Andrew P. 2007. "The Past Is How We Present It: Nationalism and Archaeology in Italy from Unification to WWII." *Nebraska Anthropologist.* Paper 33. http://digitalcommons.unl.edu/nebanthro/33.

McGeough, Kevin M. 2004. *The Romans: New Perspectives.* Santa Barbara, CA: ABC-CLIO.

McIntyre, Dave. 2014. "Wine Cellaring Runs Deep in Our Judeo-Christian DNA." *Washington Post,* April 3. https://www.washingtonpost.com/lifestyle/food/wine-cellaring-runs-deep-in-our-judeo-christian-dna /2014/04/02/a0469d74-b882–11e3–96ae-f2c36d2b1245_story.html.

McKenzie, Sheena. 2016. "The 'Underground Astronauts' in Search of New Human Species." *CNN,* May 4. http://www.cnn.com/2016/05/03/health/homo-naledi-human-species-lee-berger/.

McKie, Robin. 2012. "Piltdown Man: British Archaeology's Greatest Hoax." *Guardian,* February 4. http://www.theguardian.com/science/2012/feb/05/piltdown-man-archaeologys-greatest-hoax.

—. 2015. "Scientist Who Found New Human Species Accused of Playing Fast and Loose with the Truth." *Guardian,* October 24. https://www.theguardian.com/science/2015/oct/25/discovery-human-species-accused-of-rushing-errors.

McMillon, Bill. 1991. *The Archaeology Handbook: A Field Manual and Resource Guide.* New York: Wiley.

McNeil, Sam. 2015. "At Jordan Site, Drone Offers Glimpse of Antiquities Looting: Archaeologists and Criminologists Use New Technologies to Study Global Trade in Stolen Artifacts." *Times of Israel,* April 3. http://www.timesofisrael.com/at-jordan-site-drone-offers-glimpse-of-antiquities-looting/.

Mejia, Paula. 2015. "Liquid Mercury Found in Mexican Pyramid Could Hold Secrets of Teotihuacan." *Newsweek,* March 26. http://www.newsweek.com/liquid-mercury-found-mexican-pyramid-could-hold-secrets-teotihuacan-325450.

Melvin, Don, Schams Elwazer, and Joshua Berlinger. 2015. "ISIS Destroys Temple of Bel in Palmyra, Syria, U.N. Reports." CNN, August 31. http://www.cnn.com/2015/08/31/middleeast/palmyra-temple-damaged/.

Meskell, Lynne, ed. 1998. *Archaeology under Fire: Nationalism, Politics, and Heritages in the Eastern Mediterranean and Middle East.* Boston: Routledge.

Meyer, Karl E. 1973a. *The Plundered Past.* New York: Atheneum.

—. 1973b. *Teotihuacán.* New York: Newsweek Book Division.

—. 1993. "The Hunt for Priam's Treasure." *Archaeology* 46, no. 6: 6–32.

—. 1995. "Who Owns the Spoils of War?" *Archaeology* 48, no. 4: 46–52.

Millar, Ronald W. 1972. *The Piltdown Men.* New York: St. Martin's Press.

Millon, René. 1964. "The Teotihuacán Mapping Project." *American Antiquity 29*, no. 3: 345–52.

—. 1973. *Urbanization at Teotihuacán, Mexico. Vol. 1, The Teotihuacán Map. Part One: Text.* Austin: University of Texas Press.

Millon, René, R. Bruce Drewitt, and George Cowgill. 1973. *Urbanization at Teotihuacan, Mexico, vol. 1, The Teotihuacan Map. Part Two: Maps.* Austin: University of Texas Press.

Minder, Raphael. 2014. "Back to the Cave of Altamira in Spain, Still Controversial." *New York Times,* July 30. http://www.nytimes.com/2014/07/31/arts/international/back-to-the-cave-of-altamira-in-spain-still-controversial .html.

Mocella, Vito, Emmanuel Brun, Claudio Ferrero, and Daniel Delattre. 2015."Revealing Letters in Rolled Herculaneum Papyri by X-ray Phase-Contrast Imaging." *Nature Communications 6* (January 20): doi:10.1038/ncomms6895. http://www.nature.com/ncomms/2015/150120 /ncomms6895/full/ncomms6895.html.

Monastersky, Richard. 2015. "The Greatest Vanishing Act in Prehistoric America." *Scientific American,* November 14. http://www.scientificamerican .com/article/the-greatest-vanishing-act-in-prehistoric-america/?WT.mc_id=SA_WR_.

Moorey, P. Roger S. 1982. *Ur 'of the Chaldees': A Revised and Updated Edition of Sire Leonard Woolley's Excavations at Ur.* Ithaca, NY: Cornell University Press.

—. 1988. "The Chalcolithic Hoard from Nahal Mishmar, Israel, in Context." *World Archaeology* 20, no. 2: 171–89.

Moran, Sarah V. 1998. *Alien Art: Extraterrestrial Expressions on Earth.* Surrey, UK: Bramley.

Morell, Virginia. 1996. *Ancestral Passions: The Leakey Family and the Quest for Humankind's Beginnings.* New York: Touchstone.

Morelle, Rebecca. 2015. "Egypt's Animal Mummy 'Scandal' Revealed." *BBC News,* May 11. http://www.bbc.com/news/science-environment -32656743.

Morelle, Rebecca, and Stuart Denman. 2015. "Vast Replica Recreates Prehistoric Chauvet Cave." *BBC News,* April 24. http://www.bbc.com/news/science-environment-32403867.

Moro-Abadía, Oscar. 2006. "The History of Archaeology as a 'Colonial Discourse.'" *Bulletin of the History of Archaeology* 16, no. 2: 4–17.

Morris, Sarah P. 1989. "A Tale of Two Cities: The Miniature Frescoes from Thera and the Origins of Greek Poetry." *American Journal of Archaeology* 93: 511–35.

Moskowitz, Clara. 2012. "The Secret Tomb of China's 1st Emperor: Will We Ever See Inside?" *LiveScience,* August 17. http://www.livescience.com/22454-ancient-chinese-tomb-terracotta-warriors.html.

Moss, Stephen. 2014. "Noah's Ark Was Round—So the Ancient Tablet Tells Us." *Guardian,* February 11. http://www.theguardian.com/books/2014/feb/11/noahs-ark-round-ancient-british-museum-mesopotamian-clay-tablets-flood.

—. 2015. "Will We Ever Actually Get to See the 5,000-Year-Old Superhenge?" *Guardian,* September 7. http://www.theguardian.com/uk-news/shortcuts/2015/sep/07/superhenge-standing-stones-near-stonehenge.

Mott, Nicholas. 2012. "Why the Maya Fell: Climate Change, Conflict—And a Trip to the Beach?" *National Geographic News,* November 11. http://news.nationalgeographic.com/news/2012/11/121109-maya-civilization-climate-change-belize-science/.

Moye, David. 2016. "King Tut's Knife Was Made from a Meteorite." *Huffington Post,* June 1. http://www.huffingtonpost.com/entry/king-tut-knife-meteorite us_574f586ee4b0c3752dcc7014.

Moyer, Justin William. 2014. "More Evidence Mayan Civilization Collapsed Because of Drought." *Washington Post,* December 30. http://www.washingtonpost.com/news/

morning-mix/wp/2014/12/30/more-evidence-mayan-civilization-collapsed-because-of-drought/.

Mueller, Tom. 2016. "How Tomb Raiders Are Stealing Our History." N*ational Geographic* (June): 58–81. http://www.nationalgeographic.com/magazine/2016/06/looting-ancient-blood-antiquities/.

Mulliez, Dominique. 2007. "Delphi: The Excavation of the Great Oracular Centre." In *Great Moments in Greek Archaeology,* edited by Panos Valavanis,134–57. Translated by David Hardy. Los Angeles: J. Paul Getty Museum.

Musgrave, Jonathan H., Richard A. H. Neave, and A. John N. W. Prag. 1995. "Seven Faces from Grave Circle B at Mycenae." *Annual of the British School at Athens* 90: 107–36.

Nagesh, Ashitha. 2016. "Flood Maps Reveal Long-Lost Roman Roads across England." *Metro,* January 2. http://metro.co.uk/2016/01/02/flood-maps-reveal-long-lost-roman-roads-across-england-5596264/.

Naik, Gautam. 2013. "Very Well Aged: Archaeologists Say Ancient Wine Cellar Found: Discovery in Israel Thought to Date Back 3,700 Years." *Wall Street Journal,* November 22. http://www.wsj.com/articles/SB100014240527023043374045792136528753228 2.

Naughton, David. 2015. "Exploring the Ancient City of Teotihuacan." *Harvard Divinity School News & Events,* October 2. http://hds.harvard.edu/news/2015/10/02/exploring-ancient-city-teotihuacan#

Neese, Shelley. 2009. "Cracking the Code." *Jerusalem Post,* August 19. http://www.jpost.com/Local-Israel/Around-Israel/Cracking-the-code.

Neild, Barry. 2014. "King Tut Replica Tomb Opens to Public in Egypt." *CNN,* May 2. http://www.cnn.com/2014/05/01/travel/tutankhamuns-replica-tomb-egypt/.

Netburn, Deborah. 2013. "3,700-Year-Old Wine Cellar Held Booze You Might Not Want to Drink." *Los Angeles Times,* November 22. http://www.latimes.com/science/sciencenow/la-sci-sn-ancient-wine-cellar-found-3700-years-old-20131122-story.html.

—. 2016. "Chauvet Cave: The Most Accurate Timeline Yet of Who Used the Cave and When." *Los Angeles Times,* April 12. http://www.latimes.com/science/sciencenow/la-sci-sn-chauvet-caves-timeline-20160412-story.html.

Neuendorf, Henri. 2015. "UNESCO Head Warns of 'Industrial Scale' Looting in Syria." *Artnet.com,* September 21. https://news.artnet.com/art-world/unesco-warning-looting-syria-333814.

Niemeier, Wolf-Dietrich. 1988. "The 'Priest King' Fresco from Knossos. A New Reconstruction and Interpretation." In *Problems in Greek Prehistory. Papers Presented at the Centenary Conference of the British School of Archaeology at Athens, Manchester, April 1986,* edited by Elizabeth B. French and Ken A. Wardle, 235–44. Bristol, UK: Bristol Classical Press.

Nigro, Lorenzo. 2006. "Results of the Italian-Palestinian Expedition to Tell es-Sultan: At the Dawn of Urbanization in Palestine." *Rosapat* 2: 1–40. https://www.academia.edu/1179527/Results_of_the_Italian-Palestinian_Expedition_to_Tell_es-Sultan_at_the_Dawn_of_Urbanization_in_Palestine.

Nolan, Linda Ann. 2005. "Emulating Augustus: The Fascist-Era Excavation of the Emperor's Peace Altar in Rome." *Archaeology Odyssey* 8, no. 3: 38–47.

Nomade, Sébastien, Dominique Genty, Romain Sasco, Vincent Scao, Valérie Féruglio, Dominique Baffier, Hervé Guillou et al. 2016. "A 36,000-Year-Old Volcanic Eruption Depicted in the Chauvet-Pont d'Arc Cave (Ardèche, France)?" *PLOS One,* January 8. http://journals.plos.org /plosone/article?id=10.1371/journal.pone.0146621.

Oates, Joan, and David Oates. 2001. *Nimrud: An Assyrian Imperial City Revealed.* London: British School of Archaeology in Iraq.

O'Brien, Jane. 2015. "Remains of English Jamestown Colony Leaders Discovered." *BBC News,* July 28. http://www.bbc.com/news/magazine-33680128.

Olariu, Cristian. 2012. "Archaeology, Architecture and the Use of Romanità in Fascist Italy." *Studia Antiqua et Archaeologica* 18: 351–75.

Osborne, Hannah. 2015. "World's Oldest Pictograph Discovered in Göbekli Tepe Shows Decapitated Head in Vulture Wing." *International Business Times,* July 16. http://www.ibtimes.co.uk/worlds-oldest-pictograph-discovered-gobekli-tepe-shows-decapitated-head-vulture-wing-1511137.

O'Toole, Thomas. 1979. "Ebla Tablets: No Biblical Claims; Ebla Tablets Misread, Scholars Report." *Washington Post,* December 9: A18.

Owen, Edward. 2011. "Lost City of Atlantis 'Buried in Spanish Wetlands.'" *Telegraph,* March 14. http://www.telegraph.co.uk/news/worldnews/europe/spain/8381219/Lost-city-of-Atlantis-buried-in-Spanish-wetlands.html.

Owsley, Douglas W., and Richard L. Jantz, eds. 2014. Kennewick Man: *The Scientific Investigation of an Ancient American Skeleton* (Peopling of the Americas Publications). College Station: Texas A&M University Press.

Packer, James. 1989. "Politics, Urbanism, and Archaeology in 'Roma capitale': A Trouble

Past and a Controversial Future." *American Journal of Archaeology* 93, no. 1: 137–41.

—. 1997. "Report from Rome: The Imperial Fora, a Retrospective." *American Journal of Archaeology* 101, no. 2: 307–330.

Painter, Borden W. Jr. 2005. *Mussolini's Rome: Rebuilding the Eternal City.* Italian and Italian American Studies. New York: Palgrave Macmillan.

Papazoglou-Manioudaki, Lena, Argyro Nafplioti, Jonathan H. Musgrave, Richard A. H. Neave, Denise Smith, and A. John N. W. Prag. 2009."Mycenae Revisited Part 1: The Human Remains from Grave Circle A: Stamatakis, Schliemann and Two New Faces from Shaft Grave VI." *Annual of the British School at Athens* 104: 233–77.

Papazoglou-Manioudaki, Lena, Argyro Nafplioti, Jonathan H. Musgrave, and A. John N. W. Prag. 2010. "Mycenae Revisited Part 3: The Human Remains from Grave Circle A at Mycenae; Behind the Masks; A Study of the Bones of Shaft Graves I-V." *Annual of the British School at Athens* 105: 157–224.

Parcak, Sarah H. 2009. *Satellite Remote Sensing for Archaeology.* Boston: Routledge.

Parcak, Sarah H., David Gathings, Chase Childs, Gregory Mumford, and Eric H. Cline. 2016. "Satellite Evidence of Archaeological Site Looting in Egypt: 2002–2013." *Antiquity* 90, no. 349: 185–205.

Parrot, Andre. 1955. *Discovering Buried Worlds.* New York: Philosophical Library.

Patric, John. 1937. "Imperial Rome Reborn." *National Geographic* 71/3 (May): 269–325.

Pazanelli, Roberta, Eike D. Schmidt, and Kenneth D. S. Lapatin. 2008. *The Color of Life: Polychromy in Sculpture from Antiquity to the Present.* Los Angeles: Getty Research Institute.

Pearce, Laurie E., and Cornelia Wunsch. 2014. *Documents of Judean Exiles and West Semites in Babylonia in the Collection of David Sofer.* Bethesda,MD: CDL Press.

Pearson, Stephanie. 2003. "XX Factor: Explorers." *Outside Online,* December 1. http://www.outsideonline.com/1882931/xx-factor.

Perrottet, Tony. 2005. "The Glory That Is Rome." *Smithsonian,* October. http://www.smithsonianmag.com/history/the-glory-that-is-rome-70425698/?no-ist.

Petter, Hugh. 2000. "Back to the Future: Archaeology and Innovation in the Building of *Roma Capitale.*" In Ancient Rome: The Archaeology of the Eternal City, edited by Jon Coulston and Hazel Dodge, 332–53. Oxford University School of Archaeology Monograph 54. Oxford, UK: Oxford University School of Archaeology.

Pettinato, Giovanni. 1981. *The Archives of Ebla: An Empire Inscribed in Clay.* Garden City, NY: Doubleday.

—. 1991. *Ebla, A New Look at History.* Translated by C. Faith Richardson. Baltimore: Johns Hopkins University Press.

Phillips, Phillip. 1955. "American Archaeology and General Anthropological Theory." *Southwestern Journal of Anthropology* 11: 246–47.

Piening, Heinrich. 2013. "Examination Report: The Polychromy of the Arch of Titus Menorah Relief." *Images* 6: 26–29. doi: 10.1163/18718000–123400002. https://www.academia.edu/5332530/Heinrich_Pienings_Preliminary_Report_of_the_Arch_of_Titus_Digital_Restoration_Project_Images_6_2013_.

Pincus, Jessie, Tim DeSmet, Yotam Tepper, and Matthew J. Adams. 2013."Ground Penetrating Radar and Electromagnetic Archaeogeophysical Investigations at the Roman Legionary Camp at Legio, Israel." *Archaeological Prospection* (2013): 1–13.

Plaut, W. Gunther. 1978. "Ancient Tablets Hold Out Promise of Fresh Look at the Bible. *Globe and Mail* (Canada), May 13.

Pollard, Justin. 2007. *The Story of Archaeology: In 50 Great Discoveries.* London: Quercus.

Polosmak, Natalia. 1994. "A Mummy Unearthed from the Pastures of Heaven." *National Geographic* 186/4 (October): 80–103.

Pool, Christopher A. 2007. *Olmec Archaeology and Early Mesoamerica.* Cambridge: Cambridge University Press.

Pope, Saxton. 1923. *Hunting with the Bow and Arrow.* Berkeley: University of California Press.

Portal, Jane. 2007. *The First Emperor: China's Terracotta Army.* Cambridge, MA: Harvard University Press.

Povoledo, Elisabetta. 2012. "Technology Identifies Lost Color at Roman Forum." *International New York Times,* June 24. http://www.nytimes.com/2012/06/25/arts/design/menorah-on-arch-of-titus-in-roman-forum-was-rich-yellow.html?_r=0

—. 2015. "Scientists Hope to Learn How Pompeians Lived, before the Big Day." *New York Times,* October 5. http://www.nytimes.com/2015/10/06/world/europe/scientists-hope-to-learn-how-pompeians-lived-before-the-big-day.html?_r=0.

Preston, Douglas. 2014. "The Kennewick Man Finally Freed to Share His Secrets." *Smithsonian,* September. http://www.smithsonianmag.com/history/kennewick-man-finally-freed-share-his-secrets-180952462/#Bc1CIojqQ1gTGHso.99

Pringle, Heather. 2011. "Smithsonian Shipwreck Exhibit Draws Fire from Archaeologists." *Science Insider,* March 10. http://news.sciencemag.org/2011/03/smithsonian-shipwreck-exhibit-draws-fire-archaeologists

Pulak, Cemal. 1998. "The Uluburun Shipwreck: An Overview." *International Journal of Nautical Archaeology* 27: 188–224.

—. 1999. "Shipwreck: Recovering 3,000-Year-Old Cargo." *Archaeology Odyssey* 2, no. 4: 18–29.

—. 2010. "Uluburun Shipwreck." In *The Oxford Handbook of the Bronze Age Aegean,* edited by Eric H. Cline, 862–876. Oxford, UK: Oxford University Press.

Pyne, Lydia. 2016. "Dear Paleoanthropology, Homo Naledi Just Shifted Your Paradigm." *JSTOR Daily,* January 23. http://daily.jstor.org/homo-naledi-and-paradigm-shift/.

Quiles, Anita, Anita Quilesa, Hélène Valladas, Hervé Bocherens, Emmanuelle Delqué-Količ, Evelyne Kaltnecker, Johannes van der Plicht et al. 2016. "A High-Precision Chronological Model for the Decorated Upper Paleolithic Cave of Chauvet-Pont d'Arc, Ardèche, France." *Proceedings of the National Academy of Sciences of the United States of America* 113, no. 17: 4670–75. http://www.pnas.org/content/113/17/4670.full (by subscription only).

Rabinovitch, Ari. 2016. "Archaeologists vs. Robbers in Israel's Race to Find Ancient Scrolls." *Reuters,* June 2. http://www.reuters.com/article/us-israel-archaeology-idUSKCN0YO17J.

Ragan, Mark K. 1999. *The Hunley: Submarines, Sacrifice, and Success in the Civil War,* rev. ed. Charleston, SC: Narwhal Press.

—. 2006. *The Hunley.* Orangeburg, SC: Sandlapper.

Raichlen, David A., Adam D. Gordon, William E. H. Harcourt-Smith, Adam D. Foster, and William Randall Haas Jr. 2010. "Laetoli Footprints Preserve Earliest Direct Evidence of Human-Like Bipedal Biomechanics." *PLoS ONE,* March 22. http://www.ncbi.nlm.nih.gov/pmc/articles/PMC2842428/.

Rasmussen, Morten, Martin Sikora, Anders Albrechtsen, Thorfinn Sand Korneliussen, J. Víctor Moreno-Mayar, G. David Poznik, Christoph P. E. Zollikofer et al. 2015. "The Ancestry and Affiliations of Kennewick Man." *Nature* 523, no. 7561: 455–58. doi: 10.1038/nature14625.

Ravilous, Kate. 2012. "Viking Boat Burial—Ardnamurchan, Scotland." *Archaeology* 65, no. 1 (January–February). http://archive.archaeology.org/1201/features/topten_scotland.html.

Redford, Donald B. 1987. *Akhenaten: The Heretic King.* Princeton, NJ: Princeton University Press.

Redman, Charles. 1978. *The Rise of Civilization: From Early Farmers to Urban Civilization*

in the Ancient Near East. San Francisco: W. H. Freeman.

Reeves, Nicholas. 1990. *The Complete Tutankhamun.* London: Thames and Hudson.

—. 2014. "Tutankhamun's Mask Reconsidered." *Bulletin of the Egyptological Seminar* 19: 511–27. https://www.academia.edu/7415055/Tutankhamuns_Mask_Reconsidered_in_press_corrected_proof_2015_.

—. 2015a. "The Burial of Nefertiti? Addenda and Corrigenda." https://www.academia.edu/15247276/The_Burial_of_Nefertiti_Addenda_and_Corrigenda_2015_.

—. 2015b. *The Burial of Nefertiti?* Valley of the Kings Occasional Paper No. 1. Tucson, AZ: Amarna Royal Tombs Project. https://www.academia.edu/14406398/The_Burial_of_Nefertiti_2015_.

Reeves, Nicholas, and Richard H. Wilkinson. 1996. *The Complete Valley of the Kings: Tombs and Treasures of Ancient Egypt's Royal Burial Site.* London: Thames and Hudson.

Reiche, Maria. 1949. *Mystery on the Desert: A Study of the Ancient Figures and Strange Delineated Surfaces Seen from the Air near Nazca, Peru.* Private printing.

Reid, Donald. 2002. *Whose Pharaohs? Archaeology, Museums, and Egyptian National Identity from Napoleon to World War I.* Berkeley: University of California Press.

Reilly, Mary. 2004. "Brian Rose: Raider of the Lost Art(ifacts)." *University of Cincinnati News,* April 22. http://www.uc.edu/News/NR.aspx?ID=1591.

Reinhard, Johan. 1988. *The Nazca Lines: A New Perspective on their Origin and Meaning.* Lima, Peru: Los Pinos.

—. 2005. *The Ice Maiden: Inca Mummies, Mountain Gods, and Sacred Sites in the Andes.* Washington, DC: National Geographic Books.

—. 2007. *Machu Picchu: Exploring an Ancient Sacred Center.* Los Angeles: UCLA, Cotsen Institute of Archaeology.

Renfrew, Colin, and Paul G. Bahn. 2012. *Archaeology: Theories, Methods, and Practice,* 6th ed. London: Thames and Hudson.

—. 2015. *Archaeology Essentials: Theories, Methods, and Practice,* 3rd ed. London: Thames and Hudson.

Riley, Chloe. 2015. "Dueling Gold Mask(s) of Agamemnon Coming Soon to Field Museum." *Chicago Tonight,* November 6. http://chicagotonight.wttw.com/2015/11/06/dueling-gold-masks-agamemnon-coming-soon-field-museum

Ritner, Robert K., and Nadine Moeller. 2014. "The Ahmose 'Tempest Stela': Thera and Comparative Chronology." *Journal of Near Eastern Studies* 73, no. 1: 1–19.

Robins, Gay. 2008. *The Art of Ancient Egypt,* rev. ed. Cambridge, MA: Harvard University

Press.

Robinson, Andrew. 2002. *The Man Who Deciphered Linear B: The Story of Michael Ventris.* London: Thames and Hudson.

—. 2012. *Cracking the Egyptian Code: The Revolutionary Life of Jean-François Champollion.* Oxford, UK: Oxford University Press.

Robinson, Julian, and Jack Millner. 2015. "The FAKE Mummies: Ancient Egyptian Embalmers Wrapped Bandages Round Mud and Sticks Because of Shortage of Animals." *Daily Mail,* May 11. http://www.dailymail .co .uk/news/article-3076642/Scandal-Ancient-Egypt-animal-mummy-industry-s-revealed-EMPTY.html.

Roehrenbeck, Carol A. 2010. "Repatriation of Cultural Property–Who Owns the Past? An Introduction to Approaches and to Selected Statutory Instruments." *International Journal of Legal Information 38,* no. 2: Article 11. http://scholarship.law.cornell.edu/ijli/vol38/iss2/11.

Romano, Nick. 2015. "Strapped for Cash, Some Greeks Turn to Ancient Source of Wealth." *National Geographic News,* August 17. http://news.nationalgeographic.com/2015/08/150817-greece-looting-artifacts-financial-crisis -archaeology/.

Romey, Kristin. 2015. "Ancient Egyptian Artifacts Smuggled into U.S. Are Heading Home." *National Geographic News,* April 22. http://news.nationalgeographic.com/2015/04/150422-ancient-egypt-artifact-repatriation-looting-archaeology-smuggling-antiquities -mummy/.

—. 2016. "Canadian Teen Who 'Discovered' Lost Maya City Speaks Out." *National Geographic News,* June 2. http://news.nationalgeographic.com/2016/06/lost-maya-city-mexico-william-gadoury-satellite-discovery-archaeology/.

Rose, C. Brian. 2014. *The Archaeology of Greek and Roman Troy.* Cambridge: Cambridge University Press.

Rose, Mark. 1993. "What Did Schliemann Find—and Where, When, and How Did He Find It?" *Archaeology* 46, no. 6: 33–36.

Rosen, Meghan. 2016. "The Iceman Tells a New Tale: Infection with Ulcer-Causing Bacteria." *ScienceNews,* January 7. https://www.sciencenews.org/article/iceman-tells-new-tale-infection-ulcer-causing-bacteria.

Rothfield, Lawrence. 2008a. *The Rape of Mesopotamia: Behind the Looting of the Iraq Museum.* Chicago: University of Chicago Press.

—, ed. 2008b. *Antiquities under Siege: Cultural Heritage Protection after the Iraq War.* Walnut Creek, CA: AltaMira Press.

Roux, George. 1992. *Ancient Iraq,* new ed. New York: Penguin Books.

Rubalcaba, Jill, and Eric H. Cline. 2011. *Digging for Troy* (Young Adults). Boston: Charlesbridge.

Rubin, Alissa J. 2015. "The Chauvet Cave's Hyperreal Wonders, Replicated." *New York Times,* April 24. http://www.nytimes.com/2015/04/25/arts/design/the-chauvet-caves-hyperreal-wonders-replicated.html.

Ruble, Kayla. 2014. "Drone Footage Shows Extent of Damage from Greenpeace Stunt at Nazca Lines." *Vice News,* December 17. https://news.vice.com/article/drone-footage-shows-extent-of-damage-from-greenpeace-stunt-at -nazca-lines.

Rush, Laurie, ed. 2012. *Archaeology, Cultural Property, and the Military.* Repr. Suffolk, UK: Boydell Press.

Russell, John M. 1991. *Sennacherib's Palace without Rival at Nineveh.* Chicago: University of Chicago Press.

Russon, Mary-Ann. 2014. "China: Ancient Tomb of First Emperor Qin Shi Huang's Grandmother Discovered in Xi'an." *International Business News,* September 11. http://www.ibtimes.co.uk/china-ancient-tomb-first-emperor-qin-shi-huangs-grandmother-discovered-xi-1465022.

Ryan, William B., and Walter C. Pittman. 1998. *Noah's Flood: The New Scientific Discoveries about the Event That Changed History.* New York: Simon and Schuster.

Said-Moorhouse, Lauren. 2013. "Space Archaeologist Unlocks Secrets of Ancient Civilizations." *CNN,* September 20. http://www.cnn.com/2013/09/02/travel/space-archaeologist-unlocks-secrets/.

Saldarini, Anthony J. 1998. "Babatha's Story: Personal Archive Offers a Glimpse of Ancient Jewish Life." *Biblical Archaeology Review* 24, no. 2: 28–37, 72–74.

Samadelli, Marco, Marcello Melis, Matteo Miccoli, Eduard Egarter Vigl, and Albert R. Zink. 2015. "Complete Mapping of the Tattoos of the 5300-Year-Old Tyrolean Iceman." *Journal of Cultural Heritage* 16, no. 5: 753–58.

Sample, Ian. 2015. "Richard III DNA Tests Uncover Evidence of Further Royal Scandal." *Guardian,* March 25. http://www.theguardian.com/uk-news/2015/mar/25/richard-iii-dna-tests-uncover-evidence-of-further-royal -scandal.

Saura Ramos, Pedro A., Matilde Múzquiz Pérez-Seoane, and Antonio Beltrán Martínez. 1999. *The Cave of Altamira.* New York: Harry Abrams.

Sayce, Archibald H. 1890. *The Hittites: The Story of a Forgotten Empire,* 2nd ed. London: Religious Tract Society.

Scallan, Marilyn. 2015. "Ancient Ink: Iceman Otzi Has World's Oldest Tattoos." *Smithsonian Science News,* December 9. http://smithsonianscience.si.edu/2015/12/debate-over-worlds-oldest-tattoo-is-over-for-now/.

Schaar, Kenneth W. 2012. "Wilhelm Dörpfeld: Schliemann's Important Discovery." In *Archaeology and Heinrich Schliemann—A Century after His Death: Assessments and Prospects*; Myth—History—Science, edited by GeorgeS. Korres, Nektarios Karadimas, and Georgia Flouda, 328–32. https://www.academia.edu/3210347/Korres_G._Karadimas_N._and Flouda_G._eds._2012._Archaeology_and_Heinrich_Schliemann_A_Century_after_his_Death._Assessments_and_Prospects._Myth_-_History_-_Science_Athens.

Schachermeyr, Fritz. 1950. *Poseidon und die Entstehung des griechischen Götterglaubens.* Bonn: Franck.

Schliemann, Heinrich. 1875. *Troy and Its Remains: A Narrative of Researches and Discoveries Made on the Site of Ilium, and in the Trojan Plain.* New York: Benjamin Blom.

—. 1880. *Mycenae: a Narrative of Researches and Discoveries at Mycenae and Tiryns.* New York: Scribner, Armstrong.

—. 1881. *Ilios: The City and Country of the Trojans.* New York: Benjamin Blom.

Schmitt, Axel K., Martin Danišík, Erkan Aydar, Erdal Şen, İnan Ulusoy, and Oscar M. Lovera. 2014. "Identifying the Volcanic Eruption Depicted in a Neolithic Painting at Çatalhöyük, Central Anatolia, Turkey." PLoS ONE, January 8. doi: 10.1371/journal.pone.0084711.

Schofield, John, William G. Johnson, and Colleen M. Beck, eds. 2002. *Matériel Culture: The Archaeology of Twentieth Century Conflict.* London: Routledge.

Schofield, Louise. 2007. *The Mycenaeans.* Malibu, CA: J. Paul Getty Museum.

Scott, Douglas, Lawrence Babits, and Charles Haecker, eds. 2007. *Fields of Conflict: Battlefield Archaeology from the Roman Empire to the Korean War.* Westport, CT: Praeger Security International.

Scott, Michael. 2014. *Delphi: A History of the Center of the Ancient World.* Princeton, NJ: Princeton University Press.

Seabrook, John. 2015. "The Invisible Library." *New Yorker*, November 16. http://www.newyorker.com/magazine/2015/11/16/the-invisible-library?utm_content=bufferd6a5a&utm_medium=social&utm_source=facebook.com&utm_campaign=buffer.

Seales, William Brent, Clifford Seth Parker, Michael Segal, Emanuel Tov, Pnina Shor, and Yosef Porath. 2016. "From Damage to Discovery via Virtual Unwrapping: Reading the Scroll from En-Gedi." *Science Advances 2*, no. 9 (September): e1601247; DOI: 10.1126/sciadv.1601247

Shaer, Matthew. 2014. "The Controversial Afterlife of King Tut." *Smithsonian,* December. http://www.smithsonianmag.com/history/controversial-afterlife-king-tut-180953400/.

—. 2016. "A Secret Tunnel Found in Mexico May Finally Solve the Mysteries of Teotihuacán." *Smithsonian*, June. http://www.smithsonianmag.com/history/discovery-secret-tunnel-mexico-solve-mysteries-teotihuacan-180959070/?utm_source=twitter.com&no-ist.

Shanks, Hershel. 1980. "Ebla Update: New Ebla Epigrapher Attacks Conclusions of Ousted Ebla Scholar; Professor Archi Disagrees with Professor Pettinato's Biblical Connections." *Biblical Archaeology Review* 6, no. 3 (May–June): 47–59.

—. 1992. *Understanding the Dead Sea Scrolls.* New York: Vintage Press.

—. 1998. *The Mystery and Meaning of the Dead Sea Scrolls.* Washington, DC: Biblical Archaeology Society.

—. 2002. "Greeks vs. Hittites; Why Troy Is Troy and the Trojan War Is Real." *Archaeology Odyssey* 5, no. 4: 24–35, 53.

—. 2010. *Freeing the Dead Sea Scrolls: And Other Adventures of an Archaeology Outsider.* New York: Bloomsbury Academic.

Shaw, Maria. 2004. "The 'Priest-King' Fresco from Knossos: Man, Woman, Priest, King, or Someone Else?" In ΧΑΡΙΣ: *Essays in Honor of Sara A. Immerwahr*, edited by Anne P. Chapin, 65–84. Hesperia Supplement 33. Princeton, NJ: American School of Classical Studies at Athens.

Shear, T. Leslie Jr. 1984. "The Athenian Agora: Excavations of 1980–1982." *Hesperia* 53, no. 1: 1–57.

Sheftel, Phoebe A. 2002. "'Sending Out of Expeditions': The Contest for Delphi." In *Excavating Our Past: Perspectives on the History of the Archaeological Institute of America*, edited by Susan Heuck Allen, 105–13. Boston: Archaeological Institute of America.

Sheldon, Natasha. 2014. "Human Remains in Pompeii: The Body Casts." http://decodedpast.com/human-remains-pompeii-body-casts/7532.

Shreeve, Jamie. 2015. "This Face Changes the Human Story. But How?" *National Geographic News*, September 10. http://news.nationalgeographic.com/2015/09/150910-

human-evolution-change/.

Silberman, Neil A. 1989. *Between Past and Present. Archaeology, Ideology and Nationalism in the Modern Middle East.* New York: Henry Holt.

—. 1993. *A Prophet from Amongst You: The Life of Yaigael Yadin; Soldier, Scholar, and Mythmaker of Modern Israel.* Reading, MA: Addison-Wesley.

Silberman, Neil A., Israel Finkelstein, David Ussishkin, and Baruch Halpern. 1999. "Digging at Armageddon." *Archaeology* (November–December 1999): 32–39.

Silverman, David P. 2003. Ancient Egypt. Oxford, UK: Oxford University Press.

Simmons, Alan H. 2007. *The Neolithic Revolution in the Near East: Transforming the Human Landscape.* Tucson: University of Arizona Press.

Smith, Andrew M. II. 2013. *Roman Palmyra: Identity, Community*, and State Formation. Oxford, UK: Oxford University Press.

Smith, Christopher. 2000. "Early and Archaic Rome." In *Ancient Rome: The Archaeology of the Eternal City*, edited by Jon Coulston and Hazel Dodge,16–41. Oxford University School of Archaeology Monograph 54.Oxford, UK: Oxford University School of Archaeology.

Smith, Michael. 2003. *The Aztecs*, 2nd ed. Oxford, UK: Blackwell.

Smith, Roff. 2016. "Ancient Roman IOUs Found beneath Bloomberg's New London HQ." *National Geographic News*, June 1. http://news.nationalgeographic.com/2016/05/ancient-rome-London-Londinum-Bloomberg-archaeology-Boudicca-archaeology/#close.

Smith-Spark, Laura. 2015. "Syria: ISIS Destroys Ancient Muslim Shrines in Palmyra." *CNN*, June 24. http://www.cnn.com/2015/06/24/middleeast/syria-isis-palmyra-shrines/.

Solecki, Ralph S. 1954. "Shanidar Cave: A Paleolithic Site in Northern Iraq." *Annual Report of the Smithsonian Institution*: 389–425.

—. 1971. *The First Flower People.* New York: Alfred A. Knopf.

—. 1975. "Shanidar IV, a Neanderthal Flower Burial in Northern Iraq." *Science* 190, no. 4217: 880–81.

Solecki, Ralph S., Rose L. Solecki, and Anagnostis P. Agelarakis. 2004. *The Proto-Neolithic Cemetery in Shanidar Cave.* College Station: Texas A&M University Press.

Sommer, Jeffrey D. 1999. "The Shanidar IV 'Flower Burial': A Re-evaluation of Neanderthal Burial Ritual." *Cambridge Archaeological Journal 9*, no. 1: 127–29.

Søreide, Fredrik. 2011. *Ships from the Depths: Deepwater Archaeology.* College Station: Texas A&M Press.

Spencer, Frank. 1990. *Piltdown: A Scientific Forgery.* Oxford, UK: Oxford University Press.
Spindler, Konrad. 1995. *The Man in the Ice: The Discovery of a 5,000-Year-Old Body Reveals the Secrets of the Stone Age.* New York: Harmony Books.
Spivey, Nigel. 2005. *How Art Made the World: A Journey to the Origins of Human Creativity.* New York: Basic Books.
Stanley Price, Nicholas, ed. 1991. *The Conservation of the Orpheus Mosaic at Paphos, Cyprus.* Los Angeles: J. Paul Getty Conservation Institute.
Starn, Orin. 2004. *Ishi's Brain.* New York: W. W. Norton.
Steinbuch, Yaron. 2016. "King Tut's Dagger Came from Outer Space." *New York Post*, June 2. http://nypost.com/2016/06/02/king-tuts-dagger-came-from-outer-space/.
Stephens, John Lloyd. 1949. *Incidents of Travel in Central America, Chiapas, and Yucatán* (2 vols.). Edited with an Introduction and Notes by Richard L. Predmore. New Brunswick, NJ: Rutgers University Press.
—. 1962. *Incidents of Travel in Yucatán* (2 vols.). Edited and with an Introduction by Victor Wolfgang von Hagen. Norman: University of Oklahoma Press.
—. 1970. *Incidents of Travel in Egypt, Arabia Petraea, and the Holy Land.* Edited and with an Introduction by Victor Wolfgang von Hagen. Norman: University of Oklahoma Press.
Stern, Benjamin, Carl Heron, Tory Tellefsen, and Margaret Serpico. 2008."New Investigations into the Uluburun Resin Cargo." *Journal of Archaeological Science* 35, no. 8 (August): 2188–2203. http://www.sciencedirect.com/science/article/pii/S0305440308000320.
Stewart, Doug. 2006. "Resurrecting Pompeii." *Smithsonian*, February. http://www.smithsonianmag.com/history/resurrecting-pompeii-109163501/?no-ist.
Stiebing, William H. 1984. *Ancient Astronauts, Cosmic Collisions.* Amherst, NY: Prometheus Books.
—. 2009. *Ancient Near Eastern History and Culture*, 2nd ed. New York: Pearson Longman.
Stirling, Matthew W. 1939. "Discovering the New World's Oldest Dated Work of Man." *National Geographic* 76 (August): 183–218.
—. 1940. "Great Stone Faces of the Mexican Jungle." *National Geographic* 78 (September): 309–34.
—. 1941. "Expedition Unearths Buried Masterpieces of Carved Jade." *National Geographic* 80 (September): 278–302.
—. 1947. "On the Trail of La Venta Man." *National Geographic* 91 (February): 137–72.

Stoneman, Richard. 1992. *Palmyra and Its Empire: Zenobia's Revolt against Rome.* Ann Arbor: University of Michigan Press.

Strauss, Barry. 2006. *The Trojan War: A New History.* New York: Simon and Schuster.

Strauss, Mark. 2015. "Desperately Seeking Queen Nefertiti." *National Geographic News*, August 14. http://news.nationalgeographic.com/2015/08/150814-nefertiti-tomb-tutankhamun-tut-archaeology-egypt -dna/.

Stromberg, Joseph. 2012. "Why Did the Mayan Civilization Collapse? A New Study Points to Deforestation and Climatic Change." *Smithsonian*,August 23. http://www.smithsonianmag.com/science-nature/why-did -the-mayan-civilization-collapse-a-new-study-points-to-deforestation-and-climate-change-30863026/?no-ist.

Stuart, David. 2011. *The Order of Days: The Maya World and the Truth about 2012.* New York: Harmony Books.

Stuart, David, and George E. Stuart. 2008. *Palenque: Eternal City of the Maya.* London: Thames and Hudson.

Stuart, George E., and Gene S. Stuart. 1977. T*he Mysterious Maya.* Washington, DC: National Geographic Books.

—. 1993. *Lost Kingdoms of the Maya.* Washington DC: National Geographic Books.

Sullivan, Gail. 2014. "In Mexican City Teotihuacan, 2,000-Year-Old Tunnel Holds Ancient Mysteries." *Washington Post*, October 30. http://www.washingtonpost.com/news/morning-mix/wp/2014/10/30/in-mexican-city-teotihuacan-2000-year-old-tunnel-holds-ancient-mysteries/.

Swaddling, Judith. 1999. *The Ancient Olympic Games*, 2nd ed. Austin: University of Texas Press.

Taylor, Jane. 2002. *Petra and the Lost Kingdom of the Nabataeans.* Cambridge, MA: Harvard University Press.

Taylor, Kate. 2011. "Shipwreck Show Postponed." *New York Times*, June 28. http://artsbeat.blogs.nytimes.com/2011/06/28/shipwreck-show-postponed/?_r=0.

Taylor, R. E., and Martin J. Aitken, eds. 1997. *Chronometric Dating in Archaeology.* London: Springer.

Tepper, Yotam. 2002. "Lajjun–Legio in Israel: Results of a Survey in and around the Military Camp Area." In *Limes XVIII: Proceedings of the XVIIIth International Congress of Roman Frontier Studies, Amman*, September 2000, edited by Philip Freeman, Julian Bennett, Zbigniew T. Fiema, and Birgitta Hoffmann, 231–42. British Archaeological Reports S1084. Oxford, UK: British Archaeological Reports.

—. 2003b. "Survey of the Legio Area near Megiddo: Historical and Geographical Research" (master's thesis, Tel Aviv University [Hebrew]).

—. 2003a. "Survey of the Legio Region." *Hadashot Arkheologiyot—Excavations and Surveys in Israel* 115: 29*–31*.

—. 2007. "The Roman Legionary Camp at Legio, Israel: Results of an Archaeological Survey and Observations on the Roman Military Presence at the Site." *In The Late Roman Army in the Near East from Diocletian to the Arab Conquest: Proceedings of a Colloquium Held at Potenza, Acerenza, and Matera, Italy* (May), edited by Ariel S. Lewin and Pietrina Pellegrini, 57–71. BAR International Series 1717. Oxford, UK: ArchaeoPress.

Thomas, Carol G., and Craig Conant. 2005. *The Trojan War.* Westport, CT: Greenwood Press.

Thomas, David Hurst. 2001. *Skull Wars: Kennewick Man, Archaeology, and the Battle for Native American Identity.* New York: Basic Books.

Thompson, Homer A. 1983. *The Athenian Agora: A Short Guide.* Meridien, CT: American School of Classical Studies at Athens.

Thompson, Homer A., and Richard E. Wycherley. 1972. *The Agora of Athens: The History, Shape, and Uses of an Ancient City Center.* Vol. 14, The Athenian Agora. Princeton, NJ: American School of Classical Studies at Athens.

Thompson, Jason. 2015. *Wonderful Things: A History of Egyptology.* Vol. 1, From Antiquity to 1881. Cairo, Egypt: American University in Cairo Press.

Thurman, Judith. 2008. "First Impressions: What Does the World's Oldest Art Say about Us?" *New Yorker*, June 23: 58–67. http://www.newyorker.com/magazine/2008/06/23/first-impressions.

Traill, David A. 1983. "Schliemann's 'Discovery' of Priam's Treasure." *Antiquity 57: 181–86.*

—. 1984. "Schliemann's Discovery of Priam's Treasure: A Re-examination of the Evidence." *Journal of Hellenic Studies* 104: 96–115.

—. 1985. "Schliemann's 'Dream of Troy': The Making of a Legend." *Classical Journal* 81: 13–24.

—. 1993. *Excavating Schliemann.* Illinois Classical Studies Supplement. New York: Scholars Press.

—. 1995. *Schliemann of Troy: Treasure and Deceit.* New York: St. Martin's Griffin.

—. 1999. "Priam's Treasure: The 4,000-Year-Old Hoard of Trojan Gold." *Archaeology*

Odyssey 2, no. 3: 14–27, 59.

—. 2000. "'Priam's Treasure': Clearly a Composite." *Anatolian Studies* 50: 17–35.

Trigger, Bruce G. 1984. "Alternative Archaeologies: Nationalist, Colonialist, Imperialist." *Man, n.s.* 19, no. 3: 355–70.

Trinkaus, Erik. 1983. *The Shanidar Neandertals.* New York: Academic Press.

Trümpler, Charlotte, ed. 2001. *Agatha Christie and Archaeology.* London: British Museum Press.

Turner, Lauren. 2016. "Palmyra's Arch of Triumph Recreated in London." *BBC News*, April 19. http://www.bbc.com/news/uk-36070721.

Tyldesley, Joyce A. 1998. *Hatchepsut: The Female Pharaoh.* New York: Penguin Books.

—. 2005. *Nefertiti: Egypt's Sun Queen.* New York: Penguin Books.

Urbanus, Jason. 2015. "The Charred Scrolls of Herculaneum." *Archaeology*, April 6. http://www.archaeology.org/issues/175–1505/trenches/3166-trenches-italy-herculaneum-papyri-scanned.

Ussishkin, David. 1984. "Defensive Judean Counter-Ramp Found at Lachish in 1983 Season." *Biblical Archaeology Review* 10, no. 2: 66–73.

—. 1987. "Lachish: Key to the Israelite Conquest of Canaan?" *Biblical Archaeology Review* 13, no. 1: 18–39.

—. 1988. "Reconstructing the Great Gate at Lachish." *Biblical Archaeology Review* 14, no. 2: 42–47.

—. 2014. *Biblical Lachish: A Tale of Construction, Destruction, Excavation and Restoration.* Washington, DC: Biblical Archaeology Society.

Vance, Erik. 2015. "Losing Maya Heritage to Looters." *National Geographic News*, August 10. http://news.nationalgeographic.com/news/2014/08/140808 -maya-guatemala-looter-antiquities-archaeology-science/.

Vanderkam, John, and Peter Flint. 2002. *The Meaning of the Dead Sea Scrolls: Their Significance for Understanding the Bible, Judaism, Jesus, and Christianity.* New York: HarperCollins.

Van Gilder Cooke, Sonia. 2016. "Lead Ink from Scrolls May Unlock Library Destroyed by Vesuvius." *New Scientist*, March 21. https://www.newscientist.com/article/2081832-lead-ink-from-scrolls-may-unlock-library-destroyed-by-vesuvius?utm_content=buffer72dcc&utm_medium=social&utm_source=facebook.com&utm_campaign=buffer

Vergano, Dan. 2014. "Cold War Spy-Satellite Images Unveil Lost Cities."

National Geographic News, April 25. http://news.nationalgeographic.com/news/2014/04/140425-corona-spy-satellite-archaeology-science/.

Vermes, Geza. 1998. *The Complete Dead Sea Scrolls in English.* New York: Penguin.

Vicker, Ray. 1979. "Untitled Brief Paragraph on Ebla and Pettinato." *Wall Street Journal*, June 18, p. 1.

Vivian, R. Gwinn, and Bruce Hilpert. 2012. *Chaco Handbook: An Encyclopedia Guide (Chaco Canyon)*, 2nd ed. Provo: University of Utah Press.

Vogelkoff-Brogan, Natalia. 2014. "The American Dream to Excavate Delphi; or, How the Oracle Vexed the Americans (1879–1891)." *From the Archivist's Notebook*, October 2. https://nataliavogeikoff.com/2014/10/02/the-american-dream-to-excavate-delphi-or-how-the-oracle-vexed-the-americans-1879–1891/.

Von Däniken, Erich. 1968. *Chariots of the Gods?* New York: Berkley Books.

Von Hagen, Victor Wolfgang. 1947. *Maya Explorer: John Lloyd Stephens and the Lost Cities of Central America and Yucatán.* San Francisco: Chronicle Books.

Wade, Nicholas. 2010a. "A Host of Mummies, a Forest of Secrets." *New York Times*, March 15. http://www.nytimes.com/2010/03/16/science/16archeo.html?pagewanted=all&_r=0.

—. 2015a. "Grave of 'Griffin Warrior' at Pylos Could Be a Gateway to Civilizations." *New York Times*, October 26. http://www.nytimes.com/2015/10/27/science/a-warriors-grave-at-pylos-greece-could-be-a-gateway-to-civilizations.html?_r=0.

—. 2015b. "Unlocking Scrolls Preserved in Eruption of Vesuvius, Using X-Ray Beams." *New York Times*, January 20. http://www.nytimes.com/2015/01/21/science/more-progress-made-toward-learning-contents-of-herculaneum-scrolls.html?_r=0.

—. 2016. "In Greek Warrior's Grave, Rings of Power (and a Mirror and Combs)." *New York Times*, October 3. http://www.nytimes.com/2016/10/04/science/greece-archaeology-pylos-griffin-warrior.html.

Walker, Sally M. 2005. *Secrets of a Civil War Submarine: Solving the Mysteries of the H.L.* Hunley. Minneapolis: Carolrhoda Books.

Walsh, John E. 1996. *Unraveling Piltdown: The Science Fraud of the Century and Its Solution.* New York: Random House.

Walton, Marc S., Andrew Shortland, Susanna Kirk, and Patrick Degryse. 2009."Evidence for the Trade of Mesopotamian and Egyptian Glass to MycenaeanGreece." *Journal of Archaeological Science* 36, no. 7 (July): 1496–1503. http://www.sciencedirect.com/science/article/pii/S0305440309000934.

Warburton, David, ed. 2009. *Time's Up! Dating the Minoan Eruption of Santorini: Acts of the Minoan Eruption Chronology Workshop, Sandbjerg, November 2007.* Århus: Århus University Press.

Watson, Peter, and Cecilia Todeschini. 2006. *The Medici Conspiracy: The Illicit Journey of Looted Antiquities—From Italy's Tomb Raiders to the World's Greatest Museums.* New York: PublicAffairs.

Waxman, Sharon. 2009. *Loot: The Battle over the Stolen Treasures of the Ancient World.* New York: Times Books.

Weber, Katherine. 2016. "Archaeological Discovery: 2,000-Y-O Military Barracks Found in Rome during Subway Line Dig." *Christian Post*, June 2. http://www.christianpost.com/news/archaeologists-rome-discover-2000-year-old-military-barracks-subway-line-dig-164732/.

Webster, Ben. 2015. "Flood Maps Reveal Lost Roman Roads." *The Times*, December 24. http://www.thetimes.co.uk/tto/news/uk/article4653857.ece.

Weisman, Alan. 2007. *The World without Us.* New York: St. Martin's Press.

Weiss, Harvey. 2012. "Quantifying Collapse: The Late Third Millennium BC." In *Seven Generations since the Fall of Akkad*, edited by Harvey Weiss, 1–24. Wiesbaden, Ger.: Harrassowitz.

Welch, Katherine E. 2007. *The Roman Amphitheatre: From its Origins to the Colosseum.* Cambridge: Cambridge University Press.

Whiston, William. 1999. *Josephus: The New Complete Works.* Translated by William Whiston. New York: Kregel Academic and Professional.

White, Gregory G., and Thomas F. King. 2007. *The Archaeological Survey Manual.* Walnut Creek, CA: Left Coast Press.

White Crawford, Sidney. 2000. *The Temple Scroll and Related Texts.* Sheffield, UK: Sheffield Academic Press.

Wilford, John Noble. 1993a. "Have They Discovered Ancient Walls of Troy?" *Times-News*, February 23. http://news.google.com/newspapers?id=6JVPAAAAIBAJ&sjid=kyQEAAAAIBAJ&pg=5139,5636818&dq=troy+korfmann&hl=en.

—. 1993b. "Outer 'Wall' of Troy Now Appears to Be a Ditch." *New York Times*, September 28. http://www.nytimes.com/1993/09/28/science/outer-wall-of-troy-now-appears-to-be-a-ditch.html.

—. 2006. "A Peruvian Woman of A.D. 450 Seems to Have Had Two Careers." *New York Times*, May 17. http://www.nytimes.com/2006/05/17/world/americas/17mummy.html?

ex=1148011200&en=08cced452dd20f1b&ei=5087%0A&_r=0.

—. 2010. "Mapping Ancient Civilization, in a Matter of Days." *New York Times*, May 10. http://www.nytimes.com/2010/05/11/science/11maya.html?pagewanted=all&_r=0.

—. 2013. "Wine Cellar, Well Aged, Is Revealed in Israel." *New York Times*, November 22. http://www.nytimes.com/2013/11/23/science/in-ruins-of-palace-a-wine-with-hints-of-cinnamon-and-top-notes-of-antiquity.html?_r=2.

—. 2015. "Homo Naledi, New Species in Human Lineage, Is Found in South African Cave." *New York Times*, September 10. http://www.nytimes.com/2015/09/11/science/south-africa-fossils-new-species-human-ancestor-homo-naledi.html?_r=1.

Wilkinson, Toby. 2013. *The Rise and Fall of Ancient Egypt.* New York: Random House.

Willey, Gordon R., and Phillip Phillips. 1958. *Method and Theory in American Archaeology.* Chicago: University of Chicago Press.

Williams, Gareth. 2011. *Treasures from Sutton Hoo.* London: British Museum Press.

Williams, Paige. 2016. "Digging for Glory." *New Yorker*, June 27: 46–57. http://www.newyorker.com/magazine/2016/06/27/lee-berger-digs-for-bones-and-glory.

Wise, Michael O. 1990. *A Critical Study of the Temple Scroll from Quran Cave 11.* Chicago: University of Chicago Press.

Wolters, Al. 1996. *The Copper Scroll: Overview, Text, and Translation.* Sheffield, UK: Sheffield Academic Press.

Wong, Kate. 2011. "30 Years after Televised Spat, Rival Anthropologists Agree to Bury the Hand-Ax." *Scientific American*, May 5. http://blogs.scientificamerican.com/observations/30-years-after-televised-spat-rival-anthropologists-agree-to-bury-the-hand-ax/.

Wood, Michael. 1996. *In Search of the Trojan War*, 2nd ed. Berkeley: University of California Press.

Woollaston, Victoria. 2015. "Revealed—What's inside the Pompeii Mummies." *Daily Mail*, September 29. http://www.dailymail.co.uk/sciencetech/article-3253660/Peering-inside-Pompeii-s-tragic-victims-Incredible-CT-scans-reveal-bodies-unprecedented-laying-bare-bones-delicate-facial-features-dental-cavities.html.

Yadin, Yigael. 1966. *Masada: Herod's Fortress and the Zealots' Last Stand.* New York: Random House.

—. 1971. Bar-Kokhba. London: Weidenfeld and Nicolson.

—. 1985. The Temple Scroll: The Hidden Law of the Dead Sea Sect. London: Weidenfeld and Nicolson.

Yalouris, Athanasia, and Nicolaos Yalouris. 1987. Olympia: *The Museum and the Sanctuary*. Athens, Greece: Ekdotike Athenon.

Yan, Hongau, Jingjing An, Tie Zhou, Yin Xia, and Bo Rong. 2014. "Identification of Proteinaceous Binding Media for the Polychrome Terracotta Army of Emperor Qin Shihuang by MALDI-TOF-MS." *Chinese Science Bulletin* 59, no. 21 (July): 2574–81.

Yasur-Landau, Assaf, Eric H. Cline, and George A. Pierce. 2008. "Middle Bronze Age Settlement Patterns in the Western Galilee, Israel." *Journal of Field Archaeology* 33, no. 1: 59–83.

Zeilinga de Boer, Jelle, and John R. Hale. 2002. "Was She Really Stoned? The Oracle of Delphi." *Archaeology Odyssey* 5, no. 6 (November–December): 46–53, 58. http://www.biblicalarchaeology.org/daily/ancient-cultures/daily-life-and-practice/the-oracle-of-delphi—was-she-really-stoned/.

Zettler, Richard L., and Lee Horne, eds. 1988. *Treasures from the Royal Tombs of Ur.* Philadelphia: University of Pennsylvania Museum of Archaeology and Anthropology.

Zimmer, Carl. 2016. "Eske Willerslev Is Rewriting History with DNA." *International New York Times*, May 16. http://www.nytimes.com/2016/05/17/science/eske-willerslev-ancient-dna-scientist.html?smprod=nytcore-ipad&smid=nytcore-ipad-share.